THESIS SERIES

Series Editors: T. D. Märk, S. Prock

iup • **innsbruck** university press

www.uibk.ac.at/iup

Diese Publikation wurde mit finanzieller Unterstützung
der Leopold-Franzens-Universität Innsbruck im Rahmen
der Druckkostenzuschüsse für österreichische Dissertationen gedruckt.

© 2008 **innsbruck** university press
1. Auflage
Alle Rechte vorbehalten.

innsbruck university press
Universität Innsbruck
ICT-Technologiepark
Technikerstraße 21 a, A-6020 Innsbruck
www.uibk.ac.at/iup

Autorin: Barbara Gabl
Verlagsredaktion: Carmen Drolshagen, Jasmine Heßler-Luger, Gregor Sailer
Layout: Jasmine Heßler-Luger
Herstellung: Books on Demand

ISBN: 978-3-902571-13-7

Der Wortschatz deutschsprachiger Laufzeitschriften

Barbara Gabl

Inhaltsverzeichnis

Vorwort 1

1. Einleitung 3

2. Material und Methoden 7

3. Forschungsstand 11
   3.1 Forschungsstand zum Themenbereich Sprache und Sport *12*
   3.1.1 Überblick über die bisherige Forschungsliteratur 12
   3.1.2 Bibliographie zu bisherigen Publikationen zur Sportsprache ... 19
   3.1.3 Linguistische Theorien zur Untersuchung der Sportsprache .. 27
   3.1.4 Bisherige Forschungsziele 28
   3.1.5 Stellenwert der Sportsprache im Sprachsystem – Einteilungsversuche ... 32
   3.2 Forschungsstand zum Themenbereich Special Interest-Zeitschriften ... *35*
   3.2.1 Definitionsversuche des Begriffs Special Interest-Zeitschrift ... 36
   3.2.2 Status, thematische Klassifikation, Einordnung des Typs Sportzeitschrift ... 37

4. Die Textsorte Laufzeitschrift 43
   4.1 Theoretische Überlegungen zur Beschreibungsproblematik ... *43*
   4.2 Charakteristika der Textsorte Laufzeitschrift *50*
   4.2.1 Allgemeine Mediendaten deutschsprachiger Laufzeitschriften ... 50
   4.2.2 Funktionen 54
   4.2.3 Themen und Inhalte 62
   4.2.4 Die Produzenten 75
   4.2.5 Die Rezipienten 80

5.–11. Das Vokabular in Laufzeitschriften

5. Bezeichnungsklassen 89
   5.1 Bezeichnungen für Läufe und Laufarten *90*

5.1.1	Zentrale Ausdrücke	91
5.1.2	Nähere Bestimmungen	94
5.2	*Bezeichnungen, die Läufer benennen und charakterisieren*	*96*
5.2.1	Zentrale Ausdrücke	96
5.2.2	Nähere Bestimmungen	102
5.3	*Bezeichnungen für Laufveranstaltungen*	*104*
5.3.1	Appellativa	105
5.3.2	Eigennamen	107
5.4	*Bezeichnungen für Größen aus dem Wettkampf- und dem Trainingsbereich*	*109*
5.4.1	Bezeichnungen für Größen aus dem Wettkampfbereich	109
5.4.2	Bezeichnungen für Größen aus dem Trainingsbereich	113
5.5	*Bezeichnungen für Kleidungsstücke und Ausrüstungsgegenstände*	*117*
5.5.1	Bezeichnungen für Kleidungsstücke	117
5.5.2	Bezeichnungen für Ausrüstungsgegenstände und Accessoires	122
5.6	*Sonstige Bezeichnungen aus dem Laufsport*	*124*

6. Morphologie		131
6.1	*Substantiva*	*131*
6.2	*Verben*	*144*
6.3	*Adjektive*	*147*

7. Eigennamen		151
7.1	*Länder- und Ortsnamen*	*152*
7.2	*Namen für Berge, Seen und Flüsse*	*154*
7.3	*Personennamen*	*157*
7.4	*Firmennamen*	*158*
7.5	*Namen von Institutionen, Anlagen und Gebäuden*	*160*
7.6	*Temporale Namen*	*161*
7.7	*Pflanzen- und Tiernamen*	*162*

8. Anglizismen ... 165
8.1 Formen der Entlehnung und ihre Vorkommenshäufigkeit ... 165
8.2 Integration der Anglizismen ... 171
8.3 Motive für die Verwendung von Anglizismen ... 174

9. Fachlexik ... 179
9.1 Fachwortanteil ... 180
9.2 Herkunftsbereiche ... 182
9.3 Popularisierung von Fachwörtern ... 184
9.4 Motive für die Verwendung von Fachwörtern ... 191

10. Metaphern und Vergleiche ... 195
10.1 Bildspendende Bereiche ... 196
10.1.1 Fauna ... 197
10.1.2 Medizin ... 197
10.1.3 Gastronomie ... 199
10.1.4 Adel ... 200
10.1.5 Religion ... 201
10.1.6 Militär- und Kriegswesen ... 202
10.1.7 Pferdesport ... 203
10.1.8 Technik ... 204
10.2 Motive für die Verwendung von Metaphern und Vergleichen ... 204

11. Exkurs: Wortschatzveränderungen – Tendenzen und Motive ... 207
11.1 Bezeichnungsklassen ... 209
11.1.1 Bezeichnungen für Läufe und Laufarten ... 210
11.1.2 Bezeichnungen, die Läufer benennen und charakterisieren ... 212
11.1.3 Bezeichnungen für Laufveranstaltungen ... 214
11.1.4 Bezeichnungen für Größen aus dem Wettkampf- und dem Trainingsbereich ... 215
11.1.5 Bezeichnungen für Kleidungsstücke und Ausrüstungsgegenstände ... 216
11.1.6 Sonstige Bezeichnungen aus dem Laufsport ... 218

11.2	*Morphologie*	*219*
11.3	*Eigennamen*	*223*
11.4	*Anglizismen*	*230*
11.5	*Fachlexik*	*235*
11.6	*Metaphern und Vergleiche*	*241*

12. Zusammenfassung 245

13. Abkürzungsverzeichnis 251

14. Abbildungs- und Tabellenverzeichnis 252

15. Literaturverzeichnis 255

16. Wortregister 269

17. Anhang 291

Vorwort

„Das Leben besteht in der Bewegung"
[Aristoteles]

Die vorliegende Arbeit entstand in den Jahren 2002 bis 2005 und wurde bei der Philologisch-Kulturwissenschaftlichen Fakultät der Leopold-Franzens-Universität Innsbruck als Dissertation eingereicht. Frau Professor Lorelies Ortner (Universität Innsbruck) betreute die Dissertation.

Mein Leben war während dieser Zeit mit besonders viel Bewegung verbunden. Nicht nur, dass ich zeitweilig zu läuferischen Höchstformen auflief, um diesem Thema auch physisch gerecht zu werden, nein, auch ich war immer wieder bewegt – von der zahlreichen Unterstützung, die mir während des Zustandekommens und schließlich bei der späteren Drucklegung dieser Arbeit zuteil wurde. Deshalb möchte ich mich an dieser Stelle ganz herzlich bei allen bedanken, die mich direkt oder indirekt unterstützt, beraten und begleitet haben:

Dem Vizerektorat für Forschung unter der Leitung von Herrn Professor Tilmann Märk möchte ich in besonderer Weise für die finanzielle Unterstützung im Rahmen eines Druckkostenzuschusses danken.

Mein Dank gilt auch den Mitarbeiterinnen von innsbruck university press (iup), Frau Carmen Drolshagen und Frau Jasmine Heßler-Luger, welche die Erstellung der Druckvorlage vorgenommen und die Drucklegung bei „Books on Demand" betreut haben.

Frau Professor Lorelies Ortner förderte die Entstehung dieser Arbeit durch ihre konstruktive und detaillierte Kritik. An dieser Stelle möchte ich mich recht herzlich für die langjährige Betreuung, die weiterführenden Hinweise und nicht zuletzt für den menschlichen Beistand bedanken.

Allen Mitarbeitern der Zeitschriftenverlage sei für die äußerst gute Zusammenarbeit und für die vielen Gratisausgaben gedankt.

Tausend Dank meinen Eltern und meinen Freunden für ihren wertvollen Zuspruch und für das mir entgegengebrachte Verständnis, wenn in Schreibphasen manchmal Zeitknappheit herrschte.

Diese Arbeit ist all jenen gewidmet, die in ihrem Leben etwas bewegen!

Innsbruck, im Juni 2008 *Barbara Gabl*

1. Einleitung

> Laufen kann jeder. Laufen ist einfach. Laufen macht Spaß. Laufen kennt keine Grenzen. Immer mehr laufen. Laufen als Wirtschaftsfaktor.[1]

Schon allein diese sechs Argumente sprechen für die positive Bewertung des Laufsport-Trends, welcher sich seit ungefähr 30 Jahren allerorts bemerkbar macht – er zieht immer noch größere Menschenmassen in seinen Bann. Die allgemein zu beobachtende „Neu-Entdeckung" des menschlichen Körpers zeigt sich somit auch im Neu-Aufleben einer grundlegenden Körperübung, wie sie eigentlich seit Menschengedenken besteht. Das zunehmende Interesse in der Öffentlichkeit spiegelt sich aber gerade in der breiten Berichterstattung in den Medien wider – ebenso wie in der Zeitschriftengattung, mit welcher sich die vorliegende Arbeit eingehend befasst: in Laufzeitschriften.

Es soll jedoch nur eines der Ziele dieser Untersuchung sein, einleitend das Medium Laufzeitschrift mit seinen medientypischen Charakteristika zu beschreiben: Ein zweiter Forschungsschwerpunkt liegt auf der Analyse des für Laufzeitschriften typischen Gebrauchs lexikalischer Mittel. Schließlich besteht ein weiteres Untersuchungsziel darin, das Vokabular in Laufzeitschriften unter sprachhistorischen Aspekten, sozusagen im Wandel der Zeit zu betrachten und angesichts der Veränderungen die Einstellungen seitens der Sprachbenutzer auszuforschen. Primäres Ziel dieser Arbeit ist es, typische Merkmale, die Laufzeitschriften unter textsortenlinguistischen und lexisch-phraseologischen Gesichtspunkten aufweisen, aufzuzeigen sowie auf Tendenzen und künftige Entwicklungen im spezifischen Wortschatz hinzuweisen.

In prägnanter Form lassen sich die zugrundeliegenden Forschungsfragen wie folgt formulieren:

1. Welche Charakteristika konstituieren die Textsorte Laufzeitschrift? (s. 4.)

2. Wodurch zeichnet sich das Vokabular in Laufzeitschriften aus? (s. 5.–10.)

3. Welche Veränderungen erfuhr/erfährt das Vokabular, wohin tendiert es und welche außer- sowie innersprachlichen Motive waren/sind für die Entwicklungen ausschlaggebend? (s. 11.)

---

[1] Vgl. *Runner's World* 2003, 24 f.

Nach einführenden Erläuterungen zum verwendeten Material und zu den angewandten Methoden (Abschnitt 2.) wird im dritten Abschnitt zunächst ein Überblick über die Erforschung der Sportsprache und der Special Interest-Zeitschriften gegeben sowie Auskunft über bereits vorliegende Ergebnisse zu diesen Themenbereichen erteilt.

Im vierten Abschnitt liegt das besondere Augenmerk auf den textsortenkonstituierenden Merkmalen von Laufzeitschriften. Nach theoretischen Überlegungen zur Beschreibungsproblematik findet eine Charakterisierung der Textsorte Laufzeitschrift statt. Im Mittelpunkt stehen sowohl das Kommunikationsmedium – mit seinen Funktionen, Themen und Inhalten – als auch die Kommunikationspartner Produzent und Rezipient.

Im Anschluss an die Textsortencharakterisierung soll im Hauptteil, in den Abschnitten 5.–11., der spezifische Wortschatz von Laufzeitschriften einer eingehenden Betrachtung unterzogen werden.

In Abschnitt 5. rücken speziell die herausragendsten Bezeichnungsklassen, etwa die Bezeichnungen für Läufe, Läufer oder Laufveranstaltungen, in den Fokus der Betrachtung. Es gilt nicht nur den Wortbestand zu beschreiben, sondern auch auf Wortfrequenzen innerhalb der Benennungskategorien oder auf die Vorkommenshäufigkeiten einzelner Lexeme hinzuweisen und sich abzeichnende Wortschatztendenzen zu analysieren.

Abschnitt 6. gibt Aufschluss über die morphologische Struktur des Wortschatzes. Von besonderem Interesse sind in diesem Teil die morphematischen Merkmale von Substantiven, Verben und Adjektiven sowie deren Häufigkeitsverteilung in Laufzeitschriften.

Der Inhalt des siebten Abschnitts ist eine Analyse des Laufzeitschriftenvokabulars in Hinblick auf vorhandene Eigennamen. Vertreter spezifischer onomasiologischer Namenkategorien sind in Laufzeitschriften in hoher Zahl vertreten – diese Vertreter sollten ausgeforscht und ihre Qualitäten skizziert werden.

Um den Anglizismengebrauch kreisen die Ausführungen in Abschnitt 8. Neben den Entlehnungsformen und ihrer Vorkommenshäufigkeit kommen auch mögliche Integrationsvarianten zur Sprache. Motive für die Verwendung von Anglizismen sind darüber hinausgehend ein wesentliches inhaltliches Thema.

Fachlexikalische Aspekte rücken in Abschnitt 9. in den Vordergrund. Konkret werden der Fachwortanteil, die typischen Herkunftsbereiche von Fachlexemen, die Popularisierung von Fachwörtern sowie die für den Fachworteinsatz in Frage kommenden Motive seitens der Produzenten untersucht.

Ein weiterer Abschnitt widmet sich der Analyse von Metaphern und Vergleichen (Abschnitt 10.); er beschließt sozusagen die Gesamtschau über das Laufzeitschriftenvokabular. In diesem Abschnitt interessieren nicht nur bildspendende Bereiche, wie beispielsweise die Fauna, die Medizin, die Gastronomie u. a., sondern auch wiederum die Motive der Verwendung, und zwar jene, welche für die (sprachliche) Bildhaftigkeit der Texte in Laufzeitschriften entscheidend sind.

Der elfte und zugleich letzte größere Hauptabschnitt dieser Arbeit gewährt schließlich einen Einblick in Wortschatzveränderungen, wie sie sich für die letzten zehn Jahre ergeben. Welche Änderungen vollziehen sich im semantischen Bereich? Welche Wortbildungsverfahren werden neuerdings häufiger eingesetzt? Warum gewinnen Eigennamen an Relevanz? Kann in puncto Laufzeitschriften von einer fortschreitenden Anglizismenüberflutung ausgegangen werden? Dringt zusehends Fachsprachlichkeit in den Wortschatz ein; wenn ja, aus welchen Teilgebieten? Welche Metaphern sind heute im Vergleich zu 1990 bis 1993 oftmals in Verwendung und warum? Auf diese und noch viele weitere Fragen sollen im Rahmen von Abschnitt 11. Antworten oder zumindest Erklärungen gefunden werden.

Eine Zusammenfassung der Untersuchungsergebnisse beschließt diese Arbeit (Abschnitt 12.).

Zum Gebrauch von Personenbezeichnungen in der vorliegenden Arbeit gilt es schon im Voraus zu bemerken, dass aus sprachökonomischen Gründen auf geschlechterspezifischen Sprachgebrauch verzichtet wird und männliche Personenbezeichnungen allgemeingültig Verwendung finden. Ist im Folgenden von *Läufern, Produzenten* oder *Rezipienten* und im übernächsten Abschnitt sogleich von *Autoren* die Rede, so sollen sich *Läuferinnen, Produzentinnen, Rezipientinnen* und *Autorinnen* im Geiste (gleichberechtigt) miteingeschlossen fühlen.

2. Material und Methoden

In Anbetracht der zahlreichen möglichen Blickwinkel, aus denen Laufzeitschriften zu untersuchen sind, soll das Ziel der vorliegenden Arbeit nicht darin bestehen, monoperspektivische Forschung zu betreiben, vielmehr liegen dieser Arbeit mehrere unterschiedliche, empirische Vorgehensweisen zugrunde.

Als primäre Materialgrundlage fungieren folgende deutschsprachigen Laufzeitschriftentitel:

Zeitschrift	Charakteristik
aktiv Laufen	Laufsport
condition	Lauf- und Ausdauersport
Fit for Life (vormals *Läufer*)	Fitness, Lauf- und Ausdauersport
Laufsport Marathon	Laufsport, Triathlon, Duathlon, Langlauf und Orientierungslauf
LaufZeit	Laufsport
Running	Laufsport
running-pur	Laufsport in Süddeutschland
Runners World	Laufsport
Spiridon	Laufsport
Vienna City Marathon Running	Laufsport, Gesundheit und Wohlbefinden

Tabelle 1: Deutschsprachige Laufzeitschriften

Ausführliche Angaben zu den einzelnen Zeitschriftenmedien erfolgen etwas später in Abschnitt 4.2.1. (eine Auswahl an Titelblättern befindet sich im Anhang; Abschnitt 17.).

Aus der Vielzahl der bislang erschienenen Ausgaben wurden seitens der Redaktionen bzw. der Vertriebsleiter – je nach Verfügbarkeit bzw. per Zufall – Hefte ausgewählt und mir für meine Zwecke gratis zugesandt; Informationen zu den Ausgabennummern sind dem Literaturverzeichnis zu entnehmen (Abschnitt 15.1.). Insgesamt stellen 220 Laufzeitschriftenhefte aus den Jahren 1990 bis 2003 die Basis bzw. Textgrundlage für diese Arbeit dar.

Während im vierten Abschnitt die Laufzeitschriften als eigenständige Textsorte charakterisiert werden, stützen sich die Ausführungen in den Abschnitten 5.–10. auf ein 5.280 Wörter umfassendes Grundkorpus von laufsportspezifischen Lexemen. Die Wahl der Belege ist mittels einer Zufallstabelle[2] erfolgt, wobei sich die Beleganzahl pro Zeitschrift auf jeweils 24 beschränkt. Die Wortbeispiele wurden mit Hilfe einer Datenbank in ihrem jeweiligen Kontext erfasst und aufbereitet. Für die Einzeluntersuchung in Abschnitt 12. fungieren jeweils 800 Wörter aus den Jahren 1990–1993 bzw. 2000–2003 als Ausgangsbasis für die Vergleichsanalysen; die Wortauswahl erfolgte wiederum nach dem Zufallsprinzip.

Der genaue Quellennachweis der Belege findet sich stets nach dem Zitat in Klammern: Die Chiffre gibt Auskunft über den jeweiligen Zeitschriftentitel; Monat bzw. Ausgabennummer/Erscheinungsjahr und Seitenzahl scheinen nachfolgend auf.

Die untenstehende Tabelle 2 beinhaltet eine Aufschlüsselung der Chiffren (vgl. Abschnitt 14.).

Chiffre	Zeitschrift
aL	*aktiv Laufen*
Cond	*condition*
FfL	*Fit for Life*
L	*Läufer*
LM	*Laufsport Marathon*
LZ	*LaufZeit*
Run	*Running*
Run S	*Running* Sonderheft
Rup	*running-pur*
RW	*Runners World*
RW S	*Runners World* Sonderheft
Spir	*Spiridon*
VCM	*Vienna City Marathon Running*
VCM S	*Vienna City Marathon Runnning* Sonderheft

Tabelle 2: Übersicht zur Chiffrenverwendung

---

2 Vgl. Sachs 2004, 101.

Auf die eventuell unterschiedliche Handhabung von Groß- und Kleinschreibung, Getrennt- und Zusammenschreibung, von Abkürzungen, typographischen Merkmalen u. a. wird in der Regel nicht näher eingegangen. Die Belege sind also meist originalgetreu angeführt – nur gelegentlich wurden Veränderungen hinsichtlich Kasus und Numerus durchgeführt. Tippfehler und orthographische Unzulänglichkeiten (wie z. B. Beistrichfehler) sind bereits bei der Aufnahme in das Korpus korrigiert worden.

Im Rahmen von Abschnitt 11. kam zusätzlich die Methode der Informantenbefragung zur Anwendung. Alle Chefredakteure erhielten per E-Mail den im Anhang abgedruckten Fragebogen zugesandt, mit der Bitte, diesen an möglichst viele Redaktionsmitarbeiter weiterzuleiten. 103 Redakteure retournierten den Fragebogen innerhalb weniger Tage, (meistens) auch vollständig ausgefüllt. Aus Gründen der Zeitersparnis wurden nur 100 Fragebögen bei der Auswertung berücksichtigt. Eine detaillierte Beschreibung dieser Einzeluntersuchung (z. B. Geschlecht und Alter der Probanden, Aufbau des Fragebogens) erfolgt in Abschnitt 11.

3. Forschungsstand

Die Thematik dieser Dissertation bewegt sich vorwiegend im Rahmen zweier größerer Bereiche. Dabei handelt es sich einerseits um den umfangreichen Themenbereich Sprache und Sport, der im Zuge des ersten Abschnitts einer genaueren Betrachtung unterzogen wird (3.1.). Andererseits soll aber in einem zweiten, etwas knapperen Abschnitt auch der noch recht junge Forschungsstand zum eher eng gefassten Thema Special Interest-Zeitschriften beschrieben werden (3.2.).

Aufgrund der Fülle an Fragestellungen, mit denen man an die vorhandene Forschungsliteratur herantreten kann, erscheint es sinnvoll, sich vorrangig auf solche zu konzentrieren, deren Antworten für den weiteren Verlauf dieser Arbeit von Nutzen sind – da sie eine breite und fundierte Ausgangsbasis darstellen.

Die vier zentralen Fragestellungen, auf die speziell im Kontext mit dem Themenkomplex Sprache und Sport eingegangen wird (3.1.1.–3.1.5.), lassen sich folgendermaßen formulieren (s. u.). Der Begriff *Sportsprache* wird an dieser Stelle und im Folgenden als Oberbegriff für alle in der Kommunikation im Sport und über den Sport verwendete Sprachformen verstanden.

- Wie kann die Forschungsliteratur eingeteilt werden, und wie verteilen sich die Untersuchungen zur Sportsprache zeitlich in ihren Schwerpunkten? (3.1.1. und 3.1.2.)

- Welche Auffassungen von der Sprache des Sports sind in der Literatur großteils vorzufinden bzw. welche Annäherungsversuche an das Phänomen Sportsprache können im Allgemeinen beobachtet werden? (3.1.3.)

- Worin bestehen bisherige Forschungsziele; welche Fragestellungen kamen im Laufe der Zeit hinzu? (3.1.4.)

- Welche Erkenntnisse über den Stellenwert der Sportsprache im gesamten Sprachsystem gehen aus der Forschungsliteratur hervor; wie lässt sich die Sportsprache ihrerseits gliedern? (3.1.5.)

Im Anschluss an die Diskussion dieser Fragen sind für die Beschreibung des Forschungsstandes zum Themenbereich Special Interest-Zeitschriften (3.2.1. und 3.2.2.) zwei Fragen besonders relevant:

- Was versteht man unter dem Begriff *Special Interest-Zeitschrift*; wie wird dieser definiert? (3.2.1.)

- Welchen Status nehmen Special Interest-Zeitschriften innerhalb des Mediums Zeitschrift ein? Wie werden Special Interest-Zeitschriften nach ihrer Thematik klassifiziert, wo lässt sich dabei der Typus Sportzeitschrift einordnen? (3.2.2.)

3.1. Forschungsstand zum Themenbereich Sprache und Sport

Die Anzahl der bisherigen einschlägigen Untersuchungen zum Thema Sprache und Sport hält sich – im Vergleich zu anderen Fach- und Sondersprachen – in Grenzen. Trotzdem ist es erforderlich, mich bei der Beschreibung des aktuellen Forschungsstandes auf einige ganz wesentliche Aspekte zu konzentrieren. Diese spiegeln in groben Zügen meine erste intensivere Kontaktaufnahme mit dem Themengebiet Sprache und Sport wider.

Zunächst war es wichtig, eingehende Recherchen über vorhandene Forschungsliteratur anzustellen und zu beobachten, wie diese sich über die Jahre verteilt (3.1.1. und 3.1.2.). Auf diese Weise konnte ich bereits anhand der Verlagerung von den Forschungsschwerpunkten erste Tendenzen eruieren. Nach der Literaturbeschaffung und der Lektüre relevanter Forschungswerke galt es, aus diesen erkennbare linguistische Zugänge heraus zu filtern (3.1.3.). In einem weiteren Schritt wurde detailliert untersucht, inwiefern sich die jeweiligen Forschungsziele im Laufe der Zeit verändert haben, welche Aspekte neu hinzukamen (3.1.4.). Aufgrund interessanter Schlussfolgerungen aus den vorherigen Ergebnissen war es letztlich von Belang, die vorliegende Literatur auf Positionierungen der Sportsprache hin zu durchforsten bzw. den ihr beigemessenen Stellenwert in der Gesamtsprache zu ermitteln (3.1.5.).

3.1.1. Überblick über die bisherige Forschungsliteratur

Ähnlich wie Irmgard Rieder[3] in der Einleitung zu ihrer Dissertation stellte sich auch mir sehr bald eine brennende Frage: Wie viel Literatur existiert zum Themengebiet Sportsprache und wo lässt sich

---

3   Rieder, Irmgard (2000): Internationale Regelwerke – eine kaum beachtete Textsorte im Sport. Textlinguistische und terminologische Untersuchung der deutschen und englischen Regelwerke von Sportarten mit Bezug zum alpinen Raum.

die Mehrheit zeitlich ansiedeln? Rieder zog bereits im Jahr 2000 den Österreichischen Verbundkatalog nach verfügbaren Titeln zum Bereich Sprache und Sport zu Rate und ordnete sie im Anschluss in vier inhaltliche Bereiche ein – Sprache der Sportberichterstattung, Sprache der Sportler untereinander, Sprache im Sportunterricht und Fachsprachen einzelner Sportarten.[4] Zu ihren gewünschten Titeln gelangte Rieder über drei Suchwortketten: *Sprache AND Sport, Fachsprache AND Sport, Sport AND Berichterstattung*. Die unterschiedliche Anzahl an Treffern (Sport AND Sprache: 83, Fachsprache AND Sport: 26, Sport AND Berichterstattung: 110) und deren zeitliche Verteilung erlaubte ihr Aussagen darüber, welche Themenbereiche in bestimmten Zeiträumen dominierten.[5] Zudem wurde es dadurch möglich, die eben besprochene Titeleinteilung zu treffen.

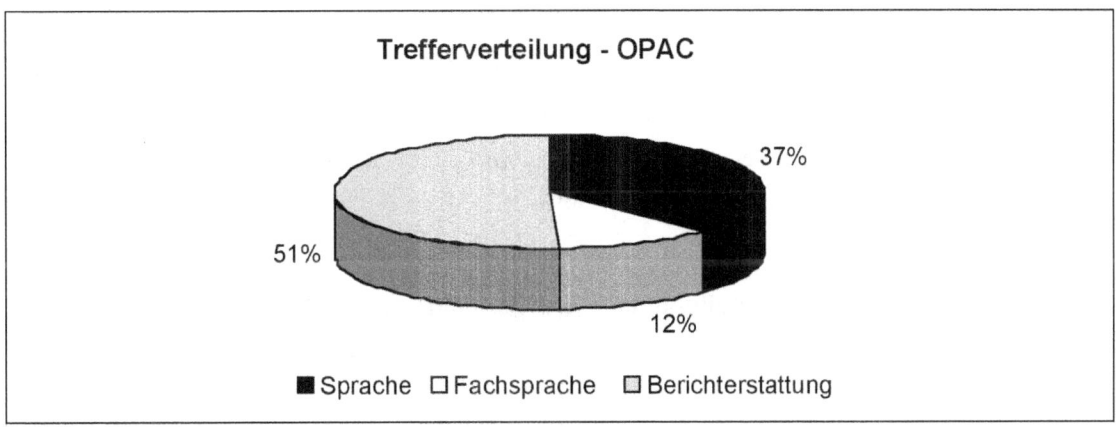

Abbildung 1: Trefferverteilung – Österreichischer Verbundkatalog

Bei meiner – vier Jahre später – getätigten Suchanfrage konnte ich im Österreichischen Verbundkatalog über die erwähnten drei Suchwortketten[6], wie erwartet, für zwei Bereiche einen beachtlichen Titelzuwachs verbuchen; der viel mit der Retrokatalogisierung zu tun hat. Gemessen an der im Jahr 2000 vorhandenen Titelanzahl für die drei Bereiche, unterscheiden sich die prozentuellen Zuwächse seit 2000 nicht allzu sehr voneinander. Die Trefferanzahl zu *Sprache AND Sport* erhöhte sich auf 133 (+ 38 %), zu *Sprache AND Berichterstattung* finden sich inzwischen 182 Titel (+ 40 %). Auch über

---

4   Rieder 2000, 34 f.
5   Rieder 2000, 33 f.
6   Die Suche über diese drei Suchwortketten erscheint als sinnvoll, zumal die drei Schlagworte Sprache, Fachsprache und Berichterstattung tatsächlich den Kernbereich der Literatur zum weiteren Gebiet der Sportsprache abdecken (vgl. 3.1.3. und 3.1.4.).

die Suchwortkette *Fachsprache AND Sport* sind bereits 43 Titel (+ 40 %) aufzufinden.[7] Mit einem Zuwachs von 50 bzw. 72 Titeln in vier Jahren treten die Bereiche Sprache bzw. Berichterstattung noch mehr in den Vordergrund, als sie dies schon im Jahr 2000 taten. Insgesamt lassen sich die Suchergebnisse zur österreichweiten Recherche wie folgt darstellen (siehe Abb. 1).

Während man aus den Vergleichsergebnissen (2000 vs. 2004) prinzipiell folgern kann, dass sich die Literatur zur Sprache des Sports und zur Sportberichterstattung in den letzten vier Jahren rasch vermehrt hat, ist es dennoch aufschlussreich, sich die zeitliche Verteilung von Titeln älteren Datums anzuschauen. Rieder untersucht diesen Aspekt ebenfalls in ihrer Dissertation und kommt zu dem Schluss, dass „der Schwerpunkt des Forschungsinteresses zwischen 1965 und 1975 eher im Bereich Fachsprache und Terminologie lag, während die Arbeiten zum Themenkreis Berichterstattung in den 80er Jahren begannen und in den 90er Jahren intensiviert wurden. Außerdem wurden in den letzten 10 Jahren wieder vermehrt Wörterbücher und Terminologien zu einzelnen Sportarten produziert."[8] Dieser Folgerung schließe ich mich mit einem Überblick über meine modifizierten „Vergleichsergebnisse" aus dem Jahr 2004 an (siehe Abb. 2).

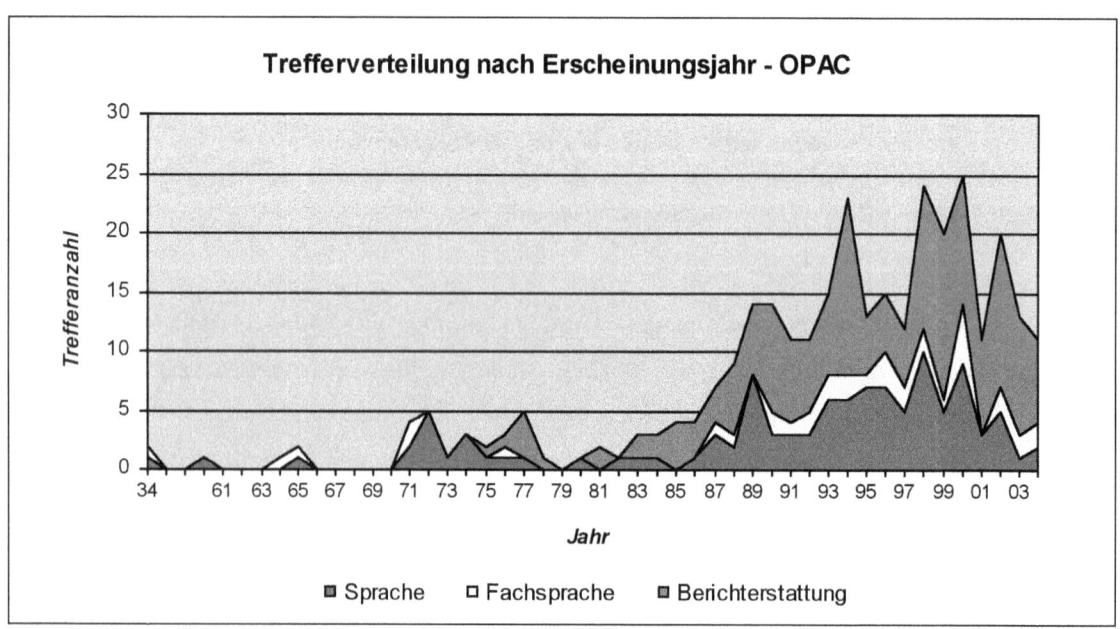

Abbildung 2: Trefferverteilung nach Erscheinungsjahr. Österreichischer Verbundkatalog

---

7   Stand 27. 10. 2004.
8   Rieder 2000, 35.

Forschungsstand | 15

Um sich einen besseren, umfassenderen Überblick über vorhandene Publikationen verschaffen zu können, lohnt es sich aber, eine zusätzliche KVK[9]-Recherche zu unternehmen. Zu dieser KVK-Suchanfrage gilt es vorweg zu bemerken, dass diese sich auf 14 Teilkataloge bzw. Bibliotheksverbundkataloge (aus Deutschland, Österreich und der Schweiz) erstreckt – der Österreichische Verbundkatalog bildet davon einen Teilkatalog. Es wäre prinzipiell möglich gewesen, noch weitere (weltweite) Kataloge hinzuzunehmen. Aufgrund des vorwiegenden Interesses an Literatur zur deutschen Sportsprache – und aus Zeitgründen – ist eine Beschränkung auf 14 Kataloge aus drei Nationen durchaus angebracht. Die Suchanfrage wurde wiederum mit den vorherigen drei Suchwortketten gestartet und die umfangreichen Ergebnisse (Stand 27.10.2004) nach drei Kriterien ausgewertet: nach der Aufteilung der Treffer auf die 14 Kataloge[10], nach einer Gesamtaufteilung der relevanten Treffer auf die drei Suchbereiche und einer Aufteilung nach dem Erscheinungsjahr der jeweiligen einschlägigen Titel.

Hinsichtlich ihrer Aufteilung auf die 14 Teilkataloge ging aus der Auswertung der Treffer hervor, dass der Österreichische Verbundkatalog zu allen drei Suchwortketten die meisten Titel anbietet, aber auch die Österreichische Nationalbibliothek, der Bibliothekenverbund von Nordrhein-Westfalen (NRW), der Hessische Verbundkatalog (HeBIS) und der deutsche Gesamtkatalog (GBV) über sehr viele Einträge verfügen (siehe Abb. 3)[11]. Daraus lässt sich schlussfolgern, dass die für mich relevanteste Forschungsliteratur hauptsächlich in Österreich und Deutschland vorzufinden ist.

---

9   Karlsruher Virtueller Katalog.
10   Im Einzelnen: Österreichische Nationalbibliothek 1992-, Österreichische Nationalbibliothek 1501–1929, Österreichischer Verbundkatalog, Hessischer Verbundkatalog, KOBV Berlin-Brandenburg Index, Bibliotheksverbund Bayern, Südwestdeutscher Bibliotheksverbund, Verbundkatalog Nordrhein-Westfalen, Gemeinsamer Bibliotheksverbund der Länder Bremen, Hamburg, Mecklenburg-Vorpommern, Niedersachsen, Sachsen-Anhalt, Schleswig-Holstein und Thüringen, IDS Zürich Zentralbibliothek/NEBIS IDS Universität Zürich, Westschweizer Bibliotheksverbund, Schweizerische Landesbibliothek, IDS Basel/Bern.
11   Erklärung der Abkürzungen: „HeBIS" (Hessischer Verbundkatalog), „BVB" (Bibliotheksverbund Bayern), „ÖNB 2" (Österreichische Nationalbibliothek 1992-), „CH-We" (Westschweizer Bibliotheksverbund), „ÖVK" (Österreichischer Verbundkatalog), „SWD" (Südwestdeutscher Bibliotheksverbund), „ÖNB 1" (Österreichische Nationalbibliothek 1501–1929), „CH-Lb" (Schweizerische Landesbibliothek), „NEBIS" (IDS Zürich Zentralbibliothek/NEBIS), „NRW" (Verbundkatalog von Nordrhein-Westfalen), „IDS Basel" (IDS Basel/Bern), „GBV" (Gemeinsamer Bibliotheksverbund der Länder Bremen, Hamburg, Mecklenburg-Vorpommern, Niedersachsen, Sachsen-Anhalt, Schleswig-Holstein und Thüringen), „IDS Uni Zürich" (IDS Universität Zürich), „KOBV" (KOBV Berlin-Brandenburg Index).

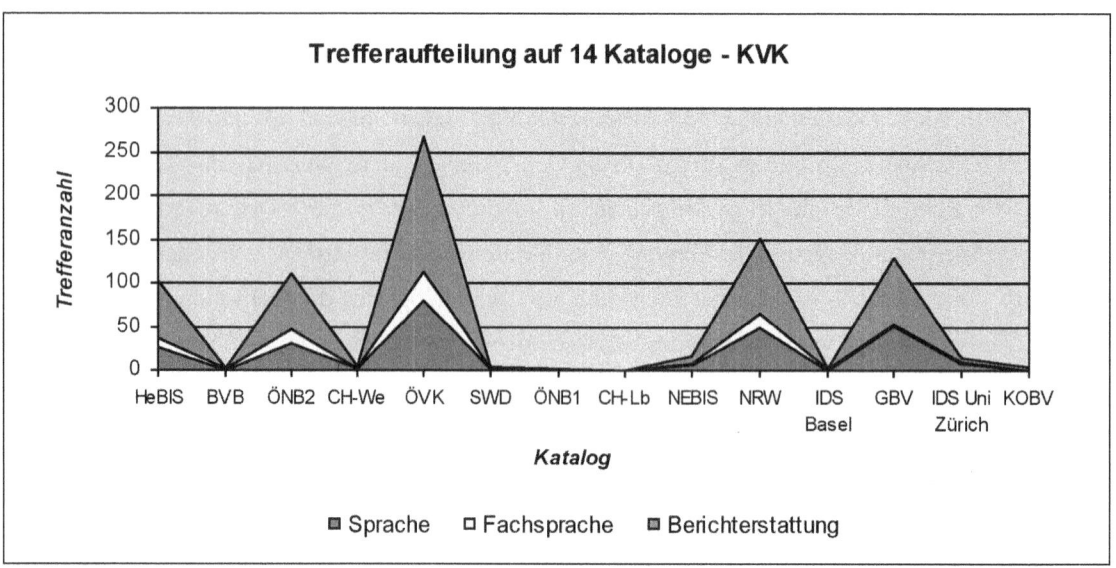

Abbildung 3: Trefferaufteilung auf 14 Kataloge. Karlsruher Virtueller Katalog

Auffällig ist, dass die Gesamtkataloge bei der Erfassung der vorhandenen Titel der Teilbibliotheken durchwegs Reduzierungen vornehmen. So sind z. B. einige Titel des Kataloges der Österreichischen Nationalbibliothek im Österreichischen Gesamtkatalog nicht vertreten.[12] Ähnliche Beobachtungen konnten beim deutschen und schweizerischen Gesamtkatalog (GBV und NEBIS) gemacht werden. Ebenso erhält man eine andere, abweichende Trefferanzahl speziell zum Österreichischen Verbundkatalog, wenn man dieselbe Suchanfrage via KVK startet.

Die Gesamtaufteilung aller erreichten Treffer[13] zu den drei Bereichen Sprache, Fachsprache und Berichterstattung unterstreicht die Resultate, die bereits im Zusammenhang mit der vorherigen Recherche vorlagen (s. o.). Der Bereich der Sportberichterstattung nimmt treffermäßig nicht nur im Österreichischen Verbundkatalog eine Spitzenposition ein (s. o.). Bei einer KVK-Suchanfrage sticht die Vorrangstellung des Bereiches Sportberichterstattung noch stärker ins Auge. Gemessen an den Trefferanteilen zu den beiden Themengebieten Sprache (260 Titel) und Fachsprache (89 Ti-

---

12 Was sich dadurch erklären lässt, dass der Österreichische Verbundkatalog großteils Titel registriert, die nach 1988 (Einführung der EDV-Erfassung) erschienen sind, die Österreichische Nationalbibliothek aber besonders ältere Publikationen erfasst.

13 Durch die getrennte Verfügbarkeit aller 14 Kataloge waren Titel zwangsläufig mehrfach vertreten. Diese wurden nach bestem Wissen eruiert, so dass (eigentlich) alle datierten! Titel auch einmal verbucht sind.

tel) nimmt das Gebiet Sportberichterstattung mit 460 Titeln noch mehr Platz ein (siehe Abb. 4), ca. 56,8 %. Zum engeren Gebiet der Fachsprache hält sich die erhaltene Titelanzahl wiederum in Grenzen; diese macht ca. 11 % aus.

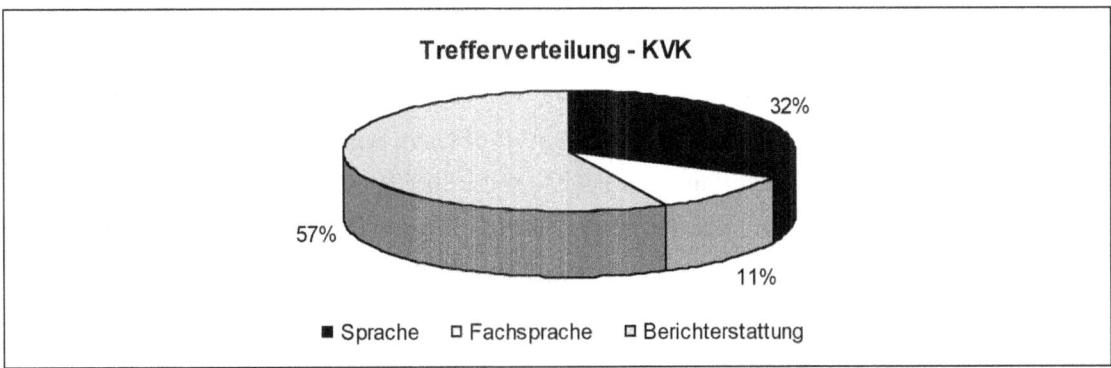

Abbildung 4: Trefferverteilung – Karlsruher Virtueller Katalog

Analysiert man die Trefferquoten hinsichtlich ihres Publikationsjahres und stellt diese zur Veranschaulichung in einem 3D-Flächendiagramm graphisch dar (siehe Abb. 5), so kann man sofort zu weiteren interessanten Schlüssen kommen.

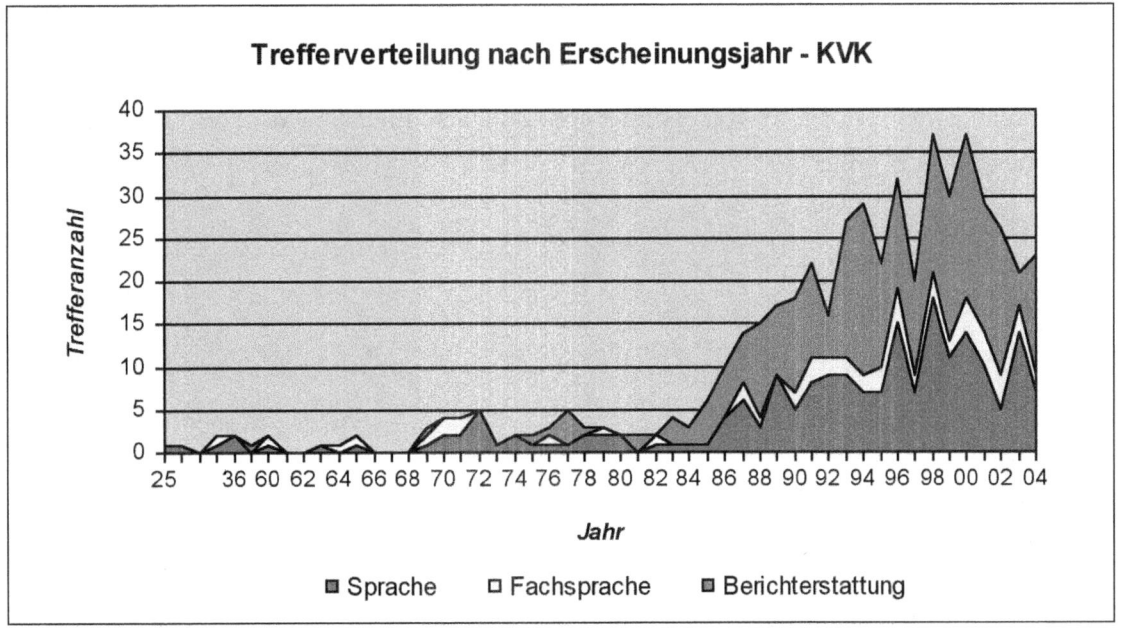

Abbildung 5: Trefferverteilung nach Erscheinungsjahr. Karlsruher Virtueller Katalog

Die Sportberichterstattung gewinnt in den Jahren 1969 bis 1972 und 1977/78 kurzfristig an Interesse. Seit 1984 erlebt dieser Bereich jedoch einen beträchtlichen Aufschwung – der sehr viel mit der EDV-Erfassung zu tun hat – selbst wenn zwischenzeitlich wieder geringeres Forschungsinteresse vorhanden gewesen sein dürfte, gegen 2004 hin die einschlägige Titelanzahl pro Jahr beträchtlich sinkt. Viele neuere Titel dürften wahrscheinlich noch nicht registriert sein. Die Entwicklungen der beiden anderen Bereiche (Sprache und Fachsprache) sind meist äquivalent; sie decken sich großteils. Vor 1968 entsteht eher wenig Literatur zu diesen zwei Bereichen, gegen 1972 hin nehmen die Veröffentlichungen erstmals deutlich zu[14] und seit der Mitte der 80er Jahre noch um ein Vielfaches mehr. In den Jahren 1991 bis 1993 bleibt das Forschungsinteresse in etwa gleich. Die Quoten zum engeren Gebiet der Fachsprache sind allerdings seit ca. 1986 gleich bleibend höher als die zur sportsprachlichen Thematik. Die angestellten Spekulationen bezüglich der Titelverteilung im Österreichischen Verbundkatalog (s. o.) können in ähnlicher Weise mittels KVK-Analysen angestellt werden.

Diese rein quantitativen Auswertungen von Trefferquoten lassen, wie eben demonstriert, einige Rückschlüsse zu, geben Anlass zu bestimmten Erwartungen. Aber sie geben in keiner Weise Aufschlüsse über die inhaltlichen Qualitäten der bereits publizierten Werke. Deswegen musste für mein weiteres Vorgehen natürlich eine Auswahl aus der verfügbaren und zudem relevanten Literatur erfolgen (siehe 3.1.2.). Nach der ersten Lektüre der ausgewählten Forschungsliteratur waren schon wesentliche Auffassungen vom Phänomen Sportsprache, mit denen Autoren an ihr Thema herangehen, zu erkennen. Außerdem musste ich feststellen, dass sich meine vorangegangenen rechnerischen Analysen gelohnt hatten, insofern sie mir bei einer ersten (groben) Einteilung der Forschungsinteressen eine hilfreiche Stütze waren.

---

14 Was in Zusammenhang mit einer (seit den 70er Jahren) allgemein stärker pragmatisch-kommunikativ ausgerichteten Linguistik steht („pragmatische Wende").

3.1.2. Bibliographie zu bisherigen Publikationen zur Sportsprache

Sprache und Sport

Ader, Armin (1988): Die Analyse der Sportsprache. In: Muttersprache 98, S. 50–57.

Amsler, Jean (1958): Zur Vorgeschichte des Wortes „Sport". In: Die Leibeserziehung 12, S. 357–359.

Bäcker, Nothburga (1975): Probleme des inneren Lehnguts. Dargestellt an den Anglizismen der französischen Sportsprache. Tübingen: Narr.

Bausinger, Hermann (1988): Dreiteilung der Sportsprache. In: Brandt, Wolfgang (Hrsg.): Sprache des Sports. Ein Arbeitsbuch für die Sekundarstufe II. Frankfurt am Main: Verlag Moritz Diesterweg. (= Kommunikation/Sprache. Materialien für den Kurs- und Projektunterricht). S. 25–27.

Beard, Adrian (2001): The language of sport. London [u.a.]: Routledge.

Bechler, Karl (1914): Die Sprache des deutschen Sports. In: Zeitschrift des Allgemeinen deutschen Sprachvereins 29, S. 152–156.

Becker, Hartmut (1988): Sportsprache als Sondersprache. In: Brandt, Wolfgang (Hrsg.): Sprache des Sports. Ein Arbeitsbuch für die Sekundarstufe II. Frankfurt am Main: Verlag Moritz Diesterweg. (= Kommunikation/Sprache. Materialien für den Kurs- und Projektunterricht). S. 23.

Becker, Karlheinz (1970): Sportanglizismen im modernen Französisch. Dissertation: Mainz. (= Untersuchungen zur romanischen Philologie; Bd. 4).

Beyer, Erich (1964): Die amerikanische Sportsprache. Schorndorf: Hofmann.

Borodulina, Marija K. (1980): Aus der Sprache des Sports. Übersetzt aus dem Russischen. Moskau: Vyssaja Skola.

Boschert, Bernhard (1996): Texte und Spiele. Sprachspiele des Sports. 1. Auflage. Sankt Augustin: Academia-Verlag. (= Sport, Spiele, Kämpfe; Bd. 4).

Brandhofer, Gerhard (1968): Die Terminologie des Sports in Österreich, im Vergleich zur deutschen Sportsprache. Hausarbeit: Innsbruck.

Brandt, Wolfgang (1983): „Schwere Wörter" im Bereich Sport. In: Henne, Helmut (Hrsg.): Wortschatz und Verständigungsprobleme. Was sind „schwere Wörter" im Deutschen? Berlin: de Gruyter. (= Sprache der Gegenwart; Bd. 57). S. 92–118.

Brandt, Wolfgang (Hrsg.) (1988a): Sprache des Sports. Ein Arbeitsbuch für die Sekundarstufe II. Frankfurt am Main: Verlag Moritz Diesterweg. (= Kommunikation/Sprache. Materialien für den Kurs- und Projektunterricht).

Brandt, Wolfgang (1988c): Differenzierung. In: Brandt, Wolfgang (Hrsg.): Sprache des Sports. Ein Arbeitsbuch für die Sekundarstufe II. Frankfurt am Main: Verlag Moritz Diesterweg. (= Kommunikation/Sprache. Materialien für den Kurs- und Projektunterricht). S. 101–102.

Brandt, Wolfgang (1988d): Sprachwissenschaftliche Anmerkungen zur Wortschatz-Kritik. In: Brandt, Wolfgang (Hrsg.): Sprache des Sports. Ein Arbeitsbuch für die Sekundarstufe II. Frankfurt am Main: Verlag Moritz Diesterweg. (= Kommunikation/Sprache. Materialien für den Kurs- und Projektunterricht). S. 105–108.

Brandt, Wolfgang (2001): Turner üben, Sportler trainieren. Zur Turn- und Sportsprache im 19. Jahrhundert. In: Angelika Braun (Hrsg.): Beiträge zu Linguistik und Phonetik. Festschrift für Joachim Göschel zum 70. Geburtstag. Stuttgart: Franz Steiner Verlag. (= Zeitschrift für Dialektologie und Linguistik, Beihefte; Bd. 118). S. 308–334.

Bues, Manfred (1937): Die Versportung der deutschen Sprache im 20. Jahrhundert. Dissertation: Greifswald. (= Deutsches Werden; Bd. 10).

Bues, Manfred (1952): Der Sport und unsere Sprache. In: Muttersprache 62, S. 17–24.

Bues, Manfred (1953a): Schrifttum zur Sportsprache 1936–1952. In: Muttersprache 63, S. 171–178.

Bues, Manfred (1953b): Der Begriff „Sportsprache". In: Muttersprache 63, S. 22–24.

Bues, Manfred (1956): Die Sportsprache im Deutschunterricht. In: Muttersprache 66, S. 431–434.

Dietz, Martin (1937b): Die Nebenbedeutungen des Wortes „Sport". In: Muttersprache 47, S. 235.

Digel, Helmut (1976): Sprache und Sprechen im Sport. Eine Untersuchung am Beispiel des Hallenhandballs. Hrsg. von Ommo Gruppe. Schorndorf: Verlag Karl Hofmann. (= Reihe Sportwissenschaft, Ansätze und Ergebnisse; Bd. 4).

Digel, Helmut (1988): Zum Sprachgebrauch der Sportler. In: Brandt, Wolfgang (Hrsg.): Sprache des Sports. Ein Arbeitsbuch für die Sekundarstufe II. Frankfurt am Main: Verlag Moritz Diesterweg. (= Kommunikation/Sprache. Materialien für den Kurs- und Projektunterricht). S. 50–52.

Eckardt, Olga (1936): Die Sportsprache von Nürnberg und Fürth. Eine volkssprachliche Untersuchung. Dissertation: Erlangen. (= Fränkische Forschungen; Bd. 8).

Grosse, Siegfried (1962): *Rennen und Laufen* in der Sprache des Sports. In: Zeitschrift für deutsche Wortforschung 18, Band 3 der neuen Folge. Hrsg. von Werner Betz. Berlin: de Gruyter. S. 100–107.

Hahn, Günter (1938): Vom Einfluß des Sports auf die deutsche Sprache. In: Geistige Arbeit 16, S. 5–6.

Haubrich, Werner (1965): Die Bildsprache des Sports im Deutsch der Gegenwart. Schorndorf bei Stuttgart: Hofmann. (= Beiträge zur Lehre und Forschung der Leibeserziehung; Bd. 21).

Haubrich, Werner (1968): Die Metaphorik des Sports in der deutschen Gegenwartssprache. In: Der Deutschunterricht 5, S. 112–133.

Haubrich, Werner (1988): Herkunft und Funktion der Metaphern aus dem Sport. In: Brandt, Wolfgang (Hrsg.): Sprache des Sports. Ein Arbeitsbuch für die Sekundarstufe II. Frankfurt am Main: Verlag Moritz Diesterweg. (= Kommunikation/Sprache. Materialien für den Kurs- und Projektunterricht). S. 33–34.

Hempel, Friedrich (1928): Sportsprache. In: Muttersprache 38, S. 401–406.

Köhle, Brunhilde Theresia (1999): Die italienische Sportsprache. Diplomarbeit: Innsbruck.

Krapp, Helmut (1961/62): Das Widerspiel von Bild und Sprache. In: Sprache im technischen Zeitalter 1, S. 38–45.

Laven, Paul (1956): Sprache und Stil und die Welt des Sports. In: Muttersprache 66, S. 413–419.

Lipczuk, Ryszard (1999): Wörter fremder Herkunft im deutschen und polnischen Sportwortschatz. 1. wyd. Szczecin : Wydawn. Naukowe Uniw. Szczecinskiego. (= Rozprawy i studia/Uniwersytet Szczecinski; Bd. 325).

Onysko, Alexander (2001): English in Modern Sports and Its Repercussions on German. Diplomarbeit: Innsbruck.

Ostrop, Max (1931): Der Sport als Sprachschöpfer. In: Die Leibesübungen 50, S. 43–44.

Ostrop, Max (1937a): Zur Aufgabe der Erfassung des Wortschatzes unserer Sportsprache. In: Leibesübungen und körperliche Erziehung 4–5, S. 91–93.

Ostrop, Max (1937b): Die Sportsprache, eine neue deutsche Standessprache. In: Sprachkunde 2, S. 13–19.

Ostrop, Max (1937c): Eigennamen als Wortschöpfer in der Sportsprache. In: Muttersprache 47, S. 331–333.

Ostrop, Max (1938a): Der Einfluss der Sportsprache auf unsere Umgangssprache. In: Sprachkunde 5, S. 8–12.

Ostrop, Max (1938b): Vom Einfluss des Sports auf unsere Schriftsprache. In: Der dt. Schriftsteller 3, S. 246–248.

Palmatier, Robert A. (1989): Sports talk. A dictionary of sports metaphors. 1. Auflage. New York [u.a.]: Greenwood Press.

Pfändler, Otto (1954): Wortschatz der Sportsprache Spaniens mit besonderer Berücksichtigung der Ballsportarten. Bern: Francke.

Recke, Peter (1971): Die französische Sportsprache. In: Beiträge zur Lehre und Forschung der Leibeserziehung 44, S. 23–34.

Rosenbaum, Dieter (1988): Sportsprache und Umgangssprache. In: Brandt, Wolfgang (Hrsg.): Sprache des Sports. Ein Arbeitsbuch für die Sekundarstufe II. Frankfurt am Main: Verlag Moritz Diesterweg. (= Kommunikation/Sprache. Materialien für den Kurs- und Projektunterricht). S. 25.

Sampel, Claudia (2002): Die Metapher in der Sprache des Sports aus kontrastiver und translatologischer Sicht: Englisch – Deutsch. Diplomarbeit: Innsbruck.

Schneider, Wolf (1990): Sport und Sprache unter dem Brennglas. In: Honauer, Urs (Hrsg.): Sport & Wort. Sportberichterstattung zwischen Strohfeuerjournalismus und kritischer Reportage. Zürich: Werd. S. 35–43.

Seibold, Hans (1974): Der Einfluß des Englischen auf die französische Sportsprache der Gegenwart. Dissertation: Erlangen-Nürnberg.

Siefer, Claus (1970): Der Jargon der Sportreportage. In: Der Deutschunterricht 22, S. 104–116.

Zeidler, Hans (1936): Deutsches Wort in Spiel und Sport. In: Leibesübungen und körperliche Erziehung 55, S. 542–550.

Zimmermann, Hans (1941): Sind deutsche Sportbezeichnungen unsportlich? In: Muttersprache 51, S. 102–111.

Fachsprache und Sport

Bernett, Hajo (1965): Terminologie der Leibeserziehung. In: Beiträge zur Lehre und Forschung der Leibeserziehung 26, S. 13–25.

Bertram, Alfred (1967): Deutsche Turnsprache. Einheitliche Übungsbezeichnungen im Gerätturnen nach Beschlüssen des Deutschen Turner-Bundes. 6. Auflage, neu bearbeitet von Alfred Bertram. Frankfurt am Main: Limpert. (= Limpert-Fachbücher).

Dankert, Harald (1988): Fußballjargon. In: Brandt, Wolfgang (Hrsg.): Sprache des Sports. Ein Arbeitsbuch für die Sekundarstufe II. Frankfurt am Main: Verlag Moritz Diesterweg. (= Kommunikation/Sprache. Materialien für den Kurs- und Projektunterricht). S. 45–46.

Dietz, Martin (1937a): Der Wortschatz der neueren Leibesübungen. Dissertation: Heidelberg.

Ender, Andrea (2001): Vom Stahlross zum Downhill-Fully. Eine Untersuchung zum Vokabular des Mountainbike-Magazins „bike". Diplomarbeit: Innsbruck.

Göhler, Josef (1967): Die Leibesübungen in der deutschen Sprache und Literatur. In: Deutsche Philologie im Aufriss 3, Sp. 2973–3050.

Hug, Daniela (1997): Die Sprache in der Snowboardszene. Diplomarbeit: Innsbruck.

Joast, Angelika (2000): Anglizismen in der deutschen Gegenwartssprache unter besonderer Berücksichtigung der Jugendsprache in den neuen Modesportarten. Diplomarbeit: Innsbruck.

Knapp, Eva Maria (2000): Fachkommunikation im Langlaufsport. Mit einem Glossar. Diplomarbeit: Innsbruck.

Koch, Konrad (1903): Deutsche Kunstausdrücke des Fußballspiels. In: Zeitschrift des Allgemeinen Deutschen Sprachvereins 18, S. 169–172.

Lederer, Tina (2002): Von *Adrenalintier* bis *Zylinderkopf-Salat*. Eine Untersuchung zum Vokabular des Motorrad-Magazins „MO". Diplomarbeit: Innsbruck.

Luiprecht, Marlen (1994): Die Sprache der Sportkletterszene. Untersuchungen zum fach- und sondersprachlichen Wortschatz der Zeitschrift „rotpunkt". Diplomarbeit: Innsbruck.

Mallaun, Elke Maria (2001): Kommunikation zwischen Skilehrern und Skischülern im alpinen Skiunterricht. Eine Untersuchung zu den Sprechakten im alpinen Skiunterricht. Diplomarbeit: Innsbruck.

Mehl, Erwin (1954): Zur Fachsprache der Leibesübungen. In: Muttersprache 64, S. 240–242, 299–302, 396–397.

Mehl, Erwin (1956): Die Fachsprache der Leibesübungen als „Urkunde deutscher Bildungsgeschichte". In: Muttersprache 66, S. 419–431.

Möhn, Dieter/Pelka, Roland (1988): Fachsprache – Sport als Fach. In: Brandt, Wolfgang (Hrsg.): Sprache des Sports. Ein Arbeitsbuch für die Sekundarstufe II. Frankfurt am Main: Verlag Moritz Diesterweg. (= Kommunikation/Sprache. Materialien für den Kurs- und Projektunterricht). S. 36–37.

Pointner, Helmut (1987): Wortschatz der zeitgenössischen Tennissprache. Diplomarbeit: Innsbruck.

Posch, Elisabeth (1973): Der Wandel des alpinen Skiwortschatzes in der Tiroler Tageszeitung von 1900 – heute. Diplomarbeit: Innsbruck.

Stöckl, Alexandra (1998): Anglizismen in der deutschen Sportsprache am Beispiel des Mountain Biking. Diplomarbeit: Erlangen-Nürnberg.

Tulzer, Friedrich (1990): Studien zum süddeutschen Wortschatz des Reitens vom 16. bis zum 18. Jahrhundert. Stuttgart: Heinz, Akad. Verl. (= Stuttgarter Arbeiten zur Germanistik; Bd. 238).

Valk, Melvin (1935): Die Entwicklung der deutschen Fußballsprache. In: The Journal of English and German Philology 34, S. 567–571.

Vollmert-Spiesky, Sabine (1996): Vergleichende Untersuchung der Lexik des Fußballspiels im Russischen, Polnischen und Deutschen. Ein Beitrag zur Eurolinguistik. Wiesbaden: Harrassowitz. (= Slavistische Veröffentlichungen/Fachbereich Neuere Fremdsprachliche Philologien der Freien Universität Berlin; Bd. 81).

Wenghoffer, Petra (1998): Die Tennisfachsprache Deutsch-Schwedisch im kontrastiven Vergleich. Untersuchungen zur Struktur eines Sportfachwortschatzes und zu seinem situativen Gebrauch. Hamburg: Kovac. (= Schriftenreihe Philologia; Bd. 25).

Zeidler, Johannes (1942): Die deutsche Turnsprache bis 1819. Halle (Saale): Niemeyer. (= Untersuchungen zur Geschichte der deutschen Sprache; Bd. 2.).

Zeidler, Johannes (1972): Die deutsche Turnsprache bis achtzehnhundertneunzehn. Neudruck mit einem neuen Vorw. u. Verb. d. Verfassers. Repr. d. Ausgabe Halle a. d. Saale 1942. Walluf bei Wiesbaden: Sändig. (= Untersuchungen zur Geschichte der deutschen Sprache; Bd. 2).

Sportberichterstattung

Binnewies, Harald (1975): Sport und Sportberichterstattung. Ahrensburg bei Hamburg: Verlag Ingrid Czwalina. (= Sportwissenschaftliche Dissertationen; Bd. 4: Sportpublizistik).

Brandt, Wolfgang (1979): Zur Sprache der Sportberichterstattung in den Massenmedien. In: Muttersprache 89, S. 160–178.

Brandt, Wolfgang (1988b): Reportsprache als Standardsprache des Sports. In: Brandt, Wolfgang (Hrsg.): Sprache des Sports. Ein Arbeitsbuch für die Sekundarstufe II. Frankfurt am Main: Verlag Moritz Diesterweg. (= Kommunikation/Sprache. Materialien für den Kurs- und Projektunterricht). S. 27–30.

Brie, Peter (1955): Sport und Presse. In: Olympisches Feuer 11, S. 11–12.

Buchloh, Paul/Freese, Peter (1967): Nationale Tendenzen in der englischen und deutschen Presseberichterstattung zur Fußballweltmeisterschaft. In: Sprache im technischen Zeitalter 6, S. 335–346.

Dankert, Harald (1969): Sportsprache und Kommunikation. Untersuchungen zur Struktur der Fußballsprache und zum Stil der Sportberichterstattung. Tübingen: Untersuchungen des Ludwig-Uhland-Instituts der Universität Tübingen. (= Volksleben; Bd. 25).

Dorner, Oskar (1990): Sportsprache und Sportberichterstattung. Analyse der Kärntner Tagesberichterstattung. Dissertation: Graz.

Dotzert, Ludwig (1960): Eine Lanze für den Sportjournalisten-Stil. In: Presse und Sport. Jahrbuch des Verbandes Deutsche Sportpresse, S. 24–27.

Eggarter, Christoph (1991): Anglizismen in der Sportberichterstattung: Eine vergleichende Auswertung der deutschsprachigen Berichterstattung in den populären Sportarten Fußball, Tennis und Formel-I. Dissertation: Innsbruck.

Ernst, Bernhard (1930): Sportpresse und Sportberichterstattung, mit besonderer Berücksichtigung Westdeutschlands. Eine kritische Studie zur Sportpropaganda. Dissertation: München.

Göhler, Josef (1987): Was gesagt und geschrieben wird. In: Olympisches Feuer 37, Heft 2, S. 48–51.

Grober-Glück, Gerda (1960): Volkslesestoff „Sportbericht". Ein Beitrag zur Volkskunde der Stadt. In: Die Leibeserziehung 9, S. 84–87 und 108–113.

Grosskopf, Rudolf (1965): Klischierte Sprache im deutschen Sportjournalismus. In: Münsteraner Marginalien zur Publizistik 7. (= Publizistik im Dialog. Festausgabe für Henk Pralle). S. 69–74.

Hackforth, Josef/Weischenberg, Siegfried (1978): Sport und Massenmedien. Bad Homburg: Limpert Verlag GmbH.

Hackforth, Josef/Fischer, Christoph (1994): ABC des Sportjournalismus. München: Ölschläger (= Reihe Praktischer Journalismus; Bd. 11).

Hafner, Klaus (1989): Sportberichterstattung in allgemeinen Sportzeitschriften. Eine Analyse der Zeitschriften „Sports" und „Sportmagazin". Diplomarbeit: Graz.

Hamm, Peter (1966): Fußball oder Kriegsberichterstattung? In: Süddeutsche Zeitung, 11. 8. 1966.

Joch, Winfried (1967): Der Sportbericht – Ein Beitrag zum Thema: Sportsprache. In: Olympisches Feuer 17, S. 19–22.

Kattnig, Petra (1994): Pragmatische Aspekte der zeitgleichen Sportberichterstattung. Eine Untersuchung von Alpinen Schirennen und Eishockeyspielen. Diplomarbeit: Innsbruck.

Kleinjohann, Michael (1987): Sportzeitschriften in der Bundesrepublik Deutschland. Bestandsaufnahme – Typologie – Themen – Publikum. Theoretisch-empirische Analyse eines sportpublizistischen Mediums. Frankfurt am Main [u. a.]: Peter Lang.

Krebs, Hans-Dieter (1969): Der Sportteil. In: Handbuch der Publizistik. Bd. 2., S. 252–259.

Kroppach, Dieter (1970): Die Sportberichterstattung der Presse. Untersuchungen zum Wortschatz und zur Syntax. Inaugural-Dissertation: Marburg/Lahn.

Krüger, Stefan (1994): Sportzeitschriften: Fitneß liegt im Trend. In: Werben und verkaufen 8, S. 76–77.

Mur-Gamper, Rita (1981): Wortschatz der Sportberichterstattung in der Südtiroler Presse. Hausarbeit: Innsbruck.

Persicke, Hans (1960): Der Sportteil in der heutigen Tageszeitung. In: Die Leibeserziehung 9, S. 78–83.

Popplow, Ulrich (1955): Sportzeitschriften – soziologisch gesehen. In: Olympisches Feuer 11, S. 7–10.

Reger, Harald (1978): Die Metaphorik in der Illustriertenpresse. In: Muttersprache 88, S. 106–131.

Reitz, Rolf (1987): Sport-Titel: Tendenz positiv. Flexibles und trendorientiertes Medium. In: Horizont 48, S. 33.

Renger, Rudi (2000): Populärer Journalismus. Nachrichten zwischen Fakten und Fiktion. Innsbruck, Wien, München: Studien-Verlag (= Beiträge zur Medien- und Kommunikationsgesellschaft; Bd. 7).

Rieder, Karl-Heinz (1993): Die Sprachlosigkeit der Sportler oder die Fraglosigkeit der Sportjournalisten. Eine sprachwissenschaftliche Analyse. Diplomarbeit: Innsbruck.

Rosenbaum, Dieter (1969): Die Sprache der Fußballübertragung im Hörfunk. Dissertation: Saarbrücken.

Schlitzer, Manfred (1988): Rezeption von Sportzeitschriften in Österreich. Eine empirische Untersuchung am Beispiel der Zeitschrift „Sportmagazin". Dissertation: Salzburg.

Schneider, Peter (1974): Die Sprache des Sports. Terminologie und Präsentation in den Massenmedien. Eine statistisch vergleichende Analyse. Düsseldorf: Pädagogischer Verlag Schwann.

Schneider, Peter (1988): Der quantitative Einfluß der Sportsprache auf die Sprache der Massenmedien. In: Brandt, Wolfgang (Hrsg.): Sprache des Sports. Ein Arbeitsbuch für die Sekundarstufe II. Frankfurt am Main: Verlag Moritz Diesterweg. (= Kommunikation/Sprache. Materialien für den Kurs- und Projektunterricht). S. 31–32.

Schwier, Jürgen (2002): Mediensport. Ein einführendes Handbuch. Hohengehren: Schneider Verlag GmbH.

Tewes, Günter (1991): Kritik der Sportberichterstattung. Der Sport in der Tageszeitung zwischen Bildungsjournalismus, Unterhaltungsjournalismus und „1:1-Berichterstattung" – Eine empirische Untersuchung. Inaugural-Dissertation: Düsseldorf.

Weinstich, Peter (2001): Sport und Kommunikation. Zur öffentlich-kommunikativen Inszenierung von Sport in der Mediengesellschaft. Dissertation: Wien.

Wernecken, Jens (1999): Wir und die anderen … Nationale Stereotypen im Kontext des Mediensports. Berlin: Vistas Verlag GmbH. (= Beiträge des Instituts für Sportpublizistik; Bd. 6).

3.1.3. Linguistische Theorien zur Untersuchung der Sportsprache

Bei der inhaltlichen Auseinandersetzung mit der Forschungsliteratur wird deutlich, dass schon die Themenwahl und die Themenaufbereitung unterschiedliche Auffassungen der Autoren von der Sportsprache widerspiegeln – auch wenn diese in vielen Büchern an keiner Stelle thematisiert werden. Nur wenige Autoren beziehen in ihren Werken zum Begriff *Sportsprache* konkret Stellung oder unternehmen einen Definitionsversuch – was von manchen Autoren (z. B. Bues 1953a, Digel 1976) auf das Schärfste kritisiert wird (vgl. 3.1.5.). Nur an manchen Textstellen erwähnt ein Autor beiläufig seine Ansichten zur Sprache des Sports und erläutert, inwieweit ihn diese bei der Themenbearbeitung geleitet haben.

Generell konnte ich drei bedeutende Zugänge beobachten, über die sich die Autoren der Sportsprache nähern. Schematisch können sie folgendermaßen dargestellt werden (siehe Abb. 6):[15]

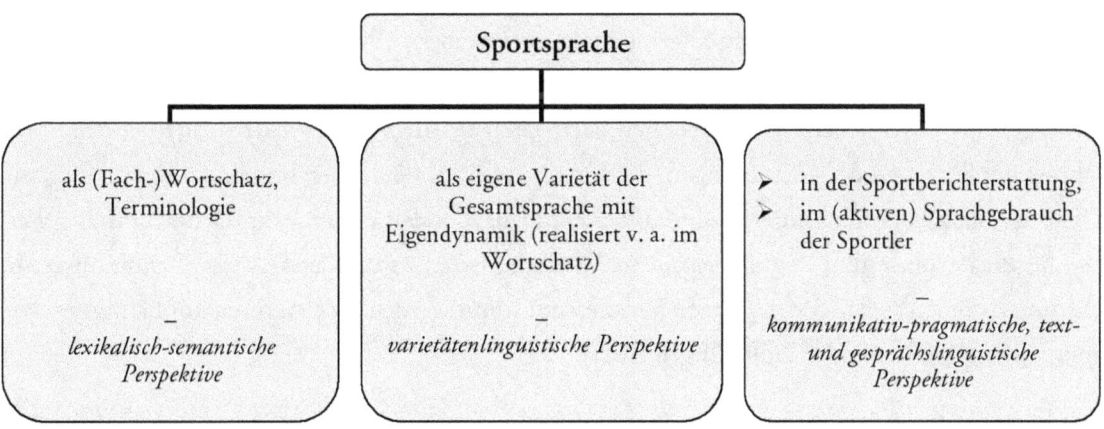

Abbildung 6: Linguistische Zugänge zur Sportsprache

Eine Annäherung an die Sportsprache kann einmal unter lexikalisch-semantischem Aspekt erfolgen. Mit dieser Betrachtungsweise wird die Sportsprache in erster Linie als Phänomen des Wortschatzes bzw. der Terminologie (im engeren Sinne) aufgefasst. Eine weitere Perspektive ist mit dieser lexikalisch-semantischen eng verknüpft, wenn die Sportsprache vornehmlich als ein Subsystem des

---

15 In vielen Untersuchungen finden aber stets mehrere Perspektiven Berücksichtigung, meist ist ein fließendes Ineinander vorzufinden, ähnlich sich überlagernden Flächen eines Flächendiagramms.

gesamten Sprachsystems angesehen wird. Die Sportsprache wird unter diesem Aspekt zu einer eigenständigen sprachlichen Varietät, die vor allem im Wortschatz realisiert wird. Diese kann ihrerseits wiederum speziellere Subvarietäten aufweisen, z.B. fachsprachlicher Art. Eine dritte Annäherungsweise manifestiert sich schließlich in der Betrachtung der Sportsprache unter kommunikativ-pragmatischen, auch text- und gesprächslinguistischen Gesichtspunkten. Dabei wird die Sprache der Sportberichterstattung fokussiert oder aber der (aktive) Sprachgebrauch von Sportlern untersucht.

Im Folgenden soll nun konkreter auf diese beobachteten Perspektiven zur Betrachtung der Sportsprache eingegangen werden – wenn diese im Kontext mit den Forschungszielen der Autoren vorkommen.

3.1.4. Bisherige Forschungsziele

Nachdem nun ein Einblick in den Werdegang und das Wesen vorhandener Forschungsliteratur gewährt (vgl. 3.1.1. und 3.1.2.) und allgemeine Perspektiven zur Betrachtung von Sportsprache angedeutet wurden (vgl. 3.1.3.), gilt es, die wichtigsten Zielsetzungen linguistischer Untersuchungen etwas genauer vorzustellen. Mit „wichtigen Zielsetzungen" meine ich Meilensteine bei der Erforschung der Sportsprache – Neuerungen, die auch spätere Forschergenerationen nachhaltig in ihrem Denken, ihrem Forschungsinteresse beeinflussten. Dabei handelt es sich hauptsächlich um die Werke, die auch explizit zum Begriff *Sportsprache* Stellung beziehen und ansatzweise Definitionsversuche unternehmen (vgl. 3.1.4.). Gerade aus diesem Grund werden jene Autoren am häufigsten von anderen in Vorworten oder Einleitungen zitiert.

In den 30er Jahren machten es sich die Autoren der ersten größeren philologischen Arbeiten zur Sportsprache zur Aufgabe, anhand von exemplarischen Wortsammlungen lexikalische und etymologische Besonderheiten der deutschen Sportsprache aufzuzeigen (s. Eckardt 1936, Dietz 1937a, Bues 1937) – „Sportsprache gilt in erster Linie als besonderer Wortschatz; sie besteht aus einem fest normierten Kanon von Begriffen."[16] Obwohl die Beschreibung des erhobenen Wortbestandes in diesen Untersuchungen als Hauptgegenstand fungiert, sucht Olga Eckardt mit ihrem regionalen Ansatz („Die Sportsprache von Nürnberg und Fürth") nach mundartlichen Einflüssen. Auch Man-

---

16 Dankert 1969, 1.

fred Bues[17] übersieht in seiner Dissertation zur „Versportung" der deutschen Sprache die merkbare Diffusion der Fachsprache in andere Sprachbereiche nicht.

Leicht zunehmendes Interesse an der Klärung des Wortes *Sport*, des Begriffes *Sportsprache*, an Überlegungen zur Sprache und der Welt des Sports zeigen sich in wenigen kurzen Abhandlungen aus den 50er Jahren (s. Amsler 1958, Bues 1952, Bues 1953a, Bues 1953b, Laven 1956). Ausgehend von Beispielsammlungen geringeren Umfangs werden in kleinen Beiträgen erste Spekulationen über die Eigenheiten der Sprache des Sports angestellt. Auch der Sonderstatus der Sportsprache innerhalb der Gesamtsprache wird mitunter tangiert.

In einer Reihe weiterer Untersuchungen, meist in Form von Aufsätzen, trachten Linguisten danach, Einzelaspekte der Sportsprache ausführlicher darzulegen (s. Grosse 1962, Krapp 1961/1962, Haubrich 1965, Haubrich 1968). Dadurch wird nicht die Sportsprache selbst zum Untersuchungsgegenstand, sondern ihre Teilaspekte. Werner Haubrich[18] versucht zum Beispiel mit seiner Materialsammlung, einem Metaphernlexikon, den Gebrauch der Sportmetaphorik im alltäglichen Bereich, in allen journalistischen Sparten, zu untersuchen. Siegfried Grosse[19] befasst sich hingegen speziell mit den besonderen semantischen Merkmalen der Wörter *Rennen* und *Laufen*, während bei Krapp[20] das Ballspiel im Sprachbild zum spezifischen Untersuchungsgegenstand wird. Die Basis für diese Untersuchungen stellen meist ausführliche, lexikalisch-etymologisch geordnete Wortsammlungen dar, die für die jeweilige Thematik hohen Aufschlusswert besitzen. Der lexikalisch-semantische Aspekt steht zu dieser Zeit (Ende der 60er, Beginn der 70er Jahre) auch vorwiegend bei Arbeiten im Mittelpunkt, die sich mit der Terminologie und/oder der Fachsprache einer oder mehrerer Sportarten beschäftigen (s. Brandhofer 1968 oder Posch 1973).

In den 60er Jahren findet zugleich die sprachliche Seite der Sportberichterstattung verstärkt Beachtung. Dotzert (1960), Grober-Glück (1960), Grosskopf (1965), Hamm (1966), Göhler (1967), Buchloh/Freese (1967) leisten erste größere Beiträge zur Bedeutung der Sportberichterstattung für

---

17 Bues, Manfred (1937): Die Versportung der deutschen Sprache im 20. Jahrhundert.
18 Haubrich, Werner (1965): Die Bildsprache des Sports im Deutsch der Gegenwart; bzw. Haubrich (1968): Die Metaphorik des Sports in der deutschen Gegenwartssprache.
19 Grosse, Siegfried (1962): *Rennen* und *Laufen* in der Sprache des Sports.
20 Krapp, Helmut (1961/1962): Das Widerspiel von Bild und Sprache.

die Sprache. Sportberichte werden als „Volkslesestoff" aufgezeigt[21], aber auch nach Stiltendenzen in der Sportberichterstattung wird schon ansatzweise gesucht. Für diese Untersuchungen stellen meist gesprochene oder geschriebene Texte die Forschungsgrundlage dar.

1969 macht es sich Harald Dankert in seinem berühmten Werk[22] zur Hauptaufgabe, neben der Struktur der Fußballsprache die unterschiedliche Stilistik der Sportberichterstattung in den Medien zu erforschen. Die Basis für sein Korpus bilden Beispiele aus verschiedenen Massenmedien, wobei diese sich auf die Sportart Fußball beschränken. Ein Jahr später trägt auch Kroppach[23] zur Erforschung der Sportberichterstattung in der Presse bei, wobei es für ihn gilt, Wortschatz und Syntax einer näheren Betrachtung zu unterziehen. Im Gegensatz zu Dankert beschränkt sich Kroppach jedoch nicht auf die Untersuchung einer speziellen Sportart, sondern er bezieht sich auf den Sport im Allgemeinen. Bezogen auf sein Ausgangsmaterial findet allerdings eine Einschränkung zu Gunsten von Tageszeitungen, Straßenverkaufszeitungen und Fachzeitungen statt.

Die Monographie „Sprache des Sports" von Peter Schneider (1974) kann zudem als Meilenstein bei der Erforschung der Sportsprache in den Massenmedien gewertet werden. Die Zielsetzung Schneiders besteht darin, den Einfluss des Sports auf die deutsche Gegenwartssprache quantitativ nachzuweisen. Schneiders Gesamtkorpus umfasst insgesamt zwölf Massenmedien (Bereiche: Zeitung, Zeitschrift, Rundfunk und Fernsehen), wobei sich der Untersuchungszeitraum lediglich auf eine Woche beschränkt hat.[24] Schneider folgend verfolgt Binnewies[25] 1975 auf systematische und quantifizierende Weise eine Beschreibung der inhaltlichen Angebotsstruktur des Massenkommunikationsmittels Zeitung. Sein Forschungsziel besteht darin, das Erscheinungsbild des Sports in der Sportberichterstattung zu untersuchen, um damit Erkenntnisse über die Bedeutung eines Massenkommunikationsmittels zu gewinnen.[26] In den Folgejahren entstehen laufend Arbeiten zur Sportberichterstattung (vgl. 3.1.1.), die oft mehr oder weniger sichtbar an die Überlegungen von Schneider

---

21 Grober-Glück, Gerda (1960): Volkslesestoff ‚Sportbericht'. Ein Beitrag zur Volkskunde der Stadt.
22 Dankert, Harald (1969): Sportsprache und Kommunikation. Untersuchungen zur Struktur der Fußballsprache und zum Stil der Sportberichterstattung.
23 Kroppach, Dieter (1970): Die Sportberichterstattung der Presse. Untersuchungen zum Wortschatz und zur Syntax.
24 Vgl. Schneider 1974, 9 f.
25 Binnewies, Harald (1975): Sport und Sportberichterstattung.
26 Vgl. Binnewies 1975, 188.

(1974) und Dankert (1969) anknüpfen und diese weiter ausbauen – s. Rosenbaum (1978), Reger (1978) und Brandt (1979), später etwa auch Dorner (1990), Tewes (1991), Kattnig (1994) und Wernecken (1999).

Helmut Digel[27] (1976) begab sich mit seinen Forschungen zum Sprachgebrauch von Handballspielern während Meisterschaftsspielen auf vollkommen neues linguistisches Terrain. Mit der Untersuchung des Sprechens der Sportler im Sport und in sportspezifischen Situationen sollte geklärt werden, „wozu Sportler Sprache benötigen, wo sie auf Sprache verzichten können bzw. müssen und wie der Sport bestimmte Formen der Sprachverwendung nahe legt und andere ausschließt."[28] Mit dieser Untersuchung wurde von Digel speziell der Versuch unternommen, die vorherrschende Kritik am Sprachgebrauch der Sportler zu entkräften.[29] Die Materialbasis stellen Tonbandaufzeichnungen dar. Einige Arbeiten, darunter auch Universitätsabschlussarbeiten, schlossen sich in späteren Jahren diesen vorwiegend kommunikativ-pragmatischen Forschungsinteressen in ähnlicher Weise an (z. B. Rieder 1993, Knapp 2000, Mallaun 2001).

In den letzten Jahren haben die Werke zu einzelnen (Sport-)Fachsprachen und Terminologien wiederum stark zugenommen (vgl. 3.1.1.), insbesondere die Wortschätze von Trendsportarten werden vermehrt zum Untersuchungsgegenstand von Publikationen (s. Pointner 1987, Luiprecht 1994, Hug 1997, Ender 2001, Lederer 2002 u. a.). Die Materialgrundlage für diese Korpus-Untersuchungen bilden oft Printmedien, wobei gerade die Wahl des Mediums häufig zum Anlass für zusätzliche textlinguistische Analysen genommen wird, insbesondere zu Textsorten neuerer Mediengattungen (Näheres dazu in Abschnitt 3.2.).

In manchen der besprochenen Forschungsarbeiten lässt sich zwar ein deutliches Verlangen nach einer hinreichenden Begriffsklärung von *Sportsprache* feststellen und der Wunsch nach einer Definition und einer Positionierung derselben besteht, begründbare Aussagen dazu bleiben aber größtenteils aus. Wenn vage Hypothesen aufgestellt werden, dann geschieht dies eher als beiläufige Zufallsbeob-

---

27 Digel, Helmut (1976): Sprache und Sprechen im Sport. Eine Untersuchung am Beispiel des Hallenhandballs.
28 Digel 1976, 12.
29 Vgl. Digel 1976, 158. Ähnliche „Motive" finden sich auch bei Schneider 1974, Dankert 1969, Kroppach 1970 oder Brandt 1958c, die mit ihren Forschungen der hochfrequenten Kritik an der Sportberichterstattung kompensierend entgegenwirken wollten.

achtung im Zuge der Annäherung an die „eigentlich" gesetzten Forschungsziele.[30] Dieser unzureichende, unreflektierte Stand der Forschung wird aber durchaus erkannt und bereits früh kritisiert:

„Obschon die Sportsprache nicht erst seit gestern erforscht wird, ist der Begriff ‚Sportsprache' bisher nicht mit der notwendigen Eindeutigkeit bestimmt worden [...]." (Bues 1953a, 22)

„Wenn von Sportsprache die Rede ist – was ist das eigentlich? Die meisten wissenschaftlichen Untersuchungen, die sich der Sportsprache zugewandt haben, verstehen darunter in erster Linie den Fachwortschatz im engeren Sinne." (Bausinger 1988, zit. in Brandt 1988a, 25)

„Bei weitem herrscht nun darüber, wie und unter welchem Namen man die Sportsprache in das Gesamtgefüge der Sprache eingliedern soll, keine einheitliche Meinung." (Becker 1973, zit. in Brandt 1988a, 23)

„In den bislang durchgeführten Untersuchungen wird der Situationszusammenhang der Sprachverwendung im Sport nicht berücksichtigt. Ebensowenig erscheinen die diesen Untersuchungen zugrunde liegenden Sprachtheorien Antworten auf die Fragen zu geben. Sie untersuchen Wörter und nicht kontextgebundene Sprechäußerungen und sehen eher die Einheit der Sprache als die Vielfalt des Sprechens." (Digel 1976, 36)

3.1.5. Stellenwert der Sportsprache im Sprachsystem – Einteilungsversuche

Aus der vorliegenden Literatur zur Sportsprache wird ersichtlich, dass die spärlich vorhandenen Definitionsversuche oft eng mit Aussagen zum Stellenwert der Sportsprache in der Gesamtsprache verflochten sind. Definitionen vom Begriff *Sportsprache* treten also vermehrt im Zusammenhang mit Positionierungen der Sportsprache auf.[31] Bei einer genaueren Untersuchung der Werke konnte ich feststellen, dass sich die Kriterien, die in Zusammenhang mit den Definitionen bzw. Positionierungen auftreten, in drei größere Gruppen einteilen lassen.

---

30   Ein fundiertes Werk, das vom Begriff *Sportsprache* handelt und zudem den Titel „Der Begriff *Sportsprache*" trägt, muss wohl noch geschrieben werden.

31   Im Folgenden werden ausschließlich Positionierungen berücksichtigt, die in der Forschungsliteratur als solche auch explizit vorzufinden sind. Deswegen erfolgen genaue Quellenangaben.

- Einteilungen der Sportsprache in drei sportsprachliche Subsprachen.

- Einteilungen der Sportsprache in zwei sportsprachliche Subsprachen und Zuweisung der Sportsprache zu einem gesamtsprachlichen Subsystem.

- Zuweisung der Sportsprache zu einem gesamtsprachlichen Subsystem.

Eine Dreiteilung der Sportsprache schlagen in der von mir ausgewählten Literatur die Autoren Bausinger[32], Dankert[33] und Brandt[34] vor (siehe Tab. 3) und zwar folgende:

Autor	Sportsprache als		
Dankert 1969, 1 f.	Normierte Sach- und Regelsprache	Lebendiger Sportjargon	Sportberichtssprache
Bausinger 1972, 77 f.	Fachwortschatz (Regelsprache)	Fachjargon	Reportsprache
Brandt 1983, 98 f.	Fachsprache (sportartspezifisch)	Standardsprache (= Allgemeinsprache)	Reportsprache (= Standardsprache des Sports)

Tabelle 3: Dreiteilung der Sportsprache

Hierbei fallen bei Bausingers Dreiteilung schon zwei wesentliche Dinge auf: Zum einen findet eine unscharfe Trennung zwischen den Begriffen *Sprache* und *Wortschatz* statt (vgl. 3.1.3.), zum anderen werden die mündliche und die schriftliche Realisierung von Sprache nicht auseinander gehalten. Bei anderen Autoren konnte neben diesen zwei Beobachtungen überdies eine weitere gemacht werden – die synonyme Verwendung der Bezeichnungen *Sondersprache* und *Jargon*, zum Beispiel bei Becker (in Brandt 1988a, 23). Ansonsten gilt zusätzlich für das Modell der Dreiteilung der Sportsprache, dass die einzelnen Autoren immer von einem regen Austausch der drei Subsprachen ausgehen und auch Differenzierungsprobleme in der Regel nicht übersehen.

---

32 Bausinger, Hermann (1972): Deutsch für Deutsche. Dialekte, Sprachbarrieren, Sondersprachen.
33 Dankert, Harald (1969): Sportsprache und Kommunikation. Untersuchungen zur Struktur der Fußballsprache und zum Stil der Sportberichterstattung.
34 Brandt, Wolfgang (1983): „Schwere Wörter" im Sprachbereich ‚Sport'.

Andere Autoren teilen in ihren Beiträgen die Sportsprache in zwei Komponenten auf, ordnen die Sportsprache jedoch auch insgesamt einer Teilsprache der Gesamtsprache zu (siehe Tab. 4).

Autor	Sportsprache als		*Sportsprache =*
Dietz 1937a, 19 f.	Fachwortschatz	jargon-, slangmäßiger Wortschatz	*Sondersprache*
Bues 1952, 22	Fachsprache	Sondersprache im engeren Sinn	*Sondersprache im weiteren Sinn*
Beyer 1964, 39 f.	Sportfachsprache	Sportjargon, -slang	*Sondersprache*
Haubrich 1965, 16 f.	Sportfachsprache	Sportjargon, -slang	*Sondersprache*
Kroppach 1970, 88 f.	Sach- und Regelsprache	Sportjargonismus	*Sondersprache*
Becker 1973, 36 f.	Fachsprache	Jargon (v.a. der Berichterstattung)	*Sondersprache*
Röthig 1992, 450 f.	Fachsprache	Jargon	*Sondersprache*

Tabelle 4: Zweiteilung der Sportsprache und Zuordnung zu einer Teilsprache

Bei den hier angeführten Autoren herrscht weitestgehend Einigkeit bei der Zuordnung der Sportsprache zu einem Teil der Gesamtsprache – zur Sondersprache. Bei der Bezeichnung der sportsprachlichen Komponenten gelangen hingegen auch vage, nicht weiter differenzierte Begriffe zur Anwendung wie *Jargon* oder *Slang*, Sondersprache *im engeren* oder *im weiteren Sinn*.

Erneut gilt es zu betonen, dass in der Zeit, als die ersten größeren Arbeiten zur Sportsprache entstanden, Begriffe noch nicht mit der Exaktheit erfasst und verwendet wurden, wie dies heute erfolgt. Die Sportsprache wurde oft nur aus einem Blickwinkel gesehen (z. B. Fachsprache rein als Fachwortschatz) und die verschiedenen Perspektiven wurden erst im Zuge des steigenden Forschungsinteresses miteinander verknüpft (vgl. 3.1.3. und 3.1.4.).

Etwas pauschalere Einordnungen der Sportsprache in eine oder mehrere Sprachen der Gesamtsprache finden sich beispielsweise noch bei folgenden Autoren (siehe Tab. 5).

Autor	*Sportsprache =*
Porzig 1950 (zit. in Bues 1953b, 23)	*Fach- und Sondersprache*
Mehl 1956, 419	*Fach- und Sondersprache*
Göhler 1967, 2993	*Fach- und Sondersprache*
Polenz 1967, 367	*Fachsprache = Sondersprache*
Rosenbaum 1969, 83 f.	*Teil der niederen Umgangssprache*
Schneider 1974, 15	*Sondersprache*
Schirmer 1981 (zit. in Hahn 1981, 34)	*zwischen Fach- und Sondersprache*

Tabelle 5: Zuordnungen der Sportsprache zu einer oder mehreren Teilsprachen

Genauere Differenzierungen der Sportsprache in zwei, drei oder mehrere Teilkomponenten werden wenig diskutiert, aber ihre Existenz wird größtenteils angenommen. Neben dem sondersprachlichen Aspekt wird bei diesen Zuordnungen auch der fachsprachliche betont, der ja auch lange für viele Untersuchungen im Vordergrund stand (vgl. 3.1.1. und 3.1.4.). Dieser kommt aber in letzter Zeit wieder als wichtiger Teilaspekt der Sportsprache in Mode, wie schon in 3.1.4. angedeutet wurde, speziell im Zusammenhang mit der Sportberichterstattung in den neueren Printmedien – im Kontext höchst populärer Medientextsorten wie etwa der Special Interest-Zeitschriften.

3.2. Forschungsstand zum Themenbereich Special Interest-Zeitschriften

Der Terminus *Special Interest* hat erst gegen Ende der 70er, zu Beginn der 80er Jahre Eingang in den deutschen Sprachraum gefunden. Als Transporteur dieses Terminus wird die Fachsprache der Mediaplanung angesehen. Er übernahm rasch die Funktion eines Etiketts für eine zwar schon vorher existente, aber nicht weiter bedeutsame Zeitschriften-Spezies – die Special Interest-Zeitschriften.[35] Bisherige medien- und kommunikationswissenschaftliche Forschungsfragen kreisten vorwiegend um den Status der Special Interest-Zeitschriften im Vergleich zu dem anderer Zeitschriftengattungen[36]. So wurde die einschlägige Literatur zum einen auf getroffene Definitionen hin untersucht (3.2.1.), zum anderen aber wurde überprüft, welchen Status die Special Interest-Zeitschriften innerhalb der

---
35 Vgl. Rolf 1995, 49.
36 Unter *Zeitschriftengattung* wird im Folgenden eine Gruppe von Zeitschriften verstanden, die sich alle durch dieselben Eigenschaften auszeichnen und sich aufgrund dessen von anderen Gruppen unterscheiden lassen.

Zeitschriften einnehmen und inwiefern sich Special Interest-Titel nach ihrer Thematik klassifizieren lassen (3.2.2.). Dabei sollte auch der Standpunkt besprochen werden, den die Subkategorie Sportzeitschrift in all ihrer Vielfalt einnimmt.

3.2.1. Definitionsversuche des Begriffs *Special Interest-Zeitschrift*

Bei einer ersten Auseinandersetzung mit der vorhandenen Forschungsliteratur fällt auf, dass in den Forschungsarbeiten wenige Definitionen zum Typus der Special Interest-Zeitschrift vorzufinden sind (s. Koschnick 1988, Pflaum/Bäuerle 1991, Pratz 1987). Stark[37] führt dies in erster Linie auf das Fehlen eindeutiger Abgrenzungsmerkmale zurück, so dass in weiterer Folge anhand zufälliger Gruppierungen auch recht unterschiedliche Definitionen zustande kommen.[38] Eine fundierte und allgemeingültige Definition des Begriffes *Special Interest-Zeitschrift* wurde von mir fast ausschließlich in der Dissertation von Nina Rolf[39] vorgefunden. Im Anschluss an eine Darstellung der wichtigsten medienspezifischen und publikumsorientierten Charakteristika sowie einer Positionierung der Special Interest-Zeitschriften gelangt sie zu folgender Definition:

> „Special Interest-Zeitschriften sind eine Gattung periodisch erscheinender und für jedermann frei zugänglicher Presseprodukte, welche ein Zeitschriftensegment zwischen den Gattungen Publikumszeitschrift und Fachzeitschrift füllen und im Rahmen einer in jeder Ausgabe durchgängig und ausführlich behandelten Spezialthematik eine aktuelle Berichterstattung liefern. Mit ihrem thematisch begrenzten Inhaltsangebot sprechen SI-Zeitschriften speziell interessierte und sachthematisch kundige Leser in ihren privaten Lebens- und Interessensbereichen an und korrespondieren mit den individuellen Informations- und Freizeitinteressen ihres Publikums."[40]

Im Wesentlichen überschneidet sich diese Definition mit derjenigen, die vom „Arbeitskreis Special Interest-Zeitschriften" (asi) vorgeschlagen wird:[41]

---

37 Stark, Susanne (1992): Stilwandel von Zeitschriften und Zeitschriftenwerbung: Analyse zur Anpassung des Lebensstils an geänderte Kommunikationsbedingungen.
38 Vgl. Stark 1992, 41.
39 Rolf, Nina (1995): Special Interest-Zeitschriften.
40 Rolf 1995, 100.
41 Vgl. Medialexikon (Stichwort *Special-Interest-Zeitschrift*) in http://medialine.focus.de (18. 11. 2004). Gemeinsamkeiten der beiden Definitionen wurden unterstrichen.

1. Special Interest-Zeitschriften weisen in ihrem redaktionellen Angebot einen thematischen Schwerpunkt auf, der in jeder Ausgabe durchgängig behandelt wird.
2. Die redaktionellen Beiträge weisen einen klaren Bezug zu diesem Hauptthema auf.
3. Special Interest-Zeitschriften werden nicht berufsbedingt oder aus vorwiegend beruflichem Interesse genutzt.
4. Das redaktionelle Angebot spricht die Leser in ihrem privaten Lebensbereich an und entspricht ihrem persönlichen Informations-, Wissens- und Freizeitbedarf.
5. Special Interest-Zeitschriften weisen eine periodische Erscheinungsweise auf, erscheinen mindestens sechsmal jährlich.
6. Qualifizierte Special Interest-Zeitschriften sind Mitglied der IVW („Informationsgesellschaft zur Feststellung der Vorbereitung von Werbeträgern") und sind überall in der Bundesrepublik Deutschland erhältlich.

Trotz vieler Übereinstimmungen mit Rolfs Definition (s. o., Punkt 1–4 bzw. 5), kommt jedoch ein erheblicher Unterschied zum Tragen: Die von Rolf getroffene Definition kann für durchwegs alle Special Interest-Zeitschriften geltend gemacht werden, während die vom asi angeführten Charakteristika ausschließlich für den engeren Kreis der „qualifizierten" Special Interest-Zeitschriften Gültigkeit besitzen. Nur solche finden in die Analyse des asi Eingang. So würden etwa vierteljährlich erscheinende Special Interest-Zeitschriften – z. B. Laufzeitschriften mit regionaler Verbreitung[42] – von der Analyse des asi ausgeschlossen werden; mindestens sechs Ausgaben pro Jahr wären für eine Aufnahme erforderlich (s. o., Punkt 5). Trotz der etwas eingeschränkten Gültigkeit bietet dieser Definitionsversuch dennoch einen nachvollziehbaren Einblick in das Wesen der Special Interest-Zeitschriften.

3.2.2. Status, thematische Klassifikation, Einordnung des Typs Sportzeitschrift

Rolf nimmt in ihrer Definition auch zum Sonderstatus der Special Interest-Zeitschriften Stellung, indem sie diese zwischen den Fach- und Publikumszeitschriften ansiedelt (vgl. 3.2.1.). Bei anderen Autoren (s. asi[43], Fürstner 1993, Koschnick 1988) finden sich auch eindeutige Zuordnungen zur Publikumszeitschrift, „[...] denn sie wenden sich eben nicht an bestimmte Berufsgruppen sondern

---
42 Wie etwa *running pur. Das regionale Laufmagazin Süddeutschlands.*
43 asi (= Arbeitskreis Special Interest-Zeitschriften) in Medialexikon (Stichwort *Special-Interest-Zeitschrift*): http:// medialine.focus.de (18. 11. 2004).

an private Leser"[44]. Dieser Annahme gilt es aber entgegenzusetzen, dass die Special Interest-Zeitschriften ein wesentliches Merkmal besitzen, das für Publikumszeitschriften eindeutig nicht typisch ist – ihre spezifische Thematik, die sie in die Nähe der Fachzeitschriften rückt.

Neben Nina Rolf stellen auch Dreppenstedt (1987), Scheffler (1993) und Ortner (2001) fest, dass diese Zeitschriftenart einen hybriden Typus darstellt. Zum einen weist sie eine Kombination von Wesenszügen beider Gattungen, der Fach- wie auch der Publikumszeitschrift, auf: die Ansprache einer breiten Leserschaft, kombiniert mit spezieller Thematik, aber auch Unterhaltung und Beratung, verknüpft mit Bildung und Unterricht.[45] Zum anderen teilt sie bestimmte Eigenschaften mit eben diesen nicht, so dass sie für Rolf keine Subkategorie jener Gattungen darstellt, „eine Abgrenzung zu diesen Periodika nicht nur möglich, sondern notwendig ist"[46].

Auch Ortner[47] betont die Mittelstellung der Special Interest-Zeitschriften innerhalb anderer Zeitschriftengattungen, verweist aber zudem auf eine weitere Besonderheit der Special Interest-Zeitschriften – ihre Vermittlerrolle bei der Popularisierung von Fachwortschätzen[48]. Anhand einer Analyse des Fachwortgebrauchs in Special Interest-Zeitschriften wird die Komplexität dieser Textsorte unterstrichen. Neben dem spezifischen Thema erweisen sich v. a. die Verwendung von Fachwörtern, die Benennungsreflexion, Fachlichkeit und Fachsprachlichkeit als typische Kennzeichen der Textsorte Special Interest-Zeitschrift.[49]

---

44 http://medialine.focus.de (18. 11. 2004).
45 Vgl. Ortner 2001, 290.
46 Rolf 1995, 99.
47 Ortner, Lorelies (2001): Special Interest-Zeitschriften und ihre Rolle bei der Popularisierung von Fachwortschätzen.
48 Untersuchungen zum fachsprachlichen Aspekt einzelner Special Interest-Titel finden sich u. a. bei Luiprecht 1994, Ender 2001, Weber 2002, Lederer 2002.
49 Vgl. Ortner 2001, 303.

Auffällig ist, dass für alle erwähnten Eigenschaften, die Special Interest-Zeitschriften zugeschrieben werden können (siehe Abb. 7)[50], im Zusammenhang mit Abgrenzungskriterien, Gegenüberstellungen getroffen werden (müssen). Ob sich die Special Interest-Zeitschriften als in sich geschlossenes Segment erfassen lassen, ohne dabei auf Merkmale ihrer Mittelstellung – auf ein fließendes Ineinander – zurückzugreifen, stelle ich eher in Frage. Die Auffassung von Scheffler, der die Special Interest-Zeitschrift in einen fraglosen Bereich (zwischen Publikums- und Fachzeitschrift) mit breiten definitorischen Grauzonen stellt, hat durchaus ihre Berechtigung.[51]

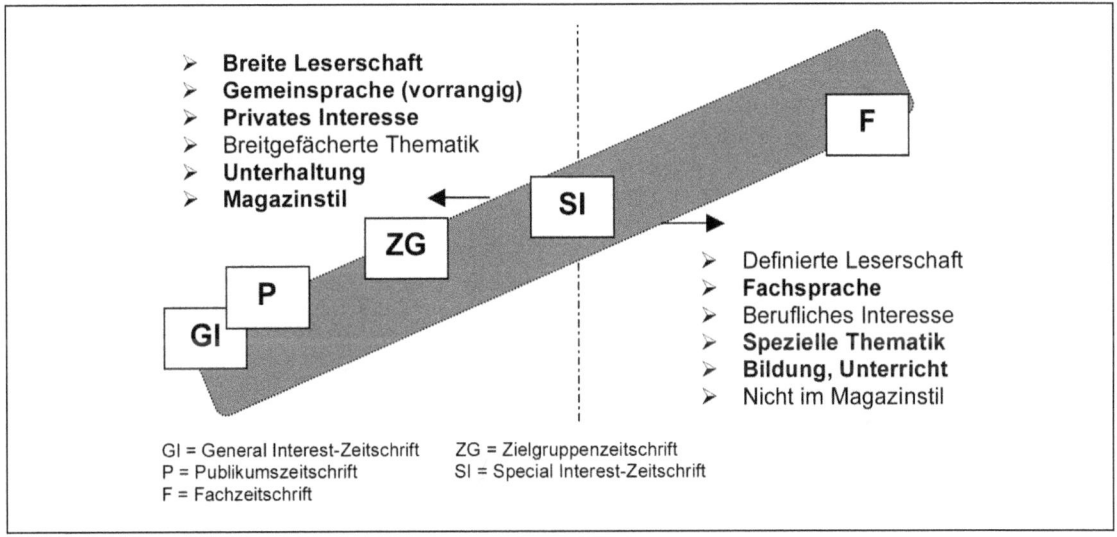

Abbildung 7: Special Interest-Zeitschriften als hybride Zeitschriftengattung

In der Literatur zu den Special Interest-Zeitschriften wird die breite Palette der Special Interest-Titel durchwegs in *themenbereichsumfassende Special Interest-Zeitschriften* (etwa Sportzeitschriften) und

---

50 Diese Abbildung wurde in Anlehnung an Ortner 2001, 290 (Abb. 1) und Rolf 1995, 99 (Abb. 5) erstellt, ist aber in dieser Form bei keiner der beiden Autorinnen vorzufinden. Ortner berücksichtigt in ihrer Abbildung vier textsortenkonstituierende Gegensatzpaare, auch sind einzelne Zeitschriftengattungen anders verteilt. In Rolfs Abbildung werden die Publikumszeitschriften nicht eigens angeführt, sondern mit den General Interest-Zeitschriften zusammengefasst. Rolf ordnet den Gattungen überdies Medieneigenschaften zu (keine textsortenkonstituierenden Merkmale). Mit dieser Art von Darstellung entstand ein Kompromiss. Merkmale der SI-Zeitschriften wurden mit Fettdruck markiert.

51 Vgl. Scheffler 1993, 81.

themenspezifische Special Interest-Zeitschriften (z. B. Mountainbikezeitschriften) aufgeteilt.[52] Letztere scheinen in den Arbeiten auch häufig als *Very Special Interest-Zeitschriften* auf.[53]

Als *themenbereichsumfassend* werden all jene Titel bezeichnet, die sich einem spezielleren Interessensgebiet widmen, aber auch zahlreiche Unterthemen aus diesem Bereich behandeln. Allgemeine Sportzeitschriften (wie etwa *Sportmagazin* oder *Sports*) sind demnach dieser Kategorie zuzuordnen, da sie inhaltlich und thematisch die Bandbreite des Themenkomplexes Sport ausschöpfen, sich mit mehreren, potentiell allen Sportarten befassen. Special Interest-Zeitschriften, die sich dagegen mit einem hoch spezialisierten Themenangebot intensiv auf einen Teilbereich konzentrieren (z. B. auf den Laufsport), zählen zur Gruppe der themenspezifischen Special Interest-Zeitschriften bzw. Very Special Interest-Zeitschriften.

> „Ähnlich der Entwicklung in den USA ist auch bei uns ein Trend zu ‚Spezial-Spezial-Zeitschriften' zu erkennen, das heißt bestimmte Themengebiete werden nochmals aufgefächert und durch selbständige Titel abgedeckt."[54]

In der publizistischen Literatur zu Sportzeitschriften wird nicht nur mehrfach der Sonderstatus der Sportzeitschriften als die mit Abstand umfangreichste und auflagenstärkste Gruppe im Special Interest-Segment hervorgehoben. Gerade die Tendenz zur Variation – zur Abdeckung verschiedenster sportlicher Kleinstbereiche –, die mit der zur vielfältigen (aktiven) Freizeitgestaltung korreliert, wird neben der Tendenz zur visuellen Innovation beobachtet.[55]

---

52 Vgl. Rolf 1995, 57; Kleinjohann 1987, 170; Arbeitskreis Outdoor Specials 1992, 20, zit. in Rolf 1995, 57.
53 Zum Beispiel bei Schober 1986, 17; Fesch 1993, 12; Wengenroth 1991, 26.
54 Roth 1990, 104.
55 Vgl. Rolf 1995, 170 f.; Kleinjohann 1987, 261 f.; Medialexikon (Stichwort *Special-Interest-Zeitschriften*) in http://medialine.focus.de (18. 11. 2004); Arbeitskreis Qualifizierte Special Interest-Zeitschriften in http://qsi-zeitschriften.de („7 gute Gründe, die für den Einsatz von Qualifizierten Special Interest-Zeitschriften als Werbeträger sprechen") (18. 11. 2004).

Insbesondere für den Bereich der Sportzeitschriften ist eine starke Zersplitterung in Sub-Themen maßgeblich, so wie für wohl keinen anderen Special Interest-Bereich. Für nahezu jedes special interest im Sport (Volleyball, Tauchen, Golf, Tennis, Surfen u. v. m.) finden sich Very Special Interest-Zeitschriften – teilweise werden bereits Nischen mit Mehrfachtiteln belegt.

Themenspezifische Special Interest-Zeitschriften zum Laufsport stellen demzufolge nur einen winzigen Teil des Very Special Interest-Sektors dar. Diese weisen als Sub-Typus der Special Interest-Zeitschriften auch jedes der besprochenen Merkmale auf.

4. Die Textsorte Laufzeitschrift

Ziel dieses einführenden Abschnittes ist nicht eine Diskussion von Laufzeitschriften und von Textsorten in Laufzeitschriften hinsichtlich ihres Stellenwertes in Textsortenklassifikationen[56] oder -typologisierungen. Als erste linguistische Beschreibung der Textsorte Laufzeitschrift versteht sich diese hauptsächlich als eine empirische Textsortenanalyse, die sowohl interne als auch externe Textsortenmerkmale aufzeigt. Im Zuge der vorliegenden Textsortenbeschreibung werden zuerst theoretische Bemerkungen zum Erkenntnisstand gemacht und prominente Ansätze zur Konzeption des Textsortenbegriffes diskutiert (4.1.), um unterschiedliche Zugänge zur Textsortenproblematik zu zeigen und nicht zuletzt, um das weitere Vorgehen in diesem Abschnitt zu begründen. Im Weiteren wird dann eine für meine Zwecke modifizierte Auswahl und Kombination textsortenspezifischer Merkmalsdimensionen – eine „Merkmalskomplexion"[57] – auf der Basis bereits bestehender Modellvorschläge beschrieben (4.2.).

4.1. Theoretische Überlegungen zur Beschreibungsproblematik

Die Forschungslage im Bereich der Textsortenlinguistik gestaltet sich insgesamt als recht unübersichtlich und die Grundlagendiskussion erscheint stark geprägt „durch einen unüberwindlichen Gegensatz zwischen theoretischen und empirischen, ‚deduktiven und induktiven', Ansätzen"[58]. Ebenso herrscht im Allgemeinen wenig Konsens über die Methoden, die sich zur Erfassung der Textsorten als praktikabel erweisen, oder die Abgrenzung der Textsorten untereinander.

> „Von einer Beschreibungs- oder gar Erklärungsadäquatheit im Hinblick auf das Problem Textsorte kann daher bestenfalls in allerersten Ansätzen gesprochen werden. Vielfach werden ganz unterschiedliche sprachliche, soziale oder auch kognitive Phänomene unter dem Etikett ‚Textsorte' – wie in einer Sammelklasse, einer Art Restklasse – subsumiert [...]."[59]

---

56 Zusammenfassende Darstellungen der Klassifikationsproblematik finden sich u.a. in Adamzik 1995, 11 ff., oder Adamzik 2000a.
57 Heinemann 2000, 18.
58 Adamzik 2000a, 7.
59 Heinemann 2000, 10.

Aus diesen unterschiedlichen Auffassungen des Begriffs *Textsorte* – z. B. als eines sprachlichen, eines sozialen oder eines kognitiven Phänomens – resultierten nach Heinemann bislang vier ganz grundlegende (eindimensionale) Textsortenkonzepte und in weiterer Folge Differenzierungs- und Beschreibungskriterien, auf die kurz eingegangen sei:[60]

Im Sinne einer Auffassung von Textsorten als **grammatisch geprägten Einheiten** wurden diese in erster Linie anhand einzelner formaler und struktureller Indizes bestimmt und voneinander abgegrenzt (z. B. Harweg 1968 oder Weinrich 1969). Aufgrund der unzureichenden Kennzeichnung des auch alltagssprachlichen Phänomens Textsorte durch statistisch-formale Merkmalsbestimmungen wurden aber auch zusehends einzelne textexterne Faktoren (z. B. die Beziehung zwischen den Kommunikationspartnern) „zusätzlich, wenngleich noch eher zufällig, für die Charakterisierung der – als Merkmalbündel gekennzeichneten – Textsorten herangezogen"[61] (vgl. Sandig 1972, Gülich/Raible 1975). Insgesamt zeichnen sich diese Darstellungen dennoch durch ein stark grammatisch geprägtes Textsortenverständnis aus.[62]

Mit der Charakterisierung von Textsorten als **semantisch-inhaltlich geprägten Einheiten** erfährt der grammatische Ansatz eine Erweiterung. Demnach werden Textsorten zwar vorerst strukturell bestimmt, jedoch nicht auf einzelne Indizes und deren Merkmalbündel bezogen, „sondern auf der Grundlage *komplexer* Textstrukturen und der mit ihnen verknüpften Bedeutungskomplexe. Diese ‚idealtypischen Normen für die Textstrukturierung' (Werlich 1975: 39) werden semantisch gedeutet und als ‚Texttypen' (narrativ, deskriptiv, expositorisch, argumentativ, instruktiv) gefasst. Sie fungieren wiederum als Rahmenmodelle für die Zuordnung von Textsorten im engeren Sinn (z. B. deskriptiv → technische Beschreibung, Bildbeschreibung ...)"[63]. Ebenso wurden sie zur Grundlage für Überlegungen zu Textthema-Strukturen und Textthema-Entfaltungen (vgl. Henne/Rehbock 1982 oder Brinker 1988).

Im Zusammenhang mit der pragmatischen Wende zeichnete sich zu Beginn der 80er Jahre ein verstärkt pragmatisch und vor allem situativ orientiertes Textsortenverständnis ab, bei dem die primär vom Text ausgehenden Aspekte (sprachliche und inhaltlich-semantische) „als sekundär oder gar

---

60 Vgl. Heinemann 2000, 12 ff.
61 Heinemann 2000, 12.
62 Vgl. Adamzik 1995, 113.
63 Heinemann 2000, 12.

irrelevant für die Konstitution von Textsorten angesehen wurden. Vielmehr sei die kommunikative Situation […] als Grundkriterium für die Ausdifferenzierung von Textsorten anzusehen, da ‚die Faktoren der kommunikativen Situation die Textsorte bestimmen' (Diewald 1991: 263)"[64]. Textsorten werden demnach als Basis, Muster von Texten verstanden, die „in Abhängigkeit vom Grundmuster einer Situation entstehen"[65] (z. B. Lux 1981, Schwarz 1985). Mit diesem Verständnis von Textsorten – als **situativ determinierten Einheiten** – lässt sich zwar der Einfluss situativer Faktoren als Textsortendeterminanten nachweisen, jedoch kann keine Regelhaftigkeit daraus abgeleitet werden. Aus „identischen Situationen gehen keinesfalls immer dieselben – oder wenigstens similare – Textexemplare als Repräsentanten bestimmter Textsorten hervor"[66].

Als bislang (noch) prominentester Ansatz kann mit Adamzik[67] der vorrangig funktionsorientierte angesehen werden, wonach Textsorten als durch die **kommunikative Funktion** determinierte Einheiten gelten. Die jeweilige kommunikative Funktion von Textsorten oder die Intention der Textproduzenten wird als eine der fundamentalen Textsortenkonstituenten angesehen. In zahlreichen Untersuchungen finden recht unterschiedliche Auffassungen vom Funktionsbegriff ihren Niederschlag: „Viele Darstellungen setzen *Funktion* mit ‚Absicht', ‚Ziel', ‚Intention' des Textproduzenten bzw. dem ‚Zweck' der kommunikativen Handlung gleich (vgl. Rolf 1993: 147)"[68]. Zudem herrscht wenig Konsens darüber, welche und wie viele Basisfunktionen zu differenzieren seien. So sind „grundsätzliche Beschränktheiten und Einseitigkeiten […] bei diesen ‚Funktionsmodellen' nicht übersehbar"[69]. Aber gerade „das Faktum, dass hier nicht konkrete, ganzheitliche Texte zum Ausgangspunkt der Darstellung gemacht werden, sondern vielmehr hypothetische und abstrakte (und im Grunde satzzentrierte) Basishandlungen, so dass Textsorten in diesem Verständnis auf sehr vage Komplexionen von dominierenden Illokutionen reduziert werden"[70], kann bei der Bewertung dieses Ansatzes nicht vollkommen außer Acht gelassen werden.

---

64   Heinemann 2000, 13.
65   Diewald 1991, 1.
66   Heinemann 2000, 13.
67   Vgl. Adamzik 2000b, 91.
68   Heinemann 2000, 14.
69   Heinemann 2000, 14.
70   Heinemann 2000, 14/15.

Die einstmalige Frage, welcher dieser vier Ansätze die linguistisch relevantesten Eigenschaften von Text(sort)en berücksichtigt, der auch als Grundlage für eine umfassende Typologie fungieren könnte, erweist sich jedoch inzwischen als nicht mehr relevant.[71] Verschiedenste Kriterien, pragmatische (text-externe) und sprachliche (textinterne), fokussieren mitunter sehr unterschiedliche, aber in gleichem Maße wichtige Aspekte von Texten. Deswegen entstand zusehends die Notwendigkeit, mehrere sich untereinander ergänzende Beschreibungsdimensionen nebeneinander einzubeziehen und sich von einem eindimensionalen Textsortenverständnis mit strengen Differenzierungskriterien zu lösen.

Ausgehend von einem solchen integrativen, mehrdimensionalen Textsortenkonzept setzen sich in den neueren Forschungen vermehrt so genannte „Mehrebenen-Modelle" durch, welche auch 1991 von Heinemann/Viehweger[72] explizit vorgeschlagen wurden (beispielsweise Gläser 1990, Nussbaumer 1991). Danach werden Textsorten nach mehreren Beschreibungs-/Differenzierungsmerkmalen praxisadäquat charakterisiert. Textsorten stellen ja letztlich auch für die Alltagskommunikation praktische Notwendigkeiten dar, die durch das Zusammenwirken unterschiedlichster Variablen zustande kommen: „Ich assoziiere automatisch auch die Zweckbestimmtheit eines Arztrezepts, seine kommunikative und praktische Funktion"[73]. Das Wissen über Textsorten kommt bei den Kommunizierenden „durch multidimensionale Zuordnungen von prototypischen Repräsentationen auf unterschiedlichen Ebenen (Schichten)"[74] zustande. Die Frage, welche Beschreibungsdimensionen, Kategorien oder Merkmalsausprägungen konkret zur Textsortencharakterisierung herangezogen und einen Kern bilden sollten, bleibt aber noch teilweise ungeklärt. Es wird vielmehr eine „Befreiung von dem selbst auferlegten Zwang zur Arbeit mit verbindlichen und immer gleichen Kategorien"[75] für notwendig erachtet.

Allenfalls für mindestens vier textsortenkonstituierende Beschreibungsebenen plädieren (u. a.) Heinemann[76] und, ihm größtenteils folgend, Adamzik[77] in ihren neueren fruchtbaren Beiträgen zur Textsortenlinguistik. Neben der formal-grammatischen Dimension – welche nach Adamzik[78] spezi-

---

71 Vgl. beispielsweise Adamzik 2000b, Heinemann 2000, Krause 2000, Hess-Lüttich 2000, Adamzik 2001.
72 Heinemann/Viehweger (1991): Textlinguistik. Eine Einführung. 129 ff.
73 Heinemann 2000, 15.
74 Heinemann 1991, 147.
75 Adamzik 2001, 18.
76 Vgl. Heinemann 2000, 16.
77 Vgl. Adamzik 2000b, 102 und Adamzik 2001, 17.
78 Adamzik 2001, 20.

ell um den lexikalischen Aspekt erweitert werden müsste –, inhaltlich-thematischen und situativen Dimensionen soll eine funktionale Ebene in textsortenlinguistischen Untersuchungen Beachtung finden. Zusätzlich sollte aber je nach Relevanz für das jeweilige Beschreibungsobjekt auch eine weitere „sinnvolle Auswahl von Beschreibungsdimensionen und Merkmalsausprägungen"[79] mit in die Betrachtung einfließen. Dabei soll die Gewichtung einzelner Textsortenkonstituenten am jeweiligen Korpus induktiv festgemacht werden. Auch Brinker und Krause sprechen sich beispielsweise explizit dafür aus, dass bei Textsortenbeschreibungen immer noch weitere Parameter zu berücksichtigen sind als etwa die von ihnen primär zur Bestimmung und Abgrenzung vorgeschlagenen formal-grammatischen, funktionalen, thematischen und situativen.[80]

Wie viele Beschreibungsebenen und Merkmalsausprägungen bei der Charakterisierung von Textsorten letzten Endes konkret voneinander unterschieden werden, erweist sich bei der momentan vorherrschenden Textsortenauffassung jedoch insgesamt als nachrangig. Als vorrangig wird die Bereitstellung differenzierterer und vielfältigerer Beschreibungskategorien in Abhängigkeit vom Erkenntnisinteresse und vom zu untersuchenden Objekt erachtet. Ebenso wird nach mehr als 30 Jahren keine allgemein akzeptierte Verwendung des Begriffs *Textsorte* mehr angestrebt; bisherige Bemühungen schlugen durchwegs fehl. Der Dissens um den Begriff *Textsorte* bezieht sich in der heutigen Textsortenforschung hauptsächlich darauf, „ob nur stark standardisierte Klassen niedriger Abstraktionsstufe wie Wetterbericht, Lebenslauf oder Kochrezept mit diesem Ausdruck belegt werden sollen oder auch weniger stark oder minimal standardisierte, wie sie etwa literarische Gattungen darstellen"[81]. In Bezug auf die heute gängigere Textsortenauffassung niedriger Abstraktionsstufe könnte man im Sinne Adamziks auch von einer *spezifischen Lesart* von *Textsorte* sprechen, die im Gegensatz zu einer *unspezifischen Lesart* steht, wenn irgendeine Menge von Texten mit gemeinsamen Eigenschaften als Textsorte aufgefasst wird.[82]

Wie bereits diese kurz gehaltene Demonstration möglicher Annäherungsweisen an das Phänomen Textsorte und die skizzenhaften Auffassungen vom Textsortenbegriff gezeigt haben, erscheint eine Textsortencharakterisierung anhand unterschiedlicher, sich ergänzender Beschreibungsdimensionen und -ebenen als durchaus praktikabel. In meinen folgenden Ausführungen schließe ich mich somit,

---

79 Adamzik 2001, 17.
80 Vgl. Brinker 2001, 144 ff. und Krause 2000, 53 ff.
81 Adamzik 2001, 21.
82 Vgl. Adamzik 1995, 14 ff.

was die generelle Auffassung betrifft, einem auf mehreren Ebenen basierenden Textsortenkonzept an und verstehe Textsorten „grundsätzlich als Ensembles von Merkmalen auf unterschiedlichen Ebenen"[83]. Dabei siedle ich den Typus Laufzeitschrift auf einer eher niedrigen Abstraktionsstufe als eine eigene, in sich geschlossene Textsorte an. Ich stelle natürlich nicht außer Frage, dass eine Unterteilung in weitere Gruppen, Textsortenvarianten, durchaus möglich wäre (z. B. in Laufreportage oder Laufbericht), auch wenn ich im Folgenden nicht diskutiere, ob es sich um eigene Textsorten oder um Untergruppen der Textsorte Laufzeitschrift handelt.

Im Zuge einer knappen Beschreibung textsortenspezifischer Konstituenten von Laufzeitschriften, die für den weiteren Fortgang dieser Arbeit nur eine untergeordnete Rolle spielen wird, findet eine Beschränkung auf drei fundamentale Beschreibungsdimensionen statt: Situative, funktionale und thematisch-inhaltliche Merkmale werden von Belang sein. Die Reduzierung auf die drei Ebenen wird insbesondere von neueren Ergebnissen systematischer Untersuchungen zum alltäglichen Umgang mit Textsorten gestützt. Diese zeigen die annähernde Übereinstimmung direkt erfragter Einzelmerkmale von Textsorten (wie etwa Funktion, Thema, kommunikative Rahmenbedingungen, Textgestaltung) mit den bei der Charakterisierung und Differenzierung von Textsorten benannten Merkmalsebenen auf.[84] Der von Adamzik geforderten Erweiterung der formal-grammatischen Ebene um eine lexikalische wird im weiteren Verlauf dieser Arbeit noch ausreichend Rechnung getragen, allerdings nicht (mehr) direkt in Zusammenhang mit einer textsortenlinguistischen Fragestellung. Eine detaillierte Beschreibung und/oder Klassifizierung der Textsorte Laufzeitschrift mit ihren vielfältigen Merkmalsausprägungen bleibt Spezialuntersuchungen vorbehalten und ist nicht vorrangiges Ziel dieser Untersuchung.

Besonderes Gewicht kommt bei dem folgenden Versuch einer Textsortenskizzierung der situativen Ebene bzw. deren Teilaspekten zu. Aufgrund der starken Textsortengeprägtheit der Textsorte Laufzeitschrift durch die Kommunikationsform (Zeitschrift, genauer: Special Interest-Zeitschrift) bilden in meiner Textsortenbeschreibung zwei kommunikativ-situative Aspekte die zentralen Rahmenkategorien: der Kommunikationsbereich/das Medium einerseits und die Kommunikationspartner andererseits. Innerhalb der Rahmenkategorie Kommunikationsmedium findet eine Textsortencharakterisierung von deutschsprachigen Laufzeitschriften hinsichtlich zweier weiterer Merkmalsebenen statt

---

83   Heinemann 2000, 16.
84   Vgl. Techtmeier 2000, 113 ff., Adamzik 2000b, 110.

– funktionale und thematisch-inhaltliche Textsortenspezifika werden in den Fokus der Betrachtung rücken. Darüber hinaus werden allgemeine Mediendaten deutschsprachiger Laufzeitschriften angeführt. Bei der Kategorie Kommunikationspartner stehen die Produzenten und Rezipienten von Laufzeitschriften im Mittelpunkt des Interesses. Im Sinne einer Mehrebenenauffassung gehe ich aber, wie schon betont, davon aus, dass sich sämtliche aufgenommenen Ebenen, Rahmenkategorien und Merkmale gegenseitig mehrdimensional ergänzen. Eine genauere Textsortenbeschreibung hätte zwangsläufig noch mehrere spezifische Merkmale mit einzubeziehen und darüber hinaus wäre ihrer Verstrickung (Intertextualität) mehr Beachtung beizumessen.

Das Ziel dieses einführenden Abschnitts soll somit eine erste Annäherung an die Beschreibung textsortenspezifischer Charakteristika des Kommunikationsmediums Laufzeitschrift sein (4.2.). Nach einer knappen Erläuterung der wesentlichsten Mediendaten (4.2.1.) werden funktionelle und thematisch-inhaltliche Textsortencharakteristika einer näheren Betrachtung unterzogen (4.2.2. und 4.2.3.). Ferner sollen die durch Laufzeitschriften kommunizierenden Produzenten und Rezipienten in dieser Skizzierung Platz finden, um die sich abzeichnende Kommunikationskonstellation hervorzuheben (4.2.4. und 4.2.5.). Das mehrdimensionale Zusammenwirken sämtlicher zu erörternder Merkmale wird dabei immer wieder deutlich hervortreten.

Zusammenfassend lässt sich der unternommene Versuch einer Textsortenbeschreibung von Laufzeitschriften schematisch in etwa folgendermaßen umreißen (siehe Abb. 8):

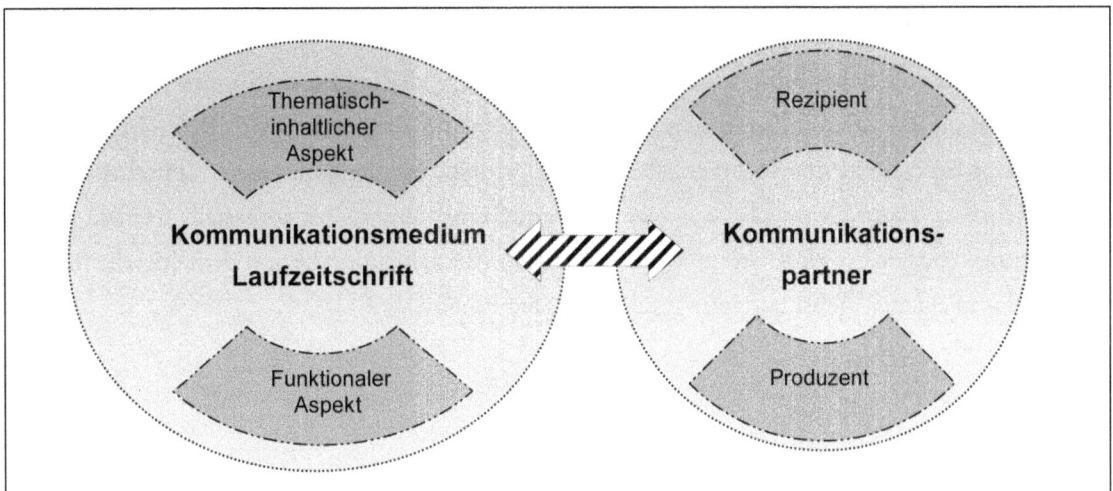

Abbildung 8: Beschreibungsdimensionen

4.2. Charakteristika der Textsorte Laufzeitschrift

Wie bereits angesprochen, liegen nach einer kurzen Diskussion allgemeiner Mediendaten von Laufzeitschriften (4.2.1.) die Prioritäten der folgenden Textsortenbeschreibung in der Darstellung textsortentypischer Kennzeichen von Laufzeitschriften wie der Funktion, der Thematik bzw. dem Inhalt (4.2.2. und 4.2.3.). Im Rahmen dieser textsorteninternen Beschreibung soll vorrangig auf besonders evidente Ausprägungen, auf textsortentypische Merkmalseigenschaften des Kommunikationsmediums Laufzeitschrift, eingegangen werden. Zusätzlich soll aber auch auf mögliche Unterschiede konkreter Merkmalsausprägungen innerhalb einzelner Textsortenvertreter verwiesen werden.

Generell fungieren bei dieser Beschreibung die in Abschnitt 2. genannten deutschsprachigen Laufzeitschriften als Beschreibungsobjekte. Für speziellere Darlegungen zu Kontrasten und Ähnlichkeiten thematisch-inhaltlicher Art (4.2.3.) musste das Laufzeitschriftenkorpus jedoch zwangsläufig auf eine zu bewältigende Materialgrundlage reduziert werden.

Ein detaillierter Einblick in die Wesensmerkmale einzelner Laufzeitschriftentitel wurde nicht zuletzt mit Hilfe zahlreicher Sekundärinformationen (Mediendaten, Umfangsanalysen u. v. m.) möglich, die mir größtenteils die Verlagshäuser und Redaktionsteams zukommen ließen und die somit aus erster Hand stammen.

4.2.1. Allgemeine Mediendaten deutschsprachiger Laufzeitschriften

Der Versuch einer Beschreibung textsortenkonstituierender Merkmale des Kommunikationsmediums Laufzeitschrift, wie er in den Abschnitten 4.2.2. und 4.2.3. erfolgt, bezieht sich auf insgesamt elf verschiedene Laufzeitschriftentitel (vgl. 2.). Einige allgemeine Mediendaten dieser Zeitschriften bzw. deren für meine Zwecke sinnvolle Auswahl sollen nun einleitend näher vorgestellt werden. Meine Ausführungen beziehen sich dabei im Wesentlichen auf Mediendaten, die von den Zeitschriftenverlagen in Form eigener Websites herausgegeben werden (siehe Tab. 6).

Zeitschrift	Website
aktiv Laufen	http://www.dsv-sportverlag.de
condition	http://www.meyer-meyer-sports.com
Fit for Life	http://www.fitforlife.ch
Laufsport Marathon	http://www.laufsport-marathon.at
LaufZeit	http://www.laufzeit-online.de
Spiridon	http://www.laufmagazin-spiridon.de
Running	http://www.running-magazin.de
running-pur	http://www.running-pur.de
Runner's World	http://www.runnersworld.t-online.de
VCM Running	http://www.running.co.at

Tabelle 6: Websites deutschsprachiger Laufzeitschriften (Stand 18. 11. 2004)

Grundlegende Informationen über die Auflagenzahl, den Erscheinungsort, das Gründungsjahr oder etwa die Erscheinungsweise des gewählten Ausgangsmaterials, wie hier der Laufzeitschriften, stellen m.E. für eine pragmatisch-kommunikativ orientierte Textsortenbeschreibung eine sinnvolle Ergänzung dar. Diese Mediendaten enthalten unter anderem Hinweise bezüglich der Kommunikationssituation (z. B. die räumliche Nähe/Distanz der Kommunikationspartner) und stellen die Textsortenbeschreibung überdies in einen weiteren Kontext.

Die landeseigene Version des weltweit größten Laufmagazins *Runner's World* stellt mit einer Druckauflage von 55.000 Exemplaren auch das auflagenstärkste Magazin am deutschsprachigen Laufzeitschriftenmarkt dar. Die deutschsprachige Ausgabe von *Runner's World* wurde im Oktober 1993 beschlossen; sie erscheint seit 1996 monatlich im Joint-Venture der Rodale Press Inc. (USA) und der Motor-Presse Stuttgart. Zusätzlich zu den zwölf Ausgaben pro Jahr wird jeweils im Frühjahr ein Sonderheft mit einem besonderen thematischen Schwerpunkt herausgegeben. In jedem Heft von *Runner's World* ist auch eine zusätzliche Extra-Beilage, *Ziellinie*, mit aktuellen Laufterminen vertreten. Der Seitenumfang einer Ausgabe von *Runner's World* erstreckt sich in der Regel von 90 bis zu 100 Seiten. Das Frühjahrs-Sonderheft erreicht eine Gesamtseitenanzahl von mindestens 128 Heftseiten.

Die Laufzeitschrift *condition* erscheint mittlerweile im 35. Jahr und weist im Jahresdurchschnitt eine Druckauflage von 15.000 Exemplaren auf. Zehnmal im Jahr wird das „Ratgebermagazin für Lauf- und Ausdauersport" von der Interessengemeinschaft der Langstreckenläufer (IGLI) in der Verlagsgruppe Meyer & Meyer (Aachen) herausgegeben, für die Monate Jänner/Februar und Juli/August erscheinen Doppelhefte. Das durchschnittliche Seitenvolumen einer *condition*-Ausgabe beträgt etwa 66 Seiten.

Spiridon wird bereits im 30. Jahr von der Spiridon-Verlags GmbH in Düsseldorf vertrieben. Das Laufmagazin wird mit einer Druckauflage von 15.000 Exemplaren elfmal jährlich, jeweils am Monatsanfang, herausgegeben. Das Seitenvolumen einer Ausgabe bewegt sich im Mittel zwischen 60 und 68 Seiten; das seit 1999 vorgesehene Doppelheft für die Monate Dezember und Jänner erreicht bis zu 116 Seiten.

„*LaufZeit*. Das Monatsjournal für alle Freunde des Laufens" erschien erstmals im Mai 1990 und kann auf eine durchschnittliche Druckauflage von 17.200 Exemplaren pro Monat verweisen. *LaufZeit* kommt elfmal jährlich auf den Markt, darunter einmal ein Doppelheft für die Monate Juli und August. Als Herausgeber von *LaufZeit* fungiert die LaufZeit Verlags GmbH mit Sitz in Berlin. Eine Ausgabe der Zeitschrift *LaufZeit* weist mindestens einen Gesamtumfang von 68 Seiten auf.

Das deutschsprachige Laufmagazin *Running* – das vorerst unter dem Titel *Running & Walking* erschien – befindet sich seit Herbst 1994 auf dem deutschen Zeitschriftenmarkt und berichtet zwölfmal im Jahr über den Laufsport. Seit 2003 finden sich unter den zwölf Ausgaben drei Special-Ausgaben mit wesentlich höherem Seitenumfang (ca. 115 Seiten, monatliche Ausgabe: 90 Seiten). Die Druckauflage von *Running* erreicht ein Mittel von 41.000 Stück, für die Herausgabe von *Running* zeichnet die Verlagsagentur WAG's in Freiburg verantwortlich.

running-pur berichtet als „Das regionale Laufmagazin Süddeutschlands" speziell über das Laufgeschehen in den süddeutschen Bundesländern Bayern, Baden-Württemberg, Pfalz und Südhessen (südlich der Linie Frankfurt – Mainz). Die privat herausgegebene Zeitschrift erscheint seit 1998 vierteljährlich in Römerstein-Zeiningen (Dezember bis Februar, März bis Mai, Juni bis August, September bis November) mit einer Auflage von 10.000 Exemplaren. Eine Ausgabe von *running-pur* hat im Durchschnitt ca. 50 Seiten.

Die österreichische Laufzeitschrift *Vienna City Marathon Running* (auch kurz *VCM Running*) behauptet sich inzwischen seit sechs Jahren im Laufzeitschriftensektor. *VCM Running* wird seit 2003 siebenmal im Jahr von der MPG Medienproduktionsges. m.b.H. in Wien aufgelegt, wobei seit 2003 auch einmal jährlich ein zusätzliches Sonderheft von *VCM Running* gedruckt wird. Die durchschnittliche Druckauflage beträgt ca. 25.000 Stück. Der Seitenumfang einer *VCM*-Ausgabe beläuft sich im Durchschnitt auf ca. 90 Seiten, eine *VCM*-Sonderausgabe wartet mit einem Minimum von 110 Seiten auf.

Laufsport Marathon ist erstmals im März 1984 unter dem Titel *Laufsport Marathon Magazin* erschienen. Das Laufmagazin wird seitdem zehnmal jährlich von der LW Werbe- und Verlagsgesellschaft m.b.H. (Herzogenburg) herausgegeben; für die Monate November/Dezember und Jänner/Februar sind jeweils Doppelnummern vorgesehen. Die momentane Auflagenzahl beträgt 15.000 Exemplare und der Mindestumfang einer Ausgabe von *Laufsport Marathon* liegt bei ca. 68 Seiten.

Das schweizerische Magazin für Fitness, Lauf- und Ausdauersport *Fit for Life* ging im Jänner 1997 aus der früheren Laufzeitschrift *Läufer* hervor, welche seit 1984 am Zeitschriftenmarkt vertreten war. *Fit for Life* erscheint in der AZ Fachverlage AG in Aarau mit einer Druckauflage von 25.000 Stück zehnmal im Jahr (darunter jeweils zwei Doppelhefte Jänner/Februar und Juli/August). Ein Exemplar von *Fit for Life* weist in der Regel mindestens 84 Seiten auf.

Im April 2002 wurde die Palette der deutschsprachigen Laufzeitschriften kurzfristig um eine zusätzliche erweitert – *aktiv Laufen* wurde vom Deutschen Sportverlag (DSV-Verlag) Köln als einmaliges Sonderheft des ebenfalls im Jahr 2002 gegründeten Magazins *Leichtathletik* herausgegeben. Die Druckauflage betrug 80.000 Exemplare und sie wurde auch nahezu vollständig verbreitet. Seit Mai 2003 erscheint *aktiv Laufen* monatlich als Heft-im-Heft (ca. 18 Seiten) von *Leichtathletik* im Deutschen Sportverlag Köln mit einer Auflage von 35.000 Stück. Als Herausgeber fungiert der Deutsche Leichtathletik-Verband (DLV).

Nachdem nun die allgemeinen Mediendaten deutschsprachiger Laufzeitschriften im Einzelnen vorgestellt wurden, soll Tabelle 7 (s. u.) noch einen letzten Überblick über einige Medieninformationen von Laufzeitschriften aus Österreich, Deutschland und der Schweiz geben.[85]

---

85 Die Druckauflagenzahlen beziehen sich auf Verlagsangaben; Stand 18. 11. 2004. *aktiv Laufen* wird hier trotz seiner Eigenschaft als Heft-im-Heft von *Leichtathletik* noch einmal gesondert angeführt.

Im Anschluss daran werden in 4.2.2. anhand der elf Textsortenvertreter exemplarisch Funktionen des Kommunikationsmediums Laufzeitschrift beschrieben.

Laufzeitschrift	Druck-auflage	Ausgaben pro Jahr	Gründung	Erscheinungsort
aktiv Laufen	35.000	12	Mai 2003	Köln (D)
condition	15.000	10	1969	Aachen (D)
Fit for Life	25.000	10	Jänner 1997	Aarau (CH)
Laufsport Marathon	15.000	10	März 1984	Herzogenburg (Ö)
LaufZeit	17.200	11	Mai 1990	Berlin (D)
Läufer*	–	12	1984 bis 1996	Aarau (CH)
Leichtathletik	35.000	12	2002	Köln (D)
Runner's World	55.000	12 + 1 S	Oktober 1993	Stuttgart (D)
Running	41.000	12	Herbst 1994	Freiburg (D)
running-pur	10.000	4	1998	Römerstein (D)
Spiridon	15.000	11	Dezember 1974	Düsseldorf (D)
VCM Running	25.000	6 + 1 S	1998	Wien (Ö)

Tabelle 7: Mediendaten deutschsprachiger Laufzeitschriften

4.2.2. Funktionen

Die folgende Beschreibung der zentralsten Funktionen von Laufzeitschriften basiert auf einer kommunikativ-funktionalen Auffassung des unterschiedlich bemühten Funktionsbegriffes (vgl. 4.1.), den Lüger[86] durch den weniger problematischen, aber dennoch umstrittenen Terminus der *Intentionalität* ersetzt. Demnach gehe ich von einer prinzipiellen Beziehung zwischen handlungsseitigen und innersprachlichen Faktoren aus und suche in erster Linie nach zugrunde liegenden Motiven, Intentionen der Textsortenproduzenten und -rezipienten, aber auch allgemeinen (teils vorgegebenen) Funktionen des Mediums Laufzeitschrift. Für die Konstitution von Textsorten ist gerade die funktionale bzw. intentionale Komponente von besonderer Relevanz. Die Produktion von Texten stellt eine intentionale Tätigkeit dar, „die ein Sprecher entsprechend den Bedingungen, unter denen ein Text produziert wird, ausführt und durch die sprachliche Äußerung dem Adressaten zu geben

---

86 Vgl. Lüger 1995, 54 ff.

versucht."[87] Umgekehrt möchte ich aber nicht ausschließen, dass auch auf der Rezipientenseite die Intentionalität von großer Wichtigkeit ist, wenn der Leser mit gezielten Absichten zu einer bestimmten Special Interest-Zeitschrift seiner Wahl greift. Man könnte also ein wechselseitiges intentionales Verhältnis annehmen, vermittelt durch ein und dasselbe Medium.

Die primäre Funktion von Massenmedien stellt im Allgemeinen die **Informationsfunktion** dar: „Die Beurteilung der Massenmedien hängt wesentlich von der Beurteilung der Informationsleistung ab"[88]. Bei Special Interest-Zeitschriften ist die informative Funktion jedoch nicht unmittelbar mit der „politischen Aufgabe" verknüpft, die anderen (insbesondere tagesaktuellen) Medien bei der Informationsvermittlung „kommunikationspolitisch" zukommt. Nach Rolf soll gerade im Zusammenhang mit Special Interest-Zeitschriften der Begriff *Information* vielmehr „als vom Tagesgeschehen losgelöste, sachbezogene Mitteilung oder Auskunft, die dem Leser auf einem spezifischen Interessensgebiet seines privaten Lebensbereichs (zusätzliche) Kenntnisse vermittelt"[89], verstanden werden.

Auch Laufzeitschriften kommen ihrer zentralen Aufgabe als Informationsmedium nach, indem sie aktuelles, aufschlussreiches und spezialisiertes Wissen rund um den Laufsport vermitteln, das an die Interessen und Bedürfnisse einer relativ homogenen, am Laufsport interessierten Leserschaft angepasst ist:

„Bei uns finden Sie (fast) alles rund um den Laufsport: Trainingspläne für verschiedene Ansprüche, spezielle Frauenthemen, eines der umfassendsten Terminangebote für Laufveranstaltungen, Berichte, Ergebnisse, Vorstellungen und Tests von Laufschuhen und -bekleidung sowie andere nützliche Dinge, Tipps von Medizinern, Ernährung, auch mal ein Kochrezept und und und."[90]

„Wir sind die Spitze der Pyramide beim gegenwärtigen Laufboom, schnell, kompetent und überzeugend."[91]

---

87 Heinemann/Viehweger 1991, 89.
88 Schenk 1987, 404.
89 Rolf 1995, 78.
90 *LaufZeit* in http://www.laufzeit-online.de (22. 6. 2003).
91 *Spiridon* in http://www.laufmagazin-spiridon.de (Mediendaten) (18. 11. 2004).

Durch die Präsentation von Spezialinformation, die je nach Zeitschriftenprofil unterschiedliche Themenbereiche umfasst (s. u. 4.2.3.), eröffnen Laufzeitschriften den Lesern prinzipiell die Chance, sich auf dem Spezialgebiet des Laufens ein gewisses Maß an Bildung zu erwerben. Vor allem sind sie aber dafür geeignet, laufspezifische Vorkenntnisse zu vertiefen, um so „auf dem Laufenden" zu bleiben. Laufzeitschriften kommen demnach einer interessenspezifischen Informationssuche „insofern entgegen, als sie die Leserinteressen besonders unmittelbar berühren: Vorausgesetzt, ein themenspezifisches Informationsbedürfnis ist vor allem auf ein bestimmtes Interesse zurückzuführen, so werden SI-Zeitschriften folglich primär aufgrund ihrer informativen Inhalte, die exakt auf die Interessen der Rezipienten zugeschnitten sind, gelesen. Für den sachkundigen Rezipienten erhöht sich dabei der Nutzwert der Information erheblich."[92]

> „Das Laufmagazin RUNNING bietet alles Wissens- und Berichtenswerte aus der nationalen und internationalen Laufszene, von den größten Lauf- und Ausdauersportveranstaltungen in aller Welt und den interessantesten vor der Haustür. In unserem Terminkalender erfahren Sie, was wann und wo läuft."[93]

Einen besonders hohen Stellenwert nimmt in Laufzeitschriften neben der Informationsfunktion die **Ratgeberfunktion** ein. Laufzeitschriften erteilen gezielt Ratschläge und geben Laufsportbegeisterten explizit oder implizit[94] hilfreiche Anleitungen, aber auch Tipps bei konkreten Problemen und Fragen, die im Zusammenhang mit dem Laufsport auftreten.

> „Der umfangreiche Ratgeberteil vermittelt Ihnen Grundlagen und Hintergründe, Tipps und Tricks [...]."[95]

Dabei kann die Laufzeitschrift ein entscheidender Ratgeber hinsichtlich der Wahl der Laufausrüstung, der Verbesserung des körperlichen Wohlbefindens oder der Lösung individueller Probleme bei der Laufsportausübung sein. Laufzeitschriften übernehmen darüber hinaus auch bei der Sport-

---

92   Rolf 1995, 78/79.
93   *Running* in http://www.running-magazin.de (Mediadaten 2004, 3) (18. 11. 2004).
94   Beratung kann nicht nur explizit vermittelt werden (z. B. durch die Beantwortung von Leserbriefen), sondern auch implizit erfolgen, z. B. durch das Angebot der Identifikation des Rezipienten mit prominenten Personen in Reportagen oder Interviews.
95   *Running* in http://www.running-magazin.de (Mediadaten 2004, 3) (18. 11. 2004).

ausübung selbst eine beratende Funktion, indem sie beispielsweise zum „Trainingsbegleiter" werden (u.a. durch spezielle Trainingsprogramme).

„Wir bieten praktische Trainingsinformationen und Tipps zu Ernährung, Fitness und Gesundheit. Ratschläge über die richtige Ausrüstung sowie Tests von Sportartikeln runden das Magazin ab."[96]

„Wir machen Ihnen Beine: Auch in diesem Monat gibt es wieder 18 Seiten ‚aktiv Laufen'. Wir führen Sie Schritt für Schritt zum ersten Marathon."[97]

„CONDITION ist das Ratgebermagazin für Lauf- und Ausdauersportler. Es bietet dem Leser, Anfänger wie Fortgeschrittener, Anleitungen für die Sportpraxis. Der Läufer und der Walker erhalten Hilfen und Ratschläge zu Training, Wettkampf, Ernährung, Sportmedizin und Sportausrüstung."[98]

Folglich werden Laufzeitschriften ihrer Funktion als Ratgeber nicht nur in eigens dafür vorgesehenen Rubriken (z.B. im Leserforum) gerecht. Eher verstreuen sich praktische Trainingsinformationen, Tipps zu Ernährung und Wohlbefinden, Hinweise und Anleitungen zu Wettkampf und Sportmedizin, aber auch Ratschläge zur Lauf- und sonstigen Sportausstattung größtenteils über das gesamte Inhaltsangebot (vgl. 4.2.3.).

Laufzeitschriften werden auf der Basis eines geteilten kulturellen Wissens gestaltet und rezipiert, das als gruppenspezifisch eingestuft werden kann. Demzufolge kommt den Laufzeitschriften zusätzlich eine **gruppenindizierende Funktion**[99] (auch *Orientierungs-* oder *Sozialisationsfunktion* genannt) zu, die sich durch den spezifischen soziokulturellen Kontext ergibt: die Freizeitbeschäftigung. Laufzeitschriften ermöglichen durch eine spezifische Gestaltung der Freizeit Sinngebung im Privatleben und führen auf diese Weise zu einer zumindest partiellen Identitätsfindung in der „Runner's World". Gerade die Leserschaft von Laufzeitschriften weist großteils die gleichen Interessen und Wertorientierungen auf und stellt insgesamt eine recht homogene Rezipientengruppe dar (vgl. 4.2.5.). Dem Leser einer

---

96 *VCM Running* in http://www.running.co.at (18.11.2004).
97 *aktiv Laufen* in http://www.dsv-sportverlag.de (22.6.2003).
98 *condition* in http://www.meyer-meyer-sports.com (18.11.2004).
99 Vgl. Androutsopoulos 2000, 185.

Laufzeitschrift soll seine Wahl einer bestimmten Freizeitbeschäftigung, dem Laufen, „die Möglichkeit geben, sich über seine individuelle Mediennutzung mit einer sozialen Gruppierung zu identifizieren, seine Zugehörigkeit zu ihr zu demonstrieren; kurz: sich in der Gesellschaft zu orientieren."[100]

„,Laufsport Marathon' möchte der ,Begleiter' für Läufer, Laufinteressierte, Ausdauersportler, Langläufer und Triathleten sein."[101]

In Special Interest-Zeitschriften, und somit auch in Laufzeitschriften, ist die Primärfunktion des INFORMIERENS[102] häufig direkt mit der **Unterhaltungsfunktion** gekoppelt. In der Verknüpfung von Unterhaltung und Information liegt schließlich das Erfolgsrezept der Special Interest-Zeitschriften – im Infotainment.[103] Bereits Studien aus den 60er Jahren belegen, dass es zu einer Begünstigung der Informationsaufnahme führt, „wenn der Stoff auch ,fesselt', unterhaltend ist, denn ,der Leser will [...] bei seinem Unterhaltungsbedürfnis und seinen privaten Interessen angesprochen werden. Wo dies gelingt, wo die Aussage eine Wendung in diese Richtung erhalten kann, findet sie am leichtesten ihren Weg ins Bewusstsein der Zeitgenossen'"[104]. Das vorrangige Kommunikationsziel von Laufzeitschriften besteht aber dennoch darin, spezielle Sachinformationen zu vermitteln – obschon dies natürlich nicht von jeder Laufzeitschrift in gleichem Ausmaß angestrebt wird, vgl. zwei unterschiedliche Zeitschriftenprofile:

„Unsere Leser wollen vor allem informiert, weniger unterhalten werden."[105]

„Ihnen, liebe Leserin, lieber Leser, wünschen wir viel Vergnügen auf den nächsten Seiten. Und dass Sie – abseits des oft anstrengenden und ernsten Alltags – auch die Zeit finden, das eine oder andere Mal zu schmunzeln ..."[106]

---

100 Rolf 1995, 90.
101 E-Mail der Produktmanagerin von *Laufsport Marathon* (Heidi Landstätter) (24. 4. 2003).
102 Vgl. Heinemann/Viehweger 1991, 149.
103 Vgl. Fesch 1993, 12; Renger 2000, 273 ff.
104 Hagemann 1966, 123.
105 E-Mail eines Redakteurs von *Fit for Life* (Simon Joller) (7. 5. 2003).
106 VCM 03/03, 5.

Dadurch wird die Unterhaltung eher zu einem wichtigen Element, das in die sachspezifische Darstellung mit einfließt und die reine Sachinformation zum zusätzlichen Vergnügen macht. In kommunikationswissenschaftlichen Untersuchungen wird vielfach angenommen, dass das Unterhaltungsbedürfnis des Medienkonsumenten primär dem Wunsch zur passiven Wirklichkeitsflucht, dem *pleasure effect* (als Eskapismus) entspringt, d.h. dem Drang nach der Ablenkung von den Konflikten des Alltags und den streng rationalen Arbeitsstrukturen des Lebens.[107] Laufzeitschriften beschäftigen sich mit freizeitorientierten Inhalten, denen der Leser ein hohes Maß an Interesse entgegenbringt und mit denen er sich identifizieren kann. Somit stehen Laufzeitschriften schon wegen ihrer Freizeitthematik in einem Gegensatz zu den alltäglichen Inhalten des Berufslebens: „Special Interest-Zeitschriften weisen bereits aufgrund ihrer freizeitorientierten Thematik eine eskapistische Funktion im Alltag auf [...]"[108]. Das Interesse am spezialisierten Sachwissen rund um den Laufsport und die Identifikation mit der Laufthematik fesseln den Leser an die laufspezifischen Inhalte und ermöglichen ihm das Eintauchen in seine individuelle Freizeitwelt. Laufzeitschriften entführen den Leser jedoch nicht wie andere Zeitschriftentypen in eine künstliche Scheinwelt, sondern in eine reale Freizeitwelt, in die Welt des Laufsports, in der er Freude und Spaß findet:

„RUNNING ist ein Laufsportmagazin für Menschen jeden Alters und jeder Provenienz mit dem Ziel, Freude und Spaß am Laufen zu vermitteln, zu informieren und zu motivieren und die Gesundheit und Lebensfreude der Leser zu erhöhen."[109]

In den Abschnitten 3.2.1. und 3.2.2. wurde angesprochen, dass sich Special Interest-Zeitschriften u. a. durch ihre aufwändige Aufmachung im Magazinstil von anderen Zeitschriftengattungen abheben. Laufzeitschriften unterstützen alle bisher genannten Textsortenfunktionen, vor allem intensivieren sie aber die Informationsfunktion durch eine für sie charakteristische **visualisierende Funktion**. Laufzeitschriften werden zumeist im aufwändigen Bogen-Offset-Druckverfahren auf Bilderdruckpapier hergestellt – somit ist eine hochwertige Druck- und Papierqualität gewährleistet, die beim Rezipienten insbesondere ein haptisches Interesse weckt.[110] Das überaus anspruchsvolle Seitenlayout wirkt auf den Rezipienten harmonisch, spannungsreich und ist in der inhaltlichen Abfolge der Elemente gut erfassbar. Besonders die Bildästhetik wird dabei zu einem stark dominierenden Faktor: Sie trägt ent-

---

107 Vgl. Noelle-Neumann/Schulz/Wilke 1991, 119; Kleinjohann 1987, 56; Rolf 1995, 86 f.; Renger 2000, 286 ff.
108 Rolf 1995, 86.
109 *VCM Running* in http://www.running.co.at (18. 11. 2004).
110 Vgl. Göbel 2002, 221.

scheidend zum Gesamterscheinungsbild einer Laufzeitschrift und somit zum Ansehen eines medialen Luxusprodukts bei den Rezipienten bei. Speziell die einzelnen Elemente graphischer Präsentation haben rezeptionserleichternde Funktion und begünstigen zudem eine raschere Erfassung der Inhalte.

> „Mit unserem neuen lichten Layout sprechen wir auch die jüngeren Leser an, ohne einen Informationsverlust zu gestatten."[111]

> „Auch in Zukunft werden Sie sicherlich noch die eine oder andere kleine Veränderung bemerken, bis unser Konzept so richtig ‚ausgereift' ist."[112]

Die Heinemannsche Textfunktion des ÄSTHETISCH WIRKENS[113] tritt in Laufzeitschriften in besonderer Weise hervor: Indem die Textinformation und die Bildinformation miteinander verschmelzen, entsteht eine neuartige Text-Bild-Verbindung, die sich durch ein sehr hohes Maß an semantischer Verdichtung auszeichnet. Die äußerst anspruchsvolle optische Präsentation trägt als „visueller Rezeptionseffekt"[114] in Laufzeitschriften also nicht nur zur reinen Unterhaltung bei, sondern ermöglicht auch eine vereinfachte und zugleich angenehme, unterhaltsame Aufnahme der dargebotenen Information, kurz: Sie erzeugt Infotainment. Durch ihre optische Attraktivität wird die Sachinformation für den laufsportbegeisterten Leser auch emotional erlebbar – er wird auch auf visuellem Wege in seine Freizeitwelt entführt (s. o.).

In das redaktionelle Angebot fließen gerade auch aus diesem Grund neben Tabellen, Schaukästen, Zeichnungen, Illustrationen usw. größtenteils Fotos ein. Auf diesem visuellen Wege kann der allgemeinen Tendenz zur Ästhetisierung von Werbung und Alltagskommunikation[115] ausreichend Rechnung getragen werden.

Gemessen am durchschnittlichen Mindestumfang einer Laufzeitschrift (ca. 70 Seiten) ist der Bildanteil in nahezu allen Laufzeitschriften mindestens die Hälfte des redaktionellen Teiles.

---

111 *Spiridon* in http://www.laufmagazin-spiridon.de (Mediendaten) (18. 11. 2004).
112 Cond 04/03, 3.
113 Vgl. Heinemann/Viehweger 1991, 153.
114 Rolf 1995, 85.
115 Vgl. Schneider 1998, zit. in Androutsopoulos 2000, 185.

Abbildung 9 (s. u.) gibt einen vergleichenden Einblick in die Zusammensetzung von Text-, Bild- und Anzeigen-/Werbungsteil in den Laufzeitschriften *condition*, *Fit for Life*, *Laufsport Marathon*, *Runner's World* und *Spiridon*. Im Durchschnitt ergibt sich ein Textanteil von 35 %, 44 % entfallen auf Bilder und 21 % auf Anzeigen bzw. Werbung.

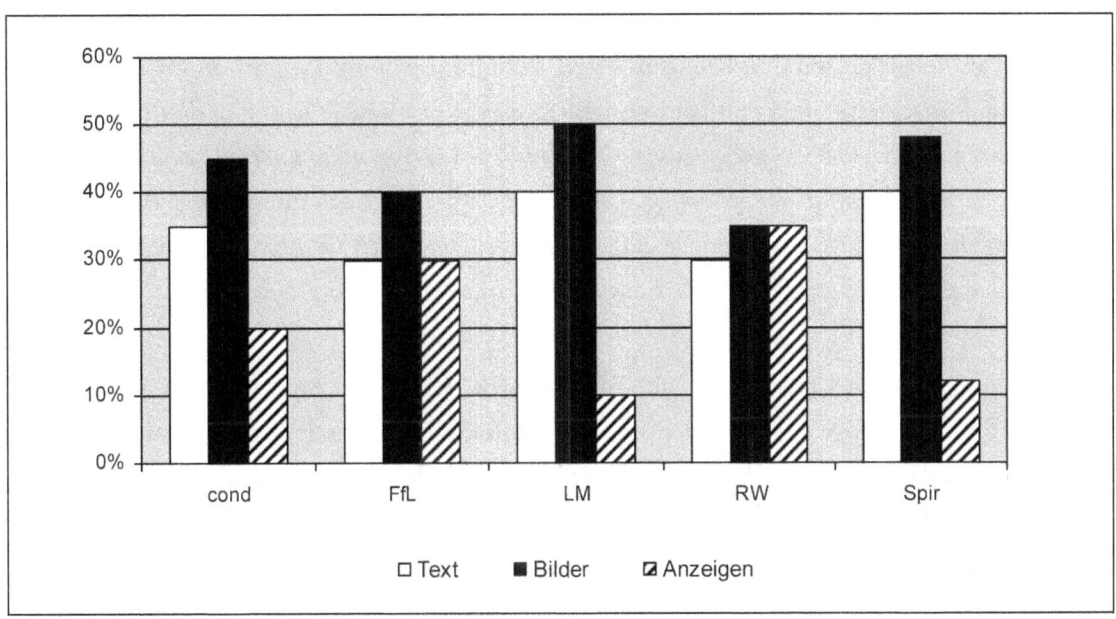

Abbildung 9: Prozentuelle Verteilung von Text-, Bild- und Anzeigenteil

Wie diese kurze Beschreibung von nur einigen textsortentypischen Funktionsmerkmalen gezeigt hat, vereinen Laufzeitschriften unterschiedlichste Funktionen, um letztlich den sehr hohen Qualitätsansprüchen ihrer Zielgruppe gerecht zu werden. Natürlich können alle besprochenen Textsortenfunktionen nicht vollkommen isoliert voneinander betrachtet werden. Sie sind Funktionsmerkmale ein und desselben kommunikativen Mediums, die im Zusammenspiel auf mehreren Ebenen eine kohärente Funktionseinheit bilden. In einem Beschreibungsmodell, das mehrere sich gegenseitig stützender und mehrdimensional ergänzender Textsortenkonstituenten berücksichtigt, stellen die vorgeschlagenen Funktionen von Laufzeitschriften – die Informations-, die Ratgeber-, die Unterhaltungsfunktion, die gruppenindizierende und die visualisierende Funktion – insgesamt aber nur eine einzige textsortenspezifische Dimension dar; als weitere Beschreibungsdimension sind die Textsortenthematik bzw. die Textsorteninhalte anzusehen (s. u. 4.2.3.).

4.2.3. Themen und Inhalte

Im Rahmen von 3.2.2. wurde bereits der Versuch einer ersten Positionierung der Laufzeitschriften innerhalb der Kategorie Special Interest-Zeitschrift unternommen. Dabei wurde generell festgestellt, dass sich Laufzeitschriften aufgrund ihrer spezifischen Thematik – dem Laufen als (dem Sport im Allgemeinen) untergeordnete Sportart – den Very Special Interest-Zeitschriften zuordnen lassen. Das Textthema als Redegegenstand ist bereits in der Gattungsbezeichnung <u>*Lauf*</u>*zeitschrift* enthalten. Die thematische Konzentration auf den Laufsport spiegelt sich aber gerade häufig in den Titeln einzelner Laufzeitschriften wider: *Running, Runner's World, running-pur, aktiv Laufen, LaufZeit, Laufsport Marathon, Vienna City Marathon Running, Laufmagazin Spiridon*. Auch in unmittelbar dazugehörigen Untertiteln verbirgt sich der spezielle Laufcharakter einer Zeitschrift: *condition. Ratgebermagazin für Lauf- und Ausdauersport, Fit for Life. Magazin für Fitness, Lauf- und Ausdauersport*.

Die genannten Untertitel nur zweier Laufzeitschriften weisen bereits explizit darauf hin, dass das Thema Laufsport im engeren Sinne nicht in jeder Laufzeitschrift denselben Stellenwert einnimmt. Speziell die Ausdauersportarten – wie etwa Duathlon, Triathlon oder Langlauf – treten abhängig vom jeweiligen Zeitschriftenprofil in unterschiedlichem Ausmaß neben den „reinen" Laufsport. So legt zum Beispiel die Zeitschrift *Fit for Life* ihren primären Schwerpunkt nicht allein auf das Laufen. Die Sportarten Radfahren, Triathlon, Schwimmen, Inlineskating und Langlauf zählen zu weiteren thematischen Schwergewichten; dementsprechend (eher) niedrig ist auch der Anteil des Laufsports in einer *Fit for Life*-Ausgabe mit ca. 25 % in den noch laufintensiven Monaten März bis Mai.[116]

Im Vergleich dazu gestaltet sich der Prozentanteil des Laufsports in Laufzeitschriften, die sowohl in den Sommermonaten als auch in den Wintermonaten der engeren Laufthematik klar den Vorzug geben (z. B. *Runner's World, Running* oder *LaufZeit*), als sehr hoch. In den laufstarken Monaten schwankt der Prozentanteil des Themenschwerpunktes Laufen in den Zeitschriften zwischen 25 und 90 %, in den laufschwachen Monaten November bis Februar zwischen 20 und 80 %.[117]

Neben die angesprochenen, primär an Sportarten orientierten Themenkomplexe treten in Laufzeitschriften aber auch regelmäßig, verschieden ausführlich behandelt, weitere Themen, die sich mit

---

116 E-Mail eines Redakteurs von *Fit for Life* (Simon Joller) (7. 5. 2003).
117 Die Angaben beziehen sich auf E-Mails einzelner Redaktions- bzw. Verlagsangehöriger.

(Sport-)Medizin/Psychologie, Ernährung und Gesundheit/Fitness, (Sport-)Produkten und Training im Allgemeinen beschäftigen.

> „SPIRIDON beleuchtet inhaltsreich auch im 30. Jahr alle Aspekte des Laufens, ohne sich ständig zu wiederholen: von Jogging bis Ultra-Marathon, Training, Sportmedizin und Gesundheit, Ernährung, Produkt-Informationen und Buchkritik."[118]

> „Außerdem gibt RUNNER'S WORLD in jeder Ausgabe wertvolle Ratschläge für Fitness, Ernährung und Gesundheit [...]."[119]

Die Schwerpunktthemen bzw. Titelthemen einzelner Hefte kreisen meiner Ansicht nach – zumindest in den von mir als Materialgrundlage herangezogenen Laufzeitschriftenausgaben (vgl. 2.) – vor allem um die thematischen Komplexe Produkte und Laufveranstaltungen bzw. Termine. Innerhalb des Bereichs Produkte bilden am häufigsten die Laufschuhe einen thematischen Schwerpunkt, aber auch die Laufbekleidung und die „technische Ausrüstung" eines Läufers wie etwa Puls- oder Herzfrequenz-Messgeräte werden meinen Beobachtungen zufolge zu immer maßgeblicheren Hauptthemen. Der Themenkomplex Laufveranstaltungen bzw. Termine stellt ebenso häufig das Schwerpunktthema von Laufzeitschriftenausgaben dar. Dieser thematische Bereich umfasst grundsätzlich alle vergangenen oder künftigen Events in der Laufszene, die besonders häufig in tabellarischer Form, in so genannten *Laufkalendern*, dargeboten werden.

Von manchen Laufzeitschriften werden für das jeweilige Erscheinungsjahr aktuelle Themenpläne herausgegeben. Diese sind größtenteils auch elektronisch abrufbar, so dass sich rasch ein Einblick in die konkret formulierten Schwerpunktthemen einzelner Laufzeitschriftenverlage gewinnen lässt. Von den Laufzeitschriften *Runner's World*[120] und *LaufZeit*[121] liegen beispielsweise für das Jahr 2004 ausführliche Pläne zu den vorgesehenen Schwerpunktthemen der jeweiligen Monatsausgabe vor.

Tabelle 8 (s. u.) verschafft am Beispiel der beiden Laufzeitschriften *Runner's World* und *LaufZeit* einen vergleichenden Überblick über Möglichkeiten für die konkrete Gestaltung von Themenplänen.

---

118 *Spiridon* in http://www.laufmagazin-spiridon.de (Mediendaten) (18. 11. 2004).
119 *Runner's World* in http://www.mps-anzeigen.de (18. 11. 2004).
120 Vgl. *Runner's World* in http://www.mps-anzeigen.de (Themen *Runner's World*) (18. 11. 2004).
121 Vgl. *LaufZeit* in http://www.laufzeit-online.de (18. 11. 2004).

Heft	Schwerpunktthemen 2004 Runner's World	Schwerpunktthemen 2004 LaufZeit
1/04	Internationaler Marathonkalender	Kalender LAUFJAHR 2004
2/04	Test: Audiogeräte zum Laufen & Laufsocken	Laufzubehör, LAUFJAHR 2004, Teil 2: Termine Österreich
3/04	Pulsmesser, Laufseminare, Laufurlaube	Laufschuhe Frühjahr/Sommer 2004
4/04	Laufschuhe	Herzfrequenz-orientiertes Training und Geräteempfehlungen
5/04	Frauen Spezial (Alles zum Thema Laufen und Frauen)	„Ich will Marathon laufen" mit Tipps für die mentale und technische Vorbereitung sowie Trainingsplänen für Anfänger und Fortgeschrittene
6/04	Sportbrillen-Test	Neue Sport-BHs, Laufbrillen
7/04	Berglauf-Spezial	Laufschuhe für Kinder und Laufsocken
8/04	Sommer-Bekleidung	
9/04	Baby-Jogger, Trinksysteme, Walking	Laufschuhe Herbst/Winter 2004 mit Einzeltests
10/04	Laufschuhe	Trail-Laufschuhe, Kalenderbeilage RUNNING 2005
11/04	Winterbekleidung, Trail-Schuhe	Laufmützen, Berichte Herbstmarathonläufe, Laufreisen 2005
12/04	Funktionsunterwäsche, Geschenktipps	Kleidung für die ganz kalten Lauftage, Rezensionen ausgewählter Lauf-Literatur und andere Geschenkempfehlungen zu Weihnachten

Tabelle 8: Themenpläne 2004 von Runner's World und LaufZeit

Unabhängig von den Schwerpunktthemen in den regulären Monatsausgaben, auf die sich Tabelle 8 bezieht, werden von den Verlagen der Laufzeitschriften je nach Zeitschriftenprofil und Verlagsprogramm ebenso spezielle Sonderhefte, oftmals auch *Specials* genannt, herausgegeben. Diese blieben in meinen bisherigen Ausführungen zur Thematik von Laufzeitschriften unberücksichtigt. Daher gehe ich hier auf sie näher ein.

Die Special-Hefte einzelner Laufzeitschriften erreichen in der Regel wesentlich höhere Seitenvolumina als sonstige Ausgaben. Sie weisen schon aufgrund ihrer stark überwiegenden Spezialthematik (z. B. Laufschuhe, Marathon oder Frauenlauf) eine leicht abweichende Themenkonzentration auf.

Zudem ist für die Themenverteilung in Special-Heften entscheidend, ob es sich um ein meist in der Heftmitte positioniertes Heft-im-Heft-Special oder ein gesondertes Special-Heft handelt, das zusätzlich zu den anderen Ausgaben vertrieben wird. Bei Heft-im-Heft-Specials findet der jeweilige spezialthematische Teil neben weiteren Themenkomplexen Berücksichtigung; einige davon wurden bereits oben angesprochen. Die Special-Ausgaben der Laufzeitschriften *Running, LaufZeit* oder *Laufsport Marathon* sind beispielsweise der Variante Heft-im-Heft-Special zuzuordnen. Das folgende Zitat gibt z. B. Aufschluss über die im Jahr 2004 geplanten Spezialthemen der Zeitschrift *Running*:

„Im Jahr 2004 werden drei der zwölf RUNNING-Ausgaben als Special mit einem wesentlich höheren Seitenumfang sowie einem längeren Auslagezeitraum im Handel erscheinen: Das erste Special im Januar 2004 wird sich mit dem Thema ‚Laufen 2004' beschäftigen. Dabei blicken wir zurück auf die Wettbewerbe im Jahr 2003. Eine Vorschau auf kommende Marathonwettbewerbe im nächsten Jahr rundet dieses Special ab. Das Special im April 2004 widmet sich dann dem Thema ‚Der optimale Laufschuh'. In dieser Ausgabe präsentieren wir neben anderen Themen den großen RUNNING-Schuhtest 2004 und geben Tipps zum Laufschuhkauf. Unser Special im September 2004 beschäftigt sich mit dem Thema ‚Marathonwettkampf'. Sowohl Anfänger als auch Könner finden in diesem Special viele interessante Beiträge zur optimalen Vorbereitung auf die Marathonveranstaltungen im Herbst 2004 hinsichtlich Training, Taktik, Ernährung usw."[122]

Heft-im-Heft-Specials können aber darüber hinaus in Form so genannter „Beihefter" erscheinen. Diese heben sich zumeist durch ihre von der Zeitschrift verschiedene Papierqualität noch stärker von den restlichen Heftseiten ab; als Beispiel dafür sind die Sonderteile „Frauenlauf – Die Läuferin", „Alterslauf – KONDI" oder „Triathlon + Magazin" von *Spiridon* zu nennen. Die Heftdramaturgie eigener Sonderhefte wird im Vergleich dazu auf eine Spezialthematik hin konzipiert; sie adaptiert sämtliche der Schwerpunktthemen an diese übergeordnete Sonderthematik. Die im Frühjahr 2003 anlässlich des 20-jährigen Jubiläums des Vienna City Marathons erschienene Sonderausgabe von *VCM Running* und das jeweils im Frühjahr erscheinende Einsteigerheft von *Runner's World* stellen für diese Specialvariante gelungene Beispiele dar.

---

[122] *Running* in http://www.running-magazin.de (Mediadaten 2004, 3) (18. 11. 2004).

„In das Einsteiger-Sonderheft hat unsere Redaktion alles gepackt, was fürs Laufen wichtig ist, alles, was Laufeinsteiger und Fortgeschrittene schon immer einmal wissen wollten. Dahinter steckt nicht nur die Erfahrung, welche Fragen den Läuferinnen und Läufern unter den Nägeln brennen, auch die jahrelange Eigenerfahrung unserer Redakteure und Mitarbeiter mit allen Formen des Laufens kommt zur Geltung. In den Rubriken Training, Ernährung, Laufschuhe, Ausrüstung und Walking werden unsere Leser in diesem Sonderheft durch die weite Welt des Laufens geführt, durch die RUNNER'S WORLD sozusagen."[123]

Im Sinne einer knappen, teils exemplarischen Darstellung der thematisch-inhaltlichen Textsortenspezifika von Laufzeitschriften sollen im Folgenden noch zwei weitere Fragen Beachtung finden:

1. Welche Teiltextsorten konstituieren Laufzeitschriften?
2. Welche Inhaltsbausteine können als die für die Textsorte Laufzeitschrift elementaren angesehen werden?

Für die Bestimmung der in Laufzeitschriften enthaltenen Teiltextsorten und Inhaltskomponenten wurde ein Korpus mit jeweils drei Ausgaben pro Laufzeitschrift, insgesamt 30 Hefte, aus dem Jahr 2003 herangezogen. Zusätzlich wurden noch vier Hefte des Mediums *Läufer* (Vorgänger der Zeitschrift *Fit for Life*) aus den Jahren 1995 und 1996 hinzugenommen. Auf diese Weise wurde eine noch umfassendere Materialbasis geschaffen, die den Vergleich zwischen mehreren strukturellen Ausprägungen von Laufzeitschriften und eine bestimmte Verallgemeinerbarkeit der Befunde erlaubt.

Die Heftauswahl erfolgte großteils nach dem Zufallsprinzip; nur von den Zeitschriftentiteln *Spiridon* und *Fit for Life* befanden sich aus dem Jahr 2003 jeweils genau drei Ausgaben in meinem Gesamtkorpus (vgl. 15.1.), dadurch bestand bei diesen Laufzeitschriften ohnehin keine Auswahlmöglichkeit. Methodisch wurden zunächst die häufigsten Teiltextsorten und die größten Inhaltselemente von den jeweils drei bzw. vier Exemplaren der einzelnen Laufzeitschriften Heft für Heft ermittelt. Anschließend wurden diese intern in Opposition zueinander gesetzt, um fixe und variable Komponenten zu eruieren. Ausgehend von den festgestellten Teiltextsorten und Inhaltsbausteinen der elf verschiedenen Zeitschriftentitel wurden diese auf gemeinsame und unterschiedliche Elemente hin untersucht. Durch diese Bildung interner Oppositionen wurde es möglich, laufzeitschriftentypi-

---
123 Vgl. *Runner's World* in http://www.mps-anzeigen.de (Preise/Termine 2005) (18. 11. 2004).

sche Teiltextsorten und Inhaltsbausteine von eher fakultativen Elementen unterscheiden zu können. So weit besonders stark hervorstechende Merkmale bezüglich der Sequenzierung (Positionierung) der Komponenten festgestellt werden konnten, wurden diese bei der Darstellung der Ergebnisse mitberücksichtigt.

Da für aussagekräftigere Studien zwangsläufig ein umfangreicheres Ausgangskorpus heranzuziehen wäre, müssen die Ergebnisse dieser stichprobenartigen Einzeluntersuchung zur Ermittlung von strukturellen Großkomponenten selbstverständlich als statistisch nicht repräsentativ angesehen werden. Aus Raumgründen musste bei dieser kleineren Analyse auch das Intertextualitätskriterium vollständig unberücksichtigt bleiben.

Die Ermittlung inhaltlicher Komponenten von Laufzeitschriften gestaltet sich problematisch, zumal viele Teiltextsorten und inhaltliche Bausteine von Laufzeitschriften größtenteils nur von den in Laufzeitschriften enthaltenen externen und internen[124] Rubrikenbezeichnungen abgeleitet werden können. Bei meiner Analyse musste ich vor allem aus den auf jeder redaktionellen Seite angeführten Textabschnittsbezeichnungen in den Kopfzeilen auf Teiltextsorten schließen. Die in den Inhaltsverzeichnissen genannten Spartentitel, unter denen eine Reihe thematisch zugehöriger Artikel angegeben werden, entsprechen je nach Laufzeitschrift nur einem mehr oder weniger großen Hauptanteil der in Laufzeitschriften angeführten Bestandteile. Speziell die Rubrikenbezeichnungen in den Inhaltsverzeichnissen stimmen nur teilweise mit den Abschnittsbezeichnungen auf den Heftseiten überein. Einige Laufzeitschriften verzichten auch gänzlich auf eine Rubrikenzuordnung im Inhaltsverzeichnis und konzentrieren sich auf die Nennung enthaltener Artikelüberschriften (z. B. *Laufsport Marathon*, *VCM Running*). Die für eine Zeitschrift typischen Bestandteile stellen oftmals die Sparten dar, die mit hoher Frequenz direkt in den Inhaltsverzeichnissen, aber auch auf der jeweiligen Heftseite genannt werden. Neben diesen eher leicht erkennbaren Komponenten setzen sich Laufzeitschriften aber noch aus weiteren Teiltextsorten und Inhaltsbausteinen zusammen, die von hoher Relevanz sind und ausschließlich bei näherer Betrachtung der Textpassagen ausfindig gemacht werden können.

---

124 Mit *internen Rubriken* sind feststehende Rubriken der Redaktionen gemeint, die sich in den meisten Laufzeitschriften auch in den Inhaltsverzeichnissen unter dem Titel *Rubriken* finden.

Bereits die ersten Beobachtungen, die bei der kontrastiven Analyse dreier Exemplare einzelner Laufzeitschriften gemacht wurden, unterstrichen die inhaltliche Vielfältigkeit der Textsorte Laufzeitschrift. Die Untersuchung der elf Laufzeitschriftentitel (34 Ausgaben) nach inhaltlichen Strukturkomponenten führte erwartungsgemäß zu einer hohen Anzahl verschiedenartiger Elemente, die sich zum Teil aufgrund ihrer Intertextualität sehr stark überschneiden. Eine Fülle von Teiltextsorten und Inhaltsbausteinen, die nach unterschiedlichen Kriterien gekennzeichnet und zudem variabel verteilt sind, kann somit als bezeichnendes Merkmal für die Konstitution von Laufzeitschriften angesehen werden. Diese Vielzahl erklärt sich daraus, dass die Redakteure von Laufzeitschriften selbst spezielle Bezeichnungen für bestimmte Arten ihrer Texte, für „Mischformen"[125], verwenden und dafür kein einheitliches, konsequent durchgehaltenes Klassifikationskriterium heranziehen. Burger folgend muss auch bei den Bausteinen in Laufzeitschriften von einer „ad-hoc-Mischung"[126] unterschiedlicher Kriterien ausgegangen werden – mediumspezifische Varianten ergeben sich so.

Wie die untenstehende Tabelle 9 zeigt, lassen sich die vielen konkret ermittelten Beispiele mindestens 16 größeren verbalen Teiltextsorten und einer visuell geprägten Teiltextsorte (*Impressionen*) zuordnen. Angemerkt sei, dass es sich bei dieser Tabelle jedoch nur um einen ersten Versuch der Gruppierung einer Auswahl vorgefundener Teiltextsorten handelt und nicht um eine Auflistung, die Anspruch auf Vollständigkeit erhebt.

Die vom Zeitschriftenmedium her vorgegebenen fixen Teileelemente wie Titelblatt, Inhaltsverzeichnis, Impressum, ebenso Editorial, Heftvorschau und jegliche Art von Anzeigenwerbung bleiben in dieser Darstellung ausgeklammert, ebenso Extra-Beilagen. Visuelle Elemente wie Fotografien, Grafiken etc., die vor allem als textunterstützende Teilkomponenten verbaler Textsorten fungieren, werden als wichtige visuelle Textsorten angesehen. Aufgrund der Beschränkung auf größere inhaltliche Komponenten werden diese aber nicht ausführlicher berücksichtigt – im Anschluss werden die zentralsten Textsorten kurz inhaltlich skizziert. Bei der Anordnung bzw. Abfolge der Teiltextsorten wurde, so weit dies durchführbar war, auf ihre tatsächliche Sequenzierung in den Laufzeitschriften geachtet. Dankenswerterweise fanden seitens der Redaktionen einzelner Laufzeitschriften Überprüfungen der ermittelten Teiltextsorten auf ihre Realitätsnähe hin statt – diese stützen somit die vorliegenden Befunde.

---

125 Vgl. Sowinski 1991, 297 f.; Sandig 1986, 279 f.; Lüger 1995, 75 f.
126 Vgl. Burger 1990, 330 f.

Teiltextsorte	Konkrete Beispiele einzelner Laufzeitschriften
Leserforum	*Leserbriefe-Herzschlag* (FfL), *Leserforum* (Spir, RW), *Leserreaktionen* (Cond), *Liebe Redaktion* (L), *Leserpost* (LZ), *Leserfragen* (Run), *Leserbriefe* (Run, VCM)
Interview	*Interview* (FfL, Spir, Cond, L, RW, LM, Run), *LaufInterview* (VCM), *Lauf-Gespräch* (VCM)
Ratgeber	*Ratgeber* (Cond, aL, LZ, Run, LM, RW), *Beratung* (FfL), *„Spiridon"-Ratgeber* (Spir), *„Läufer"-Ratgeber* (L), *Ratgeber Spezial* (RW), *Ratgeber Internet* (Run)
Serie	*„RUNNING"-Serie* (Run), *Serie* (Run), *Training-Serie* (Run)
Berichte, Reportagen	*Aktuelle Berichte* (Spir), *Allgemeine Berichte* (Spir), *Berichte* (LZ)
	Reportage (Cond, RW, Run), *LaufReportage* (VCM)
	Lauf-Events (Rup), *Spezial Lauf-Events* (Rup), *Läufe* (Run), *Marathons weltweit* (Run), *Laufsport* (FfL)
	Abenteuerläufe (Run), *Walking* (Cond), *Crosslauf* (VCM), *Alternative* (Cond), *Triathlon* (Run), *Berglauf* (LM), *Triathlon* (LM), *Langlauf* (LM), *SkiTouren* (VCM), *Master* (Cond), *Orientierungslauf* (FfL) ...
Test	*Test* (L, RW, Run), *Laufschuh-Test* (VCM)
Tipps	*Tipps & Trends* (Cond), *Lauftipp* (RW), *Tipps* (Run), *LaufTipps* (VCM), *Lauftipps* (Rup), *Steffnys Lauftipps* (Spir)
Plattform	*„Läufer"-Börse* (L), *Marktplatz (Gesucht – Gefunden)* (Run), *Treffpunkt* (RW)
Shop	*FitShop* (FfL), *Das Sportfachgeschäft* (L), *„Läufer"-Shop* (L), *„Runner's World"-Shop* (RW), *Accessoires* (Run)
Bücher	*Buchkritik* (Spir), *Buchvorstellung* (Cond), *„Läufer"-Leseangebot* (L), *Bücher* (RW, Run, LM), *Laufbücher* (VCM)
Promotion	*Promotion* (LM), *LaufPromotion* (VCM), *Laufinitiative* (VCM)
Kolumne/Kommentar, Glosse	*Blitzlichter/Möller* (Spir), *Laufbewegung/Knies* (Spir), *Aufgespießt/Steffny* (Spir), *Run & Fun mit Urs* (L), *Gedanken eines Mitläufers* (L), *Kolumne* (FfL), *Sonntag-Kolumne* (RW), *Baumann-Kolumne* (RW), *Perspektive* (RW), *Schrittmuster* (RW), *Heinz Florian Oertels Fußnote* (LZ), *Kolumne* (Run), *Boberskis Laufgespräche* (LM), *Kommentar Stadlober* (LM), *Laufen mit Helmut* (VCM), *Ilse Dippmann* (VCM)
	Glosse – Neuigkeiten vom RoadRunner (Run)

Vereinsseiten	*DVLÄ* (Cond), *IGL-News* (Cond), *Die Seite des tri* (L), *Rennsteiglaufverein* (LZ)
Termine	*Startkatalog* (Spir), *Was – Wann – Wo* (L), *Laufkalender* (RW, VCM, Cond), *Lauftermine* (LZ), *Termine* (Run, Rup), *Blick voraus* (Spir), *Service* (aL), *Vorschau* (LZ), *„Laufsport" INFOspecial* (LM), *Veranstaltungskalender* (FfL)
Ergebnisse	*Die aktuellen Bestenlisten* (L), *Resultate* (L), *Zieleinläufe* (LZ), *Finisher* (Run), *LaufZeitung* (Spir)
Impressionen	*Augenblick* (FfL), *Foto des Monats* (aL), *Running-Impressionen* (VCM), *Tex' Running Cartoon* (VCM)
Abschluss	*Abspann* (LZ), *Nachtisch* (Run), *Schlussläufer* (LM), *Cooldown* (FfL)

Tabelle 9: Textsorten in Laufzeitschriften

- INTERVIEW: Interviews mit mehr oder weniger bekannten Leuten aus der nationalen und internationalen Laufsportszene sind schließlich ebenfalls als textsortentypisch anzusehen. Es handelt sich dabei um unterschiedlich lange Interviews mit prominenten Läuferpersönlichkeiten, Veranstaltern großer Laufsportevents, Herstellern von Laufutensilien und weiteren Personen aus der Sportszene.

- RATGEBER: In jeder Laufzeitschriftenausgabe befindet sich – zumeist im ersten Heftdrittel – ein Ratgeberteil, in dem Fragen und individuelle Problemstellungen von Läufern (Leserfragen/-briefe) und die hilfreichen Antworten fachkundiger Mediziner und ambitionierter Trainer veröffentlicht werden. Zusätzlich finden sich in den Laufzeitschriften aber auch spezielle Ratgeber-Seiten von Medizinern, Trainern und Ernährungsexperten. Diese erfüllen die Aufgabe, den Läufer bereits prophylaktisch über etwaige Risiken des Laufsports aufzuklären und ihm wertvolle Tipps und Ratschläge für eine erfolgreiche Ausübung des Laufsports zu geben.

- BERICHTE, REPORTAGEN: Aktuelle wie allgemeine Berichte und Reportagen über künftige und gegenwärtige Laufveranstaltungen (Marathons, Frauen-, Senioren-, Kinderläufe etc.) sind als die elementarsten Teiltextsorten jeder Laufzeitschriftenausgabe anzusehen.

- TEST: Eine elementare Textsorte stellen auch Tests über verschiedenste laufsportrelevante Objekte dar. Die Ergebnisse zu den Tests von Ausrüstungsgegenständen wie etwa Laufschuhen,

Lauftights oder Pulsuhren werden präsentiert und über deren Vorteile und Nachteile berichtet. Der Leser erhält dadurch als potentieller Käufer Angaben zur Qualität, zu speziellen Produkteigenschaften und zum Preis-Leistungs-Verhältnis.

- KOLUMNE, KOMMENTAR: Kolumnen und Kommentare zu verschiedenartigen Ereignissen und Begebenheiten zählen ebenso zu den evidenten Komponenten der Laufzeitschriften. Sie stammen sowohl aus der Feder prominenter Laufsportler als auch aus der begeisterter Hobbyläufer.

- TERMINE: Jede Laufzeitschrift informiert in einem längeren Heftabschnitt über das genaue Wo und Wann zukünftiger Laufereignisse. In übersichtlichen Kalenderteilen werden in chronologischer Abfolge vor allem die in Deutschland, Österreich und der Schweiz stattfindenden Events mit Kurzinformationen und Kontaktmöglichkeiten vorgestellt. Je nach Zeitschrift werden zusätzlich auch noch Termine anderer Länder Europas (z. B. Liechtenstein, Luxemburg) eigens angeführt.

- ERGEBNISSE: Die Teiltextsorte Ergebnisse umfasst genaue Auskünfte über die Resultate von vorangegangenen Laufveranstaltungen. Zumeist werden die Bilanzen der wichtigsten Laufevents in tabellarischer Form dargeboten und durch kürzere Hintergrund-Berichte und Resümees ergänzt.

Die Fülle der angeführten Beispiele für Teiltextsorten einzelner Laufzeitschriften verdeutlicht die vorherigen Aussagen zu den komplexen und heterogenen „ad-hoc-Mischungen" von Klassifikationskriterien auf der Redaktionsseite. Die ad-hoc-Mischung, wie sie sich oben (vgl. Tabelle 9) speziell für Laufzeitschriften ergibt, kann im Wesentlichen auf zwei journalistische Klassen bzw. Arten größerer Teiltextsorten in Laufzeitschriften reduziert werden: Themenspezifische und weitere zum Teil stark zeitschriftengebundene Teiltextsorten (z. B. *„VCM"-Aktuell*, *„Läufer"-Ratgeber*, *Schlussläufer*, *„Runner's World"-Shop*).

Nach einem eingehenden Vergleich der elf unterschiedlichen Laufzeitschriften lassen sich rasch textsortentypische, aufgrund ihrer hohen Frequenz nahezu obligatorische Inhaltsbausteine von eher peripheren Elementen abgrenzen, die sehr stark an die jeweilige Laufzeitschrift gebunden sind und mit geringerer Frequenz auftreten. Zentrale Elemente von Laufzeitschriften, die aufgrund ihrer funktionalen Relevanz (vgl. 4.2.2.) auch in jedem Exemplar einer Laufzeitschrift Berücksichtigung finden, repräsentieren in dem untersuchten Auswahlkorpus vorwiegend die themenspezifischen Teiltextsorten. Einige spezifischere Inhaltsbausteine, die in jeder Laufzeitschrift, wenn auch meist in leicht abgewandelter textueller Form, vorzufinden sind, können ebenso als obligatorisch angesehen werden.

Einen Überblick über die textsortencharakteristischen Inhaltsbausteine von Laufzeitschriften gibt stellvertretend Abbildung 10 (s.u.), bevor im Weiteren die inhaltlichen Hauptaspekte der laufzeitschriftentypischen Bausteine noch etwas genauer zusammengefasst werden. Mit den in Abbildung 10 weiter hinzukommenden, jedoch unbenannten Inhaltsbausteinen sei angedeutet, dass es sich bei den benannten und eingereihten Elementen nur um mögliche Teile einer „Grundmauer" handelt.

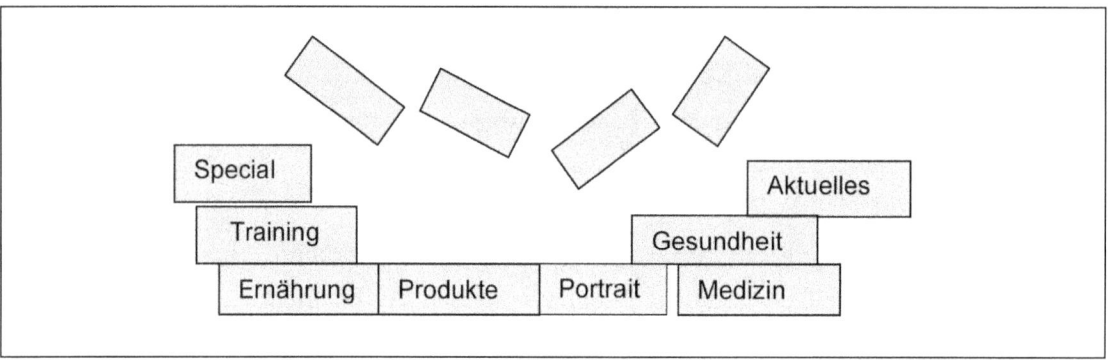

Abbildung 10: Zentrale Inhaltsbausteine von Laufzeitschriften

- AKTUELLES: Dieser Bestandteil, der sich schon unmittelbar am Beginn einer Laufzeitschrift unter dem Titel *Warm up*, *Mix* oder *Aktuell* entdecken lässt, enthält in der Regel eine Reihe kürzerer Texte (u. a. Kurzmeldungen, Kommentare, Buchkritiken ...), die sich mit den verschiedensten Ereignissen und den aktuellsten Themen rund um den Laufsport beschäftigen. So finden sich beispielsweise neben knappen Informationen über Laufevents auch Geburtstagsglückwünsche für Läufer, Besprechungen von Laufliteratur, kurze Interviews mit Prominenten oder neueste Hintergrund-Berichte über die Stars aus der „Running-Community".

- PRODUKTE: Innerhalb des Bausteins Produkte werden die Leser von Laufzeitschriften über die neuesten Artikel der Laufwarenindustrie informiert. In Form von ausführlichen Besprechungen werden Produkttrends auf dem Laufschuhsektor aufgezeigt und neueste Handelserzeugnisse wie spezielle Laufbekleidung, Messgeräte, Laufbänder, Sportgetränke und sonstiges Laufzubehör präsentiert. In den meisten Laufzeitschriften besteht für die Leser auch in einer eigenen Kategorie (z. B. *„VCM"-Shop* oder *„Fit"-Shop*) die Möglichkeit, die vorgestellten Produkte bequem per Versand zu bestellen.

- TRAINING: Ein ebenfalls fixes Element stellt der Baustein Training dar. Die Beiträge aus diesem Bereich beinhalten unter anderem Anleitungen und detaillierte Trainingspläne zur optimalen Vorbereitung auf verschiedenste Wettkampfdisziplinen wie zum Beispiel auf Bergläufe oder Marathons. Daneben finden sich aber auch Instruktionen zu speziellen Übungen (z. B. das Lauf-ABC), die eine Leistungssteigerung erzielen sollten.

- MEDIZIN, ERNÄHRUNG & GESUNDHEIT: Beiträge zu Wissens- und Berichtenswertem aus den Bereichen Medizin, Ernährung und Gesundheit stellen in Laufzeitschriften fundamentale Bausteine dar. Ernährungs- und Gesundheitstipps zu breit gefächerten Themen wie etwa Allergien, Gewichtsproblemen, Diabetes u.v.m. finden sich neben einer Reihe sportmedizinischer Artikel, die zum Beispiel häufige Laufverletzungen erörtern oder vor Langzeitschäden infolge eines falschen Laufstils warnen.

- PORTRAIT: Dieses Element von Laufzeitschriften umfasst Portraits von Prominenten aus der Laufszene, sowohl von aktuellen Stars als auch ehemaligen Größen des Laufsports (z. B. *Lauflegenden, Was macht eigentlich ...*).

- SPECIAL: Wie vorhin angesprochen wurde, stellen Spezialthemen feste Elemente von Laufzeitschriften dar. Specials beschäftigen sich in besonders ausführlicher Weise mit einzelnen Themengebieten rund um den Laufsport, z. B. mit den neuesten Laufschuhmodellen.

Auf die Frage nach der Gewichtung der besprochenen Teiltextsorten bzw. Inhaltsbausteine kann exemplarisch auf die von *LaufZeit* durchgeführte Inhaltsanalyse[127] für das Jahr 2001 verwiesen werden (siehe Abb. 11).

---

[127] *LaufZeit* in http://www.laufzeit-online.de (Media-Informationen 2003, 4) (22. 6. 2003). Die Präsentation der Ergebnisse in Form eines Diagrammes stammt von mir, lediglich die Daten wurden übernommen.

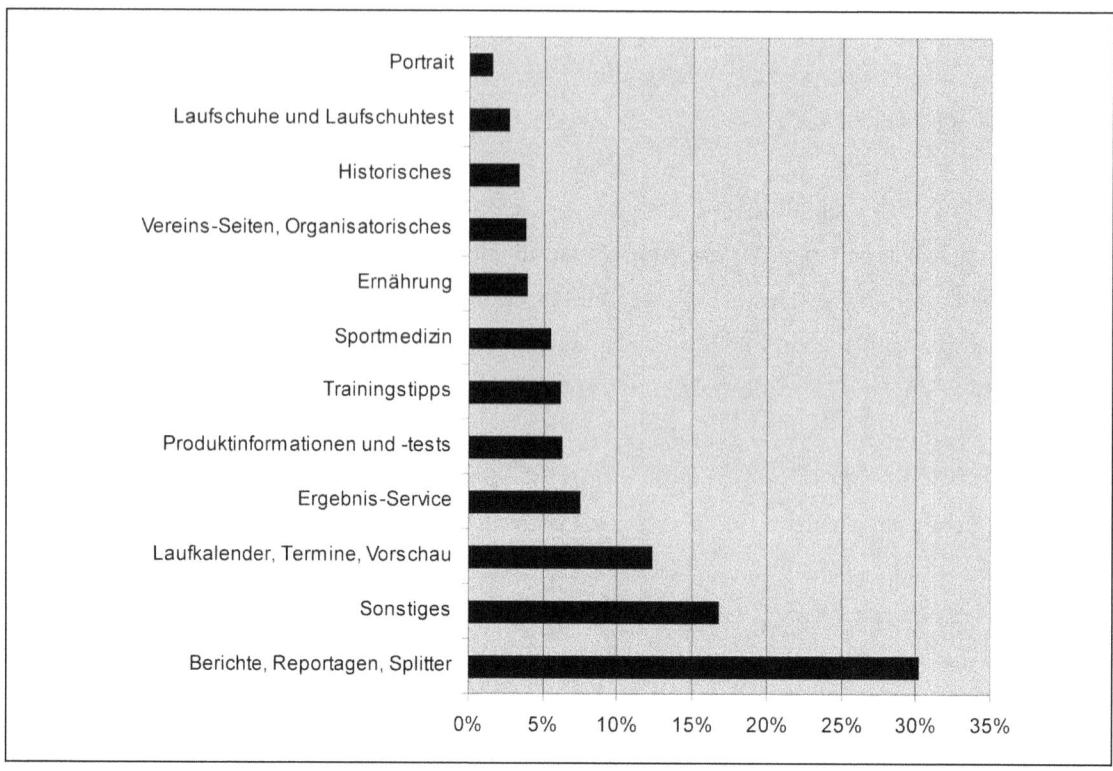

Abbildung 11: Ergebnisse der Inhaltsanalyse von LaufZeit (2001)

Natürlich dürfen die Ergebnisse dieser Inhaltsanalyse nur als ein mögliches Beispiel für die Gewichtung von Teiltextsorten und Inhaltsbausteinen aufgefasst werden. Der Umfang der einzelnen Bausteine kann mitunter von Laufzeitschriftenausgabe zu Laufzeitschriftenausgabe sehr stark variieren und ist zudem abhängig von saisonellen Verhältnissen. Zwei unmittelbar zusammenhängende und ineinander verflochtene Teiltextsorten, die sich jedoch de facto in jeder Laufzeitschrift deutlich von anderen abheben, sind Berichte und Reportagen – aufgrund ihrer funktionalen Relevanz.

Die restlichen zentralen Teiltextsorten und Inhaltsbausteine der Textsorte Laufzeitschrift sind je nach der spezifischen Schwerpunkt- bzw. Titelthematik einer Heftausgabe leicht unterschiedlichen Umfangs und ordnen sich rings um die beiden Kerntextsorten an. Im Jahresdurchschnitt, also gemessen an ca. zehn bis zwölf Monatsausgaben eines Laufzeitschriftentitels, dürften sich nach meinen Einschätzungen die Komponenten aber prozentuell – in ähnlicher Weise wie bei *LaufZeit* – annähernd die Waage halten.

Abschließend gibt nun noch Tabelle 10 Aufschluss über das Zusammenwirken der besprochenen Hauptthemen/-inhalte und Hauptfunktionen (vgl. 4.2.2.) in den einzelnen Teiltextsorten und in den fundamentalen Inhaltsbausteinen der Textsorte Laufzeitschrift. Dabei wird ersichtlich, dass Laufzeitschriften v.a. der primär geforderten Informationsfunktion nachkommen.

Teiltextsorte/ Inhaltsbaustein	Inhalte/Themen	Hauptfunktionen
Aktuelles	Aktuelle Nachrichten aus der Laufszene, Hintergrund-Informationen, Laufliteratur ...	Information, Unterhaltung, Beratung
Ratgeber	Tipps und Tricks zu Training, Produktkauf, Hilfestellung bei individuellen Problemen ...	Beratung, Information, gruppenindizierend
Training	Trainingspläne, Einstiegsprogramme ...	Information, Beratung
Medizin, Ernährung & Gesundheit	Verletzungsrisiken, Ernährungspläne, Pulskontrolle, häufige Laufverletzungen ...	Information, Beratung
Bericht, Reportage	Gesamter Laufsport, Triathlon, Langlauf ...	Information, Unterhaltung
Test	Vor-/Nachteile neuester Laufutensilien	Information, Beratung
Special	Variierende Spezialthemen (Frauenlauf, ...)	Spezialinformation
Produkte	Laufschuhe, -bekleidung, Trainingsgeräte ...	Information, Beratung
Termine	Laufkalender zu künftigen Veranstaltungen	Information
Resultate/Ergebnisse	Ergebnisse von Laufveranstaltungen	Information
Interview	Prominenz und sonstige Läufergrößen	Information, Unterhaltung
Kolumne, Kommentar	Individuelle Gedanken zum Laufen	Unterhaltung
Portrait	Auflegenden, andere Persönlichkeiten ...	Information, Unterhaltung

Tabelle 10: Inhalte/Themen und Hauptfunktionen zentraler Komponenten von Laufzeitschriften

4.2.4. Die Produzenten

Laufzeitschriften stellen als Kommunikationsmedien den Kontakt zwischen zwei Kommunikationspartnern her: den Produzenten von Laufzeitschriften auf der einen und den Rezipienten der Laufzeitschriften auf der anderen Seite. Dabei ergibt sich eine für Special Interest-Zeitschriften typische

Kommunikationssituation, die nach Lüger[128] grob mit den Merkmalen öffentlich, indirekt (d. h. die Kommunikationssituation von Sender und Empfänger ist unterschiedlich) und einseitig (praktisch „Einweg-Kommunikation") skizziert werden kann. Abgesehen von Leserbriefen und ähnlichen Plattformen, die den einseitigen Kommunikationstransfer kurzfristig aufheben, ist auch bei Laufzeitschriften prinzipiell kein Wechsel der beiden Kommunikationsrollen möglich.

In Hinblick auf die Kommunikationsrolle der Produzenten von Laufzeitschriften interessieren im Folgenden vor allem demographische Merkmale des Alters, der Schul- bzw. Berufsausbildung, aber auch Funktionen, die den Redakteuren innerhalb eines medienspezifischen Rahmens zukommen. Bezüglich der Leser sind neben demographischen Kennzeichen zu Alter, Geschlecht, Ausbildung und Beruf gerade auch Gruppenmerkmale (wie etwa das gesellschaftliche Milieu) und psychologische Verhaltensdispositionen (Interessen, Persönlichkeitsmerkmale) von besonderer Relevanz (s. 4.2.5.).

Die Redaktionsteams von Laufzeitschriften bestehen den Redaktions- bzw. Verlagsangaben zufolge aus bis zu vier Redakteuren und je nach der vom Verlag vorgesehenen Redaktionsgröße aus weiteren fünf bis 31 freien Mitarbeitern.[129] Manche Laufzeitschriften wie etwa *Vienna City Marathon Running*, *Laufsport Marathon* oder *LaufZeit* verfügen auch über einen Teil freier Mitarbeiter, deren Artikel immer präsent sind und deren Namen in den Impressen der Laufzeitschriften auch unter „Ständige Mitarbeiter" erscheinen.

Das Alter der – meist männlichen – Redakteure lässt sich (im Durchschnitt) zwischen 31 und 40 Jahren ansiedeln (vgl. 11.). Bei allen Redakteuren handelt es sich um durchwegs aktive Sportler, die selbst in der Laufsportszene sozialisiert sind. Die Altersdistanz von der Zielgruppe ist folglich nicht allzu groß (vgl. im Anschluss 4.2.5.). Auch die Interessen der Produzenten sind sehr ähnlich gelagert, wie die nachfolgenden Zitate unterstreichen, so dass die Kommunikatoren sowohl der gleichen Interessengruppe als auch annähernd der gleichen Altersgruppe angehören (zumindest im Durchschnitt).

---

128 Vgl. Lüger 1995, 46.
129 Vgl. E-Mails von Redaktions- und Verlagsangehörigen der Laufzeitschriften.

„Das LAUFZEIT-Team besteht aus aktiven Läufern, die bei ungezählten Laufveranstaltungen vor Ort sind – so erklären sich die anerkannte Kompetenz, die klare Akzeptanz und hohe Leserblattbindung."[130]

„RUNNER'S WORLD ist die deutsche Ausgabe des weltgrößten Laufmagazins und wird von aktiven Läufern für aktive Läufer gemacht."[131]

Als Voraussetzung für ihren Beruf bringen die selbst sportaktiven Redakteure größtenteils ein abgeschlossenes Sportstudium mit anschließendem Volontariat oder eine journalistische, publizistische Ausbildung mit. Die freien Mitarbeiter arbeiten den Impressen zufolge meist hauptberuflich im medizinischen, ernährungs- bzw. sportwissenschaftlichen Bereich und bringen ihr fachbezogenes Expertenwissen freiberuflich im Rahmen kleinerer Beiträge ein. Bezüglich der Redakteure wird oftmals explizit unterstrichen, dass es sich um Spezialisten auf dem Gebiet des Laufsports handelt und die dargebotene Information aus der Feder kompetenter Experten stammt:

„Chefredakteur ist Manfred Steffny. Deutschlands Laufexperte Nr. 1, früherer Olympiateilnehmer im Marathonlauf und heute noch aktiv als Seniorensportler (deutscher Vizemeister der M60)."[132]

Selbstverständlich kann nicht davon ausgegangen werden, dass die Artikel der Redakteure vor dem Hintergrund vollkommener Handlungsautonomie zustande kommen. Die redaktionellen Beiträge müssen auch nicht immer den individuellen Wertvorstellungen des Verfassers entsprechen – selbst wenn der Name eines Redakteurs unter einem abgedruckten Artikel erscheint. Indiz für einen vorgegebenen normativen Rahmen ist bereits das in Äußerungen (v.a. im Editorial) verborgene Pronomen *wir*, welches als vages Sprecherkollektiv zur Anwendung gelangt: „Wir sind die Spitze der Pyramide beim gegenwärtigen Laufboom, schnell, kompetent und überzeugend."[133]

Als Mitglieder von Redaktionsteams verpflichten sich auch die Redakteure von Laufzeitschriften internen Normen und nicht zuletzt ihrem vom Inserenten- bzw. Anzeigenmarkt abhängigen

---

130 *LaufZeit* in http://www.laufzeit-online.de (Media-Informationen 2005, 3) (18. 11. 2004).
131 *Runner's World* in http://www.mps-anzeigen.de (18. 11. 2004).
132 *Spiridon* in http://www.laufmagazin-spiridon.de (Mediendaten) (18. 11. 2004).
133 *Spiridon* in http://www.laufmagazin-spiridon.de (Mediendaten) (18. 11. 2004).

Arbeitgeber, der „den Rahmen des Sagbaren bestimmen kann"[134]. In diesem Zusammenhang kommt eine essenzielle Rolle dem inter- und intramedialen Wettbewerb[135] von Verlagen zu, der auch die redaktionelle Aufmachung erheblich beeinflusst und, damit verknüpft, den Handlungsspielraum der Produzenten verringert. Laufzeitschriften sind einem intramedialen Wettbewerb ausgesetzt, indem sie auf der einen Seite dem Käufer-, Leser- bzw. Vertriebsmarkt und auf der anderen Seite dem Inserenten- bzw. Anzeigenmarkt gerecht werden müssen.[136] Die Beziehung zwischen Laufzeitschriften und ihren obligatorischen Partnern – dem Sportfachhandel, der Sportartikelindustrie und den Veranstaltern – kann in ähnlicher Weise – wie dies Ortner[137] für Rock- und Popmusikzeitschriften beobachtet hat – als ein symbiotisches Verhältnis betrachtet werden.[138] Nicht nur die Orientierung am Konsumenten, sondern auch die Partnerfunktion der Industrie und des Handels treten in manchen Aussagen einzelner Laufzeitschriftenverlage in expliziter Form hervor:

„RUNNER'S WORLD erreicht eine sehr aktive, unternehmungslustige und kaufkräftige Zielgruppe und ist hier Kaufberater und Meinungsbildner. Wegen der objektiven Berichterstattung, der Themenvielfalt, seiner Kompetenz und Aktualität gilt RUNNER'S WORLD als anerkannter Partner der Industrie und des Handels."[139]

„Auf den Sport-Messen von großen deutschen Laufveranstaltungen ist das LAUFZEIT-Team im direkten Verkauf präsent."[140]

„Zielgruppen:
- Anfänger, leistungsorientierte Freizeitläufer
- Laufvereine, Sportvereine mit Laufsektionen
- Lauftreffs, Laufgruppen
- Facheinzelhandel für Sportartikel"[141]

---

134 Burger 1990, 28.
135 Vgl. Wehrle/Busch 2002, 87.
136 Vgl. Wehrle/Busch 2002, 87.
137 Ortner, Lorelies (1982): Wortschatz der Pop-/Rockmusik.
138 Vgl. Ortner 1982, 25.
139 *Runner's World* in http://www.mps-anzeigen.de (18. 11. 2004).
140 *LaufZeit* in http://www.laufzeit-online.de (Media-Informationen 2005, 2) (18. 11. 2004).
141 *LaufZeit* in http://www.laufzeit-online.de (Media-Informationen 2005, 3) (18. 11. 2004).

Die Intention der Textproduzenten von Laufzeitschriften ist folglich institutionell eingebunden in die Basisstrategie des Zeitschriftenmarkts: der Marktausschöpfung – realisiert im Gewinn neuer Leserschaften und neuer Anzeigenkunden. Redakteure von Laufzeitschriften werden demzufolge mit einer Vielzahl unterschiedlicher Rollen konfrontiert. Innerhalb eines normierten Rahmens haben ihre Artikel den aus verlagsinternen Leserprofilanalysen ersichtlichen Lesererwartungen zu entsprechen und die drei Zielgruppen-Segmente[142] Sportinteressierte/Einsteiger, Freizeitjogger und ambitionierte Läufer/Profis zu erreichen. Sie bewältigen die an sie gestellten Aufgaben bzw. die vom Medium geforderten Mehrfachfunktionen (s. u. 4.2.5.) und berichten in jedem ihrer mehrfach adressierten Artikel „kompetent, verständlich und praxisnah über alles [...], was den Laufsportler interessiert"[143]. Gleichzeitig repräsentieren sie in ihrer Tätigkeit das Image eines Mediums, eines Verlags, der vom Inserenten- und Anzeigenmarkt lebt. Der Verbund von redaktioneller Produktion und Werbung ist letzten Endes maßgeblich für den Erfolg eines Kommunikationsmediums. Das folgende Zitat, das über den Ursprung einer Laufzeitschrift informiert, zeigt die „beflügelnde" und „unterstützende" Funktion, die den Finanziers bei der Gestaltung einer Zeitschrift zukommt.

> „Von Läufern für Läufer
> Voller Enthusiasmus fuhren im Mai 1990 einige Laufsportfreunde aus Berlin zum Rennsteiglauf. Im Gepäck nicht nur Laufschuhe und Zahnbürste, sondern 20.000 Exemplare eines neuen Laufsportmagazins: LAUFZEIT. Mit der [...] Wende und der sich abzeichnenden Wiedervereinigung war eine Informationslücke speziell für die Laufsportler entstanden. Kurz entschlossen, fast über Nacht, wurde eine Idee Wirklichkeit, von der schon lange geträumt worden war ... Konzept, Beiträge und Gestaltung entstanden in kürzester Zeit, beflügelt und unterstützt vom SCC Berlin, u. a. Veranstalter des BERLIN-MARATHONS."[144]

Eine Erweiterung der Leserschaft, an der jeder Redakteur teilhat, stellt zugleich die fundamentale Basis „für eine verbesserte Performance im Anzeigengeschäft"[145] dar.[146] Als ein Paradebeispiel dafür kann der längst gängige Transfer redaktioneller Inhalte über Online-Medien angesehen werden. Durch die gezielte Entwicklung medialer Plattformen präsentieren sich auch nahezu alle zehn aktu-

---

142 Vgl. *Runner's World* 2003, 40.
143 *Runner's World* 2003, 86.
144 *LaufZeit* in http://www.laufzeit-online.de (Media-Informationen 2003, 2) (22. 6. 2003).
145 Wehrle/Busch 2002, 90.
146 Vgl. Wehrle/Busch 2002, 90.

ellen Laufzeitschriften auf eigenen Internet-Sites und erschließen damit weltweit neue Leserschaften und Anzeigenkunden.[147] So zählt etwa eigenen Aussagen der Zeitschrift zufolge die „LAUFZEIT-Homepage [...] zu den [...] zugriffsstärksten Internet-Präsenzen in der Laufsport-Szene: Siehe www.laufzeit-online.de."[148] Auch das Angebot von *Runner's World* reicht beispielsweise bis hin „zur interaktiven Läufer-Plattform im Internet"[149].

Laufzeitschriften schaffen also insgesamt durch ihr anspruchsvolles redaktionelles Angebot, ihre Funktion für die Leser und die enge Leser-Blatt-Bindung auf allen Kanälen ausgezeichnete Voraussetzungen für die Akzeptanz und die Beachtung von Anzeigen. Damit erzeugen sie die wesentlichste Voraussetzung für Werbewirkung.

> „Basisfaktoren für die Wirkungseffizienz von Anzeigen [...] sind somit das Produktinteresse des Lesers, die kreative Qualität des Werbemittels und ein hochwertiger journalistischer Werbeträger, der zudem von einer qualitativ hochwertigen Zielgruppe genutzt wird."[150]

4.2.5. Die Rezipienten

Die Herausgeber von Laufzeitschriften verfügen längst über ein dementsprechend ausgefeiltes Know-how, um zu einer präzisen Definition ihrer Zielgruppen zu gelangen. Die Erstellung detaillierter Medien-Profile bzw. Media-Daten bietet rasch Einsichten in die Kaufgewohnheiten, das Verbrauchs- und Gebrauchsverhalten sowie in demographische, psychologische und gruppenspezifische Merkmale der Leserschaft. Diese stellen die nötige Ausgangsbasis für eine Adaptierung des Mediums an die Bedürfnisse der Leserschaft dar, sie ermöglichen ein effizientes Ansprechen der Zielgruppen. In „der Konzentration auf die Themenfelder, für die sich ihre Käufer/Leser ganz besonders interessieren"[151], manifestiert sich schließlich der Erfolg von Laufzeitschriften.

---

147 Die Websites einzelner Laufzeitschriften sind im Literaturverzeichnis (Abschnitt 15.2.) angeführt.
148 *LaufZeit* in http://www.laufzeit-online.de (Media-Informationen 2005, 2) (18. 11. 2004).
149 *Runner's World 2003*, 85.
150 *Runner's World 2003*, 83.
151 Arbeitskreis Qualifizierte Special Interest-Zeitschriften in http://qsi-zeitschriften.de („7 gute Gründe, die für den Einsatz von Qualifizierten Special Interest-Zeitschriften als Werbeträger sprechen") (18. 11. 2004).

Zu den Merkmalen der „Consumer" von Laufzeitschriften und zu Verhaltensdispositionen der Laufsportler im Allgemeinen liegen von den auflagenstarken Laufzeitschriften *LaufZeit, Running* und *Runner's World* ausführliche statistische Untersuchungen[152] vor. Die folgenden Ausführungen basieren im Wesentlichen auf den Ergebnissen dieser Studien bzw. auf Umfragen. Es handelt sich dabei insbesondere um Informationen über die Verbreitung, das Alter, die Schul- und Berufsausbildung, das gesellschaftliche Milieu, die Lagerung sportlicher Hobbys, um Persönlichkeitsmerkmale und Leseinteressen der Rezipientengruppe, sprich: der Leser.

Fast 90 % der Druckauflage von Laufzeitschriften finden in dem Herkunftsland der jeweiligen Laufzeitschrift Verbreitung[153], die restliche Auflage verteilt sich auf die Länder Deutschland, Österreich und Schweiz, aber auch auf sonstige Länder – „Unser am weitesten entfernter Leser wohnt in Südafrika."[154] Das Gros der Leserschaft von *Runner's World, Spiridon, condition, aktiv Laufen* bzw. *Leichtathletik, Running, LaufZeit* und *running-pur* lebt dementsprechend in Deutschland, von *Fit for Life* in der Schweiz und von *Laufsport Marathon* und *VCM Running* in Österreich.

Das durchschnittliche Alter der Laufzeitschriftenleser bewegt sich zwischen 35 und 40 Jahren, wobei das genau errechnete Durchschnittsalter der Leser von Laufzeitschrift zu Laufzeitschrift leicht variiert. Zweifelsohne zählen auch jüngere und ältere Gesellschaftsgruppen zur beständigen Leserschaft: Bei einer im August 2003 von *LaufZeit* durchgeführten Leserumfrage[155] stellte sich heraus, dass 15 % der Leser 19 bis 30 Jahre alt sind, 20 % zwischen 51 und 60 Jahren. Der Großteil der befragten Leser, genau genommen 53 %, befindet sich bei dieser Leseranalyse aber auch im Alter zwischen 31 und 50 Jahren. Mit 18 % weiblicher Leserschaft erscheint diese Zeitschrift stark von männlichen Lesern geprägt. Manche zeitschriftenspezifischen Leserschaftsprofile jüngeren Datums zeigen ein nur leicht voneinander abweichendes Leser-Durchschnittsalter von 35 bzw. 38,37 Jahren und einen etwas höheren Frauenanteil als 18 %:

---

152 *Runner's World*: Laufen in Deutschland 2003, *LaufZeit*-Media-Informationen 2004, *Running*-Media-Daten 2004.
153 Vgl. Verlagsangaben zur Verbreitung auf den jeweiligen Homepages einzelner Laufzeitschriften.
154 *LaufZeit* in http://www.laufzeit-online.de (22. 6. 2003).
155 *LaufZeit*-Leserumfrage (8/03) in http://www.laufzeit-online.de (Media-Informationen 2005, 3) (18. 11. 2004).

> „Der ‚durchschnittliche' Leser von RUNNING ist 38,37 Jahre alt und verdient 2.356 Euro im Monat. 27 Prozent der Leser sind Frauen."[156]

> „Die Leser zählen mit einem Durchschnittsalter von 35 Jahren zu der beständigeren Kauf- und Meinungsgruppe und haben ein hohes Qualitäts- und Markenbewusstsein."[157]

Das Durchschnittsalter der deutschen Laufzeitschriftenleser korreliert stark mit dem durchschnittlichen Alter der in ganz Deutschland aktiven Läufer: der Zielgruppe mit einem Alter von rund 37,7 Jahren[158]. Verblüffend ist hingegen der doch eher niedrige Anteil der weiblichen Leserschaft, sind doch unter den Laufsportlern „Männer und Frauen annähernd paritätisch vertreten"[159]. Als ein Grund dafür kann wohl die allgemein für den Special Interest-Sektor nachgewiesene stärkere Nachfrage an interessenspezifischer Information bei Männern angesehen werden.[160] Zudem spielt vermutlich die durchwegs geringere Präsenz der Frauen bei Laufwettkämpfen eine gewichtige Rolle.

Nahezu ein Viertel der 1998 von *LaufZeit* befragten Leser zählt zur Gruppe der Angestellten bzw. (Dipl.-)Ingenieure (24 %). Untersucht wurden auch die Leserschaftskategorien Beamter (10 %), Facharbeiter/Meister (18,3 %) und Promovierter (5,7 %).[161] Die Zielgruppe bei Laufzeitschriften zeichnet sich dieser Leserumfrage zufolge, aber auch nach den Informationen von *Runner's World*, durch ein gehobenes Bildungsniveau aus:

> „Je höher das Bildungsniveau oder je höher die berufliche Qualifikation bzw. Position, desto eher gehört der Laufsport zu den bevorzugten (sportlichen) Freizeitaktivitäten."[162]

Natürlich lässt sich aus dieser höheren Schul- bzw. Ausbildung heraus das Nettoeinkommen eines „durchschnittlichen" *Running*-Lesers von 2.356 Euro im Monat erklären (s. o.). Sogar mehr „als jeder zweite ‚regelmäßige' Läufer verfügt über ein monatliches Haushaltsnetto-Einkommen von

---

[156] *Running*-Leserumfrage (Oktober 2001) in http://www.running-magazin.de (Mediadaten 2004, 2) (18. 11. 2004).
[157] *Running*-Leserumfrage (Oktober 2001) in http://www.running-magazin.de (Mediadaten 2004, 2) (18. 11. 2004).
[158] *Runner's World* in http://www.motor-presse-stuttgart.de (18. 11. 2004).
[159] Vgl. *Runner's World* 2003, 44.
[160] *Runner's World* 2003, 42.
[161] Vgl. Rolf 1995, 211.
[162] *LaufZeit* in http://www.laufzeit-online.de (Media-Informationen 2003, 3) (22. 6. 2003).

2.500 Euro und mehr (Vergleich Gesamtbevölkerung: 34 %)."[163] Basierend auf einer viel beachteten Milieu-Studie des Heidelberger Institutes „Sinus Socioversion" hebt *Runner's World* in seinen zusammenfassenden Darstellungen zum Thema „Laufen in Deutschland 2003" das gesellschaftliche Leitmilieu von Läufern hervor. Demzufolge ist Laufen „vor allem ein Thema in den gehobenen Bevölkerungsschichten, während sich sportliche Aktivitäten ganz allgemein (Aussage treibe Sport: „Ja") über nahezu alle Milieu-Welten gleichmäßig verteilen"[164]. „Milieu-Welten" entsprechen im Rahmen der Sinus-Studie den Gruppen von Menschen, die sehr ähnliche psychografische Kennzeichen aufweisen. Vor allem in drei der von Sinus definierten Leitmilieus gehört der Laufsport zu den Lieblingssportarten: bei den „Etablierten", den „Postmateriellen" und den „Modernen Performern". Jeder zweite regelmäßig Laufende kann sich zu diesen gesellschaftlichen Leitmilieus rechnen, die von *Runner's World* folgendermaßen charakterisiert werden:[165]

- *Etablierte*: Weisen ein selbstbewusstes Establishment, Erfolgs-Ethik und ausgeprägte Exklusivitätsansprüche auf. „Etablierte" sind flexibel, innovativ und technisch aufgeschlossen (10,6 % in der Gesamtbevölkerung Deutschlands).

- *Postmaterielle*: Repräsentieren das aufgeklärte Post-68-er-Milieu: Liberale Grundhaltung, Betonung postmaterieller Werte und intellektueller Interessen (10,3 % in der Gesamtbevölkerung Deutschlands).

- *Moderne Performer*: Die junge, unkonventionelle Leistungselite: Intensives Leben – beruflich und privat, Multi-Optionalität, Flexibilität und Multimedia-Begeisterung (8,2 % in der Gesamtbevölkerung Deutschlands).

Aus Abbildung 12 wird ersichtlich, dass neben den drei genannten Haupt-Leitmilieus der Läuferanteil zweier weiterer Milieu-Welten erheblich über dem Durchschnitt der Bevölkerung liegt. Es sind dies die Laufsportler unter den so genannten „Experimentalisten" und „Hedonisten". Experimentalisten stellen im Sinne von Sinus die „neue, individualistische Bohème, die aufstrebende Lifestyle-Avantgarde"[166] dar. Die Hedonisten zeichnen sich durch Spaßorientiertheit und die Verweigerung

---

163 *Runner's World* 2003, 46.
164 *Runner's World* 2003, 47.
165 *Runner's World* 2003, 48.
166 Vgl. *Runner's World* 2003, 48.

von Konventionen der Leistungsgesellschaft aus, sie werden der modernen Unterschicht bzw. der unteren Mittelschicht zugeordnet.[167]

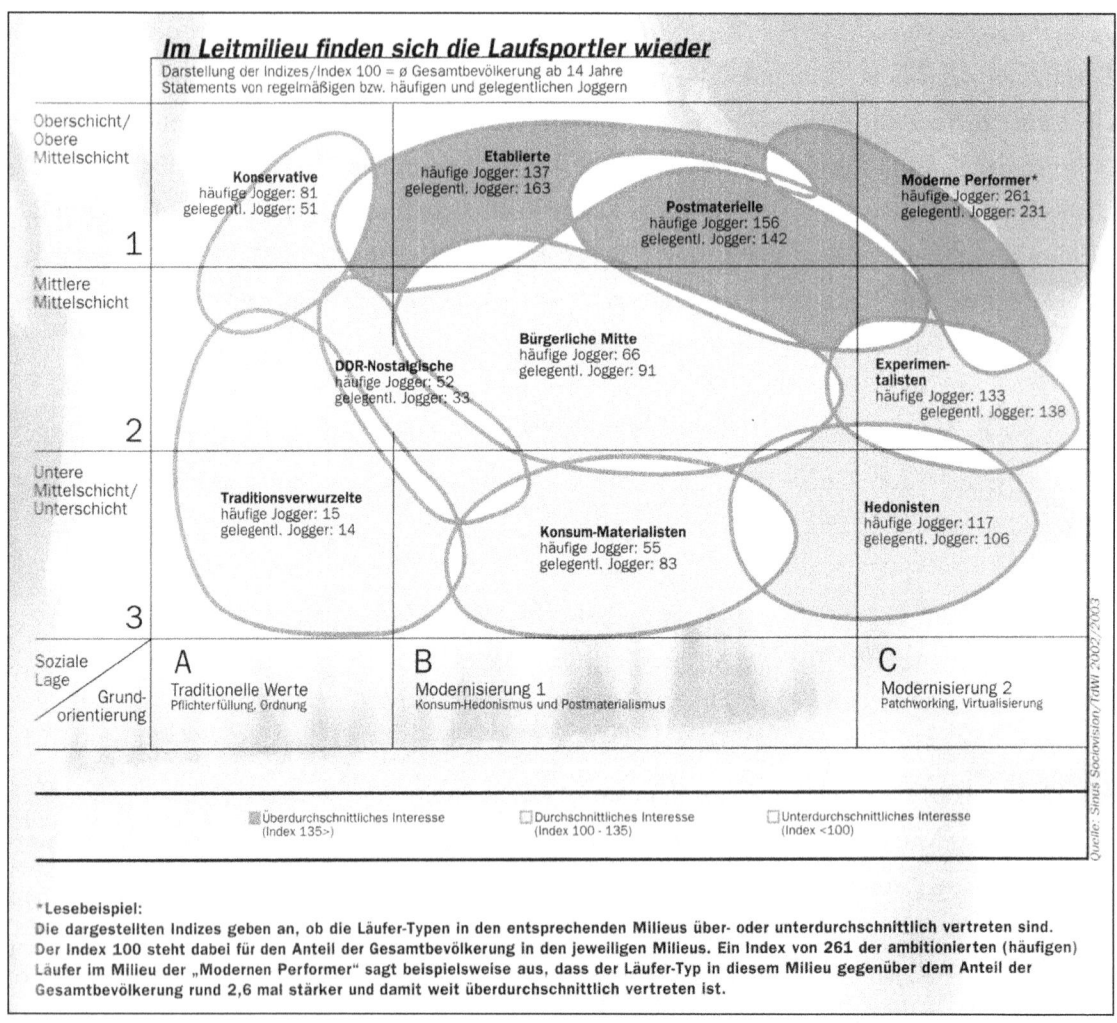

Abbildung 12: Die für den Laufsport wichtigsten Leitmilieus (aus Runner's World 2003, 49)

Die Leser von Laufzeitschriften kennzeichnet nicht nur ein ausgeprägtes Interesse am Laufsport, sondern auch eine Hingabe zum Multi-Ausdauersport, wie die untenstehenden Folgerungen von Leserumfragen erkennen lassen. Dieses gleichzeitige Interesse an weiteren Indoor- und Outdoor-

---

167 *Runner's World* 2003, 48.

Sportarten mag wohl vorrangig darin begründet sein, dass das Laufen für viele Sportler das Fundament für die Ausübung einer anderen Sportart ist.[168]

> „Fast drei Viertel der Käuferschicht nennt das reine Laufen als Hauptsportart. Daneben lesen auch viele Allround-Ausdauersportler (15 %) sowie Tri- und Duathleten (10 %) das Laufmagazin RUNNING."[169]

> „RUNNER'S WORLD-Leser sind ausgesprochen fitneßorientiert. Die meisten laufen regelmäßig mehrmals wöchentlich. Laufen in der freien Natur ist wichtigster Bestandteil der Freizeitgestaltung."[170]

Laufzeitschriften fühlen sich in erster Linie dem Zielgruppen-Segment verpflichtet, das auch die größte Anzahl an Aktiven aufweist. Dieses Segment entspricht in der Bundesrepublik Deutschland dem „Freizeitjogger", der den Laufsport häufig als „Basis-, Begleit- bzw. Ergänzungs-Sport"[171] ansieht, sich aber darüber hinaus für ansprechende Trainingsprogramme, Produkte und die neuesten Trends interessiert.[172] Die überwiegende Mehrheit der *Running-* und *LaufZeit-*Leser ist infolgedessen auch primär im Breitensport aktiv.

> „LAUFZEIT – das Monatsjournal für alle Freunde des Laufens – ist die Laufsportzeitschrift aus Deutschland. Sie fühlt sich insbesondere den Läufern im Breitensport verpflichtet – dem Bereich mit den meisten Aktiven."[173]

> „56 Prozent der Sportler siedeln sich selbst im Breitensportbereich an. 25 Prozent bezeichnen sich selbst als Leistungssportler."[174]

---

168 Vgl. *Runner's World* 2003, 48.
169 Vgl. *Runner's World* 2003, 50.
170 *Running-*Leserumfrage (Oktober 2001) in http://www.running-magazin.de (Mediadaten 2004, 2) (18. 11. 2004).
171 *Runner's World* in http://www.motor-presse-stuttgart.de (18. 11. 2004).
172 *Runner's World* 2003, 40.
173 Vgl. *Runner's World* 2003, 40.
174 *LaufZeit* in http://www.laufzeit-online.de (Media-Informationen 2005, 3) (18. 11. 2004).

Dass es sich bei den Laufzeitschriftenlesern um starke Persönlichkeiten handelt, darauf deutet zum einen das vom Arbeitskreis für Qualifizierte Special Interest-Zeitschriften (qsi) erarbeitete Persönlichkeitsprofil von Special Interest-Zeitschriften-Lesern hin: „Die Leser qualifizierter Special Interest-Zeitschriften sind besonders häufig innerhalb der Stufen 1 und 2 (sehr stark/stark) der Persönlichkeitsstärke zu finden."[175] Zum anderen wird genauso im Rahmen der von *Runner's World* veröffentlichten AWA-Studie[176] die Persönlichkeitsstärke von Läufern aufgezeigt. Die (Laufzeitschriften-)Leser unter den Laufsportlern gelten dieser Analyse zufolge als eine kommunikative und gesellige Gruppe, die sozialen Kontakt sucht. In der gleichen Weise zeichnen sich Laufsportler durch Verantwortungsbewusstsein, ein „vertretbare[s] Maß an Durchsetzungsvermögen"[177] und eine zukunftsorientierte Grundhaltung, die ihnen in ihrem Umfeld Respekt und Akzeptanz verschafft, aus. Insbesondere die zuletzt genannten Persönlichkeitsstärken machen Laufsportler und in weiterer Folge auch Leser von Laufzeitschriften zu wichtigen Meinungsbildnern und Meinungsmultiplikatoren – sie werden „häufig um Rat gefragt und übernehmen somit eine wichtige Rolle im Kaufentscheidungsprozess für Produkte und Dienstleistungen"[178].

Laufzeitschriftenprofile geben selbstverständlich nicht allein Auskünfte über die besprochenen Merkmale ihrer Rezipienten wie Alter, Geschlecht, Bildung, Beruf, Milieu, Interessenspektrum und Persönlichkeitseigenschaften. Die in das Zeitschriftenmedium gesetzten Erwartungen und Forderungen seitens der Leser bzw. Zielgruppen-Segmente werden zu einem alles entscheidenden Faktor. Das Hauptmotiv für den Kauf und die Lektüre von Special Interest-Zeitschriften besteht ja letztlich darin, kompetente Information zu einem speziellen Themenfeld zu erhalten. So bleibt die qualitativ orientierte Frage „Was erwartet sich der Leser vom Medium?" mit Sicherheit die evidenteste. Die „Qualität eines Mediums – und damit auch die Qualität eines Werbeträgers – wird sich auch in Zukunft in erster Linie dadurch definieren, inwieweit es in der Lage ist, die in es gesetzten Erwartungen zu erfüllen"[179]. Informationen über zeitschriftenexterne Charakteristika der Rezipientengruppe und der Laufsportler im Allgemeinen dienen schlussendlich der Beantwortung der marktstrategischen Frage „Wie und wo erreichen wir unsere Leser-Zielgruppe?". Auch für die Laufzeitschriften *Running*

---

175 *Running*-Leserumfrage (Oktober 2001) in http://www.running-magazin.de (Mediadaten 2004, 2) (18. 11. 2004).
176 Arbeitskreis Qualifizierte Special Interest-Zeitschriften in http://qsi-zeitschriften.de („7 gute Gründe, die für den Einsatz von Qualifizierten Special Interest-Zeitschriften als Werbeträger sprechen", 4. Grund) (18. 11. 2004).
177 Vgl. *Runner's World* 2003, 57.
178 *Runner's World* 2003, 56.
179 *Runner's World* 2003, 56.

und *LaufZeit* stellte sich daher die Frage nach den Themenwünschen und Leseinteressen ihrer Rezipienten. Diese wurden von *Running* und *LaufZeit* u. a. mittels Leserumfragen ausgeforscht; sie gestalten sich, analog zu den in Abschnitt 4.2.3. angesprochenen Hauptthemen und -inhalten in den Laufzeitschriften, folgendermaßen:

„Die am häufigsten gewünschten Themen im Magazin sind die Ratgeberbeiträge aus den Bereichen Training, Sporternährung und -medizin sowie Nachrichten und Informationen aus den Bereichen der Laufszene, der Ratgeberthemen und der Sportprodukte."[180]

„Die Wunschthemen (Bewertung „wichtig" und „sehr wichtig" über 50 %) der LAUFZEIT-Leser sind: Beiträge über das Lauftraining und dazugehörige Trainingspläne, medizinische Beiträge, Ernährung, Schuh- und Bekleidungstests sowie Lauftermine."[181]

Gemäß den vorangegangenen Ausführungen kann die laufaktive Leserschaft also insgesamt als eine vielseitig am Sport interessierte, durchwegs aktive und persönlichkeitsstarke Gruppe charakterisiert werden, deren Durchschnittsalter bei ca. 38 Jahren liegt. Eine überdurchschnittlich hohe Schul- und Berufsausbildung sowie die Zugehörigkeit zu höher gestellten gesellschaftlichen Leitmilieus gelten als ebenfalls typisch für die Zielgruppe der Läufer. Die häufigsten gewünschten Themen der Rezipienten von Laufzeitschriften korrelieren in hohem Maß mit den seitenstarken Hauptthemen und entsprechen in weiterer Folge auch den herausragenden Teiltextsorten und größten Inhaltsbausteinen der Laufzeitschriften (vgl. 4.2.3.).

Als ein weiteres Textsortenmerkmal ist die sprachliche Gestaltung von Laufzeitschriften zu betrachten. Sie wird stark beeinflusst durch die besprochenen Gegebenheiten der kommunikativen Funktion, der Thematik bzw. dem Inhalt und der spezifischen Kommunikationssituation. Letztlich finden die genannten textsortenkonstituierenden Komponenten ihren Niederschlag gerade in verschiedenen sprachlichen Realisierungen. Im Folgenden soll nun ausführlich dieses weitere textsortenkonstituierende Merkmal von Laufzeitschriften analysiert werden – der textsortentypische Wortschatz von Laufzeitschriften.

---

180 *Running*-Leserumfrage (Oktober 2001) in http://www.running-magazin.de (Mediadaten 2005, 2) (18. 11. 2004).
181 *LaufZeit*-Leserumfrage (8/03) in http://www.laufzeit-online.de (Media-Informationen 2005, 3) (18. 11. 2004).

5.–11. Das Vokabular in Laufzeitschriften

5. Bezeichnungsklassen

Aus onomasiologischer Perspektive lässt sich der erhobene Wortschatz im Wesentlichen in sechs Bezeichnungsklassen einteilen. Diese beziehen sich in ihrem Themenbereich auf Läufe bzw. Laufarten (5.1.), Läufer (5.2.), Laufveranstaltungen (5.3.), Wettkampf und Training (5.4.), Kleidung und Ausrüstung (5.5.) und sonstige Sachverhalte im und um den Laufsport (5.6.). Etwa 95 % (4.254 Stichwörter) des vorliegenden Wortmaterials können in diese Kategorien eingereiht werden, wie Abbildung 13 verdeutlicht.

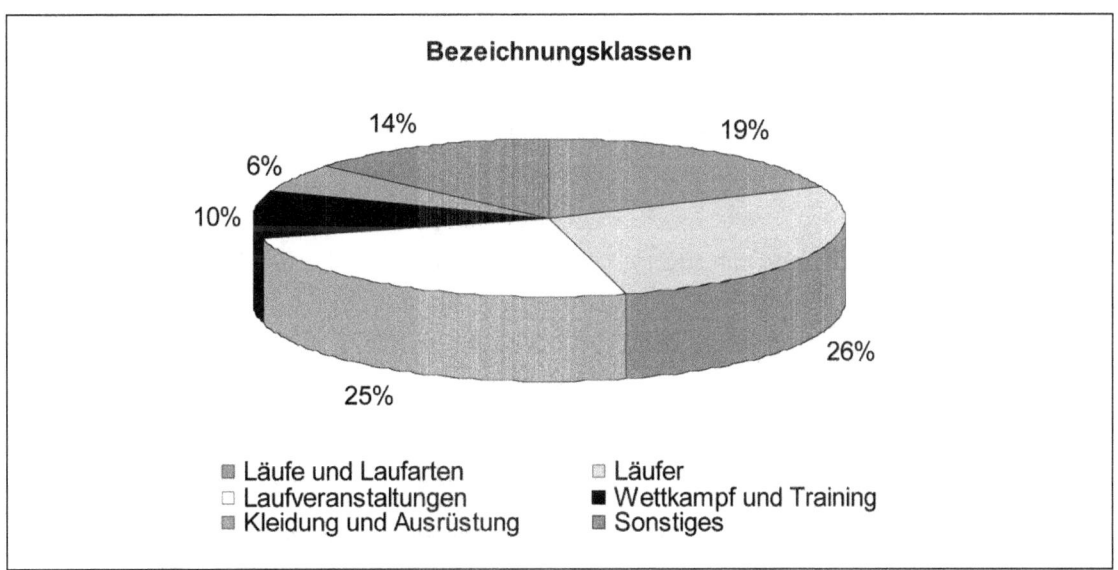

Abbildung 13: Die sechs dominanten Bezeichnungsklassen

Ziel dieses Abschnittes ist es, einen Gesamtüberblick über die semantische Struktur der laufsportspezifischen sprachlichen Mittel zu geben. Dabei wird in den jeweiligen Unterabschnitten einerseits nach der Bedeutung der Grundlexeme, andererseits nach den inhaltlichen Qualitäten der Bestimmungslexeme gefragt. Weiters sollen auch Wortfrequenzen Berücksichtigung finden; auf die höchstfrequentierten Vertreter einzelner Kategorien soll aufmerksam gemacht werden. Spekulationen bezüglich beobachtbarer semantischer Tendenzen ergänzen die Befunde. Eine vollkommen detaillierte Beschreibung der lexisch-phraseologischen Mittel nach ihrer Semantik bleibt im Folgenden jedoch aus (vgl. die Zielsetzung dieser Arbeit in Abschnitt 1.) – im weiteren Verlauf komplettieren unterschiedliche Aspekte die Wortschatzbetrachtung (vgl. 6.–11.). Aufgrund der Vielzahl längst usueller Bedeutungen ist eine ausführliche Beschreibung der Teilaspekte des Referenzbereichs selten von Nöten (Details dazu später in Abschnitt 9.); der Leser dürfte größtenteils über Vorinformationen verfügen; zur Erklärung eventuell unbekannter Ausdrücke wurden Definitionen aus der Läufer-Fachliteratur zusammengestellt.

Zusammenfassend lassen sich die drei zentralen Fragestellungen dieses Abschnitts folgendermaßen formulieren:

a) Wie kann der Wortbestand aus semantischer Sicht gegliedert werden? Welche Vertreter existieren und auf welche Sachverhalte beziehen sie sich in ihren Referenzbereichen?

b) Welche Frequenzen weisen die einzelnen Kategorien auf und welche Repräsentanten werden auffällig oft bemüht?

c) Welche Tendenzen zeichnen sich angesichts der Vorkommenshäufigkeiten bestimmter Elemente gegebenenfalls ab?

5.1. Bezeichnungen für Läufe und Laufarten

Das semantische Teilfeld Läufe und Laufarten inkludiert zum einen zentrale Ausdrücke, die allgemein auf das Laufen, eine Art der Fortbewegung, oder aber auf eine Laufdisziplin verweisen (5.1.1.). Zum anderen schließt dieses sprachliche Feld eine Reihe spezifischer Bestimmungslexeme mit ein, die im Laufsport gezielt zur Ausdifferenzierung von Benennungsobjekten bzw. zur Markierung von Bedeutungsunterschieden eingesetzt werden (5.1.2.). Vereinzelt erhalten zentrale Lexeme, die eine begrifflich verallgemeinernde Bedeutung besitzen (Appellativa), im Kontext den Charakter eines Eigennamens (vgl. 5.3. und 7.). Im Zuge dieses kleineren Abschnitts werden jedoch nur diejenigen lexikalischen Einheiten berücksichtigt, denen aufgrund des vorliegenden Bedeutungskontexts keine Funktion als Eigenname zukommt.

5.1.1. Zentrale Ausdrücke

Als häufigste Bezeichnungen für eine „grundlegende Körperübung"[182] bzw. für Läufe jeglicher Art, das Laufen/den Lauf begegnen die unspezifischen Wortschatzelemente *Lauf* (18 Belege) bzw. *laufen* (29 Belege). Das synonym gebrauchte Verb *rennen*[183] gelangt weit weniger oft zur Anwendung (3 Belege), vielmehr wird mit den Wörtern *walken* (3), weiters *traben* (5) bzw. synonym *joggen* (8) sowie *sprinten* (2) bzw. synonym dazu *spurten* (2) eine Bedeutungsspezifizierung hinsichtlich der Geschwindigkeit angestrebt.

walken:

„Anfänger sollten dreimal die Woche walken, der Puls darf dabei aber nie höher sein als 180 minus Lebensalter." (VCM 05/03, 63)

„[engl. walking = das Gehen, zu: to walk = gehen]: *intensives Gehen (als sportliche Betätigung):* Wie Trimmtrab zum Jogging avancierte, Wandern zum Walking, so ist aus dem Rollschuh der Kindertage der Inline-Skate erwachsen – und mit ihm ein heiß umkämpfter Markt (Zeit 4. 4. 97, 35)." (DUD-GW)

traben – joggen:

„Hinter uns trabt eine ganze Abteilung Englisch sprechender Läufer, dem Dialekt nach könnten es auch Iren oder Schotten sein." (RW 08/03, 49)

„2. (ugs.) *in oft beschleunigtem Tempo, meist zu einem bestimmten Ziel laufen; mit beschleunigten Schritten gehen* […]." (DUD-GW)

„,Eigentlich wollte ich nur mit unserem Team joggen, doch meine Kollegen haben mich dann angestachelt, auf Tempo zu laufen', sagte der 27-Jährige zu seinem Sieg." (VCM 04/03, 59)

„[engl. jogging, zu: to jog = (dahin)trotten]: *Fitnesstraining, bei dem man entspannt in mäßigem Tempo läuft* […]." (DUD-GW)

---

182 Vgl. Schnabel/Thieß 1993, 522 f.
183 Vgl. Grosse 1962, 102 ff.

sprinten – spurten:

„Die Hallen-Silberne Karin Mayr-Krifka hat auch den Coach gewechselt und sprintet seit kurzem unter der Ägide des Briten Malcolm Arnold, der 16 Jahre lang Dauerbrenner Colin Jackson über die Hürden half." (VCM 07/03, 7)

„1. (Sport) *eine kurze Strecke mit größtmöglicher Geschwindigkeit zurücklegen* […]." (DUD-GW)

„Die Menge johlt, jetzt spurte ich los, hämmere mit den Füßen auf die Tartanbahn, werde abgedrängt, drängle selbst; […]." (RW 08/03, 46)

„1. (Sport) *(bei einem Lauf) ein Stück einer Strecke, bes. das letzte Stück vor dem Ziel, mit stark beschleunigtem Tempo zurücklegen* […]." (DUD-GW)

Im Lauf der Zeit hat sich im Laufsport neben den Bezeichnungen für die ursprünglich olympischen Laufdisziplinen – Marathon-, Hürden-, 100-m- oder Staffellauf – eine Vielzahl von weiteren Ausdrücken für Wettkampfdisziplinen behauptet. Neben den populärsten, den am häufigsten gebuchten Lexemen (vgl. Tabelle 11 auf der nächsten Seite), existiert eine Reihe eher allgemeiner Hyperonyme, welche die Distanz implizit charakterisieren: *Kurzstrecke* (Run 05/03, 83), *Kurzstreckenlauf* (LZ 08/90, 27), *Kurzdistanzrennen* (FfL 12/99, 12), *Mittelstrecke* (LM 04/03, 12), *Langstrecke* (Run 05/03, 83), *Langstreckenlauf* (VCM 04/03, 80), *Langdistanzrennen* (FfL 7+8/02, 18).

Durch die hohe Präsenz und die steigende Popularität des Marathonlaufs – „Die Teilnehmerzahlen haben sich seit 1993 verdoppelt"[184] – entstand zusehends das Bedürfnis nach einer sachlich-begrifflichen Spezialisierung (vgl. 11.). Gemessen an der Gesamtzahl der gebuchten zentralen Lexeme für Laufdisziplinen (insgesamt 169) heben sich die Bezeichnungen für die „Königsdisziplin" über 42,5 Kilometer dementsprechend ab; der Ausdruck *Marathon* nimmt sozusagen die Position des Spitzenreiters ein; dieser wurde 31-mal gebucht, *Marathonlauf* bzw. *Marathonrennen* sind 14- bzw. 5-mal vertreten (ca. 30 %). Auch im Vergleich zu der Anzahl der registrierten Bestimmungslexeme, die der systematischen Differenzierung von Wettkampfdisziplinen dienen, wird das Grundwort *-Marathon/-marathon* am häufigsten näher spezifiziert. Die Bestimmungswörter für wettkampfrele-

---

184 *Runner's World* 2003, 32.

vante Marathonformen basieren dabei vorrangig auf den Merkmalen *Distanz* und *Disziplin*. Abbildung 14 zeigt mögliche Varianten der Ausfächerung des Grundlexems *-Marathon* bzw. *-marathon*.[185]

Laufdisziplin	Untergeordnete Disziplin	Laufart
Berglauf, BL		*berglaufen*
Cross-Country-Lauf[85], *Crosslauf, Cross*	*Sprint-, Ultra-, Kurzcross(lauf)*	*cross-country-laufen, cross-laufen, querfeldeinlaufen*
Hindernislauf		
Hürdenlauf	*400-m-, 110-m-, 100-m-Hürdenlauf*	
Marathon, Marathonlauf	*Semi-, Halb-, Viertel-, ¼-, Achtel-, Super-, Berg-, Nordic Walking-, Ultra-Marathon(lauf)*	*marathonlaufen*
Orientierungslauf, OL	*Langstrecken-, Sprint-Orientierungslauf*	*orientierungslaufen*
Sprint, Sprintlauf	*Hürden-, Kurz-, 400-m-Sprint(lauf)*	*sprinten*
Staffellauf		
Walking, Gehen	*Marathon-, Onko-, Hill-, Power-Walking*	*walken, gehen*
100-m-Lauf, 200-m-Lauf, 400-m-Lauf		

Tabelle 11: Bezeichnungen für Laufdisziplinen und Laufarten

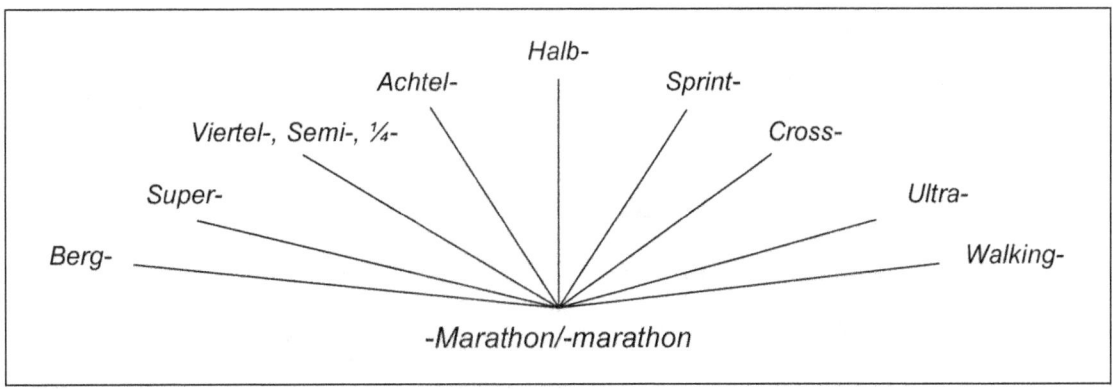

Abbildung 14: Ausfächerung des Grundlexems -Marathon/-marathon

---

185 *Cross*: „1. Leichtathletik: Trainings- und Wettkampfläufe im Gelände (über Stock und Stein) […]" (Schnabel/Thieß 1993, 197).

5.1.2. Nähere Bestimmungen

Um zu einer differenzierten Beschreibung von Läufen zu gelangen, werden den betreffenden Bezugslexemen verschiedenartigste Bestimmungen hinzugefügt. Formal gesehen handelt es sich dabei vor allem um Erstkonstituenten von Komposita (vgl. 6.). Die Fülle der Elemente, die einer exakteren Charakterisierung dient, lässt sich in mindestens zehn semantische Teilfelder einreihen: Zeit bzw. Dauer, Ort, Distanz, Professionalität, Geschlecht, Disziplin, Intensität, Witterung, Richtung, Tempo.

Abbildung 15 gibt stellvertretend Aufschluss über die Vorkommenshäufigkeiten der Repräsentanten der jeweiligen Subklassen; im Folgenden sollen exemplarisch Vertreter der beiden herausragenden Felder – Zeit, Dauer und Ort – in ihren Kontexten vorgestellt werden, abschließend folgen einige Beispiele aus den weniger stark belegten Feldern.

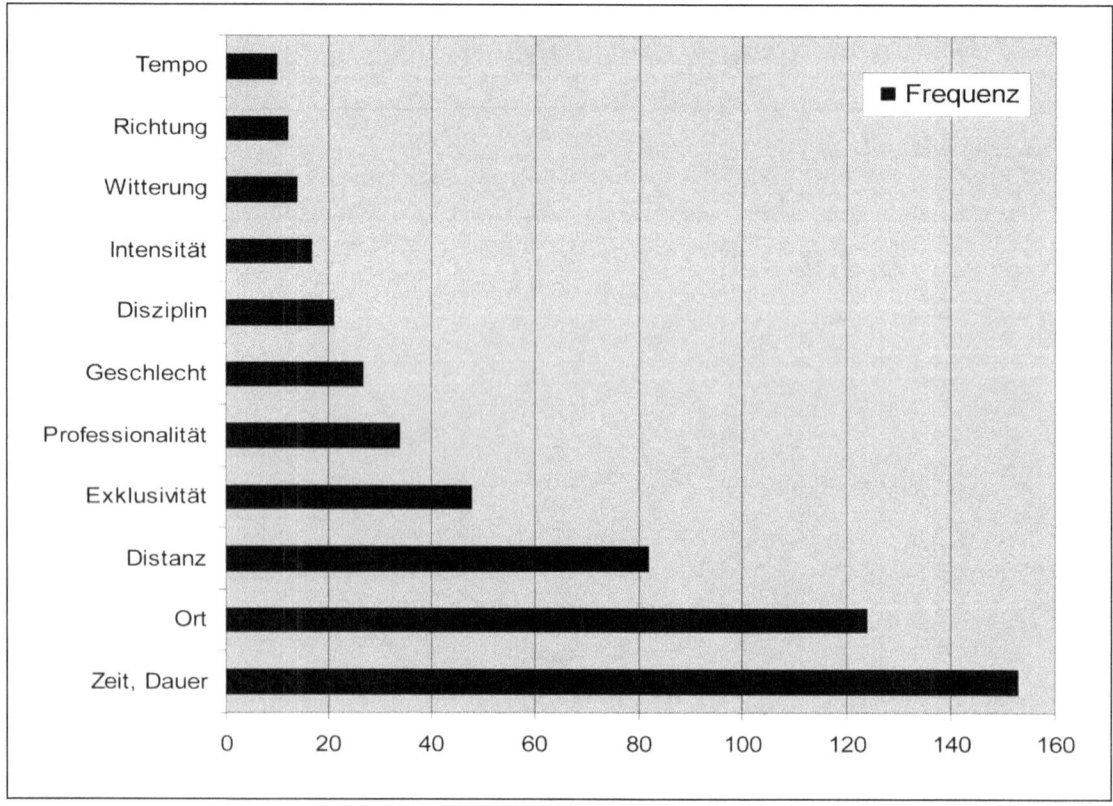

Abbildung 15: Frequenzen der näheren Bestimmungen von Läufen (gesamt: 542 Stw.)

Innerhalb der temporalen Bestimmungen findet eine feinere Nuancierung hinsichtlich der Merkmale *Zeitdauer* und *Zeitpunkt* statt. Die charakterisierenden Zusätze der folgenden Belege verweisen auf eine spezielle Zeitspanne:

„Ambitionierte Läufer wiederholen Ein-Minuten-Bergaufläufe bis zu zehnmal, Vier-Minuten-Läufe bis zu viermal." (RW 04/03, 30)

„Wenn das Ziel ein 3-Stunden-Marathon ist, muss man eben die 10 km mehr oder weniger deutlich unter 40 Minuten laufen." (LM 07/03, 9)

„Auch Kobus betont: Ein Mehrtageslauf bedeutet permanentes Krisenmanagement [...]." (Rup 01/03, 27)

Etwa 65 % der Bezeichnungen aus dem temporalen Feld (das sind 99 Belege) deuten jedoch auf unterschiedliche Zeitpunkte hin: Jahreszeiten, Monate, Wochen, Tage, Tageszeiten; einmalige oder wiederkehrende Ereignisse werden sprachlich markiert.

„Ein April-Marathon mit normalem Aufbau und der entsprechenden befriedigenden Leistung steht dem nicht entgegen." (Spir 02/95, 41)

„Aus einem anfänglichen Sonntags-Jog wurde ein gemeinsames Hobby." (RW 03/00, 85)

„Auf geht's zum After-Work-Running!" (Cond 1+2/03, 35)

„Das dürfte auch bei der 13. Auflage des ‚Sao Paulo an der Mosel', der als nunmehr stärkster Silvesterlauf in Deutschland der älteren Veranstaltung von Ratingen längst den Rang abgelaufen hat, keine leichte Aufgabe sein." (Spir 02/02, 10)

Den lokalen Bestimmungslexemen zufolge spielt sich das Laufgeschehen vor allem im Stadtgebiet ab. Von den insgesamt 124 Belegen, darunter auch Mehrfachbelege, referieren 89 explizit auf die Stadt, während bei den restlichen Bestimmungen die Natur mit all ihren „belaufbaren" Schönheiten (Wäldern, Seen, Flüssen, Bergen), aber auch Gebäude und Einrichtungen als Relatum auftreten.

Stadtmarathon (LM 04/03, 6), City-Lauf (LM 09/99, 6), Stadtlauf (Rup 02/99, 13), Großstadtmarathon (RW 12/02, 87), Kleinstadtmarathon (Rup 01/03, 17), Stadt-OL (FfL 06/03, 98)

Waldlauf (Cond 05/03, 19), Mountain-Running (LM 1+2/03, 25), Schiffslauf (Spir 02/97, 37), Provinzlauf (LZ 03/03, 11), Geländelauf (aL 5/03, 20), Indoor-Jogging (VCM 06/03, 23), Landlauf (LZ 09/93, 19), Asphaltlauf (Cond 05/03, 17), Gebirgslauf (Spir 06/90, 24), Tunnellauf (Spir 06/03, 42), Schneelauf (Rup 04/02, 29)

Recht vielfältig erscheinen die Beispiele für Hyponyme aus anderen semantischen Teilfeldern. Wie bereits aus Abbildung 15 hervorging, unterscheiden sich diese Subklassen hinsichtlich ihrer Frequenz durchaus voneinander.

Distanz: Kurzcross (FfL 03/03, 57), 650-km-Nonstoplauf (LZ 06/91, 26)
Exklusivität: Gourmet-Marathon (RW 03/03, 4), Erlebnismarathon (Run 11/03, 52)
Professionalität: Elitelauf (VCM 04/03, 8), Einsteigerlauf (LM 10/02, 56)
Geschlecht: Lady-Running (Rup 03/99, 12), Herrenmarathon (LM 1+2/93, 29)
Disziplin: Sprint-OL (LZ 12/91, 24), Marathon-Walking (Cond 05/02, 37)
Intensität: Lockerlauf (LZ 7+8/96, 9), Extremberglauf (LM 06/98, 44)
Witterung: Hitze-Rennen (Spir 07/94, 10), Schönwetterlauf (FfL 11/01, 76)
Richtung: Rückwärtslauf (RW 03/03, 4), Diagonallauf (VCM 03/02, 56)
Tempo: Schnell-Lauf (RW 03/03, 68), Bummelrennen (Spir 07/94, 11)

5.2. Bezeichnungen, die Läufer benennen und charakterisieren

Die Bezeichnungen für Läufer und Läuferinnen werden im Folgenden wiederum in Hinblick auf zentrale Bezeichnungen (Hyperonyme) und nähere Bestimmungen (Hyponyme) untersucht. Bevor in 5.2.1. auf die Kategorie der Individuativa näher eingegangen wird, sollen jene Ausdrücke vorgestellt werden, die in diesem Fall eine ganze Gruppe von Läufern bezeichnen – die Kollektiva.

5.2.1. Zentrale Ausdrücke

Innerhalb der Kollektiva kommt dem modischen Lehnwort *Szene* eine bedeutende Rolle als reihenbildendes Wortbildungselement zu. Rund 18 % aller Kollektiva stellen Bildungen mit dem Grundwort *-szene* dar; dieser Prozentsatz entspricht 26 Belegen. Deutsche Entsprechungen wie etwa *-feld*, *-welt* oder *-kreis* sind hingegen weit weniger oft gebucht (siehe Tab. 12 Seite), was einmal mehr unterstreicht, dass in der deutschen Sportsprache speziell die lexikalischen Lehneinflüsse aus dem Angloamerikanischen zu einer Verdrängung deutschsprachiger Wortschatzelemente geführt haben (vgl. 8.). Zur semantischen Verdeutlichung bzw. zur Spezialisierung im Laufsport im Allgemeinen, aber auch in dessen Sektoren, gelangt eine Reihe unterschiedlicher Bestimmungswörter zur Anwendung (z. B. *Lauf-, Cross-, Staffel-*).

Auffällig ist, dass sich die beiden Bezeichnungen *Laufszene* bzw. *Laufsportszene* und *Marathonszene* mit jeweils sechs Belegen gleichrangig gegenüberstehen – darin spiegelt sich die fortschreitende Popularisierung des Laufsektors Marathon in der Gesellschaft wider.

Mit erheblich niedrigerer Frequenz sind folgende Kollektivlexeme an der Herausbildung von Kollektivkomposita beteiligt: *-staffel* (12-mal gebucht), *-feld* (9-mal), *-volk, -familie, -gemeinschaft, -club* (jeweils 6-mal), *-gemeinde, -gruppe, -verein* (5-mal), *-pulk, -kreis, -schar* (4-mal), *-sektor, -welt, -truppe, -segment, -nation, -elite* (3-mal), *-kette, -generation, -schicht, -spezies, -lager, -zirkus*.

Tabelle 12 zeigt eine Auswahl konkreter Beispiele für kollektive Bezeichnungen; sie sind ihrem jeweiligen Grundwort zugeordnet:

Grundwort	Beispiele für Kollektiva
-szene (26)	*Frauenlauf-Szene* (LZ 02/96, 7), *Geländelauf-Szene* (Cond 1+2/02, 7), *Hobbylaufszene* (RW 05/03, 8), *Marathon-Szene* (Run S02/03, 7), *Sommermarathonszene* (Spir 07/94, 30), *Treppenlaufszene* (LM 1+2/02, 30), *Ultra-Szene* (Spir 07/03, 4), *US-Straßenlaufszene* (LM 11+12/01, 22)
-staffel (12)	*Promi-Staffel* (LM 06/00, 43), *Krautkopfstaffel* (Spir 11/93, 42), *Schwedenstaffel* (LM 06/96, 3)
-feld (9)	*Marathonfeldchen* (LZ 09/97, 28), *K 42-Feld* (RW 11/98, 66), *Starterfeld* (LM 06/03, 45)
-volk, -familie, -club, -gemeinschaft (6)	*Laufvölkchen* (RW 12/02, 4), *Marathonvolk* (Spir 05/92, 80), *Läuferfamilie* (Spir 12/96, 5), *WACHAUmarathonclub* (LM 06/02, 33), *Läufergemeinschaft* (VCM 05/02, 52)

-gemeinde, -gruppe, -verein (5)	*Marathongemeinde* (Spir 11/01, 13), *Nacktläufergemeinde* (Run 09/02, 34), *Läufergrüppchen* (RW 12/02, 52), *Walkinggruppe* (RW 09/00, 69), *Frauenlaufverein* (Spir 07/98, 56)
-pulk, -kreis, -schar (3)	*Läuferpulk* (LZ 7+8/03, 79), *Läuferinnenkreis* (Run 06/02, 60), *Ultra-Kreise* (LZ 03/95, 11), *Läuferschar* (RW 06/03, 49)
-sektor, -welt, -truppe, -segment, -nation, -elite (3)	*Running-Sektor* (RW 04/03, 10), *Läuferwelt* (Spir 02/95, 26), *Marathontruppe* (LZ 11/02, 43), *Firmenlaufsegment* (LM 10/02, 51), *Berglauf-Nation* (LM 08/02, 53), *Läuferelite* (LM 1+2/93, 13)
-kette, -generation, -schicht, -spezies, -lager, -zirkus (2)	*Läuferkette* (Spir 02/01, 61), *Läufergeneration* (Cond 10/02, 40), *Läuferschicht* (Run 06/02, 82), *Läuferspezies* (RW 02/99, 64), *Marathonlager* (Rup 02/02, 6), *Straßenlaufzirkus* (Spir 09/93, 16)
Sonstige	*Ausdauerlauf-Fraktion* (Spir 02/92, 52), *Berglauf-Quartett* (LM 08/02, 5), *Läuferheer* (RW 08/03, 45), *Läuferknäuel* (L 03/95, 46), *Läuferkolonne* (LM 1+2/02, 31), *Läuferriege* (FfL 06/02, 29), *Läufertraube* (Cond 12/02, 35), *Läuferzunft* (Rup 03/00, 8), *Marathongarde* (Spir 09/93, 13) …

Tabelle 12: Beispiele für Kollektivlexeme

In der Klasse der Individuativa – auf welche rund 2/3 aller allgemeinen Ausdrücke für LäuferInnen entfallen (338 Belege) – finden sich zum einen unspezifische Bezeichnungen für Personen, die sich mit dem Laufsport beschäftigen (ca. 40 %), zum anderen spezifische Lexeme, die sich durch ein spezielles, bereits in der Bezeichnung explizit genanntes Inhaltsmerkmal von anderen abheben. Unter den unspezifischen Individualbezeichnungen begegnet in Laufzeitschriften am häufigsten das generische Maskulinum *Läufer* (seltener *Laufsportler*), das allgemein für jemanden steht, „der das Laufen als sportliche Disziplin betreibt, an einem Laufwettbewerb teilnimmt"[186]. In den seltensten Fällen fungieren der Anglizismus *Runner* und dessen deutsche Entsprechung *Renner* als Synonyme, vielmehr findet speziell im Kontext des Freizeitsports der Anglizismus *Jogger* bzw. *Joggerin* Verwendung. Die deutsche Bezeichnung *Renner* erfährt durch den Laufsport übrigens eine Erweiterung ihrer Sememe (Bedeutungsentlehnung), indem eine laufsportausübende Person das dazugehörige Denotat darstellt, vgl. die Definition im Duden-Wörterbuch:

---

186 DUD-GW.

Renner: „1. (ugs.) a) gutes, schnelles Rennpferd [...]; b) schnelles Auto oder Motorrad [...]; 2. (Jargon) etw., was sehr begehrt ist, großen Anklang findet, sich großer Nachfrage erfreut, bes. Verkaufsschlager [...]" (DUD-GW).

Bei den geschlechtsspezifischen Ausdrücken treten feminine Formen (mit dem Movierungssuffix *-in* oder Komposita mit dem Zweitglied *-frau*) mit einer höheren Frequenz auf als Individuativa, die sich ausschließlich auf männliche Referenten beziehen (*Läuferin* bzw. *Läuferfrau*: 13 Belege, *Läufer* bzw. *Läufermann*: 5 Belege). Werden in Laufzeitschriften sowohl Männer als auch Frauen bezeichnet, so finden sich fast nur Splitting-Formen mit Binnen-*I*-Schreibung (*LäuferInnen*); daneben werden Paar-Formen (*Läuferinnen und Läufer*) eingesetzt, andere Splitting-Varianten (*Läufer/Läuferin*) begegnen nur vereinzelt.

Der Großteil der spezifischen Individuativa (208 Belege; ca. 61 %) lässt sich nach den Inhaltsmerkmalen *Professionalität/Können* (ca. 50 %), *bevorzugte Disziplin* (ca. 30 %) und *Interesse/Leidenschaft* (ca. 14 %) gliedern. Rund die Hälfte der Zweitkonstituenten impliziert den Grad des Könnens, etwa ein Drittel bezieht sich auf die bevorzugte Disziplin des Läufers. Die herausragende Bezeichnungsklasse mit dem Merkmal *Professionalität* weist innerhalb der Grundwörter oftmals solche auf, die einen sehr hohen Grad implizieren (ca. 2/3 der Belege). Es findet eine starke semantische Differenzierung und Nuancierung verschiedenster Grade statt, wie die Beispiele unten verdeutlichen. Die Ausdrücke erhalten ihren superlativischen Charakter vor allem durch hochwertende Substantivkonstituenten oder Augmentativpräfixe und -präfixoide (vgl. 6.). Interessanterweise verfügt der Laufsport über recht wenige Hyperonyme, die einen durchschnittlichen Professionalitätsgrad hervorheben. Lediglich ein einziger Beleg findet sich zur Bezeichnung eines Läufers mit durchschnittlichem Können: In Anlehnung an den Phraseologismus *Otto Normalverbraucher* wird das Kompositum *Otto-Normalläufer* (Cond 05/02, 20) verwendet.

Einsteiger (aL 5/03, 23), Anfänger (Run 09/03, 31), Marathon-Debütant (Rup 02/02, 2), Laufneuling (LZ 7+8/03, 17), Marathonaspirant (Run 11/02, 69), Laufbeginner (LM 07/03, 10), Laufküken (VCM 06/03, 32), Frischling (Run 11/03, 53), Marathon-Novize (Spir 06/97, 9), Marathönnchen (RW 05/01, 55)

Otto-Normalläufer (Cond 05/02, 20)

Ass (Run 09/03, 80), Lauf-Aushängeschild (LM 1+2/03, 36), Lauf-Crack (L 08/95, 7), Lauf-Experte (LZ 06/02, 33), Lauffreak (RW 10/02, 46), Laufgröße (VCM 04/99, 34), Lauf-Guru (Run S02/03, 7), Laufhase (Cond 1+2/02, 45), Lauffuchs (Cond 11/02, 11), Läuferheld (Spir 11/01, 25), Lauf-Ikone (Spir 12/98, 10), Lauffürst (LM 04/02, 56), Laufgräfin (VCM 05/02, 9), Laufkönig (VCM 03/99, 6), Auflegende (VCM 06/00, 24), Laufpapst (Run 10/03, 52), Laufprofi (VCM 06/01, 26), Lauf-Promi (aL 5/03, 4), Hindernis-Spezialist (VCM 07/03, 35), Lauftalent (L 03/95, 6), Lauf-Urgestein (VCM 02/03, 39), Laufgelehrter (Rup 01/02, 15), Laufgigant (LZ 7+8/92, 50), Laufidol (LZ 04/99, 14), Laufperle (Spir 07/98, 56), Marathoninsider (LM 11+12/01, 28), Laufrakete (VCM 03/02, 46), Walking-Fachmann (Cond 09/02, 28)

„Joachim Wiessler mit seiner lauferfahrenen Schwester beim Chicago-Marathon 2000." (RW 07/01, 72)

„Die Strecke war der berglauferfahrenen Karoline natürlich wie auf den Leib geschneidert." (LM 06/03, 47)

„Laufstark wie der starke August" (LZ 06/94, 42)

„Ein sehr enges Finish zeichnete sich ab – ein Rennverlauf, wie geschaffen für den bekannt sprintstarken Hoffmann." (LM 1+2/02, 36)

„Darin beschreibt sie ihre Entwicklung vom lauftalentierten Mädchen zur Weltspitzenläuferin und gibt auch einen Einblick in ihre Trainingspläne." (LZ 7+8/92, 20)

Wird bei der Referenz auf Läufer auf deren bevorzugte Disziplin verwiesen, so geschieht dies meist analog zu den Bezeichnungen für die Laufdisziplinen (vgl. 5.1.1.). Spitzenreiter, Wörter mit den meisten und zugleich vielfältigsten Synonymen, sind in diesem Zusammenhang die teils stark konnotativ gefärbten Ausdrücke rund um das Lexem *Marathonläufer* (34 Belege, entspr. 43 %):

Disziplin	Hyperonyme	Hyponyme
Sprint	*Sprinter, Spurter*	*Hürdensprinter, 100-m-Sprinter*
Cross	*Cross-Läufer*	
Hürdenlauf	*Hürdenläufer, Hürdler*	*Langhürdler*
Mittelstreckenlauf Langstreckenlauf	*Mittelstreckenläufer, Mittelstreckler, Langstreckenläufer, Langstreckler*	*Ultralangstreckenläufer, Ultralangstreckler*
400-m-Lauf, 800-m-Lauf, 1.500-m-Lauf, 5-km-Lauf	*400-m-Läufer, 800-m-Läufer, 1.500-m-Läufer, 5-km-Läufer*	
Gehen, Walking	*Geher, Walker*	*Nordic Walker, Powerwalker, Marathon-Walker*
Marathon(lauf)	*Marathoni, Marathonläufer, Marathon-Runner*	*Viertelmarathoni, Halbmarathoni, Bergmarathonisti*
Berglauf	*Bergläufer*	
Orientierungslauf	*OL'ler, Orientierungsläufer*	
Hindernislauf	*Hindernisläufer*	

Tabelle 13: Bezeichnungen für Läufer – Benennungskriterium Disziplin

Für die Signalisierung der Begeisterung, des Interesses am Laufen, hält der Laufsport expressive Wortschatzelemente bereit. Dass all jene Ausdrücke für „leidenschaftliche" Läufer (49 Stw.) in ihrer Semantik nahezu systematisch auf den Bereich Laufsport im Allgemeinen und eine Laufsportdisziplin im Besonderen eingegrenzt werden, kann als ein typisches Merkmal des Laufsportvokabulars gedeutet werden – parallel zu aktuellen Trends im Laufsportgeschehen und den gesellschaftlichen Anforderungen bilden sich zunehmend lexikalische Sektoren heraus (vgl. Abschnitt 11.). Um den geschlossenen Interessensbereich Laufsport als solchen zu etikettieren, finden in erster Linie die Lexeme *Lauf-, Laufsport-, Running-* und *Marathon-* Verwendung.

Laufwillige (RW 03/03, 72), Laufinteressierte (Run 11/02, 38), Laufgenießer (VCM 05/02, 62), Laufsportfreunde (LM 10/93, 17), Marathonfreunde (LZ 05/97, 39), Lauffans (Spir 07/00, 49), Marathonfan (VCM 05/02, 44), Lauflustige (LZ 05/97, 38), Laufhungrige (LM 1+2/93, 22), Laufsportbegeisterte (LM 1+2/97, 36), Marathonbegeisterte (Run 02/03, 56), Laufenthusiasten (RW 11/98, 62), Running-Enthusiasten (VCM 05/02, 30), Marathon-Enthusiasten (VCM 07/03, 17), Lauffanatiker (VCM 03/02, 54), Laufpuristen (LM 10/02, 52), Laufverrückte (LM 04/92, 52)

Unter den soziativen Bezeichnungen (26 Stw.) stellt das Wort *Laufkollege* das usuellste dar (18-mal gebucht). *Laufkollege* impliziert generell die Zugehörigkeit zur Laufszene oder zu einer spezifischen Gruppe innerhalb des Laufsports. Die unter Umständen synonym eingesetzten Ausdrücke *Laufkamerad, Laufgefährte, Laufkumpane, Laufgenosse, Laufbegleiter, Laufbekannter, Laufnachbar* begegnen vereinzelt.

„Jeder achtet auf seinen Laufkollegen." (VCM 05/03, 25)

„Richard und Michael, meine Laufkameraden sind im wahrsten Sinne des Wortes bereits über alle Berge." (RW 10/03, 63)

„[...], schließlich will man der/dem Laufnachbar/in doch zeigen, daß das beim letzten Volksfestlauf nur ein einmaliger Ausrutscher war." (Spir 05/92, 80)

„Die dreimalige deutsche 100-km-Meisterin vom LTF Marpingen heiratete Ende April ihren langjährigen Laufbegleiter Jörg Hooß." (LM 09/99, 68)

„Neue Veranstaltungen, die auf Anhieb bis zu 200 Läuferinnen aus ganz Süddeutschland motivieren, belegen den sportlichen Ehrgeiz der weiblichen Laufgenossinnen." (Rup 02/99, 39)

5.2.2. Nähere Bestimmungen

Die zentralen Ausdrücke für Läufer müssen auf der Inhaltsseite zwangsläufig zusätzliche Merkmale aufweisen, damit die enorme Vielzahl der Läufertypen auch hinreichend effizient benannt werden kann.

Die Etikettierungsvielfalt lässt sich auf zwölf Untergruppen reduzieren. Die Repräsentanten dieser Subklassen nehmen auf folgende Größen Bezug: Körperteile (10 Stw.), Nationalität (13), Witterung (13), Alter (15), Faszination (16), Modus (16), Veranstaltungen (28), Zeit (40), Ort (43), Distanz (46), Professionalität (100) und Disziplin (245). Natürlich finden sich auch Kombinationen verschiedenster Bestimmungsmerkmale; so kann zum Beispiel mit dem Einsatz der Bezeichnungen *400-m-Hürden-Läufer* (RW 03/03, 13) oder *100-m-Sprinter* (RW S01/02, 33) eine inhaltliche Verknüpfung der Merkmale *Distanz* und *Disziplin* vorgenommen werden. Im Vergleich zu den oben genannten Bezeichnungsklassen stellen Kombinationen von verschiedenen Bestimmungsmerkmalen im Wortschatz von Laufzeitschriften aber eher die Ausnahme dar (5 Stw.).

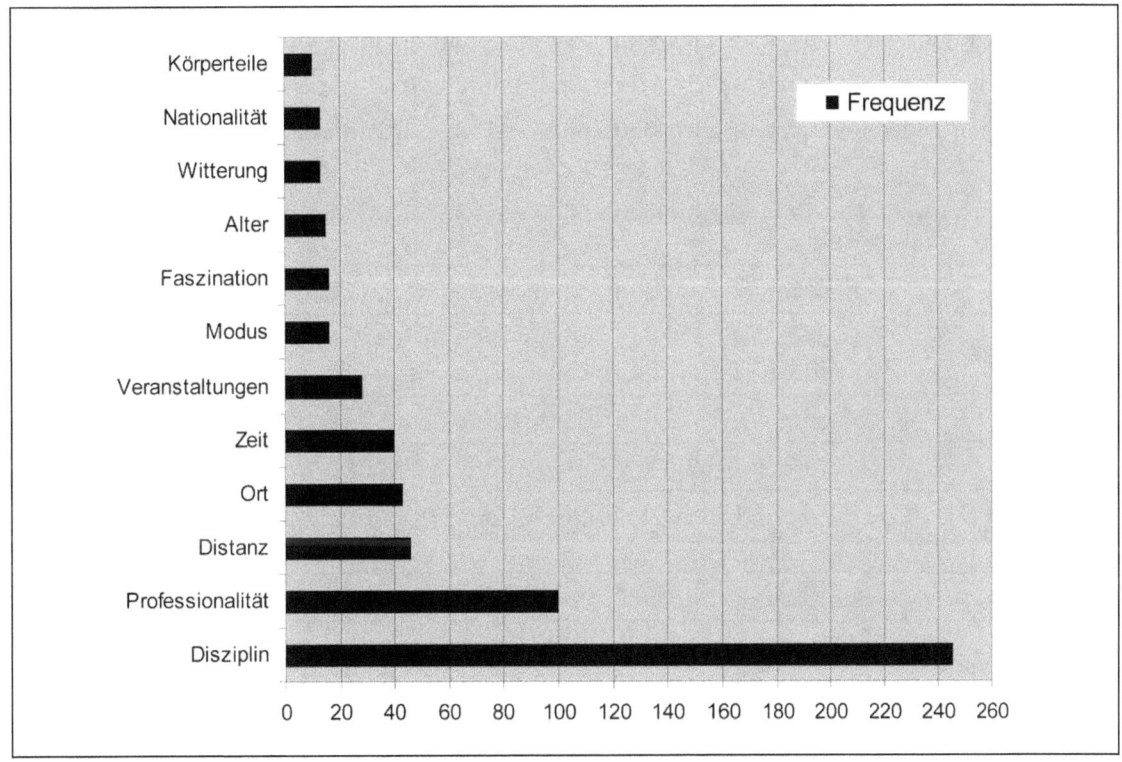

Abbildung 16: Frequenzen der näheren Bestimmungen von Läuferbezeichnungen (gesamt: 585 Stw.)

Wie aus der obigen Abbildung hervorgeht, wird ein Läufer in den untersuchten Laufzeitschriften vorrangig durch die von ihm bevorzugte Laufdisziplin definiert (245 Belege; dies entspricht ca. 42 % innerhalb der Hyponymkategorien), seltener durch den Grad des Könnens (Professionalität). Der schon mehrmals angesprochene Aufschwung des Marathonsektors schlägt sich dementsprechend in der Frequenz marathonspezifischer Bestimmungswörter nieder. In dieser Teilklasse nimmt wiederum die spezifizierende Bestimmung *Marathon-* (mit 113 (!) Belegen; ca. 46 %) die Spitzenposition ein (vgl. 5.1.1.).

„Mit der zutreffenden Aussage ‚Marathon boomt und ein Ende der Entwicklung lässt sich noch nicht absehen' startete ‚*aktiv Laufen*' in der vergangenen Ausgabe die Trainingsserie für Marathonläufer." (aL 06/03, 36)

Marathon-Hase (Spir 07/03, 56), Hundertkilometerlauf-Anfänger (RW 05/01, 92), Cross-Serien-Sieger (Cond 04/02, 21), Bergmarathon-Freak (FfL 06/03, 65), Berglauf-Legende (LM 07/03, 48), OL-Eliteläufer (L 08/95, 48), Walking-Anfänger (Cond 11/01, 43)

Im Folgenden gibt Tabelle 14 noch einen kurzen Einblick in die Fülle weiterer Zusatzbestimmungen, durch die unterschiedliche Läufertypen sprachlich differenziert werden; die Beispiellexeme wurden den bereits genannten semantischen Bezeichnungsklassen zugeordnet (vgl. Abb. 16):

Teilfeld	Beispiele
Körperteile	*Ballenläufer* (VCM 03/01, 48), *Fersenläufer* (FfL 12/00, 70)
Nationalität	*Tirol-Marathoni* (LM 11+12/02, 39), *Oranje-Läufer* (RW 07/02, 49), *US-Sprintrakete* (LM 1+2/03, 3)
Witterung	*Schönwetter-Joggerin* (aL 01/02, 36), *Schönwetterläufer* (LM 11+12/02, 26)
Alter	*Babyläufer* (Rup 03/02, 35), *Jungläuferin* (VCM 01/03, 33)
Faszination	*Fun-Runners* (LZ 06/91, 10), *Genussläufer* (RW 07/01, 48), *laufbesessene junge Männer* (LZ 09/93, 16)
Modus	*Leistungsläufer* (LM 10/02, 56), *Tempoeinsteiger* (RW 06/01, 20)
Veranstaltungen	*Happylauf-Anger-Athletin* (VCM 06/02, 35), *Quelle-Läufer* (LZ 11/90, 9), *Fontaneläuferin* (LZ 06/91, 28)
Zeit	*3-Stunden-Marathoner* (RW 11/98, 46), *Feierabendjogger* (FfL 12/99, 58), *4:00-Männer* (RW 05/03, 67)
Ort	*Wüstenläufer* (VCM 01/02, 43), *Asphaltcowboy* (VCM 03/01, 48)
Distanz	*10-km-Familienjogger* (RW 09/03, 52), *3.000-Meter-Hindernis-Weltrekordhalter* (Run S03/03, 13), *ultralanger Gebirgslauf* (Spir 06/90, 24)
Professionalität	*Weltklasselangstreckler* (Spir 03/90, 18), *Erstlingsläufer* (Run 10/02, 55), *Meisterläufer* (Spir 04/99, 28)

Tabelle 14: Beispiele für Läuferbezeichnungen – nach den Bezeichnungsklassen der Bestimmungslexeme geordnet

5.3. Bezeichnungen für Laufveranstaltungen

Unter den Ausdrücken für Laufveranstaltungen (insgesamt 1.064 Stw.; sie bilden 1/4 des erhobenen Wortschatzes) finden sich zum einen Appellativa (5.3.1.), die allgemein auf (den Charakter) eine(r) Veranstaltung hinweisen (96 Stw.), und zum anderen äußerst vielfältige Eigennamen (5.3.2.).

968 Einheiten sind mit Eigennamen versehen; dies entspricht ca. 91 % innerhalb dieser Subklasse. Eigennamen nehmen im Wortschatz von Laufzeitschriften eine herausragende Stellung ein, denn die aktuellen Trends auf dem Veranstaltungssektor spiegeln sich gerade in den benennenden, identifizierenden, signalisierenden, aber nicht verallgemeinernden[187] Wortschatzelementen wider – in den Eigennamen (dazu ausführlicher in Abschnitt 7.).

5.3.1. Appellativa

In dieser Benennungskategorie (96 Stw.) nimmt zur allgemeinen Kennzeichnung von Laufveranstaltungen eine Reihe synonymer Bezeichnungen einen festen Platz ein. Mit ihrem Gebrauch wird eine Bedeutungsgeneralisierung angestrebt. Somit erlangen sie allgemeine Gültigkeit und sind folglich für die Bezeichnung von Laufevents jeglicher Art beliebig einsetzbar.

„Sieger der <u>Laufveranstaltung</u> wurde bei den Herren Philip Brouwer in 01:46:23 Std., bei den Frauen hieß die Siegerin Heike Mohn, sie lief die 30,6 Kilometer in 02:05:59 Std." (Cond 07/03, 35)

„Offen war das <u>Rennen</u> der Männer bis kurz vor dem Ziel." (Cond 05/03, 56)

„Sportgerechte Ernährung und Late-Checkout, Shuttle-Transport und Wellnessbereich werden zu <u>Laufsportveranstaltungen</u> angeboten." (aL 05/03, 9)

Einige merkmalreichere Bezeichnungen implizieren speziell das Wettkampf- bzw Wettbewerbsgeschehen:

„Dem Marathonspektakel mit sechs weiteren <u>Laufwettbewerben</u> durch Wien wohnten schätzungsweise 200.000 Leute am Straßenrand bei [...]." (Run 07/02, 86)

„Oder wussten Sie, dass der längste <u>Laufwettkampf</u> aller Zeiten der Transkontinentallauf von 1929 über 5.850 km von New York nach Los Angeles war?" (FfL 11/01, 22)

---

187 Vgl. Schippan 2002, 63.

Die Aktualität eines Laufereignisses stellt für die Benennung ein ganz wesentliches Kriterium dar. Auffallend oft finden die Ausdrücke *Laufspektakel* (11 Belege), *Laufevent* (9) und *Lauffest* (8) Verwendung. Auf eine semantische Aufwertung durch den Einsatz von Augmentativpräfixen und -präfixoiden mit superlativischem Charakter wird bei der Wahl von Veranstaltungsbezeichnungen – im Gegensatz zu den Ausdrücken für Läufer – nahezu verzichtet (vgl. 5.2.1); ausschließlich die Bezeichnung *Top-Laufevent* (VCM 07/03, 14) liegt vor. Konnotative Färbungen und daraus resultierende Aufwertungen sind dennoch oft vorhanden.

Laufereignis (RW 11/98, 76), Laufsportereignis (LM 1+2/97, 5), Lauf-Großereignis (Cond 06/01, 22), Lauffest (FfL 7+8/02, 27), Laufsportfest (LZ 06/03, 55), Laufevent (VCM 05/03, 20), Lauf-Happening (L 01/96, 53), Laufspektakel (Cond 1+2/03, 17)

„Ein großes Laufsportfest wird in der Karibik gefeiert." (LZ 06/03, 55)

„Gemäß dem Motto Run & Fun ging es bei diesem Laufevent nicht nur um den verbissenen Kampf um Meter, Sekunden und Platzierungen, sondern es wurde auch ein umfangreiches Rahmenprogramm im Ernst-Happel-Stadion geboten." (VCM 05/03, 20)

„Ein unvergessliches Laufspektakel bahnte sich am Neujahrstag 1990 seinen Weg." (RW 10/03, 47)

„Ein Mal mehr hat sich gezeigt, dass der Silvesterlauf von Höchstadt das Laufsportereignis in Franken ist." (LZ 02/03, 15)

Für die Benennung besonders exklusiver bzw. äußerst attraktiver Laufveranstaltungen scheint zusehends Benennungsbedarf zu herrschen (68 Stw.):

Lauf-Klassiker (Spir 01/03, 17), Lauffestival (LZ 7+8/92, 50), Laufhighlight (VCM S01/02, 15), Läufer-Highlight (FfL 06/03, 80)

„Der Südtiroler Drei-Zinnen-Marathon drängt in das Pantheon der Laufklassiker." (LZ 11/02, 29)

„Wir wollen den Zwanzigsten zu einem Lauffestival machen." (LZ 10/02, 54)

„Der Berlin-Marathon ist ein Läufer-Highlight." (FfL 06/03, 80)

Die bestimmenden Konstituenten beziehen sich – ähnlich wie bei der Charakterisierung von Läufern (vgl. 5.2.2.) – überwiegend, hier in 96 % aller Fälle, auf das Inhaltsmerkmal *Disziplin*:

Cross-Spektakel (Rup 03/00, 5), Halbmarathon-Event (LM 07/03, 5), OL-Event (FfL 12/01, 74), Marathonereignis (RW 05/02, 44), Ultra-Laufveranstaltungen (FfL 06/03, 68), Walk-Parade (Cond 05/02, 37)

5.3.2. Eigennamen

Eigennamen, die Laufveranstaltungen charakterisieren bzw. lexikalisch voneinander differenzieren (insgesamt 968 Stw.; ca. 23 % des Gesamtbestands), können anhand der enthaltenen semantischen Merkmale auf sieben, wenn auch recht unterschiedlich große, Themenkreise aufgeteilt werden. Die einzelnen Repräsentanten enthalten beispielsweise einen Verweis auf:

- Länder, Orte
- Berge, Seen, Flüsse
- Personen
- Firmen
- Institutionen, Anlagen und Gebäude
- Zeit
- Pflanzen und Tiere

Bezüglich ihrer Frequenz heben sich die mit Ortsnamen kombinierten Ausdrücke stark von den übrigen ab (41 %). 15 % verweisen auf Berg-, Seen- und Flussnamen, Personennamen sind in ca. 12 %, die Namen von Veranstaltern (v.a. Firmen) in etwa 11 % aller Fälle enthalten. Eigennamen mit dem Merkmal *Zeit* machen ca. 9 % aus, ebenso Namen für Gebäude und Institutionen (9 %). Pflanzen- und Tiernamen begegnen gelegentlich (3 %):

108 | Bezeichnungsklassen

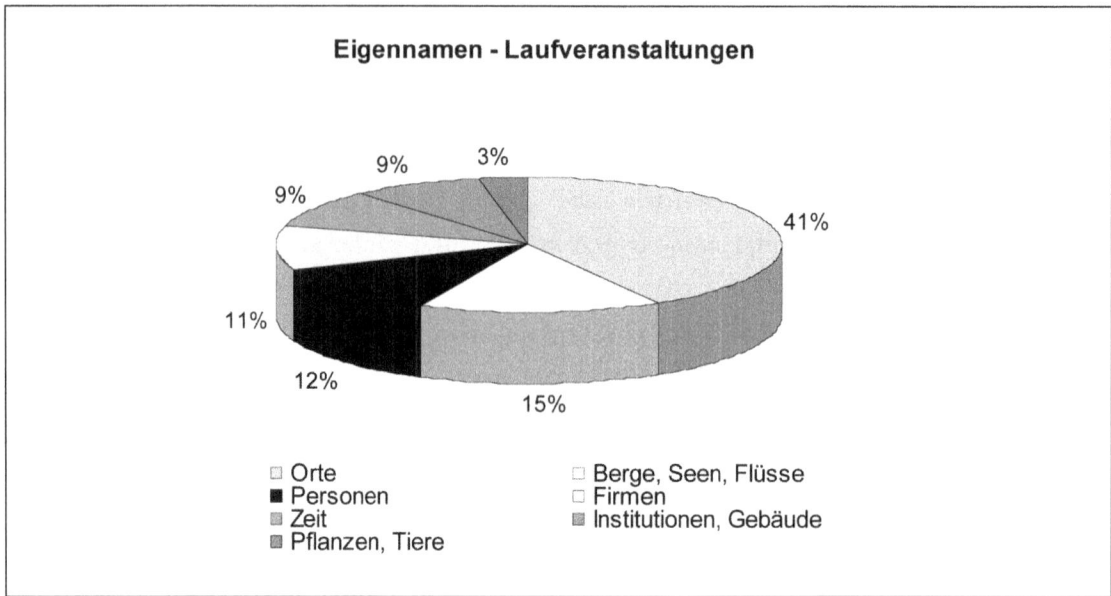

Abbildung 17: Aufteilung der Eigennamen in Laufveranstaltungsbezeichnungen

Da in Abschnitt 7. noch detailliert auf die Besonderheiten der in Laufzeitschriften verwendeten Eigennamen eingegangen wird, seien an dieser Stelle nur einige Vertreter aus den sieben Themenkreisen vorgestellt:

Orte:
Krimmler Wasserfall-Lauf (LM 09/99, 54), Tirolmarathon (LZ 02/01, 59), Oberelbe-Marathon (Cond 04/03, 60), Ratzerfelder OL (FfL 11/97, VII)

Berge, Seen, Flüsse:
Rund um den Scharfenstein (LZ 7+8/96, 42), Matterhornlauf (Run 10/03, 72), Bodensee-Marathon (RW 11/98, 74), Bannwaldseelauf (Rup 03/00, 29), Oberelbe-Marathon (Cond 04/03, 60)

Personen:
Ötzi-Lauf (Rup 03/01, 13), Hubertuslauf (LZ 09/93, 31), Hugenottenlauf (LZ 02/96, 30), Christkindl-Lauf (Spir 02/97, 32)

Firmen:

Bosch-Marathon (Bosch Sicherheitssysteme; FfL 12/99, 17), adidas-Marathon (Spir 06/95, 28), Coca-Cola-Junior-Marathon (VCM 03/01, 38), kika-Halbmarathon (LM 03/99, 37)

Institutionen, Anlagen, Gebäude:

Rot-Kreuz-Marathon (Spir 06/96, 27), Gartenlauf (Run S01/03, 65), Hockenheimringlauf (LZ 12/03, 53), Rund um die Außenmühle (LZ 7+8/02, 17)

Zeit:

Weihnachtsstundenlauf (LZ 11/90, 30), Dreikönigslauf (Spir 02/95, 34), Milleniumslauf (LM 06/00, 42)

Pflanzen, Tiere:

Maiglöckchenlauf (Spir 06/97, 34), Pusteblumenlauf (Spir 06/97, 34), Lilienlauf (Spir 06/97, 34), Bären-GP (FfL 06/98, 8), Drachenlauf (LZ 10/02, 19), Hasenlauf (Cond 1+2/02, 24), Hornissenlauf (LZ 06/01, 58)

5.4. Bezeichnungen für Größen aus dem Wettkampf- und dem Trainingsbereich

Die Ausdrücke, die in ihrer Bedeutung dem Sektor Wettkampf und Training zuzurechnen sind, stellen im erhobenen Wortschatz zusammengenommen rund 10 % dar (insgesamt 425 Belege) – dabei entfallen etwa 6 % des Vokabulars (255 Belege) auf den Wettkampf- und ca. 4 % (170 Belege) auf den Trainingsbereich.

5.4.1. Bezeichnungen für Größen aus dem Wettkampfbereich

Die Ausdrücke mit dem Zusatzmerkmal *Wettkampf* setzen sich aus Bezeichnungen für Distanzen, verschiedene Wettkampfwertungen und Wertungsklassen, besondere Leistungen, Ergebnisse und Rekorde sowie aus Bezeichnungen für Preise bzw. Auszeichnungen zusammen.

Auf Distanzen wird in Laufzeitschriften äußerst selten mit der allgemeinen Bezeichnung *Laufdistanz* (aL 06/03, 36) referiert, vielmehr sind Kombinationen mit dem semantischen Merkmal *Disziplin* anzutreffen:

Marathondistanz (Spir 06/03, 42), Halbmarathondistanz (LZ 03/03, 51), Ultra-Distanz (LM 08/01, 62), Walkingdistanz (Cond 11/01, 42)

Ausdrücke wie *Wettkampfkilometer* (LM 06/03, 21) oder *Rennkilometer* (Cond 05/02, 20) verweisen mit ihrem Grundlexem explizit auf eine klar definierte Maßeinheit; zusätzlich ist – den Kontexten zufolge – die Bedeutung auf den Wettkampfbereich eingegrenzt. Die Bezeichnungen *Laufmeter* (FfL 12/00, 11) und *Lauf-km* (Spir 07/03, 4) beschränken sich hingegen nicht nur auf den Wettkampfbereich, sondern sie werden auch außerhalb des Wettkampfkontexts für Längenangaben verwendet, wie aus den folgenden zwei Zitaten ersichtlich wird:

„Auf den letzten zwei Lauf-Kilometern vor dem Ziel am Rheinfall erlebte ich einen Endorphinschub, wie ich ihn in diesem Maß noch nie vorher hatte." (FfL 06/98, 73)

„Experte Reiter ist sich des Pferdefußes bewußt, das das ‚Fressen' von Laufkilometern für seine Sportart mit sich bringt [...]" (LM 04/97, 31)

Inhaltlich erweitert wird zumeist mittels zusätzlichen Lexemen für die jeweilige Disziplin: *Marathonmeter* (Cond 05/02, 21), *Marathonkilometer* (RW 09/00, 29), *Dauerlaufkilometer* (Spir 07/98, 50).

Zahlreiche Bestimmungswörter, welche zur Spezifizierung von Wertungsarten und Wertungsklassen gebraucht werden, benennen das Alter, das Geschlecht oder den Beruf der Läufer, während andere auf unterschiedlichste Besonderheiten der Läufer hinweisen:

Altersklassenwertung (LM 06/96, 17), Damenwertung (Spir 02/92, 34), Lady-Walker-Wertung (Run 06/02, 68), Veteranenwertung (Spir 11/93, 62), Familienwertung (LM 04/98, 41), Firmenwertung (LM 04/98, 41), Freundinnenwertung (LM 04/98, 41), Lehrerinnenwertung (LM 04/98, 41), Schülerinnenwertung (LM 04/98, 41), Eisenbahnerwertung (Spir 11/91, 11), Nudistenwertung (Spir 06/01, 2), heavy-runner-Wertung (VCM S01/02, 18)

Frauenklasse (Spir 06/90, 33), Herrl-Hund-Klasse (LM 04/02, 7), Mastersklasse (LM 04/02, 60), Nachwuchsklasse (LM 04/02, 60), Schülerklasse (LM 04/02, 60)

Wettkampfwertungen werden mehrheitlich über die zu bewältigende Distanz oder sonstige Merkmale definiert:

3,5 km-Wertung (LM 03/99, 15), 5 km-Wertung (LM 03/99, 15), 6,2 km Nike-Wertung (LM 04/98, 41), Tour-Wertung (Spir 06/90, 14), 1000-Punkte-Wertung (Spir 02/97, 4), Meisterschaftswertung (Spir 07/98, 17)

„Neben der Tour-Wertung gibt es noch eine extra Bergwertung, da bei einigen Etappen extra ‚Berglaufpunkte' vergeben werden." (Spir 06/90, 14)

Für zufriedenstellende Leistungen hält der Laufsport die allgemeinen Bezeichnungen *Lauferfolg* (FfL 10/98, 42) und *Laufsieg* (FfL 12/01, 20) bereit; die näher spezifizierten Ausdrücke *Marathonerfolg* (RW 09/00, 23) und *Marathonsieg* (VCM 06/02, 38) begegnen in Laufzeitschriften jedoch mit höherer Wahrscheinlichkeit (29 vs. 12 Belege). Auf die Leistungsorientiertheit von Laufsportlern deuten zahlreiche Komposita hin, deren Zweitkonstituente *-rekord* lautet. Die Palette an Benennungen reicht dabei vom allgemeinen *Laufweltrekord* (LZ 12/02, 3) bzw. *Lauf-Weltrekord* (FfL 7+8/00, 80) bis hin zu spezifizierten Wortschatzeinheiten, merkmalreichen Hyponymen: Die bevorzugte Disziplin, das verwendete Trainingsgerät, die Altersklasse oder die Distanz können für die Benennung ausschlaggebend sein:

„Dreimal lief Steve Cram einen Weltrekord (darunter mit 3:29,67 als erster Mensch die 1500 m unter 3:30), zweimal Said Aouita (1500 m und 5000 m), Ingrid Kristiansen legte die 10000 m als erste Frau unter 31 Minuten zurück, verlor den 5000-m-Weltrekord aber an Zola Budd […]" (FfL 7+8/00, 80)

„Wenige Monate später lief Katrin im Alter von 37 Jahren mit 2:24:35 h persönlichen Marathonrekord." (Cond 11/02, 7)

„Pröll fixierte noch am Vormittag des 17. Jänner in 7:57,23 Minuten in Wels einen Laufband-Weltrekord über 3.000 m." (LM 1+2/03, 37)

„So führt die WAVA[188] als M55-Weltrekord über 10000 m 32:46,5 min des Neuseeländers Ron Robertson, während Niemi als M55-Rekord Günter Mielkes 32:29,86 min, gelaufen 1997 in Frankfurt, führt." (Spir 06/00, 33)

„Sowohl Wagner als auch Puchner könnten aufgrund ihrer besonderen Klasse heuer einige nationale Mastersrekorde in Gefahr bringen." (LM 04/02, 60)

„[…] und Mary Slaney-Decker brachte den Meilen-Weltrekord in ihren Besitz." (FfL 7+8/00, 80)

Für die sprachliche Etikettierung von Preisen und Auszeichnungen wie diversen Abzeichen, Anstecknadeln, Diplomen, Urkunden, Pokalen u.v.m. sind folgende Vokabeln in Gebrauch:

Finishergeschenk (LM 11+12/02, 45), Swarovski-Finisherpreis (Run 09/02, 75), Laufabzeichen (Rup 03/99, 13), Lauf-Preisgelder (Spir 06/02, 6), Laufmedaille (LM 1+2/97, 4), Finisherdiplom (FfL 7+8/02, 16), Finishermedaille (Cond 06/01, 23)

Die inhaltlich erweiterten Bezeichnungen unterscheiden sich nach den Zusatzinformationen Disziplin, Altersklasse, Verein und Laufveranstaltung, s. u.:

Disziplin:
Berglauftitel (Run 09/03, 76)

Altersklasse:
Masterstitel (LM 04/02, 60)

Verein:
DLV-Laufabzeichen (Cond 1+2/02, 21), IGL-Jubiläumsnadel (Cond 1+2/02, 20)

Veranstaltung:
Hasenlaufdiplom (Cond 1+2/02, 24), Kenya-Lauf-Diplom (LZ 09/93, 19), Silvesterlaufurkunde (LZ 02/98, 5), Schwarzwald-Berglauf-Pokal (Spir 07/00, 52), Syltlauf-Medaille (LZ 03/95, 4)

---

188 WAVA: „World Association of Veteran Athletes".

Im Zusammenhang mit den Wettkampflexemen sind außerdem die Bezeichnungen für Wettkampfdisziplinen zu erwähnen – welche bereits in 5.1.1. charakterisiert wurden. Auch die längst mit der Sportsprache usuell gewordenen Wortschatzelemente für internationale Wettkämpfe gehören dem Themenbereich Wettkampf an; hier einige Beispiele für im Laufsport übliche Kompositionen:

Veteranen-WM (Spir 06/01, 33), Halbmarathon-WM (FfL 11/97, 22), Berglauf-WM (LM 1+2/96, 3), Crosslauf-WM (Spir 12/96, 74), Crossweltmeisterschaft (Spir 12/98, 6), Gehermeisterschaften (Spir 06/96, 38), Extrem-OL-Meisterschaften (Orientierungslauf; FfL 10/98, 16), Einzel-OL-Meisterschaften (FfL 10/98, 16), Straßenlaufmeisterschaften (LZ 04/03, 44), Berglauf-EM (LM 04/97, 40), Stadt-OL-Cup (FfL 12/01, 74), Berglauf-Grand-Prix (FfL 09/99, 43), Berglauf-World-Trophy (FfL 10/98, 16), Berglauf-Euro-Trophy (L 08/95, 8), Masters-Games (Cond 11/02, 25)

5.4.2. Bezeichnungen für Größen aus dem Trainingsbereich

Die Klasse der Bezeichnungen, die dem Bereich Training zugeordnet werden können, weist im Vergleich zu den bisher besprochenen Kategorien den größten Fachwortanteil auf (vgl. 9.). Aus dem Trainingsbereich stammen wenige allgemeine Lexeme, die bei der Bezeichnung der Trainingsart oder des Trainingsprogramms zur Anwendung gelangen (6 Belege): *Lauftraining* (LM 05/03, 18), *Laufprogramm* (LZ 7+8/02, 7).

Die Bezeichnung *Laufschule* (LM 04/98, 44) stellt insofern eine semantische Neuerung (Bedeutungserweiterung) dar, als diese lexikalische Einheit nicht auf eine Ausbildungsinstitution referiert, sondern vielmehr metonymisiert als Überbegriff für die Benennung einer Gesamtheit von Übungen zur Verbesserung der Laufkoordination bereitsteht.

„Hinzu kommt natürlich jede Menge Gymnastik und Laufschule." (LM 04/98, 44)

Um den Wortbestand für spezielle Trainingsarten hinsichtlich der Merkmale *zeitliche Abfolge* bzw. *Frequenz, Alter, Trainingsgerät, Disziplin* und *Ort* weiter auszubauen, wird eine Vielzahl an unterschiedlichen Bestimmungswörtern bemüht:

Zeitliche Abfolge bzw. Frequenz:
Intervalltraining (LZ 03/03, 32), Intervall-Trainingsmethode (RW S01/02, 121)

Alter:
Kinder-Lauftraining (Spir 05/92, 71), Erwachsenen-Lauftraining (LZ 11/03, 23)

Trainingsgerät:
Laufbandtraining (FfL 12/00, 52), Baby-Jogger-Training (Spir 04/99, 36)

Disziplin:
Marathon-Training (LM 08/01, 52), Walkingtraining (aL 01/02, 51), Berglauftraining (FfL 06/98, 27), Crosslauf-Training (LZ 05/03, 49)

Ort:
Berg-Training (Run 10/02, 85), Hügeltraining (RW 09/03, 27)

Das Kompositum *Fahrtspiel* (RW S01/02, 121) wird im Laufsport verwendet, wenn auf eine „Intervalltrainingsmethode, die in Schweden entwickelt wurde"[189], Bezug genommen wird:

„Es bedeutet: Spiel mit der Fahrt, dem Tempo. Das Fahrtspiel ist ein Lauf mit wechselndem Tempo über verschieden lange Teilstücke." (RW S01/02, 121)

Die Ausdrücke für eine Reihe von Läufen und Laufarten, welche ausschließlich im Trainingskontext aufscheinen, sind ebenfalls dieser Benennungsgruppe zuzurechnen – sie blieben in 5.1. ausgespart:

Trainingslauf (Rup 02/99, 17), Trainingsläufchen (Spir 11/91, 30), Hopserlauf (L 03/95, 53), Hügellauf (FfL 12/99, 81), Regenerationslauf (LM 04/98, 18), Sprunglauf (RW 03/00, 10), Steigerungslauf (Run S02/03, 42), Tempodauerlauf (LZ 03/03, 32), Tempolauf (Spir 02/02, 12) bzw. TL (aL 01/02, 15), Trail (Run 10/03, 84), Trailrunning (RW 02/01, 33), traillaufen (RW 02/01, 33)

---

189 RW S01/02, 121.

Zur Bezeichnung verschiedener Laufprogramme wird das Grundwort zum Beispiel in Hinsicht auf die Intensität, die Umgebung oder die Disziplin mit semantischen Zusatzinformationen angereichert:

Tempolaufprogramm (RW 04/03, 3), Frischluftlaufprogramm (RW S01/03, 26), Stadtlaufprogramm (RW 01/03, 102), Walking-Programm (Cond 05/02, 37).

Innerhalb der Lexeme, die spezielle Tests erwähnen, sind die Bezeichnungen *TMS-Test* (RW 11/02, 32), *Conconi-Test* (RW 11/02, 32), *Laktattest* (Run S02/03, 42) bzw. *Lauf-Laktattest* (LM 11+12/02, 31) geläufig:

„Der Conconi-Test und der TMS-Test unterscheiden sich nicht nur durch das Protokoll der Testdurchführung (Conconi-Test: fixe Stufendistanz von 200 m, kürzere Stufendauer, kleinere Steigerungsschritte, Messung der Herzfrequenz), sondern auch dadurch, was sie ermitteln wollen." (RW 11/02, 32)

Eine Übersicht über andere mehrfach verwendete Grundlexeme aus dem Themenkreis Training und deren ausgeprägten Variantenreichtum gibt die unten stehende Tabelle 15:

Grundlexem	Konkrete Beispiele
-phase (14)	*Laufphase* (LZ 04/99, 13), *Abstoßphase* (Spir 06/95, 17), *Landephase* (Spir 06/95, 16), *Standphase* (Spir 06/95, 16), *Flugphase* (VCM 03/99, 15), *Auslaufphase* (LZ 04/00, 28), *Flachphase* (LZ 03/93, 12), *Beschleunigungsphase* (Run 10/02, 38), *Cross-Phase* (LM 1+2/96, 63), *Einlaufphase* (Cond 04/02, 38)
-schritt (12)	*Laufschritt* (FfL 11/97, 40), *3:20-er-Schritt* (LM 09/02, 12), *Dauerlaufschlappschritt* (Spir 02/95, 41), *Doppelschritt* (LZ 08/90, 26), *Trippelschritt* (RW 11/02, 94)
-tempo (10)	*Lauftempo* (RW 01/99, 27), *Affenspeed* (RW 12/02, 94), *Rückwärtslauftempo* (RW 03/03, 69), *Schwellentempo* (RW 03/00, 27), *Trabtempo* (RW 11/02, 32), *Tratschtempo* (LM 03/99, 13), *Laufbandtempo* (RW 12/00, 16), *TMS-Tempo* (RW 11/02, 32)
-variante (6)	*Laufvariante* (RW 06/01, 19), *Tempolaufvariante* (RW 04/03, 3), *Walking-Variante* (Cond 09/02, 26), *Fahrtspiel-Variante* (RW 04/03, 30)
-technik (5)	*Lauftechnik* (VCM 06/00, 14), *Walking-Technik* (RW S01/03, 5), *Grund-Technik* (Run 10/02, 38), *Kniehub-Technik* (Run 10/02, 38)
-stil (5)	*Bergablaufstil* (RW 12/02, 16), *Jogging-Stil* (Spir 09/93, 27), *Lauf-Geh-Stil* (LZ 04/00, 36), *Rückfußlaufstil* (Run 07/02, 36)

Tabelle 15: Beispiele für Bezeichnungen aus dem Bereich Training

Vereinzelt anzutreffende Lexeme fachsprachlicher Art vervollständigen das Spektrum der trainingsspezifischen Bezeichnungen; dazu zählen beispielsweise:

Carbo-Loading
„‚Carbo-Loading' nennt man im Fachjargon die Aufnahme und Speicherung von Kohlenhydraten im Körper, die seit jeher als wichtiger Bestandteil der Vorbereitung auf lange Trainingsläufe oder Wettkämpfe gilt." (RW 02/03, 22)

REKOM
„Darunter kennt die Theorie einen weiteren Trainingsbereich: REKOM. Hinter diesem Kürzel verbirgt sich die Abkürzung der Wörter ‚Regeneration' und ‚Kompensation'." (Run 11/02, 11)

Joggerstretch

"Joggerstretch: Aus der Tiefstartposition der Sprinter (Hände 10-20 cm vor dem vorderen Fuß) werden beide Beine langsam gestreckt, das Gesäß aufgerichtet, die Hände bleiben auf dem Boden." (LZ 06/01, 23)

Skippings

"Von Athleten auf der ganzen Welt werden diese Übungen (Skippings, Hopserlauf, Steigerungsläufe, Anfersen …) durchgeführt. Die Übungen lassen sich gut ins Aufwärmprogramm integrieren, z. B. ein- bis zweimal pro Woche." (VCM 03/01, 18)

5.5. Bezeichnungen für Kleidungsstücke und Ausrüstungsgegenstände

"*Laufen als Wirtschaftsfaktor.* Dies belegen auch die Zahlen der Industrie. Die großen Sportartikelhersteller, von Adidas und Asics über Nike bis Puma oder Reebok, setzen das Thema Running ganz oben auf ihre Prioritätenliste. Hier wurden zuletzt, im Gegensatz zu anderen Sparten, Gewinne erzielt. Auf der ISPO, der größten Sportartikelmesse der Welt, wird seit dem Sommer 2002 dem Thema Running eine eigene Ausstellungshalle gewidmet […]. Ein Ende des Trends ist nicht abzusehen; wir gehen davon aus, dass wir erst am Anfang einer stabilen Entwicklung stehen."[190]

Dieser positive Trend – die zunehmende Spezialisierung der Sportartikel – manifestiert sich auch in einem dementsprechend großen Nominationsbedürfnis.

5.5.1. Bezeichnungen für Kleidungsstücke

Zur allgemeinen Benennung der Lauf-Bekleidung existieren unter anderem folgende Wortschatzelemente:

Laufbekleidung (VCM 06/00, 28), Runningbekleidung (VCM 05/02, 30), Lauf-Dress (L 01/96, 44), Renndress (RW 07/03, 39), Läuferinnendress (RW 08/03, 86), Laufgewand (LM 1+2/03, 10), Laufklamotten (Rup 02/02, 9), Laufwäsche (VCM 06/00, 29)

---

190 *Runner's World* 2003, 25.

Des Weiteren werden aber auch die Bezeichnungen *Laufmode* (VCM 03/00, 54), *Laufoutfit* (RW 02/03, 21), *Running-Outfit* (RW 05/02, 10), *Läuferlook* (LZ 04/92) geprägt, wenn auf einen speziellen Mode-Trend Bezug genommen wird.

Eine Reihe von Lexemen modifiziert die verschiedenen Grundwörter mittels Bestimmungswörtern, welche das Geschlecht des Kleidungsträgers oder die Funktionalität der Kleidung – entsprechend der Jahreszeit – implizieren: *Frauenlaufbekleidung* (Cond 10/02, 19), *Winterlaufbekleidung* (LM 1+2/96, 8), *Sommerlaufmode* (VCM 03/01, 23).

Ausdrücke wie *Laufanzug* (Spir 10/94, 52), *Laufkollektion* (LM 08/01, 64), *Laufgarnitur* (RW 02/03, 27) oder *Lauf-Kombi* (Rup 02/98, 5) benennen eine „komplette" Laufausstattung. Die längst über die Sportsprache hinaus bekannte Bezeichnung *Jogginganzug* scheint im Zusammenhang mit dem Laufsport aus der Mode zu kommen (lediglich 2 Belege sind vorhanden). Einen plausiblen Grund dafür führt Wessinghage[191] an:

„Eigentlich hat er als Trainingskleidung weitgehend ausgedient, da Kombinationen aus leichter Windjacke und Tights angenehmer zu tragen sind."[192]

Was die Lauf-Oberbekleidung – unter *Lauf-Oberteile* (Run 06/02, 59) bekannt – betrifft, so werden zur Benennung für ein „leichtes, meist nicht durchgeknöpftes, sondern über den Kopf zu ziehendes, häufig kurzärmeliges Bekleidungsstück für den Oberkörper […]"[193] durchwegs aus dem Englischen übernommene Grundwörter in Betracht gezogen (11 Belege): *Lauf-Shirt* (Run 07/03, 12) bzw. *Laufshirt* (Rup 02/99, 3), *Lauf-T-Shirt* (Spir 04/99, 36). Der deutsche Ausdruck *Laufhemd* (Run S02/02, 113) wird mit geringer Präsenz bedeutungsgleich verwendet. Unter *Lauf-Singlet* (Run 06/02, 60), auch kurz *Singlet* (RW 09/00, 46), wird im Laufsport ein Bekleidungsstück mit folgenden Eigenschaften verstanden:

---

191 Wessinghage, Thomas (2003): Laufen. Alles über Ausrüstung, Technik, Training, Ernährung und Laufmedizin.
192 Wessinghage 2003, 28.
193 ANGL-WB.

„Auch bei den heute als ‚Singlets' bezeichneten ärmellosen Laufhemdchen haben Materialien wie CoolMax die traditionelle Baumwolle verdrängt. Für Frauen sind die oft etwas transparenten Hemden mit undurchsichtigem Bruststreifen und geringfügig engerem Halsausschnitt erhältlich."[194]

„Das Lauf-Singlet wird vor allem im Hochsommer und bei Wettkämpfen getragen." (Run 06/02, 60)

Die Bezeichnung *Lauftop* tritt in manchen Kontexten als Synonym zu *Singlet* auf.

„Ich finde den Brustgurt sehr störend, denn wenn ich schwitze, verrutscht er, oder ich muss ein Lauftop anziehen, um den Brustgurt darunter zu klemmen." (RW 11/02, 22)

Zur Bezeichnung der Lauf-Unterbekleidung sind ebenfalls Komposita gebräuchlich, die sich mit ihren Zweitgliedern an englische Lexeme anlehnen, oder aber Wortbildungen, deren Elemente gänzlich aus dem angloamerikanischen Raum stammen: *Laufshorts* (Rup 02/99, 10) bzw. *Running-Shorts* (RW 07/03, 39).

„Ein obligatorisches Kleidungsstück für Läufer stellen die im Läuferjargon Shorts oder Running-Shorts genannten kurzen Laufhosen dar."[195]

Für „eng anliegende Hosen in unterschiedlichen Längen aus einem extrem leichten und elastischen Kunststoffmaterial"[196] wurde der englische Ausdruck *Tight* [197] (RW 01/03, 4) in Form und Bedeutung übernommen, aber in seinem Referenzbereich auf den Laufsport eingeschränkt: Lauftight (RW 11/02, 37), *Lauf-Tight* (LZ 11/02, 36). Der deutsche Ausdruck *Laufhose* (LZ 7+8/02, 60) tritt hingegen selten als Synonym auf, um auf ein „Kleidungsstück, das den Körper von der Taille an abwärts und jedes der Beine ganz oder teilweise bedeckt"[198], zu verweisen.

---

194 Wessinghage 2003, 28.
195 Wessinghage 2003, 27.
196 Wessinghage 2003, 27.
197 *tight* (engl.): ‚Strumpfhose'.
198 DUD-GW.

"Populär gemacht wurden Tights in Europa durch internationale Topathleten/innen, die sie – als Hosen oder ganze Anzüge – sogar mit Erfolg in Sprintwettkämpfen getragen haben."[199]

Angesichts der ständig fortschreitenden Ausdifferenzierung am Laufschuhmarkt existiert eine Vielzahl verschiedener Ausdrücke für das wichtigste „Werkzeug" des Läufers – den Laufschuh.

„So erstreckt sich die Bandbreite der angebotenen Produkte von funktioneller aber auch modischer Kleidung aus völlig neuen Materialien, bis hin zu Schuhkonzepten, die individuell an den Fuß des Läufers angepasst werden."[200]

Die Ausdrücke *Laufschuh* (7 Belege), *Runningschuh* (3) und *Rennschuh* (1) referieren im Allgemeinen auf einen für Läufer bedeutsamen Schuh. Neben den Ausdrücken *Laufsandale* (RW 04/03, 11) und *Lauf-Schneeschuh* (FfL 12/01, 62) finden sich nur selten Grundwörter, die etwa eine bestimmte Schuhart hervorheben. Das englische Lehnwort *Spike* bzw. im Plural *Spikes* erhält einen Sonderstatus, indem es im Laufsport gleich zweierlei relevante Bedeutungen besitzt:

„*Spike*: ‚Dorn, langer Nagel':
1. a) spitzer Dorn aus Metall an der Sohle von Laufschuhen zur Verbesserung der Rutschfestigkeit (Leichtathletik); 2. (meist Plur.) rutschfester Laufschuh mit Spikes […]." (DUD-FW)

Die ältere Bedeutung ‚Dorn, langer Nagel' erfuhr durch die Leichtathletik eine metonymische Bedeutungserweiterung: Vom Teilelement ‚Nagel' wurde im Laufe der Zeit auf eine eigene Laufschuhart geschlossen. Um Verständnisschwierigkeiten vorzubeugen, findet sich in Laufzeitschriften gerade aus diesem Grund oftmals die – zur ersten Bedeutung – synonyme Bezeichnung *Dornen* (LM 1+2/03, 10), wenn vom Teilelement dieses speziellen Schuhs die Rede ist. Je nach dem Verwendungszweck und den individuellen Wünschen des Laufschuhträgers setzen sich Laufschuhe aus ganz speziellen Elementen zusammen. Zur allgemeinen Bezeichnung eines der wichtigsten Teilelemente, der Sohle, gelangen die Lexeme *Laufschuhsohle* (FfL 12/00, 81) bzw. ökonomiebedingt *Laufsohle* (Spir 06/03, 28) zur Anwendung. Daneben werden unter Zuhilfenahme näherer Bestimmungen

---
199 Wessinghage 2003, 28.
200 *Runner's World* 2003, 27.

hoch spezialisierte Laufschuhelemente versprachlicht, z. B. *Air-Kissen* (Rup 04/98, 35), *Bugrip-Sohle* (Run 10/02, 18), *EVA-Dämpfung* (Run 10/02, 18), *Flexkerben* (RW S01/03, 30).

„Wenn Läufer fachsimpeln, ist der Schuh das Hauptthema. Stundenlang lässt sich über Dämpfung, Führung, Stabilisatoren, Abrieb oder Flexion reden. Das, was im Schuh steckt und noch dichter am Fuß sitzt, wird dabei meist vergessen: die Socke." (LZ 7+8/04, 25)

Nicht nur der Schuh, sondern auch die Socke, der Handschuh und die Mütze stellen für den Laufsportler bedeutende Bekleidungsstücke dar. Für sie wurden beispielsweise die Bezeichnungen *Läuferhandschuhe* (VCM 06/00, 28), *Laufhandschuhe* (Run S02/02, 92), *Lauffäustel* (Run 02/03, 46), *Laufsocken* (Cond 05/03, 19), *Jogger-Mütze* (LZ 04/92, 34) oder *Laufmütze* (RW 11/02, 38) geprägt.

Zum Zwecke der Spezifizierung der Läuferkleidung – wie der Ober-, Unterbekleidung oder etwa der Schuhe – sind allerlei Zusätze präsent. Sie verweisen beispielsweise auf den Kleidungsträger, auf die Laufdisziplin, die jeweilige Jahreszeit, den Einsatzbereich, das Material, liefern Informationen über Länge/Größe/Gewicht oder geben Aufschluss über ganz spezielle Qualitätsmerkmale.

Kleidungsträger:
Jogger-Mützen (LZ 04/92, 34), Sprinterhöschen (RW 06/01, 71), Sprintershorts (RW 06/03, 59), Damen-Laufschuhe (Cond 04/03, 8), Männer-Laufschuhe (RW 05/02, 36), Einsteiger-Modelle (Rup 02/98, 32)

Disziplin:
Frauenlauf-T-Shirt (LM 04/98, 41), Marathonsocken (RW 01/03, 19), Cross-Spike (Spir 02/01, 21), Langstrecken-Spike (Spir 02/01, 21), Traillatschen (RW 08/03, 49), Trailrunning-Schuhe (Run 01/03, 46), Walkingschuhe (Run 01/03, 43)

Jahreszeit:
Wintertight (VCM 04/99, 31), Winterlaufschuh (VCM 06/03, 23), Sommerlaufmode (VCM 03/01, 23)

Einsatzbereich:

City-Walkingschuhe (LM 09/02, 26), Gelände-Laufschuh (RW 05/01, 11), Offroad-Walkingschuhe (LM 09/02, 26), Allroundschuh (RW S01/03, 33), Allround-Spikes (Spir 06/90, 70)

Material:

Funktionsklamotten (RW 05/01, 55), Funktions-Laufshirt (Cond 10/02, 15), Funktionslaufsocken (RW 12/02, 91), Funktions-Laufschuhe (FfL 12/00, 70), Thermo-Tight (VCM 04/99, 28), Baumwoll-Jogginganzug (RW 02/99, 8)

Länge, Größe, Gewicht:

Langarm-Laufshirt (RW 09/03, 48), Langarmlauftrikot (Run 02/03, 67), Langtight (RW 09/03, 48), Longtight (VCM 04/99, 29), Miniflatterhöslein (RW 09/00, 46), 200-g-Wettkampfflitzer (LM 06/98, 45)

Qualität/Komfort/besondere Eigenschaften:

High-Tech-Crossschuh (Rup 01/01, 7), High-Tech-Straßenlaufschuh (Spir 06/90, 70), Komfort-Laufschuh (LM 04/98, 57), Top-Runningschuh (LM 04/92, 61), Selbstlaufschuhe (RW 07/02, 40), Überflieger-Laufschuh (Rup 02/99, 4), Neutralschuhe (Rup 02/99, 32), New Balance-Laufschuh (LM 09/02, 26)

5.5.2. Bezeichnungen für Ausrüstungsgegenstände und Accessoires

Auf die Gesamtheit der Ausrüstungsgegenstände wird vorwiegend mit den allgemeinen Ausdrücken *Laufutensilien* (LZ 7+8/02, 54), *Laufausrüstung* (Rup 01/02, 6) oder *Laufbeiwerk* (LZ 04/92, 6) verwiesen. Für die Flut der auf dem Laufmarkt erhältlichen Ausrüstungsartikel existieren vielseitige Ausdrucksvarianten, aber am häufigsten anzutreffen sind:

Läuferbeutel (Spir 06/95, 28), Laufbeutel (Run 06/02, 83), Lauftasche (RW 01/03, 66), Jogger-Tasche (LZ 04/92, 34), Läuferbrillen (RW 06/03, 38), Laufbrille (FfL 12/01, 40), Jogging-Flasche (LZ 02/96, 34)

Für gefragte Trainingsgerätschaften sind folgende Wörter am häufigsten in Gebrauch: *Laufband* (RW 12/00, 16), *Laufuhr* (RW 02/99, 16), *Pulsuhr* (Rup 02/99, 3), *Schrittzähler* (RW 07/03, 35),

Trinksystem (LM 09/02, 15) und nicht zu vergessen die Bezeichnung für ein viel versprechendes, mit dem Laufsport untrennbar verbundenes Trainingsgerät:

„AquaJogger – so nennt sich ein neues Trainingsgerät, das aus den USA importiert wurde. Das aus Schaumgummi bestehende und in etwa der Größe eines Nierengurtes entsprechende Gerät erzeugt einen geringen Auftrieb im Wasser. Dieser bewirkt, dass der Kopf noch aus dem Wasser schaut und der Körper eine senkrechte Haltung einnehmen kann. Die Schwerkraft ist neutralisiert und ermöglicht ein Laufen im tiefen Wasser. Vorteil: Es entfällt der Aufprallschock sowie die enormen Belastungen für Sehnen und Gelenke, die beim Laufen an Land entstehen. Der Athlet kann dadurch selbst im verletzten Zustand weitertrainieren." (Spir 06/91, 24)

Interessant ist, dass das Lexem *Aquajogger* in keinem Kontext die doch naheliegende Bedeutung ‚jemand, der im Wasser Jogging betreibt' erhält. Beim Kompositum *Baby-Jogger* kommen hingegen sehr wohl Zweifel auf, ob diese Bezeichnung für ein Trainingsgerät zulässig und von pragmatischem Nutzen ist.

„Längst gehört er zum Stadt- und Laufbild – der Laufkinderwagen oder Baby-Jogger. [...]. Das Original von 1984, der Baby-Jogger, hat Konkurrenz bekommen und deshalb fragt man sich, ob der Gattungsbegriff ‚Jogger' stimmig ist. Laufkinderwagen wäre die deutsche Umschreibung, die vor Langeweile geradezu strotzt. Und beim Plural ist der angestaubte Begriff ganz außen vor. Laufkinderwagen oder Laufkinderwägen? Der Duden erlaubt beides, etwas antiquiert hören sich beide auch an. Buggy? Das ist streng genommen das, was das moderne Sportgerät ersetzen will. ‚Stroller' heißt es im Fachjargon. Doch ob dieser amerikanische Begriff hierzulande verstanden wird? Und eigentlich wollen wir ihn ja zum Laufen und nicht zum Spazieren gehen. Ich bleibe dabei, es ist einfach ein Jogger... ." (Run S03/03, 49)

Dem gesteigerten Bedürfnis nach Ausdrucksvariation entspringen unter anderem die Prägungen:

Jogging-Speedometer (RW 10/02, 12), Spikeschlüssel (LM 1+2/03, 10), Speed-and-Distance-Uhr (VCM 01/03, 33), Anti-Fog-Gläser (Run 07/02, 29), Trinkgurt-Systeme (LM 09/02, 15), Orientierungslaufkompaß (Spir 11/93, 67), High-tech-Laufbänder (RW S01/02, 12)

„[...] oder durch das Tragen eines so genannten Lung Plus (Mundstück mit Alulamellen) - erreicht werden." (VCM 01/03, 23)

„Der sogenannte Transponder ist in der Startnummer integriert." (Rup 01/02, 17)

5.6. Sonstige Bezeichnungen aus dem Laufsport

596 Stichwörter (ca. 14 %) beziehen sich aus inhaltlicher Sicht auf das „Rundum" des Laufsports. Sie lassen sich größtenteils sieben semantischen Kategorien zuordnen: Exklusivität/Faszination, Produkte/Angebote, Zeit, Gebiete/Schauplätze, Institutionen/ Gebäude, Aktivitäten/Ereignisse, menschliche Gefühle. Die anteilsmäßige Aufteilung des Vokabulars auf die jeweiligen Bezeichnungsklassen gestaltet sich dabei wie folgt (siehe Abbildung 18):

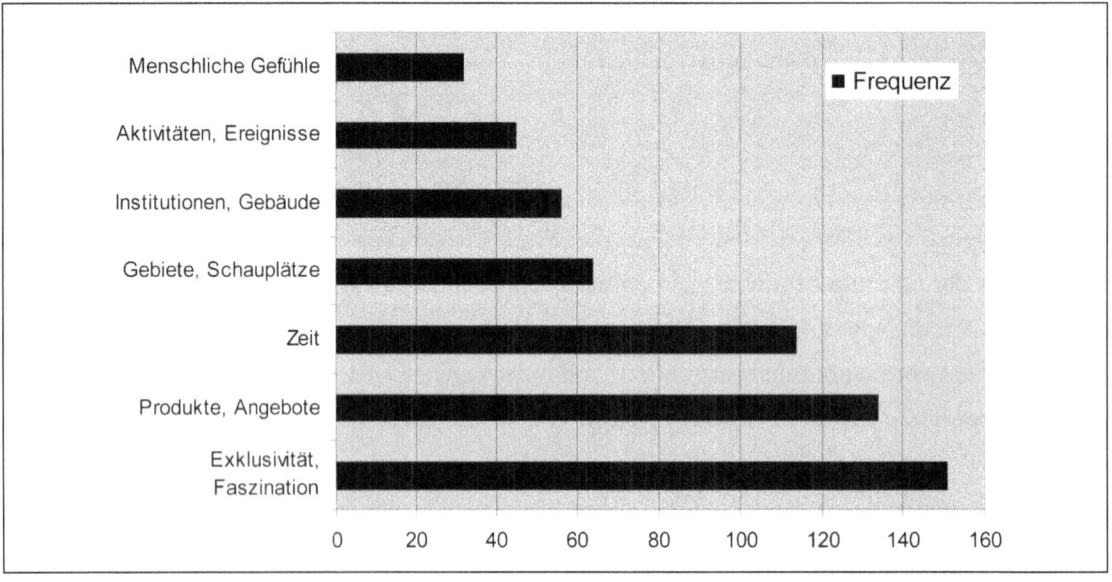

Abbildung 18: Frequenzen sonstiger Bezeichnungsklassen (gesamt: 596 Stw.)

Wie aus der Abbildung eindeutig hervorgeht, verwenden Redakteure von Laufzeitschriften auffällig viele Bezeichnungen zur Betonung der Exklusivität des Laufsports, für Produkte des Laufsektors oder zur temporalen Markierung.

Es ist die Exklusivität, die Faszination am Laufsport, die vermittelt werden soll: Es besteht die Notwendigkeit, immer wieder neu und originell zu präsentieren, um mit der steigenden Popularität – *Running-Eventisierung* (LZ 7+8/02, 3) – verbal mithalten zu können. Betont wird unter anderem der Aufschwung des Laufsports, das mit dem Laufen verbundene Erlebnis bzw. Abenteuer, der kulturelle Wert des Laufens:

Laufboom (RW 04/00, 62), Running-Boom (Run 11/02, 45), Laufwelle (RW 01/03, 33), Joggingwelle (L 08/95, 25), Lauf-Revolution (L 01/96, 32), Marathon-Rekordentwicklung (LZ 12/99, 43), Laufsporttrend (Rup 02/02, 3), OL-Aufschwung (FfL 7+8, 56), Marathonzuwächse (Rup 03/02, 14)

Laufflair (VCM 04/99, 70), Laufzauber (L 01/96, 53), Marathonambiente (LM 04/98, 17), Entspannungslauf-Atmosphäre (RW 12/02, 78), Laufabenteuer (RW 04/00, 31), Lauf-Erlebnis (FfL 12/01, 80)

Marathonzeremonie (RW 01/03, 78), Läufertradition (Spir 02/92, 33), Laufritual (LZ 10/02, 28), Laufkultur (RW 12/00, 74)

Zahlreiche Produkte und die neuesten Erfindungen – *Laufwaren* (RW 07/02, 72), *Laufandenken* (LZ 08/90, 14), *Laufgeschenke* (VCM 06/02, 30) – erwecken unter anderem mittels folgender Bezeichnungen Interesse. Recht häufig benannte Produktgruppen sind:

Literarische Gattungen, kommunikative Ausdrucksweisen, Spiele:
Lauf-Broschüre (LM 1+2/97, 76), Läufer-Bibel (LM 04/00, 11), Läuferzeitschrift (Run 02/03, 22), Laufheftchen (RW 05/01, 56), Lauf-Literatur (LZ 10/95, 27), Laufmagazin (Run S02/02, 43), Laufreisebuch (Run 11/02, 16), Marathon-Bilder-Lesebuch (LZ 05/97, 17), Marathon-Poesie (Rup 02/02, 7), Marathonzeitung (LZ 10/98, 34), Lauf-Kalender (LZ 04/99, 8), Lauftreff-Homepage (RW 01/99, 77), Marathon-News (aL 05/03, 49), Marathonspiel (Spir 05/92, 66), Läufer-Tombola (LM 1+2/03, 31), Laufquiz (LZ 7+8/92, 12)

Reisen:
Läuferreisen (FfL 10/98, 79), Laufurlaubsreisen (RW 05/03, 59), Marathon-Reise (Rup 02/02, 2), Laufurlaub (RW 05/02, 30), Lauf-Ausflug (LZ 09/93, 13), Lauftourismus (RW 01/03, 63)

Lebensmittel:
Joggingbrot (LZ 10/03, 48), Lauf-Cocktail (RW S01/03, 20), Läuferdrinks (Cond 1+2/03, 15), Läufergetränk (LZ 06/02, 45), Läufersekt (RW 10/02, 67), Laufkuchen (Run 10/02, 47), Marathonpils (RW 09/00, 46), Marathon-Saft (Spir 11/91, 38), Marathon-Wein (Spir 04/99, 4), Ziel-Pfannkuchen (LZ 02/98, 36)

Musik/Rundfunk:
Finnenbahnlied (Spir 12/98, 60), Frauenlauf-Song-CD (FfL 03/03, 19), Laufmusik (RW 02/03, 45), Marathon-Rock (RW 05/01, 53), Silvesterlaufsong (LM 1+2/02, 52), Marathon-Radio (VCM 03/01, 40)

Sonderangebote erhalten ebenfalls angemessene sprachliche Etiketten:

Anfängerlauflehrgang (LZ 04/99, 22), Marathonsymposium (LM 11+12/02, 44), Laufseminar (RW 05/01, 58), Nordic-Walking-Schnupperkurs (Run 01/03, 50), Läuferbrunch (VCM 04/03, 78), Läuferbuffet (LM 06/96, 34), Läufermenü (LM 09/02, 32), Lauffrühstück (LM 04/02, 8), Marathondinner (Rup 02/02, 5)

Ein überaus faszinierendes Thema stellt für den Laufsport die Zeit dar – ihre wortspielerische Vereinnahmung zeigt sich gerade in Benennungen für verschiedene Zeitabschnitte und Zeitpunkte, aber auch in Ausdrücken, welche die Geschichte, die nahe oder ferne Zukunft oder zeitlich verankerte Termine, Ereignisse hervorheben:

Geschichte, Epoche, Zukunft, Termine, Ereignisse:
Läufer-Geschichte (RW 04/03, 59), Laufgeschichte (LZ 06/91, 10), Lauftermin (RW 02/01, 71), Läuferzukunft (LM 04/97, 28), Laufweihnacht (VCM 06/02, 28), Marathonepoche (Cond 11/02, 11), Läufergeburtstag (Spir 06/02, 2), Marathongeburtstag (Spir 06/91, 14), Marathonjahrhundert (LZ 10/98, 11)

Saison, Zeit:
Lauf-Hochsaison (VCM 05/03, 41), Laufsaison (Run S01/03, 4), Läuferzeiten (LZ 12/94, 34), Laufzeit (FfL 7+8/00, 10), Lauf-Jahr (LM 04/02, 9), Lauffrühling (VCM 01/03, 5), Lauf-Sommer (LM 08/01, 5), Marathon-Herbst (VCM 04/03, 80), Laufwinter (Cond 11/02, 10), Läuferwochenende (LZ 01/03, 18), Laufwoche (FfL 11/01, 14), Sommerlaufwoche (Run 02/03, 50), Winterlaufwoche (Run 02/03, 50), Laufmonat (LZ 03/93, 22), Lauftag (LM 04/92, 17), Laufsonntag (Cond 04/02, 17), Laufabend (Rup 03/01, 20), Marathon-Nacht (Run 07/03, 74), Rennmorgen (RW 06/01, 36), Laufstunde (LM 06/98, 41), Laufminute (RW 02/99, 26)

Allerlei Bezeichnungen werten mit Hilfe von metaphorischen Konstituenten Orte, Gebiete und verschiedenste Arten von Strecken auf – schließlich sind sie die lokalen Träger mannigfacher Laufevents:

Orte, Gebiete (teils aufwertend):
Lauf-Mekka (Rup 01/01, 14), Läufermekka (FfL 06/02, 30), Laufeldorado (LM 1+2/02, 52), Läuferhochburg (VCM 07/03, 60), Läuferparadies (Spir 06/95, 14), Laufmetropole (FfL 03/03, 51), Läuferhimmel (Spir 07/94, 30), Runners-Heaven (Rup 04/02, 13), Läuferdorf (LZ 04/99, 10), Marathondorf (LZ 06/94, 27), Laufstadt (LM 1+2/96, 63), Marathon-City (Cond 11/02, 26), Marathon-Hauptstadt (LZ 05/97, 17), Laufland (LZ 04/99, 5), Laufheimat (RW 07/02, 66), Laufgebiet (VCM 01/02, 22), Laufgelände (RW 07/01, 80), Laufregion (LZ 03/95, 31), Laufrevier (RW 09/00, 80), Laufhügel (LM 1+2/03, 20), Marathonschauplätze (Run 07/02, 86)

Bei den Streckenbezeichnungen sind meist die Grundwörter *-strecke*, *-passage*, *-kurs*, *-tour*, *-runde*, *-weg*, *-pfad*, *-etappe*, *-schleife* und *-meile* in Verwendung. Tab. 16 gibt Beispiele für die verschiedenartigen Ausdrucksvarianten:

Grundlexem	Beispiele
-strecke (11)	*Laufstrecke* (LZ 01/03, 11), *Paradies-Laufstrecke* (VCM 01/03, 14), *Bolzerstrecke* (LM 11+12/01, 33), *Masterstrecke* (LM 04/02, 60), *Ölspurlaufstrecke* (LM 08/02, 46), *Kraxlerstrecke* (FfL 09/99, 42)
-passage (7)	*Laufpassage* (RW 01/99, 27), *Bergabpassage* (RW S01/02, 8), *Gotthard-Passage* (RW 04/00, 81), *Matschpassage* (Run 10/03, 85)
-kurs (7)	*Laufkurs* (Spir 03/90, 51), *21,1-Kilometerkurs* (Rup 02/98, 20), *Fünf-Finger-Kurs* (Spir 12/96, 60), *Bergauf-Bergab-Kurs* (LM 08/02, 5)
-tour (6)	*Lauf-Tour* (LZ 03/95, 6), *Benefiz-Lauftour* (Rup 04/02, 28), *Pharaonen-Lauftour* (LZ 09/02, 59)
-runde (6)	*Laufrunde* (RW 02/03, 43), *Halbmarathonrunde* (Run S01/03, 41), *Auftaktrunde* (Cond 10/02, 62), *Montagslaufrunde* (LM 11+12/02, 36)
-weg (6)	*Laufweg* (LM 1+2/03, 13), *Läufer-Fußweg* (Spir 06/90, 66), *Marathonweg* (VCM 03/00, 18)
-pfad (5)	*Laufpfad* (RW 11/02, 97), *Waldlaufpfad* (RW 11/02, 100)
-etappe (5)	*Königsetappe* (Spir 06/01, 25), *Rotkäppchen-Etappe* (Spir 05/92, 66), *Schneewittchen-Etappe* (Cond 05/02, 22)
-schleife (4)	*Laufschleife* (RW 09/00, 41), *1300-Meter-Schleife* (L 06/03, 14), *Marathonschleife* (Cond 05/02, 20)
-meile (3)	*Lustmeile* (LZ 11/02, 44), *Waikiki-Meile* (Spir 02/97, 46)

Tabelle 16: Beispiele für Streckenbezeichnungen

Viele Gebäude bzw. Gebäudeeinrichtungen und einige Institutionen wurden anlässlich der steigenden Popularität des Laufsports neu gegründet oder mit neuen, attraktiven Bewertungen versehen – dementsprechend müssen sie auch benannt werden.

Gebäude(-einrichtungen), Institutionen:
Marathon-Kollosseum (LZ 11/00, 12), Läuferbibliothek (LM 08/01, 65), Läuferhotel (Spir 12/98, 20), Laufhalle (LZ 02/96, 28), Laufbüro (LZ 06/01, 30), Läufer-Geschäft (LZ 03/93, 34), Läufermarkt (Rup 01/03, 25), Laufladen (Rup 03/01, 34), Lauf-Shop (LZ 09/97, 19), Laufkompetenzzentrum (LM 03/03, 20), Laufsportzentrum (FfL 06/02, 31), Lauftherapiezentrum (LZ 06/03, 36), Läufercamp (LZ 06/02, 12), Laufhort (LZ 06/91, 22), Läuferbus (Spir 06/97, 28)

Für einmalige Laufereignisse und nahezu feierliche Aktivitäten herrscht in ebensolchem Maße Benennungsbedarf, wie einige Beispiele zeigen:

Laufaktivitäten (VCM 03/99, 4), Laufsportanlass (L 02/96, 8), Laufaktion (VCM 03/99, 4), Laufgeschehen (LM 03/99, 22)

Laufmesse (Rup 04/02, 24), Lauf-Show (VCM 04/03, 78), Marathon-EXPO (Messeveranstaltung; VCM 03/02, 39), Laufexpo (LM 1+2/02, 39), Running-ispo (Internationale Sportartikelmesse; RW 04/03, 10), Läufer-Weihnachtsfest (RW 12/02, 87), Laufdemonstration (Cond 04/02, 48), Marathonsingen (VCM 05/02, 44), Marathon-Gottesdienst (LM 03/03, 38)

Die Anzahl der Lexeme zur Bezeichnung menschlicher Gefühle, positiver wie negativer, hält sich im Vergleich zu den übrigen Themenkreisen eher in Grenzen. Dafür markieren sie eine ungeheure Bandbreite an Gefühlen (größtenteils positive); nur 4 der 32 Ausdrücke scheinen mehrfach auf.

Laufgefühl (Spir 06/03, 28), Lauffeeling (Spir 06/03, 30), Marathon-Stimmung (Run 04/03, 71), Lauflaune (VCM 03/03, 72), Lauf-Begierde (LM 08/01, 52), Lauf-Euphorie (Cond 04/02, 13), Lauflust (LZ 03/95, 11), Lauf-Reiz (Cond 11/02, 7), Laufgenuss (VCM S01/02, 4), Laufvergnügen (LM 07/92, 18), Marathon-Begeisterung (Spir 02/97, 4), Marathon-Spaß (Cond 11/02, 11), Lauffreude (LM 11+12/02, 36), Laufleidenschaft (Run 11/03, 50), Laufliebe (LM 1+2/97, 40), Marathonglück (FfL 03/03, 54), Lauferfahrung (VCM 01/02, 50), Laufenergie (FfL 09/99, 30), Laufmotivation (RW S01/03, 18), Laufemotionen (RW 12/00, 82), Laufgewohnheiten (VCM 03/99, 4), Laufträume (VCM 06/02, 52)

Lauffieber (VCM 05/02, 56), Laufbesessenheit (LM 04/97, 47), Laufsucht (Cond 11/01, 5), Laufzwang (RW 01/99, 31), Laufrausch (LZ 03/03, 36), Laufvirus (Spir 06/03, 57),

Lauf-Probleme (LM 07/92, 20), Marathon-Qualen (LZ 06/03, 36), Laufstreß (RW 01/99, 31), Marathon-Seufzer (Spir 11/93, 56)

6. Morphologie

Aufgrund der stetigen Ausdifferenzierung des Laufsports entsteht für die Redakteure von Laufzeitschriften verstärkt der Bedarf bzw. der Zwang, neu hinzutretende Größen sachgerecht und zugleich ansprechend zu thematisieren. Dies geschieht mittels einer Vielzahl von Neologismen, die auf Kombinationen von Wörtern oder Morphemen beruhen. Je nach Situation, Vorgeschichte, Kommunikationsabsicht usw. werden in Laufzeitschriften zahlreiche neue Wörter gebildet bzw. entlehnt oder alte in anderer Bedeutung verwendet. Die Bezeichnungen und Bedeutungen werden also in ganz oder teilweise neuen Sprachhandlungen jeweils neu konstituiert[201], um „kommunikative Bedürfnisse wie die nach Differenzierung und Systematisierung (mehrgliedrige Komposita), Verdeutlichung (Movierung) und Internationalisierung (Hybridbildung)"[202] zu befriedigen.

In den folgenden drei Abschnitten (6.1.–6.3.) sollen die für Laufzeitschriften typischen Wortbildungskonstruktionen nach formalen und funktionalen Gesichtspunkten klassifiziert werden. Die Herkunft der Wortbildungsmittel wird vorerst nicht näher hinterfragt, da in Abschnitt 8. eine genauere Analyse der Elemente fremden Ursprungs stattfindet.

Insgesamt setzt sich der erhobene Wortbestand zu 94 % aus Substantiva zusammen (entspr. 3.999 Stichwörtern). Etwa 4 % (170 Belege) entfallen auf Verben und 2 % (85 Belege) auf Adjektive.

6.1. Substantiva

Im Hinblick auf die Wortbildungsaktivität nimmt das Substantiv die zentralste Stellung ein – die Substantive umfassen etwa 94 % innerhalb des vorliegenden Vokabulars. In ca. 77 % aller Fälle handelt es sich dabei um Komposita; die restlichen 23 % sind vorwiegend Ableitungen (20 %) und Kurzformen (3 %).

---

201 Vgl. Polenz 1999, 369.
202 Sommerfeldt 1988, 192.

Der größte Teil der **Komposita** (ca. 87 %) ist zweigliedrig, beispielsweise:

Sprintfinale (LM 09/02, 10), Marathon-Plan (RW 07/02, 76), Asphalt-Renner (Run S02/02, 110), Bahnstart (LZ 01/03, 92), Bergstaffel (FfL 06/98, 12), Berg-Training (Run 10/02, 85), Bobbahnlauf (Spir 06/90, 14), Damenwertung (Spir 02/92, 34), Hinderniskönig (FfL 03/03, 52), Joggerbazillen (LZ 09/97, 31), Jubiläumsrennen (LZ 09/03, 55), Kilometerjagd (FfL 10/98, 79), Schluss-Spurt (RW 10/03, 53), Sprinterwunder (LM 06/98, 61), Sprintfähigkeit (RW 07/02, 14), Stollenprofil (Run 10/02, 103), Strecken-Chef (Cond 09/02, 10)

Während dreigliedrige Komposita des Öfteren Verwendung finden, bleiben komplexere polymorphematische Konstruktionen eher die Ausnahme (ca. 3 %).

Dämpfungs-Stabilitäts-Zwitter (RW 10/02, 42), Genießer-Rennsteig-Marathon (Spir 07/00, 10), Graubünden-Marathon-Macher (FfL 06/03, 68), Harz-Gebirgslauf-Stunde (LZ 12/94, 9), Marathon-Nachtlauf-Premiere (LZ 09/03, 11), Naturrasenbahn (LM 1+2/03, 20), Reebok-Funktions-Laufshirt (Rup 04/02, 29), Schwarzwald-Berglauf-Pokal (Spir 07/00, 52), Millenium-Marathon-Spektakel (LZ 12/99, 3)

Gänsebratenvernichtungslauf (LZ 02/01, 50), Raiffeisen-Lauf-Glücks-Cent (LM 1+2/02, 48), Zwölf-Wochen-Marathon-Trainingsplan (RW 03/03, 31), Ultra-Weltkulturerbe-Rheintal-Lauf (RW 09/03, 80)

Manchmal werden in Laufzeitschriften aus stilistischen Gründen auch Satz- und Wortgruppenkomposita gebildet. Erstkonstituenten dieser humorvollen Konstruktionen können idiomatische Wendungen oder etwa Fragen sein.

Wo-ist-das-Klavier-Laufstil (RW 11/02, 72), Augen-zu-und-durch-Fraktion (RW 10/03, 98), 60-Sekunden-In-und-Out (RW 04/03, 33), Bloßer-Arschbacken-Spaßlauf (Spir 06/01, 2), Weder-Fisch-noch-Fleisch-Lauf (RW 03/00, 29), Für-alle-Lauf (Rup 02/02, 14), Läuft-wie-von-selbst-Funktionsjacke (RW 12/02, 42), Schauinsland-Berglauf (Rup 02/99, 20)

Entgegen der übergeordneten Tendenz zur Mehrgliedrigkeit[203] offenbart sich in Laufzeitschriften eher die Neigung zu kürzeren Wortbildungskonstruktionen; heimische Determinanten überwiegen dabei anteilsmäßig gegenüber den fremdsprachigen (vgl. 8.).

Wie die untenstehenden Abbildungen zeigen, kommen in zweigliedrigen Komposita einige A- und B-Konstituenten in besonderer Häufigkeit vor; diese sind auch vorwiegend an Reihenbildungen beteiligt (siehe Abb. 19 und 20). Gerade in den substantivischen Erstgliedern (88 %) wird der allgemein vorherrschende Bedarf nach „Differenzierung" und „Sektorisierung"[204] offensichtlich. Die Zweitglieder tragen der weitläufigen Tendenz zur „Popularisierung"[205] bzw. Eventisierung Rechnung:

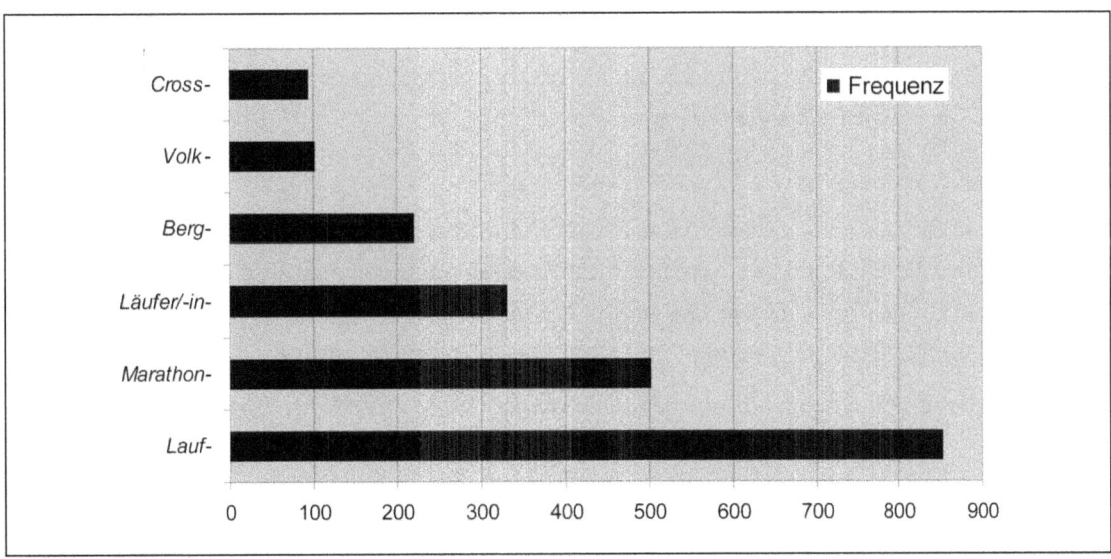

Abbildung 19: Die beliebtesten Erstkonstituenten

---

203 Vgl. Sommerfeldt 1988, 175.
204 Langner 1978, 487.
205 Drosdowski/Henne 1980, 630.

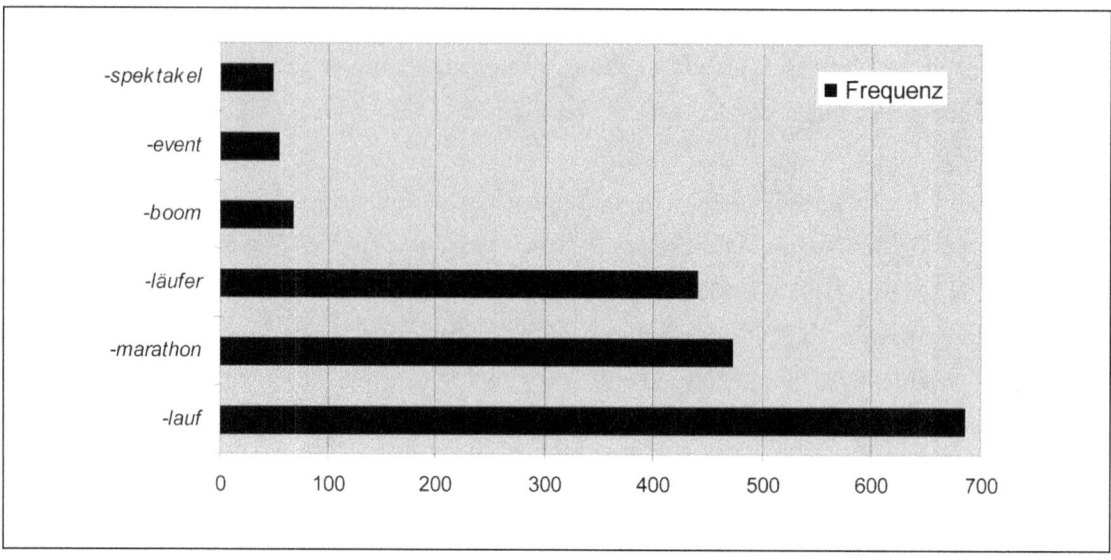

Abbildung 20: Die beliebtesten Zweitkonstituenten

Komposita mit adjektivischen bzw. verbalen Erstkonstituenten treten aufgrund der hoch frequenten Substantive zwangsläufig in den Hintergrund: *Nüchternlauf* (FfL 12/01, 51), *Schlappschritt* (RW 02/01, 33), *Schlängellauf* (Spir 09/93, 27). Kompositionelle Verbindungen mit Partikeln können lediglich als Sonderfälle betrachtet werden: *Nichtläufer* (VCM 03/00, 8), *Nur-Halbmarathon* (LZ 7+8/02, 16).

Aus systematischer Perspektive treten bei den Kompositionstypen „Substantiv + Substantiv" zwei Tendenzen besonders hervor: einerseits der Hang zur Reihenbildung vor allem mittels drei produktiver Konstituenten und andererseits der Drang nach Variation und Expressivitätssteigerung durch den gehäuften Einsatz vielfältiger Eigennamen als Erstkonstituenten.

Vor allem die Lexeme *Lauf*, *Läufer* und *Marathon* besitzen in Wortbildungskonstruktionen, sowohl als Erst- wie auch als Zweitkonstituente, eine stark reihenbildende Wirkung – sie sind die produktivsten Bestandteile von Neologismen. Auffällig, jedoch aus sach-logischen Gründen gerechtfertigt, erscheint der häufige Gebrauch des modifizierenden Lexems *Marathon* im Vergleich zur übergeordneten verallgemeinernden Bezeichnung *Lauf*. So ergibt sich für die beiden Lexeme als Erst- und Zweitkonstituenten jeweils ein Verhältnis von 2:3.

Marathon- (502 Belege)

Marathon-Appetit (Spir 11/91, 10), Marathondinner (Rup 02/02, 5), Marathon-Direktor (VCM 03/01, 36), Marathonhimmel (LZ 11/02, 13), Marathon-Kader (Run 07/03, 63), Marathon-Queen (L 02/96, 30), Marathon-Radio (VCM 03/01, 40), Marathon-Reise (Rup 02/02, 2), Marathonweg (VCM 03/00, 18), Marathon-Urgestein (VCM 02/03, 37), Marathonzeitung (LZ 11/00, 18)

Lauf- (853 Belege)

Laufskeptiker (RW S01/03, 26), Laufsocke (Run S02/03, 74), Laufschwestern (LZ 7+8/96, 3), Laufsegment (Rup 02/99, 4), Laufschüler (Spir 02/95, 23), Laufschmankerl (Rup 01/03, 21), Laufroute (FfL 12/01, 74), Laufrucksack (RW 07/01, 54), Laufidol (LZ 04/99, 14), Lauf-Guru (Run S02/03, 7), Lauf-Dress (L 01/96, 44), Laufduelle (LM 07/92, 16), Laufemotionen (RW 12/00, 82), Lauf-Empfehlungen (LZ 03/93, 31)

-Marathon bzw. *-marathon* (473 Belege)

Linz-Marathon (VCM 03/02, 80), Literatur-Marathon (Spir 11/91, 12), Naturmarathon (RW 11/02, 96), Oberelbe-Marathon (Cond 04/03, 60), Osaka-Marathon (LZ 03/95, 9), Premierenmarathon (RW 06/01, 46), Rathaus-Marathon (LZ 02/98, 9), Riesenmarathon (Run 09/02, 74), Samba-Marathon (Run 11/02, 84), Sand-Marathon (Spir 06/03, 34), Saharamarathon (Cond 04/03, 62), Siebengebirgsmarathon (RW 01/03, 50), Stadtmarathon (Run 06/03, 78), Stimmungsmarathon (Run 11/02, 79), Tirolmarathon (LZ 02/01, 59)

-Lauf bzw. *-lauf* (686 Belege)

Firmenlauf (Run 06/03, 9), Fischerei-Lauf (LZ 04/99, 15), Europalauf (Spir 06/95, 23), Etappenlauf (LZ 03/03, 40), Brockenlauf (RW 07/01, 79), Arabella-Lauf (LZ 06/91, 30), Asse-Lauf (Spir 10/94, 35), Burgenlauf (LZ 03/93, 19), Campuslauf (Run 06/02, 14), City-Lauf (LM 09/99, 6), Erlebnislauf (FfL 09/99, 14), Fontanelauf (LZ 08/90, 3), Leopoldilauf (LM 10/93, 34), Leukämie-Lauf (LZ 09/02, 21)

136 | Morphologie

Hinsichtlich ihrer semantischen Beziehungen zu den jeweiligen A- bzw. B-Konstituenten zeigt sich bei beiden Lexemen in der Funktion als A-Konstituente vor allem eine „aktionale" und „limitative"[206] Relation zum Grundwort; in der Funktion als B-Konstituente bilden vor allem lokale und temporale Relationen die Schwerpunkte (vgl. 5.1.2.).

<u>A-Konstituente</u>: *Lauf-, Marathon-*

AKTIONAL: „Komposita, die eine Größe nach dem Objekt einer ‚Actio' benennen"[207].

    Actio – Agens: <u>Laufurlauber</u> (Spir 06/95, 36), <u>Marathon-Oma</u> (Spir 06/90, 67)
    Actio – Mittel: <u>Laufoutfit</u> (RW 02/03, 21), <u>Marathonsocken</u> (RW 01/03, 19)
    Actio – Ort: <u>Laufregion</u> (LZ 03/95, 31), <u>Marathon-City</u> (Cond 11/02, 26)
    Actio – Zeit: <u>Laufsaison</u> (Run S01/03, 4), <u>Marathon-Herbst</u> (VCM 04/03, 80)

LIMITATIV: Durch die Lexeme *Lauf* oder *Marathon* wird der Bereich mehr oder weniger stark eingegrenzt, für welchen der in der B-Konstituente genannte Sachverhalt Gültigkeit besitzt.[208]

    <u>Lauf-Guru</u> (RW 11/98, 29), <u>Laufschüler</u> (Spir 02/95, 23), <u>Marathon-Insider</u> (Spir 03/90, 42), <u>Marathonhimmel</u> (LZ 11/02, 13)

<u>B-Konstituente</u>: *-Lauf* bzw. *-lauf, -Marathon* bzw. *-marathon*

LOKAL-SITUATIV: Die Erstkonstituente benennt in diesem Fall einen Ort, wo sich das in der Zweitkonstituente Genannte abspielt.[209]

    <u>Gebirgslauf</u> (Spir 06/90, 24), <u>Straßenlauf</u> (Run 10/03, 84), <u>Citymarathon</u> (Cond 1+2/03, 11), <u>Kleinstadt-Marathon</u> (Rup 01/03, 17)

---

206 Nach der Klassifizierung von Ortner/Müller-Bollhagen u. a. 1991, welche ich im Folgenden übernehme.
207 Ortner/Müller-Bollhagen u. a. 1991, 574.
208 Vgl. Ortner/Ortner 1984, 99 f.
209 Vgl. Ortner/Müller-Bollhagen u. a. 1991, 474.

TEMPORAL: „Komposita der zeitlichen Einordnung"[210]

Silvesterlauf (VCM S01/02, 18), Mitternachtslauf (Rup 01/99, 20), April-Marathon (Spir 02/95, 41), Adventsmarathon (Cond 1+2/02, 21)

Das Lexem *Läufer/-in* ist ebenso oft Bestandteil von Komposita – als A-Konstituente 330-mal, als B-Konstituente 440-mal belegt. Dementsprechend häufig wird dieses Element für die Reihenbildung beansprucht:

Läufersekt (RW 10/02, 67), Läufersicht (VCM 03/99, 4), Läufersleute (LZ 12/94, 34), Läufer-Sonnenbrille (RW 07/01, 36), Läufer-Sonnenbrillen (RW 06/03, 39)

Jugendläufer (Rup 02/98, 4), Jungfrau-Läufer (FfL 06/02, 110), Hoffnungsläufer (RW 05/01, 86), Grenzstreifenläuferin (Run 02/03, 31), Ganzjahresläufer (RW 10/02, 31)

Als Erstkonstituente steht *Läufer/-in* meist in „agentiv/auktorialer" Relation[211] zum Grundwort, als Zweitkonstituente vordergründig in „aktionaler" Verbindung[212] (affiziertes Objekt – Agens); es findet vor allem hinsichtlich des Merkmals *Disziplin* eine nähere Spezifizierung statt (vgl. 5.2.2.).

Im Zusammenhang mit den reihenbildenden Elementen sind zudem die (expliziten und impliziten) Längen-/Distanz- und Zeitmaßbezeichnungen zu erwähnen, denen in bestimmter Weise auch eine reihenbildende Funktion zukommt – sie dienen ebenso der Ausfächerung von Grundlexemen. In ihrer Konstruktionsweise unterscheiden sich diese Einheiten nur geringfügig voneinander; das Modell „Numerale + Längen- oder Zeitbezeichnung + Lauf- oder Läuferbezeichnung" ist charakteristisch: *10-km-Straßenlauf* (Spir 04/99, 32), *11.111 Meter-Läufer* (Rup 04/02, 25), *2-Tage-Gebirgsmarathon* (L 01/96, 53), *12-Stunden-Kinderstaffel* (Rup 03/99, 30).

Aus 5.3.2. ging bereits hervor, dass Eigennamen im Vokabular von Laufzeitschriften einen zentralen Bestandteil darstellen. Letztlich sind sachliche Gründe für diese bevorzugte Verwendung von Eigennamen ausschlaggebend – vgl. im Anschluss Abschnitt 7.; Wortbildungskonstruktionen mit

---
210 Ortner/Müller-Bollhagen u. a. 1991, 488.
211 Ortner/Müller-Bollhagen u. a. 1991, 552 ff.
212 Ortner/Müller-Bollhagen u. a. 1991, 578 ff.

Eigennamen, insbesondere Komposita, sind außerordentlich präsent: Eigennamen werden fast durchwegs zur Prägung von Bezeichnungen für Laufveranstaltungen, seltener zur Benennung von Kleidungsstücken und Ausrüstungsgegenständen herangezogen. Innerhalb der Kompositionen mit Eigennamen findet vorzugsweise eine Koppelung von Bestimmungslexemen mit den Grundwörtern *-lauf* und *-marathon* statt (in ca. 75 % aller Fälle). Wortbildungen nach dem Modell „EN + *-lauf*" und „EN + *-marathon*" gelten als spezifische Merkmale des Vokabulars in Laufzeitschriften.

Wie schon in 5.3.2. erwähnt wurde, findet sich unter den lokalen Bestimmungslexemen zum einen eine Reihe von Ortsnamen (vielfach eingliedrig), zum anderen fungieren Namen für Länder, Seen oder Gebirge zur Differenzierung.

Bonn-Marathon (Run 05/03, 75), Regensburg-Marathon (Run 07/02, 8), Jordanienläufe (Cond 04/03, 64), Bodensee-Marathon (RW 11/98, 74), Baldeggerseelauf (FfL 06/02, 24), Siebengebirgsmarathon (RW 01/03, 50), Nebelhorn-Berglauf (Spir 07/98, 17)

Ebenso oft kommen die Namen der jeweilligen Veranstalter bzw. Sponsoren als Erstkonstituente vor:

Nestlè Austria-Schulläufe (VCM 05/02, 56), Peugeot-City-Lauf (LZ 06/94, 30), OMV-Marathon (VCM 03/02, 80), Lutz-Silvesterlauf (LM 1+2/96, 33)

In vielen Komposita dienen Personennamen, v.a. bei Namen von Persönlichkeiten, zur ehrenden bzw. gedenkenden Benennung:

Peter-Lauf (RW 09/03, 75), Kiesl-Lauf (LM 04/97, 11), Wedekind-Lauf (Spir 06/91, 39), Lutterlauf (RW 07/02, 60), Amadeus-Meile (Rup 03/02, 13)

Kompositionen mit Namen von Feiertagen sowie mit Pflanzen- und Tiernamen stellen weitere Möglichkeiten zur Ausdrucksdifferenzierung dar:

Allerheiligenlauf (Spir 12/96, 70), Palmsonntaglauf (Rup 01/03, 30), Spargelfestlauf (RW 01/99, 72), Gurkenmarathon (Cond 06/03, 28), Asselrunde (Rup 04/02, 31), Pantherlauf (LM 1+2/96, 5)

Der umgekehrte Fall, wenn Eigennamen Zweitglieder darstellen, die durch appellativische Determinanten modifiziert werden, ist im untersuchten Vokabular hingegen spärlich vorhanden. Es begegnen lediglich ein Personenname, zwei Veranstaltungsnamen und ein Schuhfirmenname als Zweitkonstituenten: *Running-Ralf* (Rup 03/01, 12), *Marathon-EXPO* (VCM 03/02, 39), *Running-ispo* (RW 04/03, 10), *Osterlauf-HUMA* (Humanic; Rup 01/01, 33). Insgesamt kommt den Eigennamen im Bereich der Komposita des Laufsports also fast uneingeschränkt eine spezifizierende Funktion zu.

Ableitungsmorpheme dienen in Laufzeitschriften hauptsächlich der semantischen Modifikation von Substantiven, wobei Wertungen von Läufen, Laufveranstaltungen, Läufern und weiteren für den Laufsport relevanten Sachverhalten vorgenommen werden. Mit solchen Wertungen, „die eine über das normale Maß hinausgehende besondere Ausprägung wesentlicher Merkmale"[213] kennzeichnen, heben sich die verschiedensten Sachverhalte voneinander ab. Gerade durch Präfixoid-Komposita wird in den Laufzeitschriften eine pauschal-emotionale Quantifizierung bzw. Graduierung erreicht. Die Wortbildungselemente *Top-*, *Spitzen-*, *Elite-* und *Weltklasse-* sind aufgrund der im Laufsport üblichen standardisierten Wertmaßstäbe recht häufig zu beobachten (zusammen 66 Stw.).

Bei der Augmentation von Substantiven mit betont positiver Bewertung dienen in erster Linie *Spitzen-*, *Elite-*, *Weltklasse-* und *Rekord-* als substantivische Erstglieder:

> Spitzenläuferin (LM 1+2/97, 36), Spitzen-Marathon (Run 01/03, 64), Eliterennen (Spir 10/94, 35), Elite-Sprinter (Rup 02/02, 14), Weltklasseläufer (aL 01/02, 64), Weltklassesprinter (LM 05/03, 35), Rekordläufe (Spir 11/01, 4), Rekordstaffel (LM 07/92, 24)

Das aufwertende Derivationsmorphem *Top-* steht in Laufzeitschriften dem Präfixoid *Spitzen-* gleichrangig gegenüber (jeweils 25 Stw.); *Super-* wird nur in äußerst wenigen Fällen eingesetzt, um „eine positive Übersteigerung der normalen Ausprägung dessen [...], was von der Basis bezeichnet wird"[214], auszudrücken (2 Stw.). Im Laufsport wird das Derivat mit geringer Frequenz zur Bezeichnung eines Überdistanzlaufs oder -läufers verwendet – *Super-* übernimmt vielmehr die semantische Bedeutung von ‚über – hinaus', ‚jenseits', ähnlich dem Präfix *Ultra-*, welches als Synonym vorgezogen wird.

---

213 Schmidt 1990, 204.
214 Schmidt 1990, 208.

„1.349 bewältigten die Königsstrecke, den <u>Super</u>marathon über 73,2 Kilometer." (Run 07/03, 71)

„Maurice Patterson, der Chef-Organisator des Great Wall Runs, warb Fernsehteams aus China und den USA, die einzelne Athleten sogar schon während der Vorbereitungsphase auf den <u>Super</u>lauf begleiten." (Spir 06/90, 15)

„Vor allem die <u>Ultra</u>-Spezialistin Maria Bak vom MTP Hersbruck überrascht durch ihre soliden Zeiten auf den Unterdistanzen zehn km und 21,1 km." (Cond 1+2/03, 11)

„Der Dschungel Marathon ist sicher eines der gefährlichsten <u>Ultra</u>rennen." (Run 01/12, 66)

Mit den Verstärkungsmorphemen *Extrem-*, *Mega-* und *Viel-* werden besonders hervorstechende, über das normale Maß hinausgehende Eigenschaften von Läufern, Laufveranstaltungen oder sonstigen Sachverhalten ausgedrückt. Quantitativ gemessen, übertrifft dabei das Morphem *Mega-* – zur inhaltlichen Hochwertung der Größe oder des Umfangs – das Präfixoid *Viel-*, welches eine geringere semantische Verstärkung andeutet. *Extrem-*, in der Bedeutung ,etwas, das einem alles abverlangt oder jemand, der bis ans Äußerste geht', drückt jedoch eindeutig das höchste Maß an Quantität aus und verdrängt somit die beiden anderen Präfixe.

<u>Extrem</u>berglauf (LM 06/98, 44), <u>Extrem</u>-Jogger (Spir 06/95, 4), <u>Mega</u>-Marathon (Run 05/03, 8), <u>Mega</u>staffel (LM 10/02, 52)

Wortbildungen mit dem Präfix *Ex-* (semantisches Merkmal ,ehemalig') folgen durchgehend dem Schema „*Ex-* + Personenbezeichnung": *Exläufer* (RW 12/02, 60), *Ex-Laufkollegin* (LM 1+2/97, 5), *Ex-Sprinter* (LM 1+2/97, 7). Negationspräfixe wie *Anti-* oder *Nicht-* sind ebenfalls nur in Zusammenhang mit der Bezeichnung von Läufern in Gebrauch: *Anti-Läufer* (Run 07/03, 24), *Nichtläuferin* (RW 08/03, 56), *Nichtjogger* (Spir 06/91, 20).

Eine Diminution wird in den Laufzeitschriften beispielsweise mit dem Präfixoid *Mini-* erreicht; auch die Suffixe *-chen*, *-lein*, *-erl* und *-i* repräsentieren die semantischen Merkmale *klein, zierlich, nett*[215], z. B.:

---

215 Vgl. Wellmann 1975, 123 ff. und Fleischer/Barz 1995, 178 ff.

Läufergrüpp<u>chen</u> (RW 12/02, 52), Laufvölk<u>chen</u> (RW 12/02, 4), Sprinterhös<u>chen</u> (RW 06/01, 71), Miniflatterhös<u>lein</u> (RW 09/00, 46), Starters<u>ackerl</u> (VCM 03/02, 52), Lauf<u>erl</u> (LM 07/03, 29), Tirol-Marathon<u>i</u> (LM 11+12/02, 39), Halbmarathon<u>i</u> (LZ 10/02, 41)

Darüber hinausgehend sind zwei Suffixe äußerst beliebt – die Derivationsmorpheme *-ler* und *-er* bzw. *-in*, mit Hilfe derer ein Wechsel von der Bezeichnungsklasse Lauf in die semantische Kategorie Läufer/-in stattfindet. Hierbei ist das Wortbildungsmuster „Lauf-/Distanzbezeichnung + *-(l)er*" am Üblichsten. Die Übertragung von Verben in die Klasse der Substantiva wird in hohem Maße genutzt, um Prägnanz zu erreichen und um neue syntaktische Möglichkeiten zu eröffnen.

<u>Marathoner</u> (LZ 06/94, 35), <u>Spurter</u> (LM 06/03, 43), <u>Sprinter</u> (VCM 07/03, 7), <u>Racer</u> (LM 06/02, 18), <u>Walker</u> (VCM 06/02, 46), <u>Runner</u> (aL 01/02, 4), <u>Starter</u> (Spir 12/98, 20), <u>OLler</u> (LZ 11/90, 4), <u>Mittelstreckler</u> (LM 1+2/02, 37), <u>Langstreckler</u> (LM 10/02, 52), <u>Laufsportler</u> (LM 03/03, 15)

Einige Konstruktionen sind lediglich aus Wortgruppen ableitbar: *Marathoneinsteiger* (LM 11+12/01, 29), *Punktesammler* (LZ 02/98, 44), *Rundenzählerin* (RW 06/03, 76), *Laufgenießer* (VCM 05/02, 62), *Laufbeginner* (LM 07/03, 10), *Laufbegleiter* (Spir 06/02, 6), *Marathonmacher* (Run 07/03, 59), *Tempomacher* (VCM 03/03, 72).

Eine eher pejorative Konnotation wird mit dem Suffix *-erei* erreicht; es rückt damit weniger die wiederholte Tätigkeit, sondern mehr die mit dem Laufen verbundene physische Belastung in den Vordergrund: *Joggerei* (Spir 06/96, 19), *Lauferei* (LZ 11/03, 50), *Rundendreherei* (Spir 03/90, 58).

„Ich mag flotte Autos', erzählte er, ‚und hab mir gleich einen Audi TT zugelegt, als ich mit der <u>Lauferei</u> Geld verdient habe'." (Run 10/03, 66)

„[…] so kalorienabbauträchtig ist die <u>Joggerei</u>." (Spir 06/96, 19)

Das Merkmal des Überdrüssigen drückt sich auch in kombinatorischen Derivationen aus: *Gelaufe* (LZ 02/03, 47), *Drauflosgerenne* (Rup 02/02, 8).

Zu einer rationellen Textgestaltung mit hoher Informationsverdichtung tragen in den Laufzeitschriften **Kurzwortbildungen** bzw. **Kurzwort-Wortbildungen**[216] bei (138 Belege). Nicht zuletzt erfüllen sie auch eine wichtige Aufgabe als „Zugehörigkeitsindiz des Sprachbenutzers zu einem bestimmten Kommunikationsbereich"[217], wie in Abschnitt 9. noch deutlich wird. Für die Bezeichnung von Läufen haben sich einige Initialwörter – „symbolische Komposita"[218] – gegenüber ihren Vollformen weitgehend verselbständigt. Viele sind ihrerseits wieder als Kompositionselemente, als Erstkonstituenten, an der Schaffung kompletter Benennungsreihen beteiligt, z. B.:

BL (aL 01/02, 15): ‚Berglauf'

DL (Spir 02/99, 60): ‚Dauerlauf'

OL (FfL 7+8, 3): ‚Orientierungslauf'

TL (aL 01/02, 15): ‚Tempolauf'

FS (aL 01/02, 15): ‚Fahrtspiel'

PU (RW S01/03, 30): ‚Polyurethan'

DUV (Cond 1+2/02, 20): ‚Deutsche Ultramarathon-Vereinigung'

EOM (FfL 10/98, 16): ‚Einzel-Orientierungslauf-Meisterschaften'

EVA (RW S01/03, 30): ‚Ethylenvinylacetat'

WSA (Run 11/02, 11): ‚Wettkampfspezifische Ausdauer'

VCM (VCM 03/03, 47): ‚Vienna City Marathon'

LG (Spir 02/97, 30): ‚Laufgemeinschaft'

Mischkurzwörter, wie etwa *REKOM* (Regeneration und Kompensation; Run 11/02, 11) oder *Raika-Lauf Längenfeld* (Raiffeisenkasse; LZ 02/01, 58), sowie partielle Kurzwörter, *U-Bahn-Marathon* (LZ 7+8/02, 12), werden im Gegensatz zu den Initialwörtern eher gemieden (3 Stw.).

Unter den Kurzwort-Wortbildungen finden sich speziell im Bereich der Bezeichnungen für Laufveranstaltungen Kombinationen mit Kopfformen:

Kö-Lauf (Köln; LZ 10/03, 45), Teutolauf (Teutone; Run 01/04, 70), Uni-Lauf (Spir 07/03, 21) Züri-Marathon (Zürich; FfL 11/01, 21)

---

216 Vgl. Fleischer/Barz 1995, 218.
217 Fleischer/Barz 1995, 223.
218 Sowinski 1991, 212.

oder kompositionelle Verknüpfungen mit Kurzwort-Diminutiven:

Jogging-<u>Tacho</u> (RW 10/02, 12), Lauf<u>expo</u> (LM 1+2/02, 39), Lauf-<u>Kombi</u> (Rup 02/98, 5), Lauf<u>promi</u> (Cond 03/02, 17)

Das Gros der Kurzwort-Wortbildungen stellen jedoch zweigliedrige Komposita mit Akronymen als Erstkonstituenten dar (68 Stw.). Die Position des Spitzenreiters nimmt dabei klar die Kurzform *OL* („Orientierungslauf") ein (29 Stw.):

<u>US</u>-Sprinter (VCM 05/02, 10), <u>USA</u>-Marathonistinnen (LZ 11/02, 66), <u>NY</u>-Marathon (Run 11/03, 9), <u>DDR</u>-Läufer (Spir 06/90, 8), <u>OL</u>-Vokabular (FfL 7+8, 56), <u>TMS</u>-Tempo (Tempo bei maximaler Sauerstoffverwertung; RW 11/02, 32), <u>MBT</u>-Schuh (Masai Barfuß-Technik; FfL 12/01, 8), <u>MCP</u>-Läufer (Martin's Club of the Poor; RW 04/03, 59), <u>LCC</u>-Zentrum (Lauf- und Conditions-Club; LM 03/03, 24), <u>LGD</u>-Läufer (Lauf-Gemeinschaft Deiringsen; RW 06/01, 70), <u>TGVA</u>-Läuferinnen (Turn-Gemeinde Viktoria Augsburg; Rup 01/03, 24)

Nur etwa halb so oft fungieren Akronyme als Zweitkonstituenten in zweigliedrigen Komposita (33 Stw.). Dem vorliegenden Vokabular zufolge herrscht auch hierbei vermehrt Bedarf an spezifizierenden Lexemen für das Grundwort *-OL* (18-mal als Zweitkonstituente gebucht):

Trimm-<u>OL</u> (LZ 12/91, 24), Veteranen-<u>WM</u> (Spir 06/01, 33), Wachau-<u>HM</u> (Halbmarathon; VCM 01/02, 10), Jubiläums-<u>VCM</u> (Vienna City Marathon; VCM 06/02, 40), Freiluft-<u>EM</u> (LM 09/02, 10)

Eher die Ausnahme stellt ein dreigliedriges Kompositum mit zwei Akronymen dar: *IAAF-Halbmarathon-WM* (International Association of Athletics Federations; FfL 11/97, IV). An Endposition befindet sich das Akronym ausschließlich bei *Frauenlauf-Song-CD* (FfL 03/03, 19).

Neben Kompositionen, Ableitungen und Kurzformen sind in Laufzeitschriften auch **Wortkreuzungen** (Kontaminationen) in Gebrauch – „von der ‚normalen' Komposition abweichende Verschränkung[en] von (in der Regel zwei) lexikalischen Einheiten"[219]. Kreative Kontaminationen

---

219 Fleischer/Barz 1995, 47.

finden in Laufzeitschriften in sehr geringem Maße – vorwiegend zu humoristischen Zwecken – Verwendung. An solchen Sprachspielereien können etwa deutsch- und fremdsprachige Elemente beteiligt sein. Im folgenden Zitat werden zwei Kreuzungsvarianten mit den Anfangs- und Schlusselementen der Lexeme *Läufer* und *Jogger* entworfen – gleichzeitig findet eine interessante Reflexion bezüglich der eingeschränkten Exaktheit gängiger Benennungen statt:

„Da drängt sich natürlich die Frage auf: wenn einer mehr als 40 Minuten für zehn Kilometer benötigt, aber unter vier Stunden Marathon läuft, ist der dann ein Jogger, ein Läufer oder vielleicht ein ‚Läuger'? Oder am Ende gar ein ‚Jogfer'? Einer schrieb mal: ‚Den Begriff Jogger betrachte ich als Läufer immer als eine Beleidigung.'" (Rup 03/02, 35).

Schlauf (Spir 07/00, 26) stellt das originelle Produkt einer Ad-hoc-Kreuzung aus *Schachspielen* und *Laufen* dar:

„Schachspielen und Laufen – zum dritten Mal fand dieser Zweikampf in Rheine statt, ausgerichtet von der Schachgemeinschaft Rheine unter dem Kürzel ‚Schlauf'. [...]. Der Rheiner Schlauf soll nun auch einen Ableger in Berlin bekommen." (Spir 07/00, 26)

6.2. Verben

Ihrer Bauweise nach lassen sich die 213 registrierten Verben generell in zwei Gruppen einteilen: in Komposita und Derivationen. Auf die kompositionellen Verknüpfungen entfallen dabei etwa 38 % (81 Stw.); bei 82 Ableitungen handelt es sich um mehrfach gebuchte desubstantivische Suffixableitungen (ohne Präfigierung; z. B. *trotten*), die restlichen Derivationen entfallen überwiegend auf Präfixableitungen mit desubstantivischer Basis (z. B. *mitlaufen*). Als Grundlexeme werden für die Wortbildungskonstruktionen neben den heimischen Wörtern insbesondere englische Lexeme genutzt (vgl. 8.) – *joggen*, *sprinten*, *spurten*, *walken*. Was die herangezogenen Grundwörter anbelangt, so zählen die Bildungen mit *laufen* zu den präsentesten (37 Stw.); *joggen* (9), *rennen* (5) und *spulen* (5) stellen zudem beliebte, in Wortbildungskonstruktionen gehäuft vorkommende Elemente dar.

Innerhalb der Gruppe der **Verbkomposita** (52 Stw.) findet zumeist eine Koppelung mit Richtungsadverbien, weit weniger oft mit Adjektiven, statt:

bergablaufen (FfL 06/03, 66), bergauflaufen (FfL 12/00, 55), daherpirschen (FfL 09/99, 62), dahintrotten (RW 12/02, 52), durchlaufen (LZ 10/03, 53), entgegenlaufen (VCM S01/02, 5), entlangtrotten (RW 04/00, 30), herauslaufen (Cond 03/03, 63), herunterleiern (Run 10/02, 15), hinauflaufen (LZ 09/97, 12), hineinlaufen (FfL 03/03, 58), hinterherlaufen (LZ 11/03, 3), hochjoggen (RW 07/02, 52), runterlaufen (Rup 03/01, 13), rückwärtslaufen (Rup 01/02, 18), vorwärtslaufen (VCM 03/99, 16), vorbeidonnern (RW 06/01, 34)

barfußlaufen (Cond 06/03, 10), kaputtrennen (RW 05/01, 57), langsamlaufen (Run 02/03, 37), nacktlaufen (Run 09/02, 36), totlaufen (LM 08/01, 66)

Zusammensetzungen mit substantivischen Erstgliedern treten in etwa halb so oft auf (25 Stw.). Nur in den allerwenigsten Fällen existieren Verbstämme als Erstglieder: *Rolltraben* (LZ 11/02, 39), *Trimmtraben* (Cond 05/02, 25). In den meisten Fällen handelt es sich um substantivierte Infinitive.

Aquajoggen (Run 10/02, 113), Bahnenlaufen (LZ 09/97, 13), Cross-Country-laufen (LZ 06/91, 25), Einzelzeitlaufen (LZ 10/95, 31), Finnenbahnlaufen (Spir 12/98, 60), Frauenlaufen (VCM 03/01, 30), Hobbyjoggen (Rup 03/99, 19), Kompasslaufen (LZ 04/92, 22), Marathonlaufen (aL 06/03, 36), Orientierungslaufen (FfL 7+8, 56), Rundenlaufen (Spir 06/97, 21), Sonntagsjoggen (LZ 02/03, 25), Traillaufen (RW 02/01, 33), Waldlaufen (Cond 05/02, 25), Waldrandlaufen (Spir 03/90, 41), Wasserlaufen (RW 02/01, 42), Crosslaufen (RW 09/03, 35), Dauerlaufen (Spir 06/03, 34)

Die Anzahl desubstantivischer **Suffixableitungen**, welche keine zusätzliche Affigierung aufweisen (82 Stw.), gestaltet sich im Vergleich zu den Präfixableitungen (51 Belege) um einiges höher:

laufen (LM 06/03, 9), rennen (aL 5/03, 18), spulen (Rup 03/03, 18), traben (RW 10/03, 17)

Einen Sonderfall stellt das Verb *Powern* dar, das vom englischen Lexem *Power* abgeleitet ist.

„Das erste Rennen dient dem Hineinschnuppern in die Wettkampfluft, ist ein lockerer Auftakt mit angezogener Handbremse, beim zweiten ist dann volles Powern durchaus erlaubt." (Cond 03/02, 35)

Um ein höheres Maß an Präzisierung zu erreichen, werden die genannten desubstantivischen Suffixderivationen mit **Präfixen** bzw. **Präfixoiden** ausgestattet. Die semantischen Eigenschaften dieser Präfixkonversionsprodukte entsprechen denen der Ableitung ohne zusätzliche Affigierung (s. o.).

Über die Ausfächerung einfacher Verben durch Präfixe bzw. Präfixoide gibt Tabelle 17 Aufschluss; die Ableitungsmorpheme sind nach ihrer Verwendungshäufigkeit geordnet.

Präfix	Konkrete Beispiele
ab-	*ablaufen* (LM 08/01, 65), *abrollen* (FfL 7+8/02, 12), *abspulen* (VCM 03/02, 55), *abwärmen* (Run 10/02, 58)
aus-	*ausjoggen* (LM 09/02, 10), *auslaufen* (Rup 04/02, 33), *austraben* (RW 04/00, 82), *austrudeln* (Cond 04/02, 38)
über-	*überlaufen* (LM 06/02, 42), *überrennen* (Rup 01/01, 6), *überrunden* (Spir 06/02, 12), *überspurten* (Cond 09/02, 6)
mit-	*mitlaufen* (Run 07/03, 24), *mitrennen* (FfL 12/99, 59), *mittraben* (Run 11/02, 58)
an-	*anlaufen* (aL 01/02, 25), *anrennen* (Spir 11/01, 44)
ein-	*einlaufen* (LZ 10/02, 41), *eintraben* (RW 04/03, 33)
er-	*erjoggen* (VCM 01/02, 34), *erlaufen* (L 02/96, 9)
los-	*losbolzen* (RW 12/02, 58), *loslaufen* (Run 07/03, 71)
durch-, ver-, weg-, zer-, auf-	*durchlaufen* (VCM 03/03, 8), *verlaufen* (Run 09/02, 74), *weglaufen* (VCM 03/03, 27), *zerlaufen* (aL 01/02, 23), *auflaufen* (RW 05/01, 92)

Tabelle 17: Beispiele für Präfix- bzw. Präfixoidverben

Bevor Abbildung 21 noch einen abschließenden Einblick in die vielfältigen Präfixbildungen mit dem Grundverb *-laufen* gibt, soll zunächst noch auf die Semantik der Präfixoide in Verben, wie z. B. *überlaufen*, eingegangen werden.

über- präfigiert zahlreiche Verben und besitzt die semantischen Merkmale „lokal, relational". Es wird sowohl die Bewegung eines Agens von einem Ort zum anderen als auch „das Überschreiten einer Grenze, eines Maßes oder das Überlegensein [...] damit bezeichnet"[220]:

---

[220] Fleischer/Barz 1995, 344.

„Beton bekommt man nur auf den paar Stufen nach der ersten und beim Überlaufen der zweiten Brücke unter die Füße, wodurch Spikes verwendet werden können und Pelzebub seine Hufe schont." (LM 1+2/93, 16)

„Und sogar die unschlagbare Maria Mutola, von Grafs Mutter stets ‚Mizzi' genannt, war nach dem Finallauf tief beeindruckt: ‚Ein tolles Comeback. Ich gratuliere.' Ihre neuen alten Ziele – Mutola auf den letzten Metern überlaufen und Gold bei WM oder Olympia holen – wird Steffi Graf nun entspannter angehen." (VCM 02/03, 12)

Unter den vielen Derivationsprodukten, welche als Grundverb *-laufen* aufweisen, stellen die Bildungen mit dem Präfixoid *über-* jedoch nur eine Variante von vielen dar. Die durch Derivation entstandenen Präfixverben mit der Basis *-laufen* sind recht bunt; zur optischen Verdeutlichung siehe Abbildung 21.

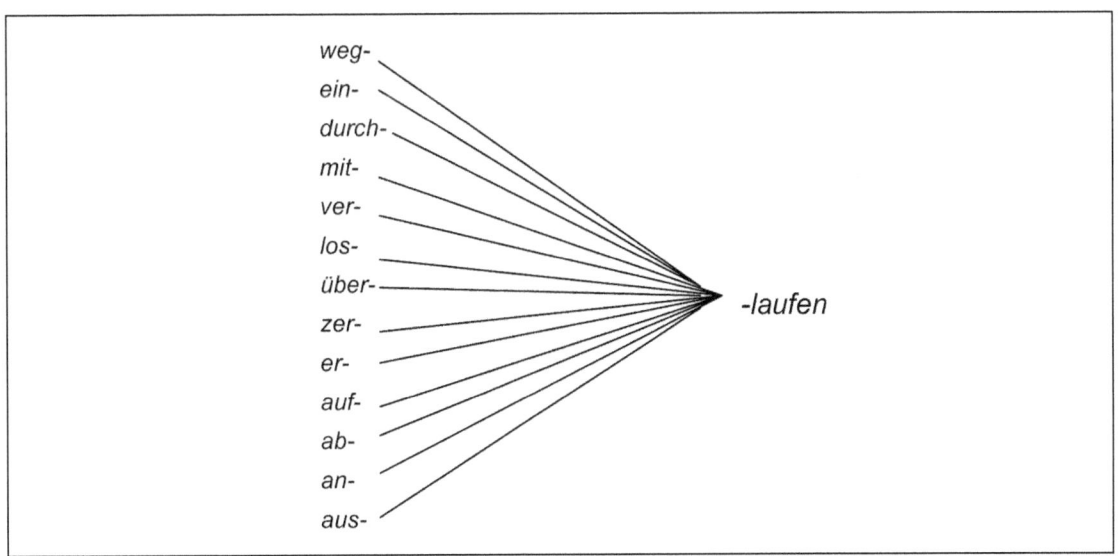

Abbildung 21: Ausfächerung des Grundverbs -laufen durch Präfixe

6.3. Adjektive

Die Bauweise der **Adjektivkomposita** ist weniger vielfältig als die der Substantivkomposita: Bis auf eine Koppelung mit dem Negationspartikel *nicht- – nichtläuferisch* (RW 11/02, 97) – treten als Erstkonstituenten durchgängig Substantive auf, darunter vorzugsweise *lauf-* (36-mal), *läufer-* (9-mal) und *marathon-* (7-mal). Bei der Verknüpfung stehen die beiden Konstituenten (Substantiv + Adjektiv) stets in einem determinativen Verhältnis zueinander.

<u>marathonverrückt</u> (LZ 7+8/02, 18), <u>laufmüde</u> (LM 1+2/93, 11), <u>laufgesund</u> (Run 06/03, 25)

In fünf Fällen weisen die adjektivischen Wortbildungskonstruktionen **partizipiale Zweitglieder** auf, wobei sowohl Belege für Partizip I- als auch für Partizip II-Komposita vorliegen. Während die Konstituenten der Partizip I-Komposita („Laufbezeichnung + Partizip I") aus syntaktisch-semantischer Sicht ein „Akkusativobjektverhältnis" markieren, weisen sich die Partizip II-Komposita („Laufbezeichnung + Partizip II") durch ein „Präpositionalobjektverhältnis" aus:[221] *marathonbegeistert* (LZ 11/00, 10), *laufsportbegeistert* (Run 09/03, 74), *lauforientiert* (Run 02/03, 12), *laufunterstützend* (LM 08/02, 5), *marathonlaufend* (LM 07/92, 12).

Adjektivische Ableitungen werden nie mit **Präfixen** gebildet. Neben dem verstärkenden Fremdpräfix *ultra-* – *ultralang* (Spir 06/90, 24) – kann noch das in einer kombinatorischen Derivation enthaltene Präfix *be-* als dazugehörend angesehen werden: *belaufbar* (Spir 06/95, 46).

„Der 50-km-Kurs führt auf gut <u>belaufbaren</u> Straßen im Uhrzeigersinn von meiner damaligen Wohnung in Leipzig-Möckern durch die Außenbezirke der Messestadt bzw. angrenzende Gemeinden." (Spir 06/95, 46)

„Beim Crosslauf sucht man unbefestigte Wege und Pfade, die sich auf noch gut <u>belaufbarem</u> Boden befinden, aber durch diverse Rhythmusbrecher ein anspruchsvolles Laufen erfordern." (VCM 01/03, 22)

Suffixe lassen sich hingegen mehrere beobachten: Das heimische Derivationsmorphem *-isch* erreicht unübertroffen die höchste Anwendungsquote (26 Stw.); *-ig* und *-lich* kommen nur mit viel geringerer Frequenz vor (8- bzw. 6-mal), z. B.: *läuferisch* (Spir 06/96, 27), *laufsportlich* (Rup 01/03, 16).

Die semantische Funktion der unterschiedlichen **Suffixoide** besteht überwiegend darin, die Beschaffenheit, den Zustand, die Eignung oder Neigung der Größe, die das Bezugsnomen nennt, hervor-

---

221 Vgl. Fleischer/Barz 1995, 245.

zuheben.[222] Es handelt sich dabei insbesondere um Derivationsprodukte, „die mit einer *haben*- bzw. *sein*-Prädikation und einer quantitativen bzw. einer Intensitätsbestimmung wiedergegeben werden können"[223].

So deutet -*frei* speziell auf privative Inhaltsmerkmale hin:

„Es war ein lauffreier Tag, aber ich ganz heiß darauf, mich zu bewegen: ‚Och, 'ne kleine Runde mit dem Rad ist wohl drin.'" (RW 08/03, 82)

„Immerhin sind einige durchaus bedeutsame Veränderungen festzustellen, die sich im Rahmen des Münchner Marathons nach drei marathonfreien Jahren ergeben haben […]." (RW 12/00, 55)

Im Unterschied dazu weisen die Morpheme -*stark* bzw. (superlativisch) -*stärker* auf potenziale Eigenschaften hin (‚etwas gut können'):

„Ein sehr enges Finish zeichnete sich ab – ein Rennverlauf, wie geschaffen für den bekannt sprintstarken Hoffmann." (LM 1+2/02, 36)

„Im Finish konnte sich der spurtstärkere Thomas Ertl durchsetzen und verwies Rainer Müller auf den zweiten Platz […]." (Spir 11/91, 38)

Auf Tätigkeiten, die gerne getan oder anderen vorgezogen werden, nehmen Wortbildungen mit -*lustig* und -*freudig* Bezug:

„1988 war sie eher reise- denn lauflustig." (LM 04/97, 60)

„So werden prämiert: die lauffreudigen Unternehmen Österreichs, also jene, die die meisten Teilnehmer beim Firmenlauf stellen […]." (LM 08/01, 7)

---

222 Vgl. Ortner 1982, 162.
223 Ortner 1982, 167.

Die meisten Suffixoide unterstreichen aber die Eignung bzw. das Imstandesein:

läuferfreundlich (Spir 07/98, 50), läufergünstig (Spir 12/96, 74), läufergerecht (LZ 06/01, 14), elitelaufreif (LM 1+2/02, 52), lauffähig (FfL 10/98, 54)

Abschließend sei noch bemerkt, dass aus syntaktischer Sicht das Wortbildungsmuster „*lauf-* + Adjektiv mit dem Suffix *-isch*" im adjektivischen Bereich das produktivste darstellt: 27 (von insgesamt 83) Adjektivkonstruktionen basieren auf diesem Modell. In diesen bevorzugten Wortbildungsprinzipien schlägt sich einmal mehr die gegenwartssprachliche Tendenz zur Systematisierung nieder.

7. Eigennamen

In 5.3. wurde bereits auf das Wesen und die Spitzenreiterrolle der Eigennamen in Laufveranstaltungsbezeichnungen hingewiesen und ansatzweise die Differenzierungsproblematik „Eigenname – Appellativum" angesprochen. Bei manchen in Laufzeitschriften vorkommenden Bezeichnungen stößt man gelegentlich auf unscharfe Grenzen zwischen Eigenname und Appellativum, in erster Linie dann, wenn die Erstkonstituente in der Lage ist, sowohl Appellativ- als auch Eigennamenstatus anzunehmen – letzten Endes ist oft der Kontext ausschlaggebend. So kann z.B. das Lexem *Frühjahrsmarathon* bzw. *Frühjahrs-Marathon* je nach Kontext appellativisch zur Charakterisierung oder onymisch zur Identifizierung herangezogen werden. Die folgenden zwei Zitate verdeutlichen die unterschiedlichen grammatischen Merkmale, „die Bedeutung, die Semantik der Eigennamen und ihre spezifischen kommunikativen Funktionen"[224], welche die Lexeme in spezifischen Kontexten aufweisen. Beim ersten Fall ist der Zweck des Namens Identifikation, beim zweiten Charakterisierung.

> „Eigentlich hätte der ‚Frühlings-Marathon' 1992 zu einem Top-Event werden sollen."
> (VCM 03/03, 72)

> „100.000 und vielleicht sogar mehr waren bei den größten Frühlingsmarathons am Start."
> (VCM 03/00, 6)

Namen werden im vorliegenden Vokabular mit ganz wenigen Ausnahmen, in denen der Name Zweitkonstituente ist – *Marathon Frankfurt* (Spir 02/02, 6) –, zur Spezifizierung einer appellativischen Basis eingesetzt, genaugenommen in Komposita und onymischen Wortgruppen. In den folgenden Abschnitten (7.1.–7.7.) findet eine Analyse der onymischen Modifizierungselemente statt, wobei semantische, morphologische und funktionale Aspekte sowie Frequenzmerkmale einzelner Namenkategorien im Vordergrund stehen. Darüber hinausgehend wird aber auch danach gefragt, mit welchen Kernwörtern am häufigsten Verbindungen eingegangen beziehungsweise Gesamteigennamen gebildet werden.

---

224 Schippan 2002, 62.

Generell teilt sich der Bestand an Eigennamen (1.085 Stichwörter), der insgesamt ca. 26 %, also rund ein Viertel, des Gesamtwortschatzes ausmacht, vorwiegend auf die in 5.3.2. vorgestellten semantischen Teilfelder auf (siehe Abbildung 22):

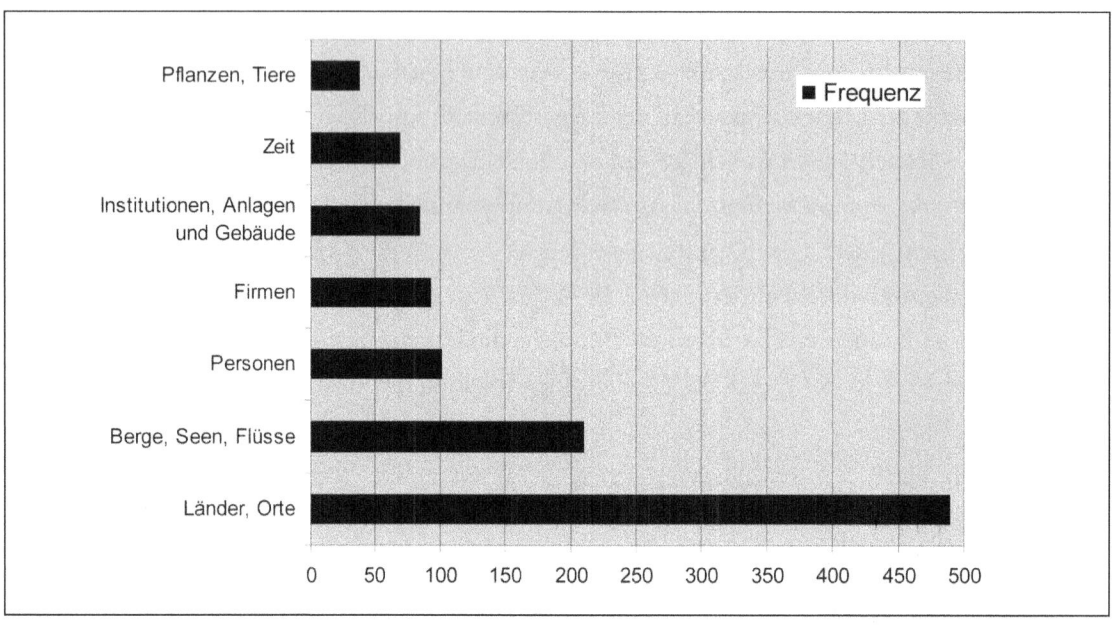

Abbildung 22: Frequenzen der onymischen Modifizierungselemente – in semantischen Teilfeldern (gesamt: 1.085 Stw.)

7.1. Länder- und Ortsnamen

Aus den verschiedenen Bildungen mit **Ländernamen** (darunter auch Namen für Bundesländer, Kontinente und Inseln) geht eindeutig hervor, dass man sich erst in neuerer Zeit vermehrt für den Laufsport auf internationalem Boden interessiert. Selbst wenn in den einzelnen Zeitschriften auf den ersten Blick das heimische Laufgeschehen, am Seitenumfang gemessen, im Vordergrund steht – viele Erstkonstituenten, die Namen für österreichische oder deutsche Bundesländer sind –, so finden Laufveranstaltungen in aller Herren Länder doch zusehends Beachtung. Rund 60 % der gebuchten Bezeichnungen für Laufveranstaltungen, die Ländernamen enthalten, stammen aus dem Zeitraum 2000 bis 2003; die Kontexte bestätigen, dass diese Bezeichnungen auch in dieser Zeitspanne erstmals geprägt wurden. Was die Morphologie anbelangt, so handelt es sich bei den „neueren" wie bei den „älteren" Bildungen mit Ländernamen fast durchwegs um zweigliedrige Komposita mit appellativischer Basis („Ländername + Laufbezeichnung").

Ägyptenmarathon (LZ 09/97, 27), Algarve-Marathon (Rup 03/02, 15), Antarktis-Marathon (Run S01/03, 45), Deutschlandlauf (RW 11/98, 75), Helgoland-Marathon (Cond 04/02, 14), Kenialäufer (Spir 09/93, 17), Lanzarote-Marathon (L 03/95, 50), Ostfriesland-Marathon (RW 01/03, 42), Singapur-Marathon (LZ 03/95, 3), Syltlauf (Spir 03/90, 12), Tirolmarathon (LZ 02/01, 59)

Unter den **Ortsnamen** spielen gerade Namen von Großstädten eine bedeutende Rolle bei der Auswahl von Laufveranstaltungsbezeichnungen. Auch im Bereich der Konstruktionen „Städtename + Laufbezeichnung" kann für die letzten Jahre eine lokale Ausdifferenzierung festgestellt werden (nähere Details folgen in Abschnitt 11.). Hinsichtlich ihrer Frequenz halten sich Komposita, die in der Regel aus zwei Konstituenten bestehen, und Wortgruppen jedoch die Waage.

Komposita (137 Stw.):
Amsterdam-Marathon (VCM 06/00, 23), Berlin-Marathon (aL 05/03, 49), Bonn-Marathon (Run 05/03, 75), Chicago-Marathon (RW 07/01, 72), Frankfurt-Marathon (Spir 02/01, 75), Graz-Marathon (VCM 04/99, 47), Hamburg-Marathon (RW 07/03, 82), Hannover-Marathon (Cond 04/02, 4), Istanbul-Marathon (LZ 01/03, 11), Linz-Marathon (aL 5/03, 7), London-Marathon (Spir 12/98, 20), Köln-Marathon (RW 05/03, 30), München-Marathon (Cond 12/02, 21), Duisburg-Marathon (Cond 07/03, 65), Neuschwansteinmarathon (Rup 01/02, 9), New-York-Marathon (RW 07/03, 6)

Wortgruppen (85 Stw.):
Augsburger Rückwärtslauf (Rup 04/02, 18), Berner Frauenlauf (FfL 06/02, 20), Bieler Hunderter (FfL 7+8, 14), Düdinger Cross (FfL 12/97, VI), Frankenthaler Zeitläufe (LZ 04/00, 51), Frankfurter Firmenlauf (RW 05/01, 52), Genfer Stadtlauf (L 01/96, 28), Haller Lauftage (LM 03/03, 36), Innsbrucker Raiffeisen-Stadtlauf (LM 1+2/93, 30), Laufner Lauf (L 08/95, 66), Lichtenrader Meile (LZ 7+8/96, 56), Luzerner Stadtlauf (FfL 06/02, 20), Mannheimer Brückenlauf (Rup 01/99, 38), Mödlinger Altstadtlauf (VCM 06/01, 31)

Wie die oben angeführten Beispiele für onymische Wortgruppen vermuten lassen, dominiert der Gebrauch von Lexemen mit dem Suffix *-er* – das Derivationsmorphem *-isch* tritt klar zurück gegenüber *-er*: *Badische Meile* (Spir 06/96, 27), *Preußische Meile* (LZ 7+8/96, 57). Letztlich hängt dieser Umstand aber weniger mit den spezifischen Merkmalen des untersuchten Vokabulars zusammen

– die Belege bestätigen mehr einen seit Jahrhunderten andauernden Trend. Die heutige Verteilung der *-er*-Derivate stellt nämlich das Ergebnis eines historischen Prozesses dar. Genau genommen tritt das Suffix *-er* seit dem 15. Jahrhundert in zunehmendem Maße auf.[225]

Manche Bezeichnungen für Laufveranstaltungen, deren Namen sich auf österreichische, deutsche oder schweizerische Täler beziehen, wären mit Sicherheit auch historisch zu erklären. Dies soll aber nicht Untersuchungsgegenstand dieser nur beschränkt onomastischen Arbeit sein:

Bibertallauf (LZ 12/02, 57), Ötztal-Halbmarathon (Rup 03/01, 13), Pfinztal-Jubiläumslauf (Rup 04/02, 28), Sauertallauf (Spir 09/93, 33), Selketallauf (Cond 03/02, 21), Waldachtal Jux-Marathon (Rup 02/99, 24), Wiedtal-Lauf (Spir 02/92, 62)

7.2. Namen für Berge, Seen und Flüsse

Diese semantische Teilgruppe besitzt nicht nur die Eigenheit, am meisten Einzelbelege aufzuweisen, also durch Variantenreichtum qualitativ zu brillieren, sondern sie weist zudem innerhalb der sieben onomasiologischen Namenkategorien die höchste Anwendungsquote onymischer Wortgruppen auf.

Angesichts der Popularität der Bergläufe fungieren in Komposita und Wortgruppen immer mehr zusammengesetzte **Bergnamen** als bestimmendes Lexem, nur selten Simplexformen wie etwa in der Wortgruppe *Rund um die Wingst* (LZ 02/96, 30).

Fockeberglauf (LZ 12/02, 55), Homberglauf (FfL 06/02, 14), Rund um den Disibodenberg (LZ 12/99, 46)

Aus der morphematischen Perspektive begegnen vor allem zwei Kompositionsmodelle:

„Zusammengesetzter Bergname (GW *-berg*) + *-Lauf/-lauf*": *Heuchelberglauf* (Rup 03/99, 28)
„Zusammengesetzter Bergname + *-Berglauf/-berglauf*": *Fellhorn-Berglauf* (Spir 07/98, 17)

---

225 Vgl. Fleischer 1992, 61.

In 71 % aller Fälle zeichnen sich die Bergnamen durch die Kombination von Bezeichnungen für verschiedenste Bergmerkmale (z. B. die Größe) mit dem Grundlexem *-berg* aus – deswegen tritt der erste Kompositionstyp mit einer etwas höheren Frequenz auf. Aufgrund des Variantenreichtums der verdeutlichenden Bildungen seien in Tabelle 18 einige Beispiele für die gängigsten Bestimmungslexeme von Bergnamen, ihren jeweiligen Objektbereichen zugeordnet, vorgestellt. Sie beziehen sich in ihren Inhalten beispielsweise auf Farben, die relative Größe, Lage des Berges, Natur- und Witterungserscheinungen, Naturschätze, die Nutzung des Berges, Tiere, die Religion, markante Besonderheiten des Berges, Namen oder Zahlen.

Teilfeld	Konkrete Beispiele
Farbe	*Grünberg-Gipfellauf* (LM 10/93, 11)
Größe	*Genußlauf auf den Großglockner* (LM 06/00, 39), *Großglockner-Berglauf* (LZ 10/03, 39)
Lage	*Seegruben-Berglauf* (LM 06/96, 36), *Voralpenlauf* (LM 04/92, 41)
Wetter, Natur	*Nebelhorn-Berglauf* (Spir 07/98, 17), *Rund um den Windberg* (LZ 03/95, 27), *Schneeberglauf* (LM 11+12/02, 42), *Um den Sonnberg* (LM 07/92, 37), *Brunnenberglauf* (LZ 09/93, 31), *Eisberglauf* (LZ 10/95, 31), *Feldberg-Lauf* (Spir 06/96, 38)
Schätze, Nutzung	*Harzgebirgslauf* (RW 07/01, 79), *Harzläufe* (LZ 12/02, 19), *Beerberg-Berglauf* (LZ 09/93, 11), *Kupferberglauf* (RW 12/00, 58), *Weinberglauf* (Rup 02/03, 25), *Rund um den Heuberg* (FfL 11/97, VII), *Sonntagberger Erlebnislauf* (VCM 03/02, 88)
Tiere	*Rund um den Wolfsberg* (Spir 11/91, 30)
Religion	*Rund um den Kirchberg* (Spir 07/94, 31), *Predigtstuhl-Berglauf* (Spir 07/00, 5)
Markantes	*Rund um den Scharfenstein* (LZ 7+8/96, 42)
Namen	*Ottilienberglauf* (Rup 01/03, 30)
Zahlen	*Drei-Gipfel-Lauf* (LM 07/92, 37), *Siebengebirgsmarathon* (RW 01/03, 50), *Sieben-Hügel-Lauf* (Spir 07/98, 56)

Tabelle 18: Beispiele für Bezeichnungen mit Bergnamen – semantisch geordnet

Seennamen verzeichnen etwa die gleiche Vorkommenshäufigkeit wie Bergnamen (49 Stw.) und begegnen ebenfalls sowohl in Kompositionen als auch in Wortgruppen mit onymischem Charakter.

Pfäffikersee-Lauf (FfL 11/97, IV), Bodenseemarathon (Rup 03/00, 23), Hallwilerseelauf (FfL 12/97, I), Tollenseelauf (LZ 09/02, 63), Rund um den Lunzer See (LM 10/93, 27), Rund um den Wienerwald-See (LM 04/98, 38), Rund um den Untreusee (Spir 06/01, 45)

In ihrer Semantik zeichnet sich die Mehrheit der Elemente durch eine „externe Motiviertheit"[226] aus, wenn in erster Linie die örtliche Umgebung bzw. die angrenzende oder umgebene Ortschaft den Referenzbereich darstellt.

Hallstättersee-Rundlauf (LM 06/00, 48), Lauf um den Wünsdorfer See (LZ 10/95, 34), Rund um den Pressegger See (RW 07/02, 62), Rund um den Wesslinger See (Rup 01/99, 35), Rund um den Bielersee (FfL 11/97, III), Rund um den Brienzersee (FfL 12/97, II), Baldeggerseelauf (FfL 06/02, 24), Gippinger Stauseelauf (FfL 12/97, VI)

In den Namen enthaltene Angaben zur relativen Lage können zudem als extern motiviert betrachtet werden, Bestimmungswörter mit Informationen zur Gestalt des Gewässers hingegen als intern motiviert.[227]

Relative Lage (Externe Motivation):
Oberelbe-Marathon (Cond 04/03, 60), Ostsee-OL (LZ 11/90, 5), Hintersee-Lauf (LM 06/00, 39)

Form (Interne Motivation):
Mondsee-Halbmarathon (LM 10/02, 9)

---

226 Nach der Typologie von Koß 2002, 8. Koß hat diese in Anlehnung an Bach 1953, Greule 1985, Krahe 1964 entworfen.
227 Vgl. Koß 2002, 8.

Zur Spezifizierung von Laufveranstaltungen mittels **Flussnamen** sind neben alteuropäischen oder keltischen Gewässernamen auch Erstglieder mit dem typisch deutschen Flussnamen-Grundwort[228] -*bach* gefragt.

> Oberelbe-Marathon (Cond 04/03, 60), Main-Lauf-Cup (Spir 12/98, 20), Alsterlauf (LZ 10/02, 50), Havellauf (RW 07/02, 58), Rheinmarathon (Rup 01/02, 12), Rhein-Ruhr-Marathon (RW 03/00, 52), Ruhr-Marathon (RW 07/03, 44), Elbe-Staffel-Marathon (LZ 04/92, 10), Eifel-Marathon (Spir 07/98, 53), Donaulauf (RW 02/99, XII), Gröbenbachlauf (Spir 12/96, 70), Kämpfelbachlauf (LZ 04/00, 52)

7.3. Personennamen

In Hinblick auf ihre semantischen Charakteristika teilen sich die in Komposita integrierten Personennamen in die engere Gruppe der Heiligennamen und in die umfangreichere Gruppe der Namen für Persönlichkeiten auf. Letztere setzt sich zusammen aus Personennamen für eher allgemein geachtete Berühmtheiten und solche, die im Laufsport bekannt sind oder einst durch ihr läuferisches Talent in die Laufsportgeschichte eingingen. In allen Fällen liegt das Modell einer „ehrenden Benennung"[229] vor – Personennamen zeigen im vorliegenden Wortschatz niemals ein Rechts-, Besitz- oder ähnliches Verhältnis an.[230]

Interessanterweise sind unter den Konstruktionen mit Namen allgemein geschätzter Persönlichkeiten nicht nur Namen berühmter Herrscher und einstiger Religionsgruppen oder Herrschervölker, sondern vor allem auch Schriftstellernamen präsent.

> Kaiser Arnulf-Gedächtnislauf (LM 06/00, 39), König-Otto-Sprudel-Lauf (Rup 03/99, 26), Ramses-Runde (LZ 09/02, 59), Bismark-Gedenklauf (LZ 12/02, 52), Hugenottenlauf (Rup 03/00, 26), Babenbergerlauf (LM 03/99, 22)

> Brüder-Grimm-Lauf (Spir 05/92, 66), Fontanelauf (LZ 08/90, 3), Hermann-Hesse-Lauf (RW 12/02, 94), Lutherlauf (RW 07/02, 60), Wedekind-Lauf (Spir 06/91, 39)

---

228 Vgl. Koß 2002, 5.
229 Fleischer 1995, 133.
230 Vgl. Fleischer 1995, 133.

Der Bereich des Literarischen wird darüber hinaus mit Namen für Figuren aus der Märchenwelt, aus Comics oder mit literarischen Titelhelden tangiert. Die literarischen Eigennamen verleihen den lexikalischen Einheiten speziell durch ihre Metaphorik kreativen Gehalt.

> Mini-Maus-Lauf (Rup 01/99, 34), Rotkäppchen-Etappe (Cond 05/02, 22), Schneewittchen-Etappe (Cond 05/02, 22), Struwelpeter-Lauf (LZ 03/95, 4), Jedermannslauf (Run 04/03, 92), GP Wilhelm Tell-Lauf (L 02/96, 59)

Im Grunde von wenig Kreativität, aber von höchster Produktivität zeugen dagegen die ehrenden Benennungen für aktuelle und einstige Läufergrößen. Interessanterweise sind insbesondere Konstruktionen nach dem Wortbildungsmodell „Vor- und Familienname + Laufbezeichnung" frequenzmäßig dominant (25 Stw.; entspr. 29 %). Obwohl die Personenbezeichnung deutlicher, identifizierender nicht sein könnte, vollzieht sich die ehrende Funktion fast immer in einem noch zusätzlich spezifizierten Grundwort (v.a. -*Gedenklauf, -Gedächtnislauf*), denn der Bekanntheitsgrad der Personennamen dürfte in überregionaler Hinsicht äußerst beschränkt sein. Die Benennung eines Laufes zu Ehren der österreichischen Läuferin Theresia Kiesl in *Kiesl-Lauf* (LM 04/97, 11) ist zwar aufgrund der Nennung des Familiennamens eine Randerscheinung, wird aber wahrscheinlich über die Grenzen von Österreich hinaus bekannt sein. Insgesamt handelt es sich bei dem bevorzugten Modell wohl mehr um eine Sprachmode aus älteren Zeiten, die in den letzten Jahren aus pragmatischen Gründen aus der Mode zu kommen scheint (vgl. 11.).

> Albert-Kuntz-Gedenklauf (LZ 06/91, 29), Arthur-Lambert-Gedenklauf (Cond 06/01, 24), Carl-Müller-Lauf (Spir 02/92, 32), Dieter-Meinecke-Gedächtnislauf (Rup 03/99, 24), Franz-Schwarz-Gedenklauf (LZ 06/91, 28), Günther Pichler-Gedächtnismeeting (LM 03/03, 36), Hans-Roth-Waffenlauf (L 03/95, 77), Kurt-Roth-Gedächtnislauf (Rup 01/01, 37), Johann-Pichler-Gedächtnislauf (LM 04/97, 41), Konrad-Dobler-Straßenlauf (Rup 01/01, 33)

7.4. Firmennamen

Die Zahl der Firmennamen (93 Stw.) lässt sich wegen ihrer semantischen Verschiedenartigkeit kaum in inhaltliche Kategorien einreihen – die unteren Beispiele geben nur einen kleinen Einblick in die unterschiedliche Beschaffenheit.

Swarovski-Finisherpreis (Run 09/02, 75), AMREF Vita-Lauf (VCM 01/03, 15), ARQUE-Lauf (Arbeitsgemeinschaft für Querschnittgelähmte; RW 04/00, 82), AVON-Frauenlauf (AVON Cosmetics; Spir 07/98, 6), Bewag Berliner Halbmarathon (Bewag Aktiengesellschaft; LZ 05/03, 5), BIT-Silvesterlauf (Bitburger; Spir 02/02, 10), Bosch-Marathon (Bosch Sicherheitssysteme; FfL 12/99, 17), Hoechst-Marathon (Industriepark Höchst; Cond 10/02, 62), Saturn-Deutschland-Lauf (Detektive-Saturn-Deutschland; LZ 11/90, 28), Telekom-Supermarathon (LZ 03/95, 14), WAZ-Lauf (Westdeutsche Allgemeine Zeitung; RW 03/03, 78)

Am ehesten bilden noch die Bezeichnungen für Sportartikelfirmen, Autofirmen, Versicherungsanstalten, Geldinstitute, Mineralölfirmen, Möbel- und Versandhäuser, Firmenketten, Waren- und Lebensmittelhersteller eigene semantische Klassen. Die folgenden Beispiele zeigen eine Auswahl:

Sportartikelfirmen:
Nike-Wertung (LM 04/98, 41), Reebok-Funktions-Laufshirt (Rup 04/02, 29), adidas-Laufschuhe (RW 04/03, 10), adidas-Marathon (Spir 06/95, 28), Sport-Grösgen-Laufserie (Run 04/03, 84), Sporthaus Stückler-3-Städte-Lauf (LM 03/03, 34), Sport-Scheck-Lauf (Spir 06/01, 14), OSTWIND-MiniMarathon (LM 03/03, 38)

Autofirmen:
BMW-Läufer (RW 07/02, 47), Ford-Köln-Marathon (Spir 06/01, 14), Peugeot-City-Lauf (LZ 06/94, 30), Rund um Mercedes-Benz (Rup 01/99, 38)

Versicherungen, Geldinstitute:
ERSTE-Cup (LM 04/92, 26), Generali Silvesterlauf (VCM 06/00, 48), Wüstenrot-Lichtenberglauf (LM 04/97, 41), Raiffeisen-Glücksrunner (VCM 03/02, 52), Raika-Lauf Längenfeld (LZ 02/01, 58), Sparkassen-Marathon (Spir 07/94, 20)

Mineralölfirmen:
OMV-Marathon (VCM 03/02, 80), Shell Hanse-Marathon (LM 1+2/96, 23), Shell hanse-Marathon Hamburg (LZ 03/95, 32), Hanse-Marathon (RW 04/00, 81), hanse-Marathon (Spir 02/99, 62)

Möbel- und Versandhäuser, Firmenketten:
Kastner&Öhler-Läufermeeting (LM 06/96, 36), kika-Halbmarathon (LM 03/99, 37), Hagebaulauf (LZ 06/01, 58), Lutz-Silvesterlauf (LM 1+2/96, 33), Quelle-Läufer (LZ 11/90, 9), dm-Partnerläufe (VCM 02/03, 35)

Waren-/Lebensmittelhersteller:
Coca-Cola-Genusslauf (VCM 03/01, 38), Haribo Kinderlauf (LM 06/96, 31), Nestlè Austria-Schulläufe (VCM 05/02, 56)

Firmennamen, die als Initialwörter aufscheinen und im Grunde genommen nur als solche existieren, weil sie ihre vollständigen Formen längst verdrängt haben, sind trotz ihrer Kürze und Prägnanz als Kompositions- oder Wortgruppenelemente weniger geläufig als Einwort-Firmennamen. Aus orthographischer Sicht gilt es zu bemerken, dass die Identität des Firmennamens in nur ganz wenigen Fällen mittels Großschreibung angezeigt wird, wie beispielsweise in *ERSTE-Cup* (LM 04/92, 26), *OSTWIND-MiniMarathon* (LM 03/03, 38), aber niemals durch die Verwendung von Anführungszeichen oder Kursivdruck. Die Sonderstellung des Firmennamens kommt in der Regel durch die Schreibung mit Bindestrich, allenfalls durch Getrenntschreibung (in Wortgruppen), zum Ausdruck.

Markennamen stellen im Kontrast zu Firmennamen eine absolute Minderheit dar – der erhobene Wortbestand besteht aus Belegen für Komposita mit Einwort-Markennamen. Ihre äußerst geringe Frequenz ist wohl darauf zurückzuführen, dass mit Laufveranstaltungen weniger Produkt- als Firmenwerbung verbunden ist. Das Unternehmen stellt sich in den Dienst einer guten Sache – der Firmenname spricht für sich, nicht der Produktname bürgt für die Qualität der Firma. Die fünf Markennamen weisen keine Einheitlichkeit bezüglich ihres Referenzbereichs auf (Pharmaprodukt, Babypflege, Lebensmittel, Spielzeug, Automarke).

dolobene-Stiegenlauf (LM 06/02, 32), Pamperslauf (Spir 09/93, 33), Spezi-Marathon (LZ 06/03, 59), Lego-Mini-Marathon (VCM 03/99, 28), Scenic-Lauf (LZ 02/98, 33)

7.5. Namen von Institutionen, Anlagen und Gebäuden

Wortbildungen mit Namen für öffentliche **Institutionen** dürften wohl maßgeblich zur Popularisierung einer Laufveranstaltung beitragen, da sie im Wortschatz des Rezipienten fest verankert sind.

DB-Marathon-Cup (Spir 02/92, 52), Weißes-Kreuz-Lauf (RW 07/02, 58), ORF-Wellness-Lauf (LZ 02/01, 57)

Frequenzmäßig ist die Anzahl der Bezeichnungen für **Park- und Gartenanlagen** aber entscheidend höher als die Anzahl der Lexeme für andere Institutionen wie beispielsweise die oben genannten (22 vs. 13 Stw.). Ein gewisser Bekanntheitsgrad ist jedoch in Abhängigkeit von der jeweiligen Region bzw. vom Wohnsitz des Leserpublikums auch für diese onymischen Komposita anzunehmen.

Akademieparklauf (LM 10/93, 27), Krugparklauf (LZ 11/03, 21), Lainzer Tierpark-Lauf (LM 10/93, 5), Schlossparklauf (LZ 09/02, 21), Tiergartencross (LZ 12/99, 44), Hopfengartenlauf (LZ 08/90, 25)

Nur einige Beispiele von Benennungen mit **Gebäudenamen** (bzw. Namen von Gebäudeteilen) genügen, um den Eindruck vom vorherrschenden Drang nach Innovation, aber auch Variation, vermittelt zu bekommen.

Elbtunnel-Marathon (RW 04/00, 80), Semmering-Tunnel-Marathon (VCM 04/99, 47), Rennsteigtunnellauf (LZ 05/03, 11), Riegersburglauf (LM 06/96, 28), Rund um die Wittenburger Mühle (Run 04/03, 93)

7.6. Temporale Namen

Im Gegensatz zu den übrigen Eigennamenkategorien beziehen sich die temporalen Eigennamen auf eine sogenannte „Maßeinheitenbasis".[231] „Personen-, Städte-, Länder-, Fluß- oder Bergnamen hingegen sind Eigennamen auf Personen- oder Gegenstandsbasis."[232] Über die Zugehörigkeit von Wochentags- und Monatsnamen zur Klasse der Eigennamen herrscht zwar im Allgemeinen Uneinigkeit[233] – auch Pflanzen- und Tiernamen werden in einem Übergangsfeld zwischen Eigennamen und Gattungsnamen angesiedelt (vgl. 7.7.). Auf die Bezeichnungen für Laufveranstaltungen beschränkt, erhalten die für Laufzeitschriften typischen Kompositionen mit zeitbezogenen Namen jedoch allein aufgrund ihres Kontexts eindeutig Eigennamenstatus – sie erfüllen die geforderte „Einzigkeitsbedin-

---
231 Vgl. Harweg 1990, 3.
232 Harweg 1990, 3.
233 Vgl. Harweg 1990, 1 ff. und Bauer 1998, 16 ff.

gung"²³⁴. Verglichen mit den Eigennamen-Kompositionen aus den anderen Namenkategorien zeichnet sich die Verknüpfung temporaler Bestimmungselemente mit substantivischen Grundwörtern durch einen mehrfachen Gebrauch des Fugen-*s* aus.

Bei den Metonymien für Festtage – kompositionelle Verknüpfungen von Heiligennamen und Appellativen – wird der Einsatz des Fugen-*s* manchmal umgangen und stattdessen der lateinische Genitiv gebildet.

> Florianilauf (LM 06/96, 31), Josefi-Lauf (LM 1+2/02, 43), Stephanilauf (LM 07/92, 17), Leopoldilauf (LM 10/93, 34), Hubertuslauf (LZ 09/93, 31), Laurentiuslauf (Rup 03/00, 12), Martinslauf (LZ 10/02, 19), Nikolaus-Cross (LZ 02/98, 29), Hl. Dreikönigslauf (VCM 06/02, 64)

Feiertagsnamen und Namen für liturgisch bedeutsame Zeiträume legen die Veranstaltungen auf einen bestimmten Zeitpunkt bzw. einen einmal jährlich stattfindenden Zeitabschnitt fest.

> Adventlauf (VCM 04/99, 72), Allerheiligenlauf (Spir 12/96, 70), Ostermontags-Bahneröffnungslauf (Rup 01/01, 33), Palmsonntaglauf (Rup 01/03, 30), Pfingstmarathon (LZ 05/03, 21), Osterlauf (LM 04/97, 33), Weihnachtslauf (FfL 12/97, VI), Vatertagslauf (Rup 01/01, 34), Silvester-Stadtlauf (VCM 06/02, 65), Neujahrsberglauf (Spir 02/95, 34)

Eine ähnliche Funktion erfüllen Ereignisnamen:

> Karnevalscross (Spir 03/90, 32), Kirchweihlauf (LZ 06/01, 56), Kirmes-Volkslauf (LZ 09/93, 31), Millennium-Marathon (RW 12/00, 70)

7.7. Pflanzen- und Tiernamen

Pflanzen- und Tiernamen wird in ähnlicher Weise wie den Wochentags- und Monatsnamen der Eigennamencharakter vielfach abgesprochen. Da sie im Laufsport aber mit weiteren Kompositionselementen eine lexikalische Einheit bilden, die durchaus identifizierenden Status hat – sie dient der

---

234 Lötscher 1995, 449.

Identifikation einer einzigen Veranstaltung –, stellt sie somit als Gesamtkomplex einen Eigennamen dar; der Pflanzen- bzw. Tiername steuert spezifizierende Merkmale bei.

Die Vielfalt der durchwegs „volksnahen" **Pflanzennamen** inkludiert zum einen einfache Gattungsnamen, die im deutschen Sprachgebiet verbreitet sind, zum anderen dialektal gefärbte Artnamen, deren Verwendung eher kleinräumig beschränkt ist. Möglicherweise trägt insbesondere diese Art von Volksnähe zur Verbreitung von Laufveranstaltungsnamen bei (Popularisierung).

Lilienlauf (Spir 06/97, 34), Maiglöckchenlauf (Spir 06/97, 34), Narzissenlauf (VCM 03/02, 88), Pusteblumenlauf (Spir 06/97, 34), Schneeglöggli-Lauf (FfL 12/97, 14)

Bezeichnungen für Obst und Gemüse sind nur vereinzelt in Gebrauch, um implizit auf die Erntezeit, sprich das Veranstaltungsdatum, zu verweisen und mit Assoziationen zu spielen:

Weintraubenlauf (LM 05/03, 35), Zwiebellauf (LZ 11/90, 29), Rettichfestlauf (Rup 01/99, 40), Gurkenmarathon (Cond 06/03, 28)

Metaphorisch gehaltvoll und visuell erscheinen die kompositorischen Wortbildungskonstruktionen für Laufveranstaltungen, die **Tiernamen** als Erstkonstituenten enthalten:

Asselrunde (Rup 04/02, 31), Bären-GP (FfL 06/98, 8), Drachenlauf (LZ 10/02, 19), Gelsenwasser-Straßenlauf (RW 10/02, 57), Grizzly-Läufe (Cond 1+2/02, 42), Hasenlauf (Cond 1+2/02, 24), Hornissenlauf (LZ 06/01, 58), Karpfenlauf (LZ 12/94, 31), Löwenmarathon (LZ 09/02, 63), Matjes-Lauf (LZ 03/95, 27), Pantherlauf (LM 1+2/96, 5), Wallauf (LZ 7+8/96, 53)

8. Anglizismen

Unter dem hohen Anteil an fremden Elementen (1.137 Stichwörter) sind es vor allem die Anglizismen, welche bei der Herausbildung von Ad-hoc-Bildungen produktiv sind. Aufgrund ihrer überragenden Frequenz – 96 % innerhalb aller Entlehnungen – rücken sie im Zuge dieses kleineren Abschnitts stark in den Vordergrund, unter ihnen besonders die übernommenen englischen Substantive (ca. 97 %); die Zahl der Adjektive und Verben steht in keinem Verhältnis zu ihrer Anwendungsquote (2 % und 1 %).

Der Begriff *Anglizismus* wird im Folgenden als „Oberbegriff von Entlehnungen aus dem amerikanischen Englisch, dem britischen Englisch sowie den übrigen englischen Sprachbereichen wie Kanada, Australien, Südafrika u. a."[235] verstanden – auf eine Trennung in Britizismen und Amerikanismen wurde demnach verzichtet[236].

Drei Aspekte sind im Rahmen dieses Abschnitts von besonderem Interesse: Einerseits sind es die unterschiedlichen Formen der Entlehnung und ihre Vorkommenshäufigkeit in Laufzeitschriften, auf die eingegangen wird (8.1.), andererseits kommen Phänomene der Integration von Anglizismen zur Sprache (8.2.). Darüber hinausgehend soll aber vor allem auf Motive für die Übernahme des englischen Wortguts aufmerksam gemacht werden (8.3.).

8.1. Formen der Entlehnung und ihre Vorkommenshäufigkeit

Bei der Analyse von Anglizismen gilt es generell, zwischen den Termini *Fremdwort* und *Lehnwort* zu unterscheiden – denn dieses Begriffspaar bezeichnet sozusagen den „Eindeutschungsgrad"[237]. Unter dem Terminus *Fremdwort* versteht man nach Yang „Lexeme oder Lexemverbindungen, die aus einer Fremdsprache übernommen und im Deutschen ohne phonologische, orthographische, morphologische und semantische Verdichtung gebraucht werden und deren Herkunft sich deutlich und leicht erkennen lässt"[238]. Der Terminus *Lehnwort* verweist hingegen auf „ein aus einer Fremdsprache

---

[235] Yang 1990, 7.
[236] Vgl. Ortner 1982, 233.
[237] Schippan 1992, 265.
[238] Yang 1990, 11.

entlehntes Wort, das sich aber phonologisch und/oder morphologisch und/oder orthographisch der übernehmenden Sprache angeglichen hat"[239].

Basierend auf diesen Begriffsdefinitionen wurde die Zahl der verschiedenen englischen Lexeme in die Kategorien Fremdwörter und Lehnwörter aufgeteilt. Die Kategorie Mischkomposita wurde zudem hinzugefügt, da die äußerst produktiven Mischverbindungen als eigener Entlehnungstyp anzusehen sind, der sich zwischen die beiden anderen Entlehnungsformen stellt.[240] Anteilmäßig ragen die Mischkomposita deutlich hervor. Abbildung 23 gibt Aufschluss über die Verteilung der verschiedenen Entlehnungstypen.

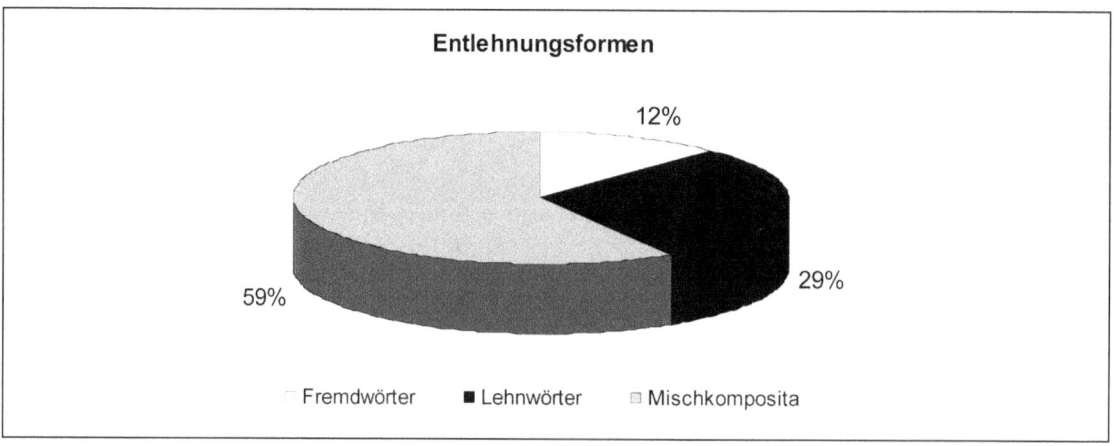

Abbildung 23: Frequenz der Entlehnungsformen

Fremdwörter, also unverändert übernommene, fremde Einzellexeme und Wortbildungskonstruktionen, sind im Vergleich zu den Lehnwörtern nicht so oft vorzufinden (12 %); es handelt sich dabei ausschließlich um Substantive. Als Wortbildungstyp dominiert die Komposition aus zwei oder drei englischsprachigen Lexemen. Offen bleibt aber, ob beziehungsweise inwieweit auch eine phonologische Integration vorgenommen wird. Aufgrund der schriftlichen Belege können diesbezüglich keine Aussagen getroffen werden. Ebenso verhält es sich mit den Belegen, die nur im Singular vorkommen und deren Pluralformen im untersuchten Vokabular nicht existieren – es bleibt unklar, ob die Pluralform ebenfalls englisch ist:[241]

---
239 Yang 1990, 11.
240 Vgl. Yang 1990, 14 f.
241 Vgl. Ortner 1982, 234.

„Trailruns oder Crossläufe bieten Läufern viel Abwechslung. [...]. RUNNING zeigt, welches Schuhwerk Sie benötigen, damit der Trail zum Freund wird." (Run 10/03, 84).

„Der leichte, bequeme Walkstool begleitet Sie überall hin. Dabei ist er so klein, dass er in jeder Tasche Platz findet. Er wird mit einfachen Handgriffen aufgeklappt; die Beine sind ausziehbar." (Run 11/02, 14)

„Der Long Jog im Sommer ist ein langer, langsamer Dauerlauf, der aber – auch wegen Hitze und Ozon – nicht über 100 Minuten hinausgehen sollte." (RW 07/03, 28)

„Die Läufer, die sich mit so genannten ‚streaks' (= Serien von täglichen Läufen) brüsten, haben nur eines: vom effektiven Training keine Ahnung." (RW 11/02, 33)

„Als der Fünf-Stunden-Pacer mit seiner Mannschaft vorbeikam, hoffte ich insgeheim, dass ich da mithalten könnte." (RW 07/03, 82).

FunRun (Run S01/03, 52), Sprintermeeting (LM 03/03, 35), Running-Shorts (RW 07/03, 39), Sprint (RW 10/03, 57)

Mit höherer Frequenz sind **Lehnwörter** substantivischer oder verbaler Art vertreten (29 %), z. B. *finishen* (Run 07/03, 60), *spurten* (RW 08/03, 46).

Im Zuge des Assimilationsprozesses erfahren die Ausgangslexeme mitunter nicht nur orthographische, phonologische und morphologische, sondern auch lexisch-semantische Veränderungen. „Entlehntes Wortgut kann somit in einer von der Ausgangssprache zu unterscheidenden lexisch-semantischen Variante auftreten. Die Basis kann dann Grundlage weiterer Wortbildungsprozesse sein [...] oder weitere Bedeutungsveränderungen erfahren."[242]

Als Beispiel für lexisch-semantische Prozesse ist das Wort *spikes* zu nennen: Es erfuhr durch den Laufsport schon im Englischen eine Bedeutungsverengung, indem die allgemeine Bedeutung ‚Nagel' auf die speziellere Bedeutung ‚Metalldorn in der Sohle von Laufschuhen' eingeengt wurde. In weiterer

---

242 Schippan 2002, 265.

Folge trat eine Bedeutungsveränderung nach dem Modell „pars pro toto" ein, wenn mit *spikes* nicht mehr vom Teilelement, sondern vom Gesamtobjekt ‚Laufschuhen', die Rede war. In der Zwischenzeit haben aufgrund zunehmender Spezialisierung sprachliche Differenzierungen stattgefunden:

„Beim Probieren im Geschäft sollte ein Spike-Schuh knapper sitzen als ein normaler Laufschuh, schließlich laufen Sie auch keinen Marathon damit." (LM 1+2/03, 10)

„Dramatische Folge: Eine drei Zentimeter lange Schnittwunde am Rist des rechten Fußes musste im Spital genäht werden, mit dem Verband kam sie natürlich nicht in ihre Laufspikes." (VCM 05/03, 16)

„Kaufen Sie natürlich einen Langstrecken-Spike und keinen Sprint-Spike." (LM 1+2/03, 10)

„[...] und ich hab mir total cool die Spikes angezogen." (VCM 03/00, 52)

„Wer 10.000 m allerdings deutlich unter 40 min läuft, sollte über die Anschaffung eines Allround-Spikes nachdenken und diesen vor einem Wettkampf mehrfach einlaufen." (Spir 06/90, 70)

„Der typische Cross-Spike war mir zu klobig." (Spir 02/01, 21)

Ebenfalls semantischer oder lexikalischer Art können die schwierig erkennbaren Scheinentlehnungen sein. Unter dem Terminus *Scheinentlehnung* werden Wörter oder Wortverbindungen subsummiert, die mit englischen Sprachmitteln ausgestattet wurden, aber in der Herkunftssprache in dieser Form nicht vorhanden sind.[243]

In Laufzeitschriften begegnen die Beispiele für morphologische Scheinentlehnungen nur als Kompositionselemente. Eine „morphologisch veränderte Übernahme der englischen Sprachzeichen"[244] stellt das Grundlexem in *Laufprofi* (aL 05/03, 47) dar; das Kurzwort *Profi* geht auf das englische Lexem *professional* zurück.

---

243 Yang 1990, 12.
244 Yang 1990, 13.

Die zahlreich vertretenen **Mischkomposita** (vgl. Abb. 23) können sich ihrerseits aus unterschiedlich vielen englischen wie auch deutschen bzw. heimischen Konstituenten zusammensetzen. Im vorliegenden Wortmaterial dominieren eindeutig zweigliedrige Kompositionen, die als Erstglied ein englisches und als Zweitglied ein deutsches Lexem besitzen. Bevor Beispiele für die einzelnen Kompositionstypen folgen, gibt Abbildung 24 Informationen zu ihrer Verteilung.

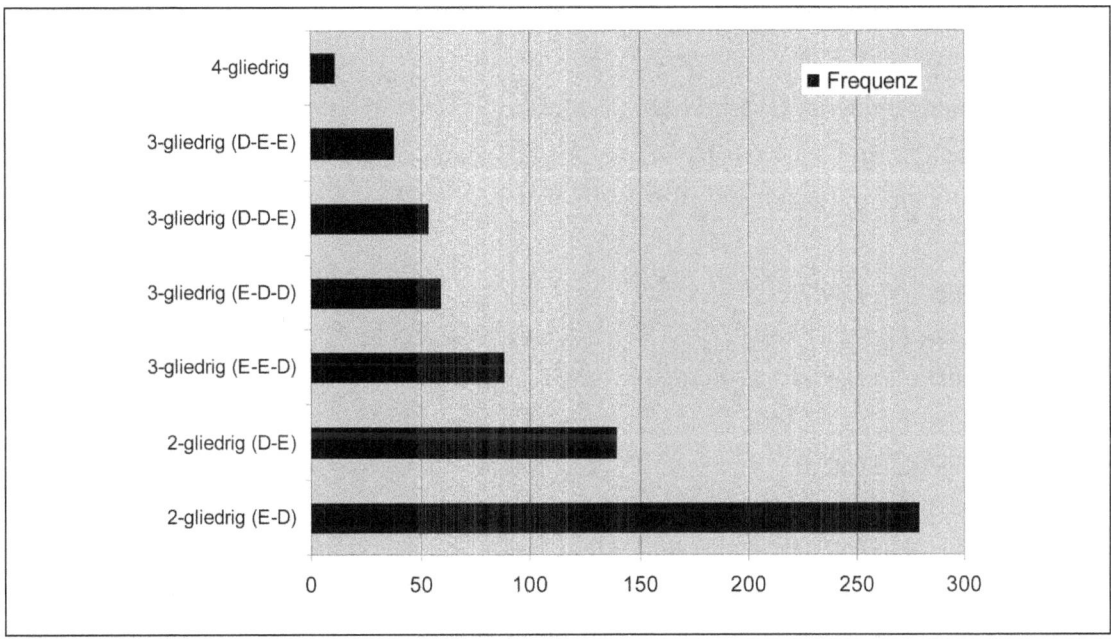

Abbildung 24: Frequenzen einzelner Typen von Mischkomposita (gesamt: 671 Stw.)

Beispiele für die beobachteten Typen von Mischkomposita, aufgeteilt nach der Position der englischen (E) und deutschen (D) Konstituenten:

- Zweigliedrige Komposita mit englischer A- und deutscher B-Konstituente (Typ E-D): Chip-Zeitnehmung (LM 08/02, 9), Spikeschlüssel (LM 1+2/03, 10), Mastersstrecke (LM 04/02, 60), Joggingwelle (L 08/95, 25), Finishergeschenk (LM 11+12/02, 45)

- Zweigliedrige Komposita mit deutscher A- und englischer B-Konstituente (Typ D-E): Lauf-Happening (LM 08/02, 8), Punkte-Sprint (LM 07/92, 3), Marathon-Queen (L 02/96, 30), Lauf-Dress (L 01/96, 44), Lauf-Cracks (L 08/95, 7)

- Dreigliedrige Komposita (Typ E-E-D):
  Cross-Country-Lauf (LZ 12/03, 38), Lady-Walker-Wertung (Run 06/02, 68), Finisher-Shirt-Produzent (Rup 02/03, 10)

- Dreigliedrige Komposita (Typ D-E-E):
  Berglauf-World-Trophy (FfL 10/98, 16), Sparkassen-Indoor-Meeting (Run 04/03, 87), Wien Energie Business Run (VCM 06/01, 60)

- Dreigliedrige Komposita (Typ E-D-D):
  Cross-Serien-Sieger (Cond 04/02, 21), Sprint-Staatsmeister (LM 10/93, 40), Sprint-OL (LZ 12/91, 24), Finisher-Nachthemd (RW 12/02, 86)

- Dreigliedrige Komposita (Typ D-D-E):
  Läufer-Aufbaumeeting (LM 07/92, 32), Berglauf-Euro-Trophy (L 08/95, 8), Vier-Tage-Walk (Cond 11/01, 42), 4-Flaschen-Bottlebelt (RW 07/01, 39)

- Viergliedrige Komposita:
  Life-Time-Orientierungsläufer (LM 04/00, 28), Plausch-Mixed-Kostümlauf (FfL 11/01, 18), Nordic-Walking-Master-Trainerin (Run 01/03, 50)

Zu den Ergebnissen in Abbildung 24: Angesichts der Beobachtungen in 6.1. verblüfft der sehr hohe Anteil des zweigliedrigen Kompositionstyps E-D keineswegs. Rund 76 % (199 Stw.) sind Beispiele für Substantivkomposita mit den Grundlexemen *-lauf*, *-marathon* oder *-läufer* (vgl. 6.1.). Wie schon in Abschnitt 6. festgestellt wurde, erfolgt die Spezifizierung des Grundwortbestandes vorrangig durch die Lexeme *Lauf-*, *Marathon-*, *Läufer/in-* – also durch heimische Wörter. Etwa 66 % aller Mischkomposita enden mit einem deutschen Wort. Ob es sich dabei um eine Strategie zur Verständnissicherung handelt, wenn deutsche Grundwörter eine derartige Beliebtheit erfahren, stelle ich in Frage, denn die Tendenz zur Internationalisierung ist nur in bestimmten semantischen Sektoren von wirklichem Belang (nähere Details dazu in 8.3.).

Der Großteil des Spezialvokabulars zielt in seinem Referenzbereich auf Läufer, Laufveranstaltungen und Läufe ab (vgl. 5.) – diese Kategorien weisen im Vergleich zu anderen einen niedrigen Internationalisierungsgrad auf. Wie aus Abschnitt 7. hervorging, spielen vor allem heimische Ortsnamen eine enorme Rolle bei der Benennung von Laufveranstaltungen. Sie verbinden sich in erster Linie mit bevorzugten heimischen Grundwörtern (s.o.), so dass auch in Bezug auf die Laufveranstaltungen keine greifbare Tendenz zur Internationalisierung existiert. Überdenkt man all diese Befunde, so erscheint der hohe Anteil an Komposita mit heimischen Konstituenten nicht verwunderlich.

8.2. Integration der Anglizismen

Ein Merkmal der in Laufzeitschriften verwendeten Anglizismen ist die vollständige graphische Integration, die durchgehende Großschreibung englischsprachiger Elemente – es liegt kein einziger Beleg für einen klein geschriebenen Anglizismus vor. Auch auf die Verwendung des Bindestrichs oder die Kennzeichnung durch Anführungszeichen, Kursivdruck oder Sperrung wird weitestgehend verzichtet.

Um Anglizismen normgerecht einsetzen zu können, wird das Lehngut grammatisch inkorporiert; im vorliegenden Wortbestand betrifft dies Substantive und Verben – es begegnen keine adjektivischen Anglizismen.

Substantive erhalten infolge des Eindeutschungsprozesses Genusmerkmale: Während die Pluralbildung englischer Substantive auf *-s* immer beibehalten wird, passen sich die Wörter auf *-er* an die deutsche Pluralbildung von Maskulina (auf *-er*) an – der „Null-Pluralallomorph" gilt als charakteristisch:[245]

> „Beim 30. Jubiläum nahmen so viele teil wie nie zuvor: 44.931 Athleten aus 91 Nationen, davon 35.000 Läufer, 126 Rollstuhlfahrer, 193 Walker und 9.612 Inliner." (Run 11/03, 50)

> „‚Geschafft! Ich bin Finisher, ich gehöre dazu!'" (Run 11/03, 55)

> „Neue Erfindung für ‚Dogjogger'" (Run 06/02, 15)

> „Plan 1 gilt für Läufer, die drei- bis viermal pro Woche trainieren (‚Jogger', Endzeit über 1:45), Plan 2 ist für jene Läufer gedacht, die vier- bis fünfmal trainieren (‚Runner', Endzeit

---

245 Vgl. Yang 1990, 160.

1:20 – 1:45) und Plan 3 ist schließlich für die leistungsorientierten Läufer, die sechs- bis siebenmal pro Woche laufen (‚Racer', Endzeit unter 1:20)." (LM 06/02, 18)

Bei der Genitivbildung erfolgt die Assimilation stets nach dem deutschen Modell – durch die Ausstattung mit dem Genitiv-*s*, zum Beispiel:

„Eine deutsche Berglaufmeisterschaft ganz nach dem Geschmack der Berglauf-Fans." (Run 09/03, 76)

Die Genuseinordnung passiert mehrheitlich nach dem Genus semantisch benachbarter Wörter deutschen Ursprungs:[246]

„Oft sind es die Abendstunden, die das Laufhobby ausfüllt." (RW S01/03, 18)

„Die Marathon-City präsentierte sich inmitten des Kremser Stadtparks […]." (Cond 11/02, 26)

Die entlehnten Verben übernehmen beim Integrationsprozess die im Deutschen üblichen Konjugationsformen und die Kennzeichnung des Infinitivs (Infinitivendung *-en*) – die Flexion erfolgt nach dem deutschen System: *sprinten* (VCM 07/03, 7), *walken* (VCM 07/03, 60), *spurten* (LM 06/02, 42). Nur in einigen Fällen findet im untersuchten Vokabular eine zusätzliche Präfigierung der Verben statt: *erjoggen* (VCM 01/02, 34), *überspurten* (Cond 09/02, 6).

Sind neue oder selten benutzte Fremdelemente in Verwendung, die beim durchschnittlichen Rezipienten auf Unkenntnis stoßen könnten, so werden diese in einigen Fällen – insgesamt eher selten – im Text semantisch-lexikalisch integriert bzw. kommentiert. Die Assimilierung erfolgt dann durch eine Übersetzung oder eine Definition bzw. Explikation[247]. Den wenigen Textbeispielen für Übersetzungen zufolge (11 Zitate) sind im Laufsport entweder in geringem Maße direkte Übersetzungen üblich bzw. vorhanden, oder diese werden aus bestimmten Gründen für nicht zielführend erachtet und lieber gemieden. Manchmal tritt auch der umgekehrte Fall auf, oftmals unter der Rubrik *Training*:

---

246 Vgl. Yang 1990, 153 f. und Schippan 2002, 265.
247 Vgl. Ortner 1982, 254.

Einem oder mehreren deutschen Wörtern wird in Klammern – manchmal in Anführungszeichen – die englische Entsprechung beigefügt – eine beliebte Variante zur Einführung fachspezifischer Wörter (vgl. 9.):

„Eine enorm wichtige Trainingsform im Laufsport ist der Long-Jog, der langsame Dauerlauf." (FfL 06/02, 98)

„Der GA1-Bereich dagegen setzt ein Tempo voraus, bei dem Sauerstoffaufnahme und -verbrauch in einem ausgeglichenen Verhältnis (‚steady state') stehen." (Run 11/02, 11)

Wollen die Redakteure den Rezipienten auf eine andere Weise Anglizismen vermitteln, um deren Verständnis sicherzustellen, so tun sie dies erstrangig auf explikative Weise, und zwar mittels Definitionen, in denen die Anglizismen paraphrasiert oder mit synonymen Sprachzeichen erklärt werden. In Laufzeitschriften folgt eine Definition aber nicht immer nur dann, wenn keine deutsche 1:1-Entsprechung verfügbar ist:

„Das Team des LCC-Wien um Präsident Dr. Peter Pfannl hat sich heuer wieder etwas Neues einfallen lassen: die ‚heavy-runner'-Wertung. Bei dieser Schwergewichtswertung werden alle Männer über 90 kg (Frauen über 80 kg) auf Wunsch in einer eigenen Kategorie gewertet, damit Sie ruhigen Gewissens die Weihnachtskekse essen können!" (VCM S01/02, 18)

„‚Carbo-Loading' nennt man im Fachjargon die Aufnahme und Speicherung von Kohlenhydraten im Körper, die seit jeher als wichtiger Bestandteil der Vorbereitung auf lange Trainingsläufe oder Wettkämpfe gilt." (RW 02/03, 22)

„Der Long Jog im Sommer ist ein langsamer Dauerlauf, der aber – auch wegen Hitze und Ozon – nicht über 100 Minuten Dauer hinausgehen sollte." (RW 07/03, 28)

„Neu ist die sogenannte Lauf-Challenge. Sie besteht aus verschiedenen Wertungsläufen (Cross-, Straßen-/Stadt- und Bahnläufe) und soll den Athleten eine Struktur in die Jahresplanung bringen." (FfL 10/98, 47)

8.3. Motive für die Verwendung von Anglizismen

Nachdem nun vorgestellt wurde, welches Inventar sich auf welche Weise etabliert hat (vgl. 8.1. und 8.2.), rückt nun das Warum in den Mittelpunkt des Interesses. Je nach Situation, Kontext, Kommunikationsmittel u.v.m. kommen zahlreiche Motive für die Übernahme von Anglizismen in Frage. In bisherigen Untersuchungen zu den Motiven und Funktionen der Anglizismen stößt man auf dementsprechend viele Motivarten.[248] Die Gründe, die zur Integration englischen Wortguts führen, sind darüber hinausgehend nicht isoliert zu betrachten. Hinter der Übernahme stecken oftmals mehrere ineinander verstrickte Motive, regelrechte Motivkomplexe. Ähnlich verhält es sich auch mit Anglizismen in Laufzeitschriften: Es lässt sich nicht in jedem Fall klar ausmachen, welches Motiv vorherrscht.

Bevor man Aussagen über evidente Motive trifft, gilt es, sich zunächst vor Augen zu halten, in welchem semantischen Teilbereich die analysierten Anglizismen angesiedelt sind. Aus diesen Ergebnissen lassen sich erste Schlüsse ziehen und Vermutungen bezüglich möglicher Motive besser erklären. Kommt Anglizismen im Trainingskontext zum Beispiel vorrangig das Motiv Prägnanz bzw. Sachbedingtheit zu, so kann man nahezu allen Entlehnungen, die mit Ereignissen rund um den Laufsport in Verbindung stehen, Motive wie Lokalkolorit, Variation oder Ausdruckssteigerung zuschreiben.

In Laufzeitschriften vollzieht sich die Internationalisierung also in recht unterschiedlichem Ausmaß. Analysiert man alle Beispiele für Anglizismen, inklusive der Mischkomposita, nach ihrer Semantik und ordnet diese in die in Abschnitt 5. besprochenen sechs Subklassen ein, so erhält man folgendes Resultat (siehe Abb. 25):

---

248 Vgl. etwa Schippan 2002, 267; Yang 1990, 119 ff.; Fink 1980, 202; Ortner 1982, 266 ff.; Stickel 1984, 282.

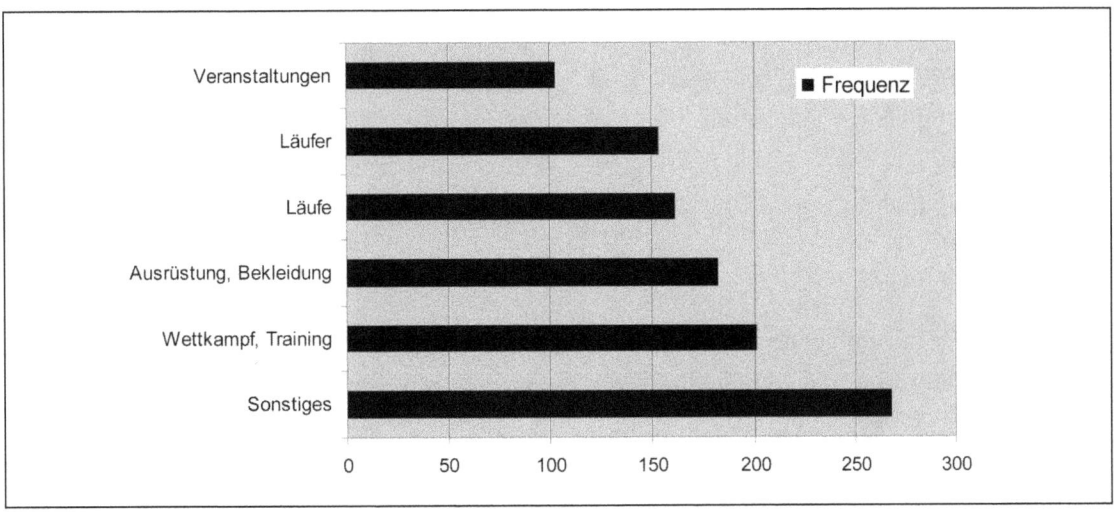

Abbildung 25: Frequenz der Anglizismen in den einzelnen semantischen Subklassen (gesamt: 1.068 Stw.)

Das Bedürfnis nach Internationalisierung ist vor allem in der Kategorie „Bezeichnungen rund um den Laufsport" („Sonstiges") evident, denn die Aktivitäten im Laufsport und um ihn herum nehmen zu – man kann diesbezüglich mit Recht von einer fortschreitenden „Eventisierung" sprechen. Im Trainings- und Wettkampfbereich ist ebenso Internationalisierung spürbar – auch und gerade auf dem Bekleidungssektor herrscht Sachzwang; bei der Benennung spielen sach- und wohl auch fachbedingte Motive mit herein (vgl. 9.). In den übrigen Bereichen scheint kein so hoher Drang nach Internationalisierung zu herrschen. Die meisten Lauf- und Läuferbezeichnungen dürften inzwischen einen festen Platz besitzen und ein höheres Alter aufweisen, von den Bezeichnungen für die neuesten Walking-Techniken einmal abgesehen. Laufveranstaltungsnamen fremder Herkunft werden in orthographischer, morphologischer und semantischer Form übernommen, gewissermaßen als Fremdwörter – rein englischsprachige Veranstaltungsnamen wie etwa *NightRun* (Run 07/02, 90) oder *Forever young Nordic Walk* (Run S03/03, 12) sind selten. Auch Mischkomposita stellen im Vergleich zu den Wortbildungskonstruktionen mit heimischen Konstituenten eine Minderheit dar (5 %).

Grundsätzlich spielen – in Abhängigkeit vom jeweiligen semantischen Kontext bzw. Benennungssektor – vier Motive eine ganz wesentliche Rolle für die Assimilation angloamerikanischen Lehnguts:
- Sprachökonomie und Prägnanz
- Sachzwang
- Lokalkolorit und Ausdruckssteigerung
- Variation

Das „Bestreben, mit minimalem sprachlichen Aufwand maximale sprachliche Effektivität zu erreichen"[249], kann in zweierlei Form ausgeprägt sein: nämlich als Kürze des Ausdrucks oder als Prägnanz in der Wortwahl.[250] Dieses Motiv steht somit im Gegensatz zu dem Motiv der Variation oder dem der Ausdruckssteigerung. Die handliche Kürze englischer Lexeme offenbart sich in den ein- oder zweisilbigen Wörtern, den Kurzformen und den vorhin erwähnten Mischkomposita mit akronymischen Konstituenten (vgl. 6.1. und 8.1.) – diese lexikalischen Einheiten gehen oft mit „lexikalischer Knappheit"[251] einher:

„Mit Tights und T-Shirt trat ich an, George hatte seine Frau Shay dabei, und so trabten wir zu dritt durch die engen Gassen […]." (RW 01/03, 4)

„Bei dem von Kenianern und den starken Italienern, mit Hindernis-Weltmeister Francesco Panetta an der Spitze, beherrschten Cross lief der Fürther ein mutiges Rennen." (Spir 02/92, 35)

„Er überließ dem deutschen 10.000-m-Meister Alexander Lubina und seinen Landsleuten die Führung und entschied das Rennen erst in der letzten Runde mit einem Spurt auf der Zielgeraden, den er wohl Dieter Baumann abgeguckt hatte." (Cond 1+2/03, 63)

„Ob beim VCM-Treff in Laxenberg oder mit Freunden – gemeinsam haben Sie bei den langen Läufen mehr Spaß." (VCM 04/99, 49)

---

249 Yang 1990, 123.
250 Vgl. Yang 1990, 123.
251 Drosdowski/Henne 1980, 629.

Sachzwang besteht generell dann, wenn für ständig neu hinzutretende Referenzobjekte – Sachverhalte im Laufsport und um ihn herum – passende Benennungen getroffen werden müssen. Je schneller sich in einer Sparte (v.a. Training, Bekleidung, Ausrüstung) Entwicklungen abzeichnen, umso brisanter dürfte der Bedarf nach treffenden, zumindest akzeptablen Bezeichnungen sein. Zur Differenzierung verschiedenster Walking-Schuhe finden sich in einer Ausgabe von *Laufsport Marathon* folgende Komposita (auf ein und derselben Seite):

Walkingschuhe (LM 09/02, 26), Basic-Walkingschuhe (LM 09/02, 26), Offroad-Walkingschuhe (LM 09/02, 26), City-Walkingschuhe (LM 09/02, 26)

Lokalkolorit und Wirkungssteigerung soll vor allem mit denjenigen Lexemen erreicht werden, die dem „Rundum" des Laufsports zuzurechnen sind. Ist mit „Lokalkolorit" mehr die koloritstiftende Wirkung englisch-amerikanischer Ausdrücke gemeint[252], so zielen vor allem Modewörter auf eine Ausdruckssteigerung beziehungsweise Hochwertung ab:

Asphaltcowboy (VCM 03/01, 48), Marathon-Queen (L 02/96, 30), Berglaufboom (FfL 09/99, 42), Kids-Läufe (FfL 7+8/00, 13)

Das Variationsmotiv ist zum Teil auf enge Weise mit dem Motiv der Ausdruckssteigerung verknüpft. Wenn heimische Synonyme fehlen, sind Anglizismen besonders beliebte Mittel, um Variation und Anschaulichkeit entstehen zu lassen. Variation ist notwendig, um einen abwechslungsreichen Stil zu erzielen, durch stilistische Effekte Humor und Ironie zu erreichen:

Lauf-Happening (L 01/96, 53), Lauffestival (LZ 04/99, 22), Laufevent (VCM S01/02, 15), Laufhighlight (VCM S01/02, 15), Lauf-Party (Run 01/04, 58)

---

252 Vgl. Yang 1990, 119.

9. Fachlexik

Im Zusammenhang mit den Charakteristika von Special Interest-Zeitschriften ist partiell darauf hingewiesen worden, dass den Very Special Interest-Zeitschriften eine entscheidende Rolle bei der Vermittlung von Fachwortschätzen zukommt (vgl. 3.2.2.). Laufzeitschriften tragen dementsprechend zur Popularisierung fachspezifischer Lexeme aus dem Laufsport bei.

Angesichts der Zielsetzung dieser Untersuchung rückt im nachstehenden Abschnitt die Fachlexik in Laufzeitschriften in den Vordergrund – nicht die Fachsprache des Laufsports als Gesamtheit des Sprachverhaltens in dieser Sportart. Infolgedessen wird auch keine Unterteilung des Vokabulars hinsichtlich der Bereiche Fachsprache, Fachjargon, Allgemeinsprache o. Ä. angestrebt (vgl. 3.1.5.). Vielmehr werden unter *Fachwörtern* „Wörter und Wendungen verstanden, die fachbezogene Begriffe bezeichnen, allerdings nicht ausschließlich systematisch definierte Begriffe. Das Untersuchungsmaterial besteht somit sowohl aus Termini im fachsprachlichen Sinn als auch aus unsystematischen, nicht terminologisierten, zum Teil alltagssprachlichen Lexemen"[253], welche in einem spezifischen Kontext dennoch Fachwortcharakter annehmen.

Um einen ersten Einblick in die typischen Merkmale fachsprachlicher Einheiten in Laufzeitschriften zu erhalten, ist es von Nutzen, sich ein grobes Bild vom Gesamtbestand des Fachvokabulars zu verschaffen und die meist frequentierten Sektoren auszuloten (9.1.). Weiterhin sind die Herkunftsbereiche der registrierten Fachwörter, ihr Einsatz zur popularisierenden Vermittlung und die Gründe für ihre Verwendung von Interesse (9.2.–9.4.).

Entsprechend den vier Untersuchungsaspekten lassen sich zusammenfassend vier Leitfragen formulieren:

- Wie verteilt sich der Fachwortanteil insgesamt auf die semantischen Teilkategorien? (9.1.)
- Aus welchen Bereichen stammen die Fachwörter? (9.2.)
- Auf welche Weise werden Fachwörter popularisiert? (9.3.)
- Welche Motive stecken hinter dem Fachwortgebrauch? (9.4.)

---

253 Ortner 2001, 292.

180 | Fachlexik

9.1. Fachwortanteil

Mit nur 458 fachsprachlichen Elementen weist der erhobene Grundwortschatz einen sehr niedrigen Fachwortanteil auf (ca. 11 %). Zudem häufen sich die Fachwörter um bestimmte Themenkreise: Aus Abbildung 26 geht eindeutig hervor, dass in den Bereichen Wettkampf/Training und Kleidungsstücke/Ausrüstungsgegenstände vermehrt Fachlexembedarf vorliegt.

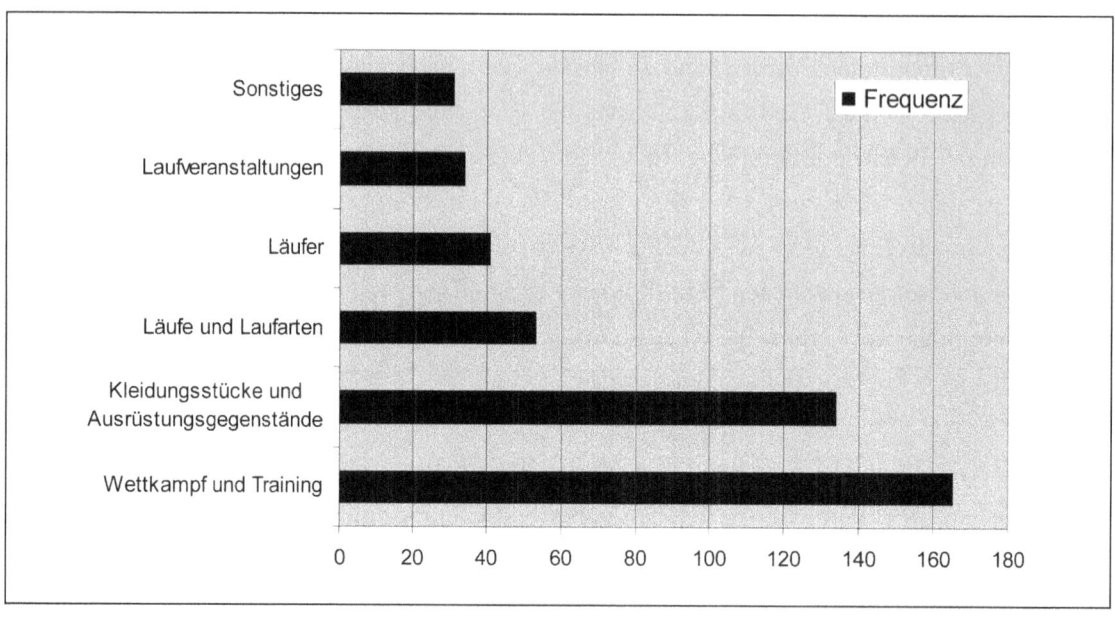

Abbildung 26: Fachwortfrequenzen in den semantischen Teilklassen (gesamt: 458 Stw.)

Die hervorstechenden Teilklassen korrelieren zum einen mit dem in 4.2.3. besprochenen beliebten Hauptthema von Laufzeitschriften, nämlich Produkte, zum anderen mit einem zentralen Leserinteresse: Training (vgl. 4.2.5.). Gerade in diesen zwei Kategorien spiegeln sich auch die beiden Primärfunktionen der Laufzeitschriften auf hervorragende Weise wider: Information und Beratung (vgl. 4.2.2.). Das Leserinteresse, das diesen Themenbereichen entgegengebracht wird, kann gezielt zur Vermittlung fachspezifischen Vokabulars genützt werden – es dürfte eine erhöhte (Lern-)Bereitschaft der Leser vorhanden sein. Natürlich liegt ein Motiv für den Fachwortgebrauch in der Sache bzw. den Fachgebieten selbst: Komplexe Sachverhalte (z. B. Bewegungsabläufe) bedürfen einer exakten Benennung, sofern diese nicht schon existiert, Bezeichnungen für hoch spezialisierte Objekte müssen gefunden werden. Verglichen mit den Fachlexemen in den übrigen Teilkategorien, denen ein niedrigerer Fachlichkeitsgrad eigen ist, könnte man die Fachlexeme aus den Bereichen Wettkampf/ Training und Kleidung/Ausrüstung als „schwere Fachwörter"[254] auffassen.

In den Klassen Läufer und Läufe/Laufarten resultiert der jeweilige Fachwortanteil vor allem aus den leicht greifbaren Disziplinbezeichnungen, für die am meisten Mehrfachbelege zu finden sind – die Zahl der Stichwörter hält sich in Grenzen. Unter den 138 Belegen für Läuferbezeichnungen sind 41, innerhalb der 121 Belege für Bezeichnungen von Läufen und Laufarten 53 Stichwörter präsent. Laufveranstaltungsbezeichnungen erhalten meist durch Verknüpfungen mit Akronymen für Disziplinbezeichnungen oder internationale Wettkämpfe Fachwortcharakter. Die Bezeichnungen für sonstige laufsportrelevante Objekte oder Sachverhalte zeichnen sich selten durch Fachlichkeit aus – sie sind in einer zur Allgemeinsprache tendierenden Übergangszone anzusiedeln und mehr unter die „sehr leichten Fachwörter" einzuordnen.

Bevor einige Beispiele aus den semantischen Teilfeldern folgen (s.u.), gilt es noch etwas zu den Wortarten und zur morphematischen Struktur der Fachlexeme zu sagen. Die registrierten Fachlexeme sind zu 92 % Substantive, 5 % sind verbaler und 3 % adjektivischer Natur. Um Fremdwörter, zumeist Anglizismen, handelt es sich bei einem Drittel der Substantive. Insgesamt sind die heimischen Fachwörter aber weitaus stärker vertreten, auch bei den fachspezifischen Prägungen mit Eigennamen. Aus morphologischer Sicht rückt das Feld der zweigliedrigen Komposita – v.a. derjenigen mit akronymischen Konstituenten, zum Zwecke der Ausdrucksökonomie[255] – gegenüber den Ableitungen stark in den Vordergrund. Eigennamen beziehen sich am öftesten auf Ausrüstungsgegenstände, sind in der Regel aber selten in fachlichem Gebrauch.

Läufe und Laufarten:
OL (FfL 7+8, 3), Speed-Cross (LZ 01/03, 88), kursen (Run S01/03, 21), sprinten (RW 09/03, 38)

Läufer:
Marathoni (Run 11/03, 55), Nordic Walker (Run S03/03, 12), Mittelstreckler (Cond 07/03, 65), Masterläufer (LM 07/03, 5)

---

254 Vgl. Gläser 1999, 25.
255 Vgl. Roelcke 1999, 79.

Wettkampf und Training:
Läuferzehnkampf (FfL 7+8/00, 16), Doppelstarts (LZ 06/02, 6), Basiszyklus (LM 04/98, 18), Abstoßphase (Spir 06/95, 17)

Laufveranstaltungen:
Masters-Games (Cond 11/02, 25), TVE Silvesterlauf (FfL 12/97, VI), LCC-Wien-Marathon (VCM 02/03, 7), Einzel-OL-Meisterschaften (FfL 10/98, 16)

Bekleidung und Ausrüstung:
Longtight (VCM 04/99, 29), Singlet (RW 09/00, 46), Air-Dämpfungskissen (Rup 04/98, 36), Lung Plus (VCM 01/03, 23)

Sonstiges:
Lauftreff (Spir 07/00, 26), Laufzentrum (VCM 03/00, 48), LCC-Zentrum (LM 03/03, 24), Pasta-Party (RW 02/99, XXX)

9.2. Herkunftsbereiche

Der Laufsport hat im Laufe der Zeit sein spezifisches Fachvokabular herausgeprägt, so dass nur ein geringer Anteil des Fachvokabulars anderen Herkunftsbereichen zugeordnet werden kann. Vielmehr kann die Beobachtung gemacht werden, dass eine Diffusion des allgemeinen Laufsportvokabulars in andere Sportarten stattfindet. Als Grund dafür ist wohl die zentrale Bedeutung des Laufens für den Sport im Allgemeinen zu nennen, das Laufen stellt für (fast) alle Sportarten die Trainingsgrundlage dar. Die Fachlexeme weisen recht unterschiedliche Ursprünge auf, kreisen aber im Wesentlichen um die Gebiete Leichtathletik, Pferdesport, Trainingswissenschaft/Technik sowie Medizin/Ernährungswissenschaft.

Durch die unmittelbare Verflechtung mit der Leichtathletik sind sehr viele Lauf- und Läuferbezeichnungen leichtathletisch angehaucht. Bei den meisten Bezeichnungen handelt es sich um Benennungen für leichtathletische Laufbewerbe. Als Spitzenreiter fungieren die Bezeichnungen für Laufdisziplinen und analog dazu die Lexeme zur Benennung laufsportausübender Personen, der Läufer. Aber auch außerhalb der Bezeichnungen für Disziplinen und Laufsportler werden weitere Lexeme aus der Leichtathletik (im engeren Sinne) übernommen.

Tabelle 19 gibt eine Übersicht über einige Fachwörter aus dem Bereich der Leichtathletik, in semantisch geordneter Reihenfolge:

Teilfeld	Konkrete Beispiele
Läufe, Laufarten	*Sprint* (LZ 7+8/03, 83), *Marathonlauf* (Cond 04/03, 64), *Marathon* (Run 11/03, 53), *Langstrecke* (LZ 10/03, 23), *Langstreckenlauf* (VCM 04/03, 80), *Mittelstrecke* (LM 04/03, 12), *Hürden-Sprint* (VCM 01/02, 18), *Kurz-Sprint* (LM 07/92, 23), *Kurzstrecke* (LZ 7+8/92, 24), *Hindernislauf* (LZ 04/03, 45), *110-m-Hürdenlauf* (Spir 02/97, 25), *Staffellauf* (LZ 01/03, 88), *100-Meter-Lauf* (FfL 7+8/00, 82), *sprinten* (Rup 03/03, 18), *spurten* (LM 06/02, 42)
Läufer	*Mittelstreckler* (Spir 02/97, 25), *Hürdensprinter* (VCM 05/03, 17), *Hürdenläufer* (FfL 7+8/02, 44), *Hindernisläufer* (VCM S01/02, 13), *400-Meter-Läufer* (Run 10/03, 66), *800-m-Läufer* (LZ 03/03, 45)
Veranstaltungen	*Sprintermeeting* (LM 03/03, 35), *Läuferzehnkampf* (FfL 7+8/00, 16)
Wettkampf, Training	*Sprintschnelligkeit* (RW 07/02, 14), *Bahnstarts* (LZ 01/03, 92)
Bekleidung, Ausrüstung	*Spikes* (VCM 03/00, 52), *Spike-Schuh* (LM 1+2/03, 10), *Langstrecken-Spike* (Spir 02/01, 21), *Sprintershorts* (RW 06/03, 59)
Sonstiges	*Tartanbahn* (LM 1+2/93, 18), *Laufbahn* (Spir 06/97, 18)

Tabelle 19: Fachlexeme aus der Leichtathletik

Neben dem Fachvokabular aus der Leichtathletikszene wird im Laufsport auch auf Fachlexeme zurückgegriffen, welche eindeutig dem Vokabular des Pferdesports zuzuordnen sind. So haben aus der Sprache des Pferdesports beispielsweise folgende Fachlexeme eine Adaptierung zu Gunsten des Laufsports erfahren:

„Besonders der Laufneuling wundert sich, wenn die Pulsuhr während langsamen Trabens bereits Puls 240 anzeigt." (LM 11+12/03,19)

„Irgendwie brachte ich es fertig, mit rollenden Schultern, geballten Fäusten und hervorquellenden Augen in einen schlurfenden Zuckeltrab zu fallen." (RW 01/99, 72)

„Nach 20 Minuten Eintraben laufen Sie fünfmal 60 Sekunden im 5-km-Renntempo mit 60
Sekunden Trabpause und anschließend 20 Minuten locker aus." (RW 04/03, 33)

„Sogar eine neue Sportart wurde zum Schuh dazu ‚erfunden': das Rolltraben – eine Bewe-
gungsform, die dem Jogging am Strand sehr ähnlich sein soll." (LZ 11/02, 39)

Viele Fachwörter beziehen sich in ihren Referenzbereichen auf komplexe lauftechnische bzw. lauf-
physiologische Sachverhalte, z. B. einzelne Phasen beim Bewegungsablauf. Viele dieser Fachlexeme
können der Fachsprache der allgemeinen Trainingswissenschaft und der Technik im weitesten Sinne
zugeordnet werden, z. B. *Federungselemente* (FfL 12/00, 25), *Fersendämpfungssystem* (Cond 10/02,
33), *EVA-Dämpfung* (Run 10/02, 18).

„Er landet auf dem Vorfuß, sinkt dann über die Dämpfungsphase im Mittelfuß ein (leichte Pronation) und stößt sich wiederum mit dem Vorfuß zum nächsten Schritt ab." (RW
S01/02, 34)

Während aus der Medizin einige Fachlexeme für Sportverletzungen stammen, bereichert die Ernährungswissenschaft den Laufsport mit Wörtern für vollkommen unterschiedliche ernährungsphysio-
logische Begebenheiten: *Laufhämaturie* (RW 11/98, 24), *Laktattests* (VCM 01/03, 15), *Hypoglykämie*
(RW 10/03, 19), *Hydrierung* (RW 10/03, 19).

9.3. Popularisierung von Fachwörtern

Wie mehrfach erwähnt: Laufzeitschriften kommt bei der Vermittlung von Fachwörtern eine Art
Popularisierungsfunktion zu. Als Very Special Interest-Zeitschriften spielen sie bei der Vermittlung
von Sach- und Fachwissen eine große Rolle. Die Popularisierung erfolgt jedoch „nicht systematisch
reflektiert, sondern in mehr oder weniger ‚unsystematischer (implizit-punktueller)' Art und Weise.
Dementsprechend müssen Fachwörter oft aus dem Vorwissen schon bekannt sein oder vage aus
dem Kontext ‚erahnt' werden."[256] In punkto Laufzeitschriften kann für die Rezipienten ein hohes
Maß an Vorwissen – rund drei Viertel der Lexeme dürften schätzungsweise bereits im Sprachwissen

---

256 Ortner 2001, 294.

der Leser fest verankert sein – und darüber hinausgehend ein zusätzliches „Handlungswissen"[257] angenommen werden.

Aus eben diesen Gründen lässt sich nicht nur ein geringer Fachwortanteil beobachten, sondern damit einhergehend auch eine entsprechend niedrige Zahl benennungsreflektierender Elemente. Teilweise werden von den Produzenten an Ort und Stelle explizite „Rezeptions- und Orientierungshilfen"[258] gegeben – sogenannte metakommunikative Verfahren angewandt. Diese werden in Laufzeitschriften auf drei unterschiedliche Weisen eingesetzt: stilistisch, textstrukturell und visuell.[259] Demzufolge findet sowohl auf mikro- als auch auf makrostruktureller Basis Benennungsreflexion statt.

Wie in 8.3. im Zusammenhang mit der semantisch-lexikalischen Integration von Anglizismen leicht angedeutet wurde, ist eine beliebte Variante zur Einführung englischsprachiger Fachwörter die Beifügung deutscher Übersetzungen in Klammern. Bei dieser Form der Einführung von Fachwörtern wird der Erklärung bzw. Definition das Fachwort nachgestellt. Mindestens genauso oft trifft man in Laufzeitschriften den umgekehrten Fall an: Das Fachwort steht an erster Stelle und die Erläuterung folgt.[260] Zwei Erklärungen (jeweils vor bzw. nach dem Fachwort positioniert) kommen in wenigen Fällen zum Zug.

Erklärung (E) – Fachwort (F):
„Wird der Körper einem wiederholten und kontinuierlich steigenden Reiz ausgesetzt, so wird er sich – in der Erholungsphase – positiv an diese Belastung anpassen; es kommt zu einer so genannten ‚Superkompensation' und damit zu einem Trainingsgewinn (Training = Belastung und Erholung)." (FfL 06/02, 97)

F – E:
„‚Stabilitätsschuhe' nennt man die Laufschuhe, die den Fuß besonders gut stützen und führen." (RW S01/02, 48)

---

257 Ortner 2001, 305.
258 Baumann 1995, 121.
259 Vgl. Ortner 2001, 295 f.
260 Vgl. Ortner 2001, 294.

E – F – E:

"Der Karrimor International Mountain Marathon (KIMM) gilt als der ‚Vorläufer des modernen Adventure Races'." (Run S03/03, 104)

Die Beispiele verraten bereits, dass es sich zudem um recht unterschiedlich beschaffene Benennungskommentare handelt (z. B. *nennt man*): Reine Begriffskommentare, Benennungskommentare semantischer Art, Kommentare zur Sprachstruktur[261], aber auch Kombinationen aus diesen beziehen sich entweder auf das enzyklopädische Sachwissen oder auf das sprachliche Wissen.[262]

Stilistisch gesehen, sind es vor allem die expliziten metakommunikativen Signale wie druckgraphische und orthographische Zeichen, Wörter und Sätze, die im Dienste der Popularisierung von Fachwörtern agieren. Zur Ersteinführung eines Fachwortes erweisen sich Anführungszeichen als äußerst praktisch – sie zeigen an, „daß der markierte Ausdruck irgendwie ungewöhnlich ist, kritisch verwendet wird und in besonderer Weise interpretiert werden soll."[263]

"Marathonläufer fallen heutzutage weniger durch ein Leistungsniveau im Bereich von 2:30 oder 3:00 Stunden auf, sondern eher durch das Prädikat ‚Finisher'." (aL 05/03, 2)

Mit Hilfe druckgraphischer Mittel – z. B. von Fett- oder Kursivdruck – wird in Laufzeitschriften allerdings fast nie ein Fachlexem erstmals eingeführt. Hingegen sind „hedges" – etwa *so genannt* oder *also* – als „Modalisatoren" in Gebrauch (auf Wortebene).[264]

"Dabei wurde ebenfalls augenfällig, dass die meisten Topathleten gewöhnlich im so genannten ‚Zweier-Rhythmus' atmen." (RW S01/02, 36)

"Die meisten Jogger haben eine Parkbremse, also eine Bremse mit Arretierung, die einen stehenden Jogger am Wegrollen behindert." (Run S01/03, 50)

---

261 Vgl. Wichter 1999, 89 f.
262 Vgl. Ortner 2001, 294.
263 Klockow 1980, 131.
264 Vgl. Ortner 2001, 295.

Die Benennungskommentare finden sich weniger zwischen Satzzeichen wie Doppelpunkt und Gedankenstrich – sie werden in Laufzeitschriften meist von Klammern umgeben. Klammern erfüllen in ebensolcher Weise wie Gedankenstriche und Doppelpunkte „die Funktion von Konnektoren und signalisieren oft appositionelle Konstruktionen"[265]:

„Starke Pronierer (übermäßiges Einknicken des Fußes nach innen) nutzen demnach Sohlen- und Schaftmaterial mehr ab als Normalfußläufer." (RW S01/02, 48)

Unter dem textstrukturellen Gesichtspunkt werden die Fachlexeme zum Beispiel in sogenannte „Vorstrukturierungstexte" eingebaut – sie stellen für das Verstehen notwendiges Vorwissen zur Verfügung[266]. Glossare, „Läufer-ABCs" beziehungsweise Lexika kleineren Umfangs dienen dabei auch der gezielten Fachwortvermittlung.[267] Der Kasten aus *Fit for Life* (Abb. 27, S. 188) und das Beispiel auf der nachfolgenden Seite (Abb. 28) geben ein klareres Bild von dieser Art der Fachwortpopularisierung.

Visualisierungsfunktion kommt zahlreichen Diagrammen, Tabellen und Infographiken zu, die oft ein Höchstmaß an semantischer Verdichtung bieten und Laufzeitschriften als mediales Luxusprodukt ausweisen (vgl. 4.2.2.). Die auf Seite 190 vorgestellten Abbildungen und Diagramme (Abb. 29, 30 und 31) unterstützen die Fachwortaufnahme und sprechen in punkto Visualisierung für sich.

Angemerkt sei, dass am häufigsten Laufschuhe und Basics aus dem Lauftraining (z. B. Leistungskurven) in visualisierter Art und Weise dargeboten werden; das graphische Gewand variiert natürlich, je nach Laufzeitschrift.

---

265 Ortner 2001, 296.
266 Vgl. Ballstaedt 1999, 110.
267 Vgl. Ortner 2001, 298.

Beispiele für textstrukturelle Verfahren zur Vermittlung von Fachlexemen:

Von Aquafit bis Aquawell

Für die unterschiedlichen Bewegungsformen im Wasser, die mit Gymnastik und/oder Jogging zu tun haben, gibt es zahlreiche Namen. Die wichtigsten Begriffe im Überblick.

Wasser-Fitness: Sammelbegriff für nicht schwimmerisches Fitnesstraining im Wasser. Dazu gehören gymnastische und joggende Bewegungsformen. Die Körperhaltung ist meist aufrecht und vertikal. Wasser-Fitness kann in hüft-, brust- oder schwimmtiefem Wasser stattfinden. Alle nachfolgenden Bewegungsprogramme gehören dazu.

Wassergymnastik: Oberbegriff für Bewegungsprogramme, die aus kräftigenden Übungsformen im Wasser bestehen. Die konventionelle Wassergymnastik beinhaltet Hüpfen, Federn, Armschwünge und ähnliches und wird stehend in etwa 1,40 m tiefem Wasser durchgeführt. Es wird kein Gurt und keine Weste getragen. Oft werden widerstandsvergrössernde Hilfsmittel wie Bälle, Hanteln, Ringe usw. benützt. Mit oder ohne Musik.

Wasserfitness absolviert. Aqua-Gym-Kurse beinhalten Gymnastik und Jogging (hüpfend an Ort) im brusttiefen Wasser. Mit Musik und Handgeräten.

Aquarobic: Aerobic im Wasser. Musik spielt eine wichtige Rolle. Unterschiedliche Bewegungen, auch Jogging an Ort, werden im hüfttiefen Wasser ausgeführt. Zwischen den Übungen werden in der Regel keine Pausen eingelegt. Die Intensität wird durch langsame oder schnelle Musik vorgegeben.

AquaJogGym: Wassertraining mit Musik, das zur Hälfte aus Gymnastik und zur Hälfte aus Wasserjogging besteht. Es findet im schwimmtiefen Wasser statt, entsprechend wird ein Gurt oder eine Weste getragen. Zum Teil auch mit Hilfsmitteln wie Handschuhen oder Hanteln. Auch Übungen für die Tiefwasserstabilisation gehören dazu. Geschützer Name für Kurse nach der Aqua-Power-Methode von Matthias Brunner.

Abbildung 27: Fachwortvermittlung durch ein kleines Glossar (aus FfL 7+8/02, 53)

LAUFLEXIKON:

ke und Damian Kallabis). Zunächst durch eine kombinierte Urin-Blut-Analyse war ein Nachweis möglich. Französische und italienische Gesetze werten Dopen und Mitführen von Dopingmitteln inzwischen wie Verstöße gegen das Betäubungsmittelgesetz. Durch EPO-Kontrollen seit 2001 wurden verschiedene Mittel- und Langstreckenläufer der Spitzenklasse, aber auch Skilangläufer überführt. Am bekanntesten ist der Fall des Wahl-Spaniers Johann Mühlegg, der bei den Olympischen Spielen 2002 in Salt Lake City wegen EPO disqualifiziert wurde. Zwei Jahre Sperre sind z.B. in der Leichtathletik die Regel bei einem durch A- und B-Probe nachgewiesenen Dopingverstoß. Bei minderen Verstößen (Koffein, Ephedrin) kann die Sperre geringer sein oder nur eine Warnung ausgesprochen werde. Ungelöst ist das Problem von HGH (Wachstumshormonen), das bei zahlreichen Hochleistungssportlern vermutet wird, besonders bei einer hohen Leistungsfähigkeit im vierten Lebensjahrzehnt. HGH, das zahlreiche Nebenwirkungen hat, kann bisher noch nicht zweifelsfrei nachgewiesen werden.

Dunkelheit
gefährdet den Läufer auf der Straße und im Wald. Helle Kleidung, reflektierende Schuhe und Westen schützen ihn auf der Straße. Sehen und gesehen werden ist die Devise. Ein Gebot ist die Benutzung der linken Straßenseite auf der Straße. Im Wald kann man Taschen- oder Stirnlampen benutzen.

Einlegesohlen
für Läufer sollten in jedem Fall flexibel und nicht rigide sein. Verschiedene Hersteller bieten brauchbare Einlegesohlen an, die mit denen des Schuhs von der Stange ausgewechselt werden können. Dabei geht es nicht um eine weitere Dämpfung, sondern um eine Entlastung des Fußes und Korrekturen einer Fehlstellung (z.B. →Überpronation) oder einer Beinlängendifferenz. Für die meisten Läufer sind die in Laufschuhen vorhandenen Einlegesohlen ausreichend.

Eisenmangel
kommt besonders bei Läuferinnen und Vegetariern durch die Menstruation vor. Häufiges Laufen auf der Straße soll aber – im Gegensatz zu gleitenden Skilangläufern – zu Verlust von Blutplättchen und dadurch zum Eisenmangel führen können. Niedrige Hämoglobinwerte (13 g/dl Hb für Männer und 12 für Frauen) deuten darauf hin. Leistungseinbußen durch Eisenmangel können schnell durch Eisen-Präparate ausgeglichen werden, wobei gleichzeitig Ballaststoffe aufgenommen und viel getrunken werden sollte.

Ekiden
japanische Form einer Marathonstaffel, ausgehend von Botenläufen. Vier Männer bzw. fünf Frauen bilden eine Ekiden-Staffel mit Streckenlängen zwischen 5 km, 7,195 km, 10 km und 15 km. Der Internationale Leichtathletik-Verband hat diese genormt in sein Weltmeisterschaftsprogramm aufgenommen. Allerdings ist Ekiden nicht weltweit angenommen worden, zumal im Ursprungsland Japan zum Teil völlig verschiedene Distanzen mit Strecken weit über Marathon hinaus organisiert werden. In Deutschland wurden in Mainz und Köln Jugendstaffeln angelehnt an Ekiden während des alljährlichen City-Marathons durchgeführt.

Elektrische Stimulation
führt zu kräftigeren Muskelkontraktionen als bei willkürlichem Einsatz und geringerer Ermüdung. Wird daher im Leistungssport und zur Regeneration mit geringer Stimulation eingesetzt. Verschiedene Hersteller bieten handgerechte, mit Elektroden verbundene Geräte an, von denen eine Reihe von Programmen abgerufen werden können. Die Belastungen liegen zwischen 20 und 100 Hertz.

Elektrolytgetränke
enthalten Salze, die der menschliche Körper beim Schwitzen verliert und bauen ihn während bzw. nach der Belastung wieder auf. Wichtig ist die Konzentration der Flüssigkeit, wobei verschiedene Hersteller mit dem Begriff „isotonisch" für eine bessere Passierung der Magenwände werben. Vielfach ist die Konzentration vor allem im Wettkampf zu hoch, so dass ein Nachtrinken von Wasser am Verpflegungsstand besonders bei Temperaturen über 20° C empfehlenswert ist. Der Flüssigkeitsverlust während der Belastung ist bedeutender als der Salzverlust. Umstritten ist die Beigabe von Kohlenhydraten, was zu größeren Ausschlägen der Blutzuckerkurve führt und unterschiedlich toleriert wird. Auf jeden Fall sollte man im Wettkampf nicht erstmals ein unbekanntes Getränk zu sich nehmen, sondern es vorher besonders auf die Magenverträglichkeit testen.

Endorphine
körpereigenes Opium (Beta-Endorphin), das sich bei intensiver Ausdauerbelastung bilden kann, auch „Runners High" genannt, sogenanntes Glückshormon, das den Schmerz unterdrückt und Euphorie auslöst. Die körpereigene Droge wurde bereits erfolgreich bei der Entwöhnung von Rauchern und Alkoholikern eingesetzt und ist in eine im Grunde unschädliche Laufsucht umgewandelt.

Ermüdungsbruch
→Stressfraktur

Ernährung
muss man unterscheiden zwischen Basis-Ernährung und Sporternährung. Für Ausdauersportler wird ein hoher Kohlenhydrat-Anteil (60%) empfohlen, und zwar nicht in konzentrierter Form (Eis, Kuchen), sondern als langkettige, vollwertige Kohlenhydrate (Kartoffeln, Reis, Nudeln), eine Eiweißaufnahme von ca. 1 g/kg Körpergewicht pro Tag und ein geringer Anteil vor allem von versteckten Fetten in Wurst, Salaten und Soßen. Empfohlen werden mehrfach ungesättigte Fette mit sogenannten Omega-3-Fettsäuren.
Die Sporternährung versucht, dem Sportler die Zusatzstoffe wie →Vitamine →Elektrolyte einschließlich Eisen, schnell resorbierbare Kohlenhydratkonzentrate mundgerecht zu servieren. Besonders Gaben von Vitamin C und E (Antioxidans), Magnesium, Kalium und Kalzium, die oft in der Ernährung nicht ausreichend vorhanden sind, werden mundgerecht von einer Reihe von Herstellern dargeboten. Solche Gaben werden immer wieder sowohl als notwendig wie auch als überflüssig bezeichnet. Zahlreiche Ernährungsrichtlinien vertreten einen allein selig machenden Anspruch. Grundsätzlich muss man unterscheiden zwischen einem Freizeitsportler, der durch Laufen abnehmen will und einem Wettkampfsportler, der Idealgewicht hat und einen erhöhten Energiebedarf hat. Hier müssen vor allem die Kohlenhydratspeicher (Glykogendepots) aufgefüllt werden.
Ca. zwei Stunden vor einem Lauftraining sollte man keine feste Nahrung mehr zu sich führen. Fettreiche Kost vor und nach der Belastung sind ungünstig. Für die schnelle Verwertung günstig sind kohlenhydratreiche Speisen.

Fahrtspiel
ist eine wirkungsvolle Trainingsmethode, die in Schweden in den 30-er Jahren auf Naturparcours entwickelt wurde. Es ist ein geländeangepasster Tempowechsellauf, der verschiedene fein abgestimmte Belastungen geschickt verbindet. Der Schwede Gösta Olander entwickelte in den 40-er Jahren im mittelschwedischen Valadalen ein System auf unterschiedlichem Boden wie Wiese, sumpfartiger Boden, Hügel, Waldwege, Sand und Flachstrecken ohne direkte Kontrolle mit der Uhr oder Pulsmessung. was nicht nur Läufer, sondern auch Skilangläufer und Eisschnellläufer an die Weltspitze führte. Sein bekanntester Schützling war Gunder Hägg, der 1942 in elf Wochen zehn Weltrekorde und 1945 drei weitere auf den Strecken zwischen 1.500 m und 5.000 m aufstellte.
Diese „grüne, vollwertige" Trainingsmethode ist für viele Läufer und Läuferinnen kommod, die sich nicht mit Intervallen oder Tempoläufen auf Zeit quälen wollen, sondern naturnah nach Gefühl laufen wollen. Das Fahrtspiel muss allerdings aus heutiger Sicht ergänzt werden durch gleichmäßige Dauerläufe, um nicht nur die Rhythmus-Unterbrechung, sondern das wichtigere, den Laufrhythmus zu beherrschen.

Fersenlaufstil
ist die gängige Lauftechnik im Straßenlauf und ab 10.000 m auf der Bahn. Dabei wird zuerst mit der Ferse aufgesetzt und nach vorne abgerollt. Es sollte versucht werden, die Ferse möglichst in einem flachen Winkel aufzusetzen, damit der Schritt nicht zu kurz und abgehackt wird. Der Vorteil des Fersenlaufstils auf langen Strecken kommt zum Tragen, wenn er als Schreitstil mit harmonischem Abrollen unter Einsatz von Hüfte und Becken erfolgt. Mit diesem fortgeschrittenen Fersenlaufstil hat man eine lange, schonende Bodenhaftung, zu ausgeprägt kann der Schreitstil im Marathonlauf jedoch wegen der verstärkten seitlichen Bewegungen des Unterkörpers zu Druck auf Magen und Darm und evt. Schwierigkeiten führen. In jedem Fall wird die muskuläre Belastung stärker verteilt als beim →Ballenlauf, dem er daher auf längeren Strecken überlegen ist. Allerdings ist eine ausgebildete Rumpfmuskulatur erforderlich, um einen ökonomischen Schreitstil zu erzielen. Biomechanisch ist auf langen Strecken kein Vorteil des Ballenlaufs zu erkennen, weil er hier im Gegensatz zu Sprint und Mittelstrecke nach der ersten Bodenberührung mit dem Mittelfuß auch auf der Ferse aufsetzt. Doch auch der Fersen-

SPIRIDON

Abbildung 28: Fachwortvermittlung durch ein „Lauf-Lexikon" (aus Spir 07/03, 30)

190 | Fachlexik

Beispiele für visuelle Verfahren zur Vermittlung von Fachlexemen:

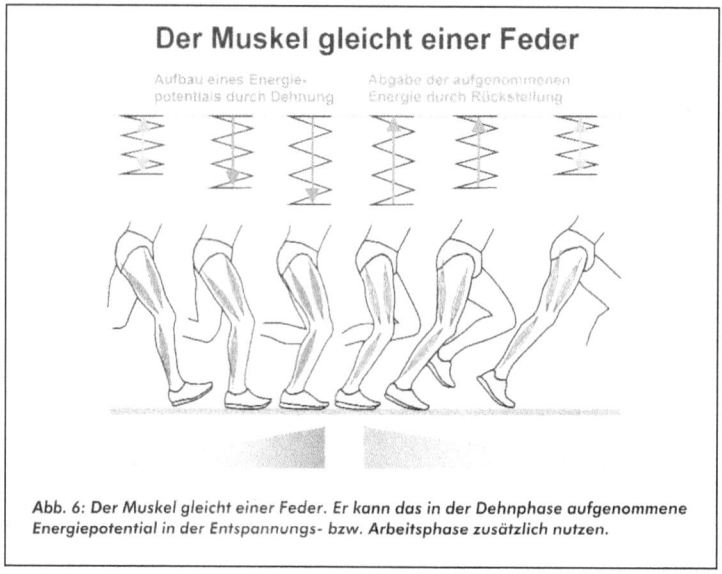

Abbildung 29: Der Muskel als eine Feder (aus Cond 03/02, 39)

Abbildung 30: „Kreuzschnürung" (aus Run S02/04, 93)

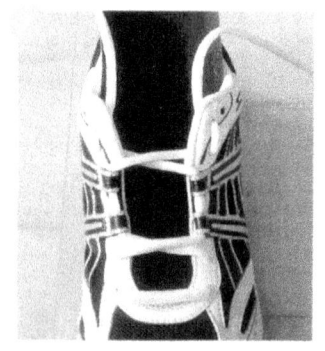

Abbildung 31: „Fliegen-Schnürung" (aus Cond 06/03, 47)

9.4. Motive für die Verwendung von Fachwörtern

Hinter dem Gebrauch von Fachwörtern, ihrer Vermittlung mittels der angeführten metakommunikativen Verfahren, stecken verschiedenartige Motive, die sich ähnlich den Motiven für den Einsatz von Anglizismen ineinander verstricken (vgl. 8.3.).

Das wohl wichtigste Motiv geht aus den Intentionen hervor, die seitens der Laufzeitschriften postuliert werden. Abermals sei auf die in 4.2.2. (Seite 55 f.) abgedruckten Zitate und die in 4.2.2. erläuterte Informationsfunktion hingewiesen – die Zielsetzung besteht demzufolge in einer informativen, kompetenten Wissensvermittlung, die den Hauptleseinteressen der Rezipienten entgegenkommt (vgl. 4.2.5.).

Die Forderungen seitens der Rezipienten entspringen der gegenwartsprachlichen Tendenz zur Präzisierung, Spezialisierung, aber auch zur Verwissenschaftlichung, denn: „Expertenwissen hat quantitativ stark zugenommen und ist komplexer geworden, Spezialisierung und Differenzierung des Wissens sind selbstverständliche Voraussetzungen und Bedingungen arbeitsteiliger, funktionaler Gesellschaften geworden. Damit sind auch der Bedarf an allgemeinverständlichen Darstellungen von Expertenwissen (z. B. Sachbuch, Lexika) und die Anforderungen an den Informationstransfer […] von Experten und Laien erheblich gewachsen."[268] Dies vollzieht sich in Laufzeitschriften etwa auf metakommunikative Weise mit visuellen Rezeptionshilfen und -effekten (Glossare etc., s. o.).

Allgemeine „Gründe für diese Entwicklung sind u. a. (aus gesamtgesellschaftlicher Sicht) die zunehmende Einsicht in die Notwendigkeit des generellen Zugangs zu Expertenwissen als Teil und Voraussetzung demokratischer Willensbildung und Entscheidungsfindung"[269]. Durch die Popularisierung von Fachwörtern ermöglichen Laufzeitschriften einen solchen Zugang. Die – wenn auch wenig frequenten – Fachwörter zeichnen sich „durch ihren fachbezogenen Inhalt und ihre Kontextautonomie"[270] aus, bestechen durch Deutlichkeit, Ökonomie, Anonymität und Identitätsstiftung[271].

---

268 Fluck 1996, 255.
269 Fluck 1996, 255.
270 Fluck 1985, 32.
271 Vgl. Roelcke 1999, 28 ff.

Letzteres stellt ein zweites Motiv für den Fachwortgebrauch dar: die gruppenindizierende Funktion von Fachwörtern, die mit einer weiteren Hauptfunktion der Zeitschriften einhergeht (vgl. 4.2.2.). Fachsprachen definieren sich über Personengruppen, die sie als Instrument einsetzen, um über bestimmte Kenntnisbereiche zu kommunizieren.[272] – „Als Läufer sind Sie in guter Gesellschaft."[273] Man beachte bei den ersten beiden Zitaten neben den „leichten" Fachwörtern zusätzlich den Einsatz „identitätsstiftender Pronomina", z. B. auf *wir* als ein spezifiziertes Sprecher- bzw. Läuferkollektiv:

„Jetzt haben wir Läufer auch den Beweis, dass wir selbst im Falle einer Herzerkrankung unseren Gesundheitszustand verbessern können." (VCM 01/03, 52)

„Jedes Jahr im Winter bietet sich für uns Läufer eine beinahe einmalige Gelegenheit zum natürlichen Stretchen und eine gesunde Alternative zum Lauftraining: das Langlaufen." (VCM 07/03, 84)

„Sehr geehrte Läufergemeinschaft!" (VCM 06/03, 80)

Nur wenigen Fachwörtern angloamerikanischer Herkunft haftet ein gewisses Maß an Imponierfunktion an – meistens im Sinne der Ausdruckssteigerung und Erzeugung von Lokalkolorit (vgl. 8.3.). Meinen Beobachtungen zufolge sind die Fachlexeme in Laufzeitschriften überhaupt in ganz wenigen Fällen zum Zwecke der reinen Effekthascherei[274] in Gebrauch. Die beschränkte Fachwortverwendung dürfte eventuell auch mit dem Profil der Zielgruppe zusammenhängen, welche ein Durchschnittsalter von 38 Jahren aufweist und die sich zudem durch eine hohe Schul- und Berufsausbildung, generell durch die Zugehörigkeit zu einem höher gestellten Leitmilieu, auszeichnet (vgl. 4.2.5.).

---

272 Vgl. Roelcke 1999, 31.
273 RW S02/02, 19.
274 Vgl. Ortner 1982, 198.

Um abschließend die vier anfänglich gestellten Leitfragen zu beantworten:

- Was wird vor allem vermittelt? – „Schwere" Fachwörter aus dem Trainings-, Wettkampf-, Bekleidungs- und Ausrüstungssektor.

- Welchen Herkunftsbereichen entstammen die meisten Fachlexeme? – Vorrangig der Leichtathletik, weiters dem Pferdesport, der Trainingswissenschaft, der Technik, der Medizin und der Ernährungswissenschaft.

- Wie werden Fachlexeme vermittelt? – stilistisch mit Erklärungen/Definitionen bzw. Benennungskommentaren, textstrukturell mit Glossaren, kleineren Lexika und visuell mit einer Fülle von Infographiken, Diagrammen, Tabellen etc.

- Warum greift man auf Fachwörter zurück? – Sachbedingt, aus Gründen der Exaktheit, Ökonomie, Anonymität, aus gruppenindizierenden Motiven, aber eher weniger, um gebildeten Lesern damit zu imponieren.

10. Metaphern und Vergleiche

Die Metapher besitzt als sprachlicher Ausdruck die Eigenschaft, mehr als einsinnig und eindeutig zu sein. Sie stellt sozusagen ein metasemantisches[275] Phänomen dar, welches einer gesonderten Entschlüsselung seitens der Metaphernrezipienten bedarf. Die Übertragung vollzieht sich als Einzelwort oder als Wortfolge in „konterdeterminierendem Kontext"[276], so dass die Metapher als Gesamtheit etwas anderes bedeutet, als das Wort bzw. die Wortsequenz lexikalisch aussagt.[277]

Bezogen auf Laufzeitschriften ist eine mögliche Metaphernauflösung aber auch nur dann gegeben, wenn sich die Erfahrungswelten der Produzenten und Rezipienten von Metaphern decken.[278] Das trifft in ebensolcher Weise auf die in meinem Korpus eher dürftig vertretenen Vergleiche zu (ca. 1 %), welchen im Gegensatz zu den Metaphern aber keine semantische Gleichsetzung von Bildern zugrunde liegt, sondern ausschließlich eine Ähnlichkeitsrelation.

Der Anteil bildlicher Ausdrucksweisen umfasst im vorliegenden Wortkorpus insgesamt 368 Stichwörter und ist somit – gemessen am Grundwortbestand – als niedrig einzustufen (ca. 9 %). Analysiert man die Übertragungen nach ihrer Geläufigkeit, so heben sich die etablierten Metaphern gegenüber den kühnen und lexikalisierten Metaphern sehr deutlich ab. Ein Grund dafür liegt sicherlich im Wesen der etablierten Metaphern: Für deren Wahl sind bestimmte Motive von Bedeutung, auf die im Weiteren (vgl. 10.2. und 11.6.) hingewiesen wird.

Morphologisch gesehen überwiegen vor allem zweigliedrige Substantivmetaphern (ca. 80 %), wobei die Kompositmetapher[279] aufgrund ihrer Vorkommenshäufigkeit einen Sonderstatus einnimmt. Durch die „Amalgamierung semantisch eigentlich unverträglicher (inkompatibler) sprachlicher Einheiten"[280] entsteht mit der Kompositmetapher eine Art semantische Inkongruenz, welche durch den unmittelbaren Kontext aufgelöst wird, um das Metaphernverständnis der Laufzeitschriftenleser

---

275 Vgl. Reger 1978, 109.
276 Weinrich 1967, 6.
277 Vgl. Weinrich 1963, 340.
278 Vgl. Reger 1978, 109.
279 Vgl. Käge 1980, 40.
280 Käge 1980, 40.

letztlich sichern zu können. Als Beispiel sei die Verbindung der Merkmale *Disziplin* und *unbelebte Natur* zur Benennung von Personen genannt: *Marathon-Urgestein* (VCM 02/03, 37).

Im Nachstehenden werden die für Laufzeitschriften üblichen bildlichen Ausdrucksweisen unter zwei Gesichtspunkten analysiert: Einerseits erfolgt eine Untersuchung der Metaphern und Vergleiche bezüglich der Bildsphären, auf die am häufigsten rekurriert wird (10.1.), andererseits werden diejenigen Hauptmotive ausgeforscht, welche zur Bildung und zum Gebrauch von Metaphern in Laufzeitschriften führen (10.2.).

10.1. Bildspendende Bereiche

Insgesamt erfassen die bildspendenden Bereiche der Metaphern eine Vielzahl unterschiedlicher Sachgebiete. Die maßgeblichen Herkunftsbereiche sind von Interesse, da die Sphären mit den zahlreichsten Übertragungen unmittelbar mit den Lebenserfahrungen und -interessen sowie deren Bedeutsamkeit für den Laufsport zusammenhängen können. Bei einer genaueren Betrachtung dominieren in Laufzeitschriften acht bildspendende Herkunftsbereiche: die Fauna (10.1.1.), die Medizin und der menschliche Körper (10.1.2), die Gastronomie (10.1.3.), der Adel (10.1.4.), die Religion (10.1.5.), das Militär- und Kriegswesen (10.1.6.), der Pferdesport (10.1.7.) und die Technik (10.1.8.).

Abbildung 32 gibt einen Überblick über die prozentuale Verteilung der vorzufindenden Bildspender:

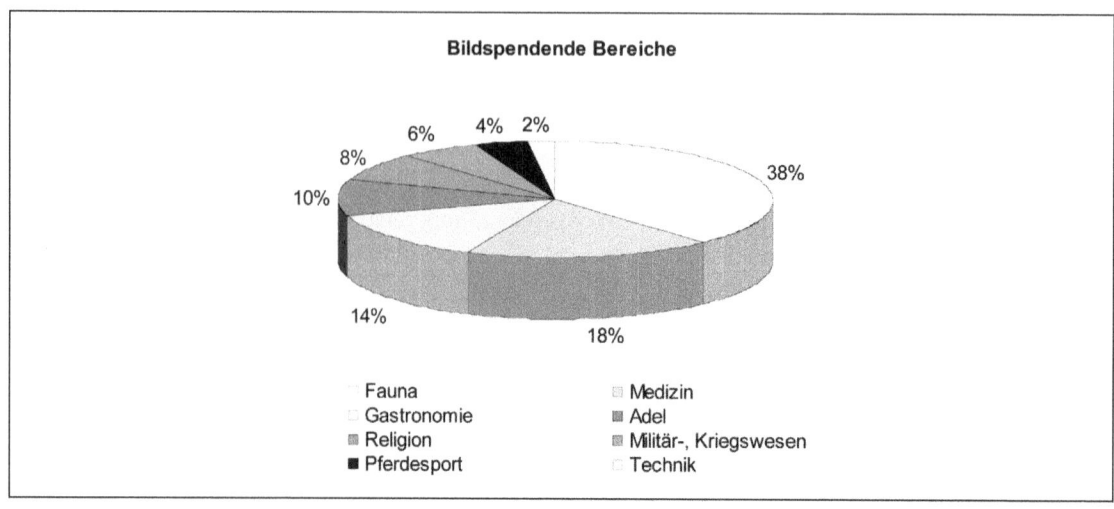

Abbildung 32: Die acht dominanten Bildspender (gesamt: 368 Stw.)

10.1.1. Fauna

Abbildung 32 verdeutlicht, dass die Metaphern aus dem Bereich der Tierwelt die größte Gruppe bilden (ca. 38 %). Die Belege für Tiermetaphern weisen ein nahezu einheitliches Charakteristikum auf: Tiere sind fast ausschließlich als Bildspender für Menschen in Verwendung. Im Verlauf der Metaphorisierung findet vor allem eine Gleichsetzung laufsportausübender Personen mit verschiedenen Tierarten statt; im Kontext verweisen die Tiermetaphern zumeist auf den Professionalitätsgrad.

„Gemeinsam mit den ‚Wiederholungstätern' haben die ‚Frischlinge' neben müden Beinen auf jeden Fall noch eins […]." (Run 11/03, 53)

„Wie ein Salzburger Laufküken namens Monika, das Anfang der Achtziger im Alter von 13 Jahren ganz frisch in die Schlagzeilen rannte, als es Marathons nicht nur absolvierte, sondern diese auch noch gewann." (VCM 06/03, 32)

„Das behaupten jedenfalls die alten Laufhasen, die schon immer beim Kyffhäuser mitmischten." (Cond 1+2/02, 45)

„Auch als ‚Marathonhase' für Katrin Dörre und Sonja Oberem sowie als Trainer des Langstrecklers Guido Streit (DM-Vizemeister Cross 2002) erwarb er Meriten." (Spir 07/03, 56)

Die Charakterisierung von Läufern nach spezifizierenden Teilaspekten von Tieren tritt eindeutig in den Hintergrund, z. B. *Asphalttiger* (Run 10/03, 84) oder *Vollblutläuferin* (RW 05/02, 70).

„Sein Gewicht war unter anderem ein Grund, warum er sich entschlossen hat, eine ‚Marathon-Mücke' zu werden." (Run 02/03, 30)

Eine ähnliche Beobachtung kann auch für Sachgegenstände gemacht werden, für welche die Fauna in nahezu keinem Kontext als Bildspender steht, z. B. *Rennstall* (Spir 07/03, 55).

10.1.2. Medizin

Ein anderer beliebter Herkunftsbereich von Bildern für Bezugsobjekte aus dem Laufsport ist jener der Medizin. An der bildlichen Übertragung sind vor allem die Ausdrücke *Fieber* und *Virus* beteiligt (insgesamt 31 (!) Belege) – als tertium comparationis fungiert die Leidenschaft für das Laufen bzw. für den Laufsport.

„Meist erst seit kurzem vom Lauffieber ‚infiziert', laufen sie nach kurzer Zeit schon Volksläufe und sogar Marathons mit." (aL 05/03, 40)

„Inzwischen hat sie sich aber vom Lauffieber anstecken lassen und eigenständig mit einem Training begonnen." (Run 07/03, 25)

„Das Laufvirus lässt die Österreicher nicht mehr los und der Laufboom geht an niemandem spurlos vorbei." (VCM 03/01, 46)

„Für vom Laufvirus Befallene gibt es einen entsprechenden Quiz." (Spir 06/03, 57)

„Obwohl sich seine Frau als «laufvirusimmun» erwies, ist sie von den «Weitläufen» ihres Mannes auch angetan." (FfL 11/01, 66)

„‚Genau da hatte mich der Marathon-Virus gepackt', lächelte er in die Reporterkamera." (LZ 7+8/03, 50)

Andere Metaphern aus der Medizin sind in geringem Umfang vorhanden, z. B.:

„Gebres Weltrekordversuch scheiterte, dies vor allem, weil schlechte Schrittmacher überaus unrhythmisch liefen." (LM 03/99, 32)

Auch die Fachlexeme aus der Medizin begegnen äußerst selten in metaphorischer Verwendung. Als Ausnahme ist zum Beispiel die Prägung *Läuferknie* (RW 02/03, 38) anzusehen, welche durch Metaphorik und zugleich durch Fachsprachlichkeit gekennzeichnet ist.

„Dieses sogenannte Läuferknie ist eine Reizung der Ansätze der Muskelzüge und Sehnenplatte an der Oberschenkelaußenseite." (LM 09/99, 58)

10.1.3. Gastronomie

Für die Beliebtheit der bildlichen Ausdrucksweisen aus der Gastronomie spricht mit Sicherheit die ähnliche Struktur der Bezugs- und Vergleichsobjekte, die den Bildtransfer positiv begünstigt: die drei Größen Produzent, Produkt und Konsument existieren im Laufsport wie auch in der Gastronomie.[281]

Für eine mit übermäßigem Genuss verbundene Tätigkeit bei der Nahrungsaufnahme wurde das metaphorische Lexem *Kilometerfressen* geprägt und analog dazu *Kilometerfresser* für den Konsumenten.

„Samstag, 4. 5.: 170 km habe ich diese Woche bereits in den Beinen, inklusive der schnellen Intervalle, mittlere Dauerläufe auf 2 mmol Laktat – also nicht nur langsames Kilometerfressen!" (VCM 03/02, 58)

„In Ihrer Laufgruppe nennt man Sie ‚Kilometerfresser', und Sie sind auch noch stolz darauf." (RW 07/02, 30)

Insbesondere Laufveranstaltungen werden mit Bezeichnungen für kulinarische Köstlichkeiten gleichgesetzt, um positive Wertungen zu begünstigen.

„Nur acht Tage später wartet der nächste feiertägliche Laufleckerbissen [...]." (LM 04/02, 65)

„Ein weiteres Laufschmankerl wartet auf die Läufer in Immenstadt." (Rup 01/03, 21)

In wenigen Fällen weisen die vorhandenen Belege Nahrungsmittel beziehungsweise Getränke als Bildgegenstände auf:

„Pizzolato, Bordin und Poli hatten Erfolg, indem sie sich fünf Tage im Wettkampf forderten und anschließend nach einer Regenerationsphase voll im Marathon-Saft standen." (Spir 11/91, 38)

---

281 Vgl. Ortner 1982, 298.

„Stellen Sie sich Ihren musikalischen Lauf-Cocktail zusammen, und Sie erleben altbekannte Laufstrecken völlig anders." (RW S01/03, 20)

10.1.4. Adel

Adelstitel wie *König* bzw. *Königin*, *Fürst* oder *Queen* werden durchgehend zur Metaphorisierung herangezogen, um damit die außerordentlichen Leistungen oder den weitreichenden Ruf von Läuferpersönlichkeiten zu unterstreichen.

„Walt Disney entdeckt den Laufkönig Haile Gebrselassie." (VCM 03/99, 6)

„Naheliegend, dass im Park des ehemals landesfürstlichen Schlosses Ennsegg Lauffürsten und -könige ihre Meister im Crosslauf ermittelten." (LM 04/02, 56)

In vielen Kontexten erfolgt in dieser Metaphernsphäre jedoch eine zusätzliche Festlegung der Fertigkeiten in Hinblick auf eine ganz bestimmte Disziplin:

„Obwohl Vorjahressiegerin Allen Kate über zwei Minuten schneller als im Vorjahr war und bis kurz vor der Ziellinie auch immer alleine an der Spitze lief, wurde sie ‚nur' Zweite – eine halbe Sekunde hinter der Ungarin Simona Staicu, die sich auf den letzten hundert Metern als Sprintkönigin entpuppte." (VCM 03/02, 86)

„Spurtkönig Abera" (Spir 01/03, 57)

„Die norwegische «Marathon-Queen» und fünffache Cross-Weltmeisterin belegte sechsmal Platz eins, fünfmal (1978 bis 1982) sogar in Serie." (L 02/96, 30)

„Sprintqueen wurde in Weinstadt Ingrid Meier vom TSV Zirndorf." (LZ 09/02, 43)

„Pausenlos kritzelte Kiprop, der ‚Asphalt-König' von Coesfeld, seinen Namenszug auf T-Shirts, Trainingshosen und Sporttaschen." (Run 01/04, 68)

„Andreas Nowak von den ‚Laktatkönigen Königsforst' aus Köln bei seinem sechsten Marathon." (RW 07/02, 41)

10.1.5. Religion

Voller Dynamik und Aussagekraft sind die Metaphern aus dem Bereich der Religion, so beispielsweise das Kompositum *Läufer-Bibel* (LM 04/00, 11). Entsprechend ihrer Begeisterung für das Laufen und ihrer Etablierung im Laufsport werden Läufer gerne mit Göttern, Ikonen, Päpsten, Novizen oder Gurus gleichgesetzt:

„Die Laufgötter waren zufrieden mit ihrem Werk." (Spir 06/91, 28)

„Dort landete nämlich nach 2:41:06 h die amerikanische Lauf-Ikone Joen Bernoit-Samuelson." (Spir 12/98, 10)

„Doch für Furore sorgte die vom damaligen Laufpapst und Verfechter des Frauenlangstreckenlaufs van Aaken beratene Christa Vahlensieck, die die integrierte deutsche Meisterschaft gewann." (Run 10/03, 52)

„Jetzt strunzt es wie noch nie: 432 Seiten dick ist das Meisterwerk des Laufgurus Dr. Ulrich Strunz aus Roth." (Run 06/02, 15)

„,Ich hab nicht gewusst, was da unterwegs auf mich wartet', gab der Marathon-Novize zu, ‚beim Halbmarathon kann man sich nach einem Tief wieder erholen, aber nicht beim Marathon'." (Spir 06/97, 9)

„Kurz vorher verstarb der ‚Volkslauf-Methusalem', der oft genug als ältester Teilnehmer geehrt wurde." (Spir 04/99, 8)

Orte, Strecken und Gebiete, die sich durch ganz besondere Eigenschaften oder Schönheiten auszeichnen, erhalten oftmals religiöse Bilder:

„Davos hat sich zu einem richtigen Läufermekka gemausert." (FfL 06/02, 30)

„Dort befindet sich auch die Fitness Paradies-Laufstrecke mit den 100-m-Markierungen." (VCM 01/03, 14)

„Außerhalb der Hauptstadt beginnen auf der ‚grünen Insel' die Läuferparadiese." (Spir 06/95, 14)

Der Himmel ist jedoch das beliebteste tertium comparationis aus dem religiösen Bereich – eine Reihe von Metaphern, mit zusätzlichem Verweis auf Laufdisziplinen, wird in Laufzeitschriften erstaunlich oft bemüht.

„Doch manche Sterne am Läuferhimmel verglühen schnell." (Spir 07/94, 30)

„An diesem Sonntag war's der Runners-Heaven […]." (Rup 04/02, 13)

„Hier die Profile der neuen Stars am Leichtathletikhimmel […]." (Spir 11/01, 65)

„Bliebe ein Martin Beckmann, der hingegen durchaus als kleiner Hoffnungsschimmer am stark bewölkten deutschen Marathonhimmel bezeichnet werden kann, schließlich ist der 25-Jährige in seinem zweiten Marathonversuch noch längst kein gestandener Marathonmann." (LZ 11/02, 13)

„Obwohl es vom Rennverlauf her bei der Herren-Elite-Klasse von Beginn an nicht so aussah, als ob sich der ‚neue Stern' am österreichischen Orientierungslaufhimmel, Ferri Gassner, durchsetzen könne." (LM 10/93, 37)

„Sprinterin Karin Knoll, nach der Trennung vom Gatten Peter, zu neuen Taten motiviert, musste ihren Wettkampf mit der Einsicht abschließen, daß der europäische Sprinterhimmel für sie wohl eine Stufe zu hoch ist." (LM 04/98, 25)

10.1.6. Militär- und Kriegswesen

Die Anzahl der Beispiele für Metaphern aus dem militärischen Herkunftsbereich hält sich entgegen dem „militanten Grundzug"[282] der Sportsprache sehr in Grenzen (18 Belege). Dieser Umstand resultiert vermutlich aus den im (Hobby-)Laufsport zweitrangigen Charakteristika des Sports im Allge-

---

282 Vgl. Kroppach, zit. in Brandt 1988, 102.

meinen, zu denen ein Höchstmaß an „Kampf, Einsatz, Gefahr und Gegnerschaft"[283] zählt. Laufzeitschriften richten sich an ein Zielgruppensegment, das vorwiegend aus Freizeitjoggern besteht und folglich primär im Breitensport aktiv ist (vgl. 4.2.5.) – aus diesem Grund verblüfft die militante Hintergründigkeit keineswegs. Auch die Tatsache, dass für die Laufsportausübung kein eigenes Sportgerät von Nöten ist, das gleichzeitig als „Waffe" dienen kann, unterstreicht diesen Befund.

Unter den kriegerischen Ausdrücken finden sich teilweise Lexeme für militärische Kollektive, wie beispielsweise *Heer, Garde* und *Lager*:

„Das Läuferheer ist hier bei Kilometer fünf noch ein unruhiger Hafen, der versucht, seinen Tritt zu finden." (RW 08/03, 45)

„Stephan ist mit 25 Jahren der jüngste und auch talentierteste unserer immer kleiner werdenden Marathongarde." (Spir 09/93, 13)

„Aufstieg und Fall im deutschen Marathonlager" (LZ 12/99, 16)

Die Waffenmetaphorik wird sowohl für Läufer als auch für Sachverhalte verwendet:

„US-Sprintrakete Maurice Greene, Doppelolympiasieger von Sydney (100 m, 4 x 100 m) und vierfacher Weltmeister, wird beim Intersport-Indoor am 7. März in Linz an den Start gehen." (LM 1+2/03, 3)

„Zeit, um Stufe zwei der Laufrakete zu zünden." (VCM 03/02, 46)

10.1.7. Pferdesport

Bilder aus dem Pferdesport werden in erster Linie auf Fortbewegungsarten bzw. auf die Tätigkeit des Laufens übertragen. Die Pferdmetaphern weisen durchaus den in 9.2. festgestellten Fachlichkeitscharakter auf. Verben wie etwa *traben* oder *galoppieren* stellen in Laufzeitschriften eine überaus gängige Ausdrucksvariation im Vergleich zu den Bezeichnungen *laufen* oder *joggen* dar.

---

[283] Kroppach 1970, 61.

„Besonders der Laufneuling wundert sich, wenn die Pulsuhr während langsamen Trabens bereits Puls 240 anzeigt." (LM 11+12/03, 19)

„Bei 35 km wollte eine riesengroße Sau rausgelassen werden, und ich galoppierte auf ihr zu meiner absoluten Bestzeit." (LZ 12/94, 26)

10.1.8. Technik

Mit geringerer Frequenz treten Metaphern und Vergleiche aus dem Bereich der Technik auf. Dabei ragen diejenigen metaphorischen Wendungen hervor, die mit der Bewegung einer Maschine assoziiert werden. Maschinen weisen genau jene Qualitäten auf, welche auch wesentliche Größen des Sports sind: Leistung und „Funktionieren".

Für die Wahl technischer Metaphern dürfte demzufolge die für den Sport übliche Faszination am Leistungsvermögen ausschlaggebend sein, sowie auch „die Freude an […] der Präzision und der Dynamik der Maschine und die Selbstverständlichkeit, mit der der Mensch in der Welt lebt, die von der Technik geprägt ist"[284].

„Gemeinsam mit meiner Tochter versuche ich gerade, halbwegs regelmäßig meine ersten Kilometer abzuspulen." (VCM 03/02, 55)

„Derzeit laufe ich eine Stunde lang ohne Probleme und habe danach sogar das Gefühl, ich könnte noch weitere Kilometer herunterspulen." (VCM 01/03, 33)

10.2. Motive für die Verwendung von Metaphern und Vergleichen

Die Motive für die Metaphernverwendung sind vorrangig über die besprochenen Funktionen von Laufzeitschriften zu eruieren (vgl. 4.2.2.). In den meisten Fällen stehen die Motive für verschiedene Varianten der bildlichen Übertragung in einem engen Verhältnis zu den Textsortenfunktionen. Außerdem untermauern die Befunde zu den hochfrequenten Metaphernarten und zur Geläufigkeit der bildhaften Ausdrücke die Beobachtungen zu den Motiven.

---

284 Kroppach 1970, 63.

Gemäß dem Erfolgsfaktor von Special Interest-Zeitschriften – dem Infotainment[285] – kommen Stilmittel, die eine Verknüpfung von Information und Unterhaltung herstellen, den geforderten kommunikativen Zwecken in besonderer Weise entgegen. Für die Metaphern in Laufzeitschriften sind aus diesem Grund vor allem die Motive Veranschaulichung und Intensivierende Wertung naheliegend, denn: Eine äußerst knappe Veranschaulichung durch verbale Visualisierung stützt die verdichtete Informationsvermittlung; eine Intensivierung bzw. hohe Expressivität stützt die Unterhaltung.

Das Motiv der **Veranschaulichung** ist aus zweierlei Gründen sehr präsent: Zum einen werden höchst komplizierte und abstrakte Sachverhalte visualisiert dargeboten und somit leichter erklärbar, zum anderen wird durch ihre kommunikative Leistung beim Leser eine affektive Wirkung erreicht, wenn dieser die Anschaulichkeit der Metapher auch tatsächlich wahrnimmt.[286]

Metaphern können von den Produzenten auch eingesetzt werden, um vorzugsweise eine positive oder negative **Intensivierung** zu erreichen. Mit den Intensivierungen werden größtenteils humoristische Effekte erzielt, z. B. *Läufernirvana* (FfL 7+8/02, 31). Vielfach entsteht auf bildliche Art Ironie. In manchen Fällen können jedoch implizite Wertungen beobachtet werden, die teilweise in einer Lenkung des Leserverhaltens münden: beispielsweise die Metaphern für Produkte wie Laufschuhe und sonstige Laufutensilien – negative und positive Assoziationen wirken teilweise manipulativ: *Laufsportgigant* (VCM 03/99, 10), *Traillatschen* (RW 08/03, 49).

Die Sprachbilder, welche die Redakteure von Laufzeitschriften entwerfen, um ihre Texte zu veranschaulichen und sie stilistisch treffend zu gestalten, um eine prägnante Beschreibung oder Erklärung zu vermitteln[287], decken sich in der Regel mit dem „Erfahrungs-, Interessens- und Erwartungshorizont"[288] eines durchschnittlichen Lesers.

Aus diesem Grund – wegen des Leserprofils und der damit verbundenen Zeitschriftenfunktionen – gelangen hauptsächlich konkretisierende Metaphern[289] zur Anwendung (ca. 60 %): erstens, weil sie als Leseanreiz wirken, und zweitens, weil sie dem kommunikativen Zweck des Infotainments

---

285 Vgl. Renger 2000, 273 ff.
286 Vgl. Zhu 1993, 245.
287 Vgl. Bertau 1996, 219.
288 Zhu 1993, 246.
289 Vgl. Reger 1978, 112. In meinen Ausführungen folge ich seiner Klassifikation der Metaphern.

nachkommen. Personifizierenden Metaphern kommt als Primärfunktion die sprachliche Raffung und Ökonomie[290] zu; sie offerieren mit minimalem Symbolaufwand ein Bündel an Informationen – auch sie treten nicht zuletzt deswegen im Wortkorpus mit höherer Frequenz auf als dynamisierende und sensorische Metaphern (ca. 28 %). Dynamisierende Metaphern bewirken eine Steigerung oder Umdeutung von möglichen Bewegungen einer ding- oder körperhaften Erscheinung oder deuten dem Bezugsphänomen Bewegung ein, zu der es nicht fähig ist.[291] Sensorierungen übertragen hingegen „Sinnesreize als subjektiv wahrnehmbare Merkmale von dinghaften Erscheinungen auf andere Gegenstände sowie auf Personen, Sachverhalte und Begriffe"[292].

Infolge der Orientierung am „Durchschnittsrezipienten" ist die Mehrheit der Metaphern als etabliert einzustufen. Etablierte Metaphern sind für den Rezipienten nicht nur schneller fassbar, sondern sie erzeugen auch eine nachhaltige Wirkung bzw. einen Leseanreiz. Die Ähnlichkeit der beiden Elemente, welche die etablierten Metaphern bilden, ist leicht zu erschließen, zumal wenn die Metaphern den Sprachteilhabern schon ansatzweise vertraut sind, ihre Bildlichkeit spürbar ist und wenn sie nur schwach kontextgebunden ist.[293] Aus eben diesem Grund – wegen des Sonderstatus etablierter Elemente – erklärt sich auch die Bekanntheit der in 10.1. vorgestellten Herkunftsbereiche der Metaphern.

Zusammenfassend ist festzuhalten, dass beim Metapherngebrauch in Laufzeitschriften neben allgemeinen journalistischen Gründen wie Spieltrieb und Hang zur Ironie besonders die Motive Veranschaulichung und Intensivierende Wertung zusammenwirken. Diese Motive resultieren sowohl aus den vermehrt vorkommenden Metaphernarten (konkretisierend und personifizierend) sowie aus der Geläufigkeit der Übertragungen (etabliert) als auch aus den Primärfunktionen von Special Interest-Zeitschriften (Information und Unterhaltung – Infotainment). Die Qualität der Metaphern in Laufzeitschriften liegt zweifelsohne in einer bündigen Konturierung und somit sprachökonomischen Information und Stellungnahme – sie tragen zu einer Verlebendigung und Auflockerung der Sprache in den Texten bei.[294]

---

290 Vgl. Reger 1978, 126.
291 Vgl. Reger 1978, 110.
292 Reger 1978, 127.
293 Vgl. Zhu 1993, 135 f.
294 Vgl. Reger 1978, 130.

11. Exkurs: Wortschatzveränderungen – Tendenzen und Motive

„Den ersten Laufboom erlebten wir im Laufe der siebziger Jahre bis in die achtziger Jahre hinein. Damals dominierten allerdings eher leistungsorientierte Freizeitläufer, die sich bei den immer zahlreicheren Wettkämpfen, Wald- und Straßenläufen, trafen. Der New-York-Marathon, 1976 ins Leben gerufen, stand Pate für diese erste Laufbewegung und bald schon hatte jede größere Stadt ihren City-Marathon. Stockholm, London, Frankfurt und Berlin gingen in dieser Reihenfolge 1980 und 1981 an den Start, weitere Großstädte kamen hinzu. Von einer ‚zweiten Laufbewegung' spricht man seit Ende der neunziger Jahre. Augenfällig wurde dies für jeden, der in den Stadtparks der Großstädte spazieren ging. Auch ganz oben an der Spitze des Eisbergs, bei den großen Marathonläufen, manifestierte sich dieser Trend sehr augenfällig: Die Teilnehmerzahlen bei diesen Großevents schossen durch die Decke. In den USA war diese zweite Welle schon ein paar Jahre vorher zu beobachten."[295]

Mit den Auswirkungen des ungebrochenen Running-Booms, sozusagen der „zweiten Welle", befasst sich speziell der hier vorliegende letzte größere Abschnitt dieser Arbeit. Genau genommen widmet er sich Veränderungen des Laufzeitschriftenvokabulars innerhalb der letzten zehn Jahre. Im Zuge dieser kleineren Untersuchung wurden aus insgesamt 20 Ausgabennummern erneut je 800 Wortschatzeinheiten aus den Zeiträumen 1990–1993 und 2000–2003 nach dem Zufallsprinzip ermittelt (40 Wörter pro Zeitschrift), analog zu den Kriterien für das Gesamtkorpus analysiert und miteinander verglichen.

Ein Teilziel dieses Abschnitts besteht darin, Frequenzänderungen für die einzelnen Bereiche (Bezeichnungsklassen, Morphologie, Eigennamen, Anglizismen, Fachlexik und Metaphorik) zu veranschaulichen und diese näher zu hinterfragen. Zusätzlich sollen mögliche Tendenzen, welche aus den Resultaten hervorgehen, diskutiert werden. Außerdem rücken neben außersprachlichen Motiven auch kommunikative und kognitive Faktoren in den Fokus der Betrachtung, welche durch eine gewisse Eigendynamik spezifische Veränderungen bedingen. Besonders individuelle Motive seitens der Produzenten sowie ihre Einschätzungen der Wortschatzentwicklungen sollen Beachtung finden und in die Präsentation mit einfließen – sie wurden anhand des in Abschnitt 2. erwähnten Fragebogens erhoben (Fragebogen siehe Anhang).

---

295 *Runner's World* 2003, 24 f.

208 | Exkurs: Wortschatzveränderungen – Tendenzen und Motive

Bezüglich des Geschlechts der Probanden ergab sich eine etwas „einseitige" Verteilung, wie Abbildung 33 zeigt: 91 % waren männlich und nur 9 % weiblich.

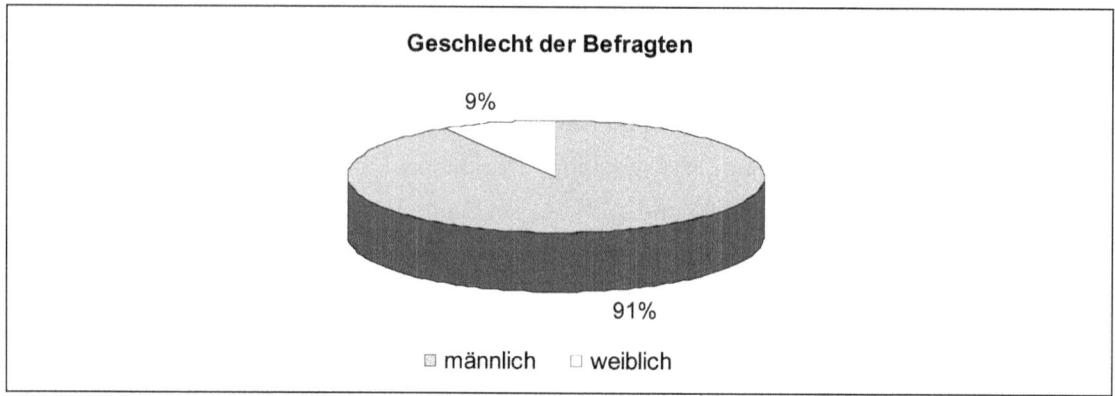

Abbildung 33: Geschlecht der befragten Redakteure

Was das Alter der – meist männlichen – Textproduzenten anbelangt, so ist es vielfach zwischen 31 und 40 Jahren anzusiedeln (41 %). Weitere 31 % der Befragten befinden sich im Alter zwischen 41 und 50 Jahren; elf Probanden sind 21 bis 30 Jahre alt; ein Alter zwischen 51 und 60 Jahren weisen 9 % auf. Unter 20 Jahre sind vier Textproduzenten, und ein Redakteur ist über 60 Jahre alt (siehe Abb. 34).

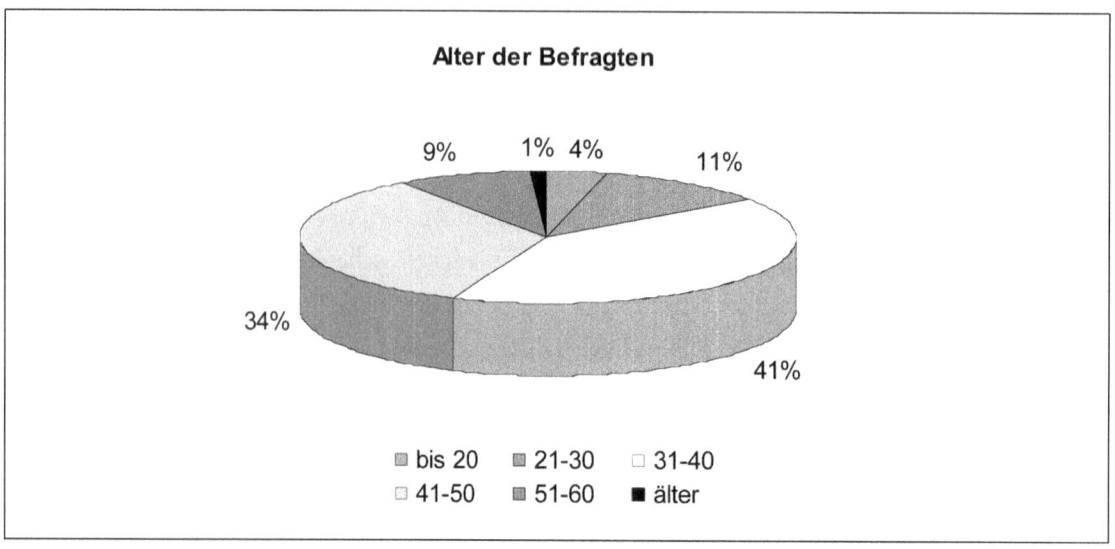

Abbildung 34: Alter der befragten Redakteure

Zum Aufbau des Fragebogens gibt es noch zu sagen, dass dieser in fünf Teile (A–F) gegliedert ist, welche den übergeordneten Abschnittsbezeichnungen 5.–10. entsprechen. In Teil E des Fragebogens beziehen sich die Fragestellungen analog zu Abschnitt 9. auf die Fachlexik, in Teil C auf Eigennamen etc.

Im Folgenden interessieren vor allem drei ineinanderfließende Leitfragen:

- Welche Hauptunterschiede ergeben sich bezüglich der Bezeichnungsklassen, der morphologischen Struktur, der Verwendung von Eigennamen und Anglizismen sowie für den Gebrauch fachlexikalischer und metaphorischer Elemente?

- Welche Tendenzen lassen sich angesichts der Resultate erkennen?

- Welche Motive kommen für die Tendenzen in Betracht?

11.1. Bezeichnungsklassen

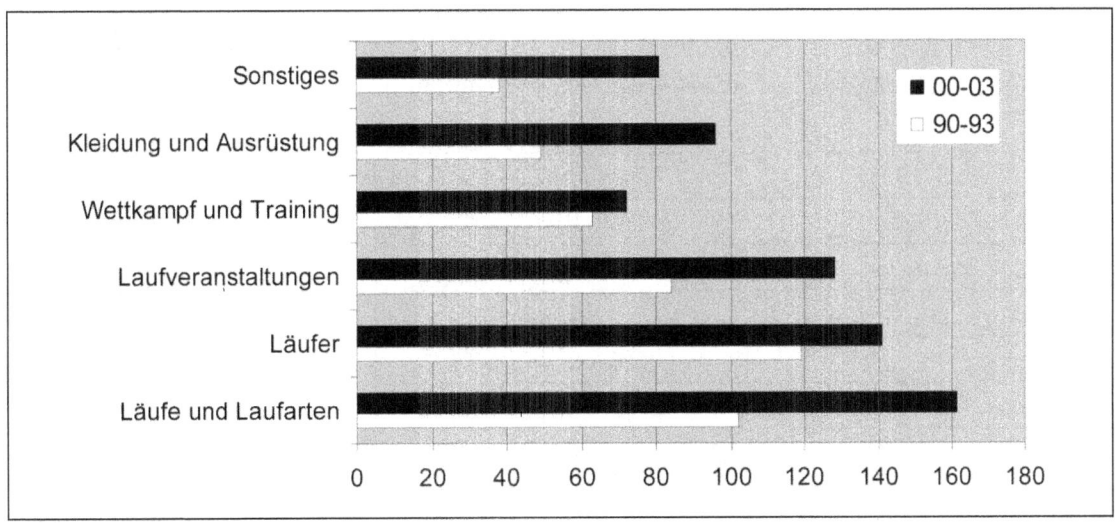

Abbildung 35: Kategorienaufteilung im Vergleich (gesamt: 455 vs. 679 Stw.)

Aus onomasiologischer Sicht sind für nahezu alle Bezeichnungsklassen Frequenzveränderungen zu beobachten, denn Laufzeitschriften jüngeren Datums verfügen über differenziertere sprachliche Mittel; dementsprechend finden sich für den Zeitraum 2000–2003 rund 1/3 mehr Stichwörter (455 vs.

679). Die Kategorien Läufe und Laufarten, Laufveranstaltungen, Kleidung und Ausrüstung sowie Sonstiges haben in zehn Jahren den größten Wortschatzausbau erfahren. Die restlichen semantischen Bereiche weisen keine erheblichen Zuwachsraten auf: Ihre Neuzugänge verteilen sich annähernd gleichmäßig auf die Benennungskategorien (siehe Abb. 35).

11.1.1. Bezeichnungen für Läufe und Laufarten

Für Bezeichnungen von Läufen und Laufarten liegen für 2000-2003 rund 58 % mehr Belege (102 vs. 161) vor als für die Vorjahre. Ihrer Struktur nach weisen die Lexeme deutliche Unterschiede auf: Sind 1990-1993 unspezifische Hyperonyme (ohne Disziplinverweis) die üblichste Variante zur Laufbezeichnung (78 %; z. B. *Lauf*), so sind dies in den Vergleichsjahren 2000-2003 die Ausdrücke für Disziplinen (86 %; *Marathon, Berglauf, Hindernislauf*). Aufgrund dessen sind für die älteren Laufzeitschriftenausgaben auch nur einige wenige Spitzenreiter festzustellen, während in den neueren Heften zusehends spezialisierte Favoriten vorkommen. Die untenstehende Tabelle 20 vermittelt einen Eindruck von den bevorzugten Ausdrücken aus den Jahren 1990–1993 und 2000–2003, für welche mehr als zehn Belege vorliegen.

Zum Vergleich gibt die Tabelle auch noch Aufschluss über die von den Redakteuren gemäß ihren eigenen Aussagen am häufigsten verwendeten Laufbezeichnungen:

1990–1993	2000–2003	Befragung 2004
Lauf	*Lauf*	*Marathon*
Marathon	*Marathon*	*Lauf*
–	*Berglauf*	*Berglauf*
–	*Orientierungslauf*	*Straßenlauf*
–	–	*Trainingslauf*

Tabelle 20: Spitzenreiter unter den Laufbezeichnungen

Analog zu diesen Veränderungen finden sich im Korpus 2000–2003 neben dem Favoriten *laufen* vielfach differenzierte Ausdrücke für Laufarten, die sich von der dazugehörigen Disziplin ableiten lassen, beispielsweise *marathonlaufen, orientierungslaufen* oder *berglaufen* (+ 71 % im Vergleich zu 1990–1993).

Die Bestimmungslexeme der Komposita in beiden Korpora halten sich anteilsmäßig die Waage, und die stark belegten, deutlich hervorstechenden semantischen Teilfelder differieren keineswegs (siehe Abb. 36) – Zeit, Dauer und Ort heben sich in beiden Zeiträumen ab. Eindrucksvoll sind jedoch die Lexemzuwächse und -rückgänge in den einzelnen Teilklassen: Verweise auf die Exklusivität und die Disziplin gewinnen in den letzten zehn Jahren an Bedeutung (+ 56 % bzw. + 39 %), hingegen sind Bestimmungslexeme mit dem Zusatzmerkmal Professionalität eher als rückläufig anzusehen (– 42 %).

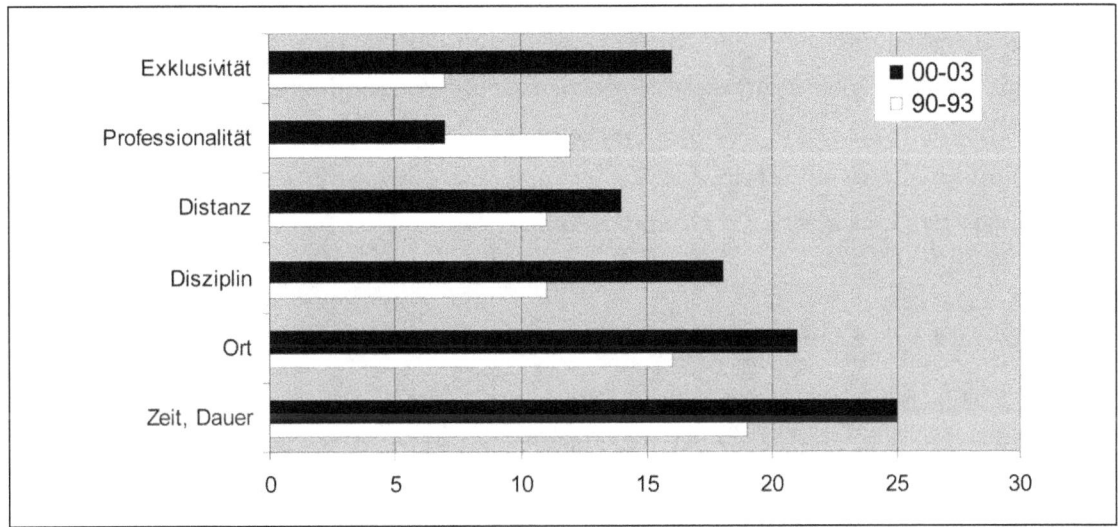

Abbildung 36: Hyponyme im Vergleich – Läufe (gesamt: 76 vs. 101 Stw.)

Dass Zeit und Ort zwei ganz wesentliche Faktoren für die Laufsportausübung sind, unterstreichen auch die Ergebnisse der Fragebogenerhebung. Großteils finden sich Spezifizierungselemente lokalen oder temporalen Charakters: z. B. *Straßenlauf, Waldlauf, Zeitlauf, Intervalllauf.*

Im Ganzen zeigen sich zwei ineinandergreifende Tendenzen:

1. Die Reihe der Hyperonyme dominiert zusehends über (spezialisierten) Disziplinbezeichnungen; ehemals unspezifische Lexeme erfahren nun eine Differenzierung bzw. „Sektorisierung"[296]. Vor allem die Konkurrenz der beiden stark frequenten Ausdrücke *Marathon* und *Lauf* zeugt von dieser Entwicklung.

---

296   Langner 1978, 487.

2. Die Vielfältigkeit der Bestimmungslexeme nimmt vorrangig im Sektor Exklusivität zu, allenfalls auch – in Analogie zu den zentralen Bezeichnungen – im Bereich Disziplin, wobei Zeit, Dauer und Ort weiterhin zu den wichtigsten, sozusagen fixen Referenzbereichen zählen.

Motive für diese Tendenzen – die Differenzierung/Sektorisierung der Hyperonyme und die allgemeine Innovation der Hyponyme – liegen in außersprachlichen Veränderungen: in einer Laufsportexpansion, die immer weitere Kreise zieht. Aus sachbedingten Gründen muss eine sachlich-begriffliche Spezialisierung erfolgen (vgl. *Marathon*-Ausfächerung in Abschnitt 5.1.1.). Die zahlreichen Hyponyme mit dem Exklusivitätsmerkmal resultieren aus dem „Fun-Faktor", wie er im freizeitorientierten Laufsport vorherrscht – dementsprechend ist der Professionalitätsgrad für die Benennung nicht mehr von so großer Wichtigkeit. Mit der Ausdifferenzierung der Laufsportdisziplinen geht zwangsläufig eine Ausfächerung der Hyponyme einher.

11.1.2. Bezeichnungen, die Läufer benennen und charakterisieren

Für die Läuferbezeichnungen können ähnliche Beobachtungen wie für die Ausdrücke von Läufen und Laufarten gemacht werden (vgl. 11.1.1.). Innerhalb der Gruppe der zentralen Lexeme sind in den Jahren 2000–2003 mehr Kollektiva vorhanden (+ 39 % im Vergleich zu 1990–1993) – besonders das Lehnwort *Szene* ist an der Herausbildung ganzer Sektoren beteiligt. Unter die Individuativa fallen in letzter Zeit zwar stetig spezifische Ausdrücke, welche auf die Disziplin referieren, der unspezifische Ausdruck *Läufer* gilt aber weiterhin als Favorit (siehe Tab. 21).

1990–1993	2000–2003	Befragung 2004
Läufer	*Läufer*	*Läufer*
Marathonläufer	*Marathonläufer*	*Marathonläufer*
–	*Bergläufer*	*Bergläufer*
–	–	*Freizeitläufer*

Tabelle 21: Spitzenreiter unter den Läuferbezeichnungen

Die näheren Bestimmungen orientieren sich im Vergleichszeitraum noch stärker an der Disziplin als 1990–1993 – was mit der besagten Spezialisierung zusammenhängt (vgl. 11.1.1.). Die Professionalität tritt in den letzten Jahren als Benennungskriterium in den Hintergrund (– 41 %), ist aber weiterhin das zweitwichtigste Kriterium bei der Personenbezeichnung. Ort und Faszination werden aus aktueller Sicht zu immer maßgeblicheren Nominationsfaktoren (+ 67 % bzw. + 133 %); siehe Abbildung 37:

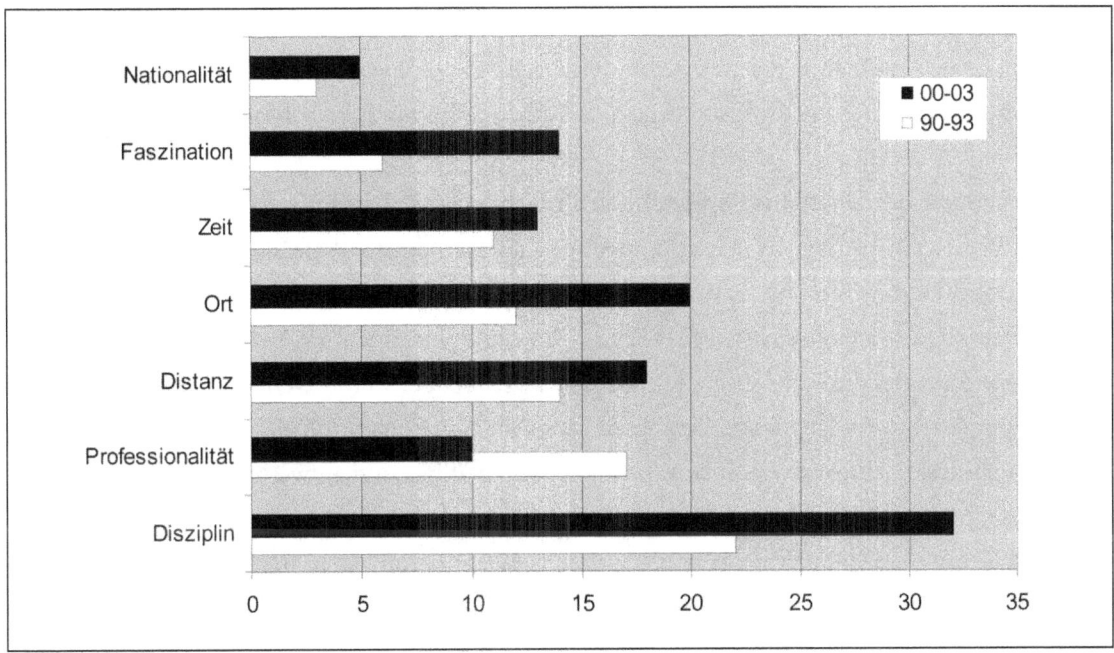

Abbildung 37: Hyponyme im Vergleich – Läufer (gesamt: 85 vs. 112 Stw.)

Festzustellen ist, dass die Läuferbezeichnungen im Bereich der Hyperonyme in ähnlicher Weise zur Spezifizierung tendieren, dass aber der unspezifische Ausdruck *Läufer* als **die** Bezeichnung für eine laufsportausübende Person, egal welcher Disziplin sie zugeordnet werden kann, erhalten bleibt und dies, obwohl der Laufsport ausreichend differenzierte Bezeichnungen bereithält.

Der Grund für dieses Phänomen ist wohl weniger im Außersprachlichen zu suchen – hier erweist sich die Einsparung sprachlicher Mittel als sehr hilfreich. Teilweise wird zugunsten der Sprachökonomie auf Präzision verzichtet, und die Bezeichnung *Läufer* erhält gegenüber *Marathonläufer* selbst im spezifischen Kontext oftmals den Vorzug. Das Bedürfnis nach kürzeren Bezeichnungen (speziell) für den *Marathonläufer* wird am Entwurf *Marathoni* (Sg.) bzw. *Marathonias* (Pl.) ersichtlich. Obwohl sich diese Bezeichnungen durch Kürze auszeichnen und dadurch ökonomisch einsetzbar sind, finden sie nur spärlich Eingang in das Vokabular.

Bei den Laufbezeichnungen verhält es sich anders: Die Kurzform *Marathon* hat sich als ökonomische Variante schon lange Zeit verselbständigt – sie tritt gegenüber ihrer Langform *Marathonlauf* mit einer Frequenz von 1:7 auf. Durch sachbedingte, außersprachliche Veränderungen erfuhr das Marathonvokabular zudem einen beachtlichen Ausbau, und die Bezeichnung *Marathon* ist mittlerweile als Konkurrent von *Lauf* anzusehen. Selbst wenn ökonomische Ausdrucksvarianten zur Läuferbezeichnung gesucht werden – abgesehen von den Anglizismen *Spurter* oder *Sprinter* –, dürfte *Läufer* als **die** Bezeichnung für eine laufsportausübende Person weiterhin bestehen bleiben.

Der Aufschwung der Disziplinen spiegelt sich in vielfältigeren Bestimmungslexemen wider – der Zuwachs ist also sachbedingt. Wie bereits angesprochen, verliert die Professionalität wohl deswegen an Bedeutung, weil die breite Leserschaft das Laufen als Hobby betreibt und die homogene Zielgruppe Freizeitläufer stetig wächst (vgl. 4.2.5.) – für die Zukunft kann eventuell vermutet werden, dass weniger Lexeme, die Könnensgrade ausdrücken, verwendet werden. Die Zunahme der lokalen Bestimmungslexeme erfolgt aus sachbedingten Motiven: Immer mehr Örtlichkeiten werden für den Laufsport entdeckt. Als soziologisch bzw. psychologisch bedingt sind aufwertende Hyponyme anzusehen, denn hier spielen wiederum der in 11.1.1. angesprochene Fun-Faktor und die Eventisierung von Sprache und Gesellschaft mit herein – auf diese Weise kommt man der gruppenindizierenden und eskapistischen Funktion nach, durch den Entwurf einer Runner's World.

11.1.3. Bezeichnungen für Laufveranstaltungen

In den Jahren 1990 bis 1993 sind erwartungsgemäß weniger Bezeichnungen für Laufveranstaltungen präsent, und die Zahl der Appellativa ist gegenüber den Eigennamen höher (ca. 42 % vs. 31 %), was durch den mehrfach erwähnten Laufboom als Wirtschaftsfaktor vorherzusehen war.

Eigennamen erfahren ein konstantes Wachstum: Nehmen sie im älteren Korpus 14 % ein, so beläuft sich die Zahl der Eigennamen im Vergleichszeitraum 2000–2003 auf 19 % (+ 5 %). Ortsnamen zählen weiterhin zur bevorzugten Namenkategorie bei der Benennung von Laufveranstaltungen (+ 70 %). Berg-, Seen- und Flussnamen gewinnen in neuerer Zeit etwas an Präsenz, wobei sich die Frequenz der Bergnamen von den anderen beiden Kategorien abhebt. 2000–2003 enthalten 12 % der kombinierten Ausdrücke Personennamen; dies entspricht einem leichten Zuwachs gegenüber 1990–1993 (+ 34 %). Firmennamen und Namen für Institutionen, Anlagen und Gebäude machen im jüngeren Korpus 10 % bzw. 11 % aus (1990–1993 jeweils 7 %), temporale Namen gewinnen im Gegensatz zu den Pflanzen- und Tiernamen an Bedeutung (siehe Abb. 38):

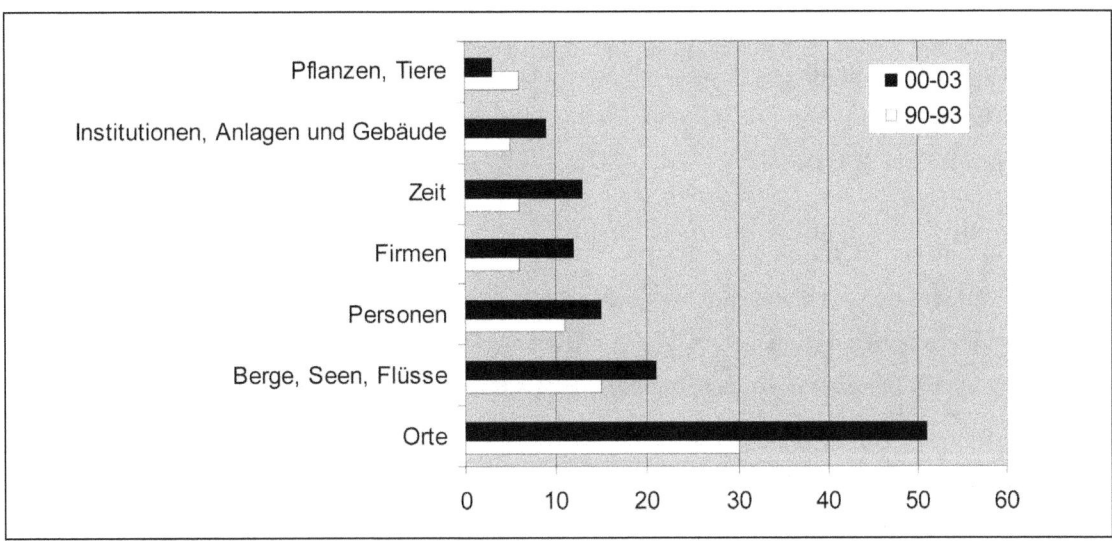

Abbildung 38: Aufteilung der Eigennamen in Laufveranstaltungsbezeichnungen im Vergleich (gesamt: 79 vs. 124 Stw.)

Es ist zu vermuten, dass die Vorkommenshäufigkeit der Eigennamen mit der wirtschaftlichen Attraktivität des Laufsports in allen Teilklassen weiterhin stark ansteigt – ob für ihre Namengebung neben wirtschaftlichen Aspekten auch innersprachliche Phänomene, die gewisse Namenmoden bedingen, von Belang sind, bleibt zu hinterfragen (dazu ausführlicher in Abschnitt 11.3.).

11.1.4 Bezeichnungen für Größen aus dem Wettkampf- und dem Trainingsbereich

Die Lexembestände mit dem Zusatzmerkmal *Wettkampf* weichen frequenzmäßig nur gering voneinander ab (6 % vs. 7 %). Dies mag daran liegen, dass es sich beim überwiegenden Teil der Wettkampfbezeichnungen um „ältere" Bezeichnungen für internationale Wettkämpfe, Wettkampfdistanzen, -wertungen und -klassen handelt, die im Laufsport schon seit Jahren sprachlich fest verankert sind; vgl. Ausdrücke wie *WM*, *Marathondistanz* oder *Meisterschaftswertung*. Wenn sich in diesem Gebiet künftig Änderungen ergeben, dann am ehesten für Bezeichnungen von Preisen und Auszeichnungen – neue Erfindungen benötigen sprachliche Etiketten.

Für den Trainingsbereich ist zwar in ebensolcher Weise ein längst etabliertes „Grundvokabular" vorhanden, in diesem Sektor zeichnen sich jedoch erwartungsgemäß Veränderungen ab. In den letzten Jahren ist es zu einer kontinuierlichen Bestandserweiterung gekommen, welche auch von den Produzenten deutlich wahrgenommen wird: Deren Einschätzungen sind berechtigt.

216 | Exkurs: Wortschatzveränderungen – Tendenzen und Motive

Teil A – Frage 3: Glauben Sie, dass heutzutage im Laufsport vielfältigere Bezeichnungen für Größen aus dem Trainingsbereich bereit stehen als etwa vor zehn Jahren?
o nein (0 %)   o kann sein (10 %)   o **eher schon (50 %)**   o ja, überwiegend (30 %)
o ja, ganz bestimmt (10 %)

1990–1993 nimmt der Trainingsbereich prozentuell gesehen zwar mindestens ebenso viel Platz ein (6 % vs. 7 %), es lassen sich aber nur 33 Stichwörter zuordnen (2000–2003: 51). Zwei Gründe liegen nahe: Einerseits gelangt man zu immer spezifischeren sportmedizinischen Erkenntnissen, die zu einer Vielzahl von Benennungen fachsprachlicher Art für verschiedene Trainingsprogramme, -pläne oder Tests führen (vgl. 9. und später 11.5.), und andererseits herrscht seitens der Rezipienten gesteigertes Interesse an Trainingsthemen (vgl. 4.2.5.).

11.1.5. Bezeichnungen für Kleidungsstücke und Ausrüstungsgegenstände

Für Kleidungsstücke und Ausrüstungsgegenstände hält der Laufsport inzwischen viele differenzierte Ausdrucksvarianten bereit – was vorherzusehen war (vgl. das Zitat auf Seite 117). Insbesondere neue Technologien in der Laufschuhherstellung führen zu hoch spezialisierten, gebrauchsbeschränkten Laufschuhen und somit zu recht differenzierten Bezeichnungen; neue Errungenschaften aus der amerikanischen Textilindustrie führen zum Import zahlreicher Lexeme für hochwertige Laufbekleidung. Stehen 1990–1993 überwiegend die Bezeichnungen *Laufhose* oder *Laufshirt* bereit, so dominieren in neuerer Zeit daneben auch Anglizismen wie *Runningshirt*, *Tight* oder *Top* den Bekleidungswortschatz (vgl. 11.4.).

Die Spezifizierung der Lexeme erfolgt in neuerer Zeit vor allem in Richtung Qualität/Komfort und Einsatzbereich, aber auch die Disziplin fungiert weiterhin als Richtungsweiser (vgl. 5.5.1.), z. B. *Top-Runningschuh*, *Allroundschuh*, *Traillaufschuhe*.

Der Laufmarkt bietet mittlerweile viele begehrte Ausrüstungsgegenstände und sonstige Accessoirs, welche die Läuferschaft nicht mehr missen möchte. Dementsprechend ist die Vielzahl neu hinzugetretener Ausrüstungslexeme auch nicht mehr aus dem Laufsportvokabular wegzudenken – die Technisierung des Menschen wird spürbar. Den Lexemen für Ausrüstungsgegenstände kommt größtenteils Fachlichkeit zu. Deswegen gestaltet sich die Suche nach alternativen allgemeinverständlichen Ausdrucksvarianten als besonders schwer. Ein Beispiel dafür ist der in Abschnitt 5.5.2. aufgezeigte

Fall *Babyjogger* – diese Bezeichnung erfährt keine einheitliche Akzeptanz, und man strebt gezielt nach Alternativen. Aus diesem Anlass war es von besonderem Interesse, mögliche Hintergründe für die Wahl der „passendsten" Bezeichnung zu erfragen.

> Teil A – Frage 4: Welche Bezeichnung erscheint Ihnen für ein Gefährt zur Beförderung eines Kindes während der Lauftätigkeit am passendsten?
> o *Laufkinderwagen* (39 %) o *Laufbuggy* (9 %) o ***Babyjogger*** (52 %) o *Stroller* (0 %)

Zu den Resultaten: Der Anglizismus *Stroller* dürfte recht wenigen Lesern vertraut sein. Daher entscheidet sich kein Redakteur für diese Bezeichnung (0 %). *Laufbuggy* wird von 9 % der Befragten in Erwägung gezogen – einheitliche Gründe: die Bildhaftigkeit des Ausdrucks und die angenehme Kürze gegenüber *Laufkinderwagen*. Für *Laufkinderwagen* sprechen aus Redakteurssicht vor allem folgende zwei Qualitäten: Verständlichkeit und Eindeutigkeit („da es ein Kinderwagen ist und nicht das Baby läuft") – demnach ist *Laufkinderwagen* für 39 % der treffendste Ausdruck. Rund die Hälfte der Redakteure (52 %) findet *Babyjogger* am passendsten, z. B. aus folgenden Gründen:

> Weil nur der Jogger etwas davon hat.

> Weil er bereits etabliert – und somit ein verbreiteter Begriff – ist.

> Hat sich eingebürgert; einer der vielen Anglizismen.

> Der meist verwendete Begriff.

> Fast schon ein Eigenname und sprachlich geläufig.

Die Liste ließe sich in ähnlicher Weise fortführen – für die Bezeichnungswahl ist hier vor allem die steigende Etabliertheit bzw. Geläufigkeit das ausschlaggebende Kriterium.

Insgesamt betrachtet ist sowohl für die Bekleidungs- als auch für die Ausrüstungskategorie eine stetige Ausdifferenzierung der Benennungen festzustellen, welche darüber hinaus in beiden Sektoren zu einem Anstieg fremdsprachiger und fachsprachlicher Elemente führt (vgl. 8.3. und 9.1.).

11.1.6. Sonstige Bezeichnungen aus dem Laufsport

Das „Rundum" des Laufsports verzeichnet einen enormen Zuwachs an Ausdrücken – egal, auf welchen Referenzbereich sie sich beziehen. Sind 1990–1993 38 Belege vorhanden, so stehen 2000–2003 schon 81 zur Auswahl (+ 113 %). Alle sieben semantischen Kategorien erfahren gegenüber früheren Jahren eine positive Frequenzänderung, wobei die Veränderungen in den Teilklassen Exklusivität/Faszination (+ 110 %) und Produkte/Angebote (+ 90 %) allerdings hervorstechen (vgl. 5.6.); siehe Abbildung 39. Mögliche Gründe sind zum einen die vielfach angesprochene Popularisierung bzw. Eventisierung des Laufsports und zum anderen der Faktor Infotainment.

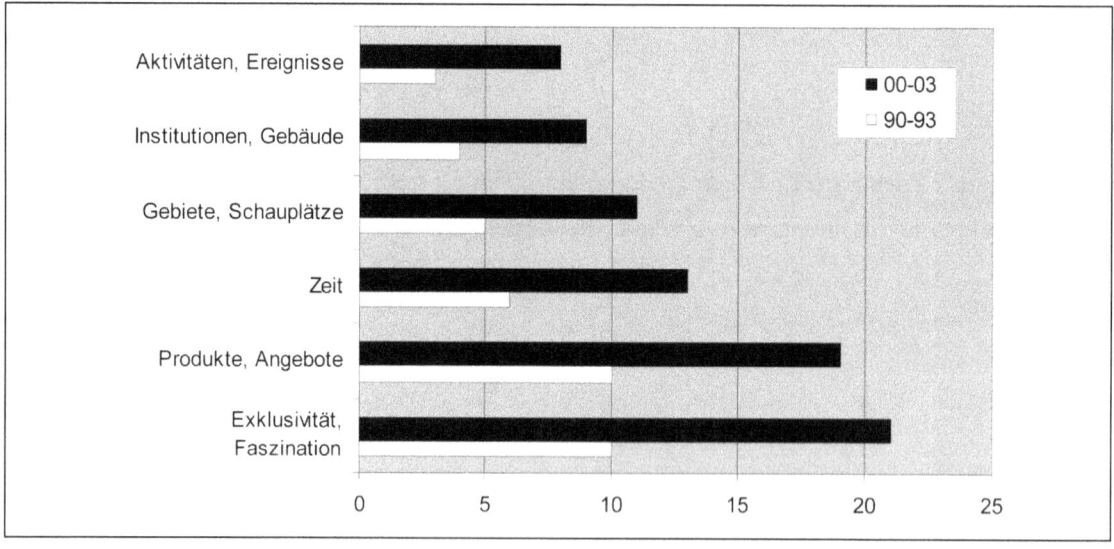

Abbildung 39: Sonstige Bezeichnungsklassen im Vergleich (gesamt: 38 vs. 81 Stw.)

Der in allen Kategorien stattfindende Ausbau verblüfft im Hinblick auf die Laufsportpopularisierung keineswegs. Aufgrund der steten Ausdifferenzierung des Laufsports und seines Eindringens in den öffentlichen Lebensbereich ist ein hohes Nominationsbedürfnis vorhanden – es herrscht nahezu „Benennungszwang".

> „Aber nicht nur die Teilnehmerzahlen, sondern auch das öffentliche Interesse, sei es durch die Zuschauer vor Ort oder in den Medien, nimmt zu. Die Rahmenprogramme werden immer aufwändiger gestaltet und bieten damit Läufern und vor allem Herstellern eine interessante Plattform. Gerne werden Flyer und Probepäckchen diverser Getränke- oder Riegel-Hersteller

verteilt und auch die Sportindustrie findet hier ein ideales Forum, um sich den Laufsportlern zu präsentieren, sie zu beraten und als neue Kunden zu gewinnen."[297]

Dementsprechend vermutet fast ein Viertel der Redakteure, dass sich die allgemeinen Entwicklungen im Laufsportsektor ganz bestimmt auf das Vokabular auswirken; rund ein Drittel geht von einem überwiegenden Einfluss aus. Ein Fünftel verhält sich neutral und schließt einen Wortschatzwandel nicht von vornherein aus („kann sein"), aber kein einziger Redakteur glaubt, die Veränderungen hätten gar keine Wortschatz-Auswirkungen.

> Teil A – Frage 5: Glauben Sie, der Laufsport hat sich in den letzten Jahren so stark verändert, dass sich dies an den vorhandenen Wörtern ablesen lässt?
> o nein (0 %) o kann sein (20 %) o eher schon (25 %) o **ja, überwiegend (32 %)**
> o ja, ganz bestimmt (24 %)

Insgesamt zeigt man sich mit dem aktuell vorhandenen Vokabular durchwegs zufrieden. Für journalistische Zwecke stehen den vorliegenden Befragungen zufolge „meistens" oder „fast immer" effiziente Ausdrücke zur Verfügung (42 % bzw. 47 %). Niemand findet den existierenden Wortschatz ineffizient, was einmal mehr darauf hindeutet, dass die gegenwärtigen Wortschatztendenzen auf eine breite Akzeptanz seitens der Kommunizierenden stoßen.

> Teil A – Frage 6: Finden Sie die Ihnen bekannten Ausdrücke aus dem Laufsport hinreichend effizient?
> o nein (0 %) o eher nicht (0 %) o ja, meistens (42 %) o **ja, fast immer (47 %)**
> o ja, immer (11 %)

11.2. Morphologie

Was die Wortarten betrifft, so zeichnet sich in letzter Zeit eine deutliche Zunahme der Substantiva ab: Genaugenommen finden sich (im Vergleich zum Korpus aus den Jahren 1990–1993) 2000–2003 zu 51 % mehr Substantiva. Die Anwendungsquote von Verben und Adjektiven ist als gleichbleibend einzustufen; Verben 14 % vs. 13 % und Adjektive 9 % vs. 10 %.

---

297 *Runner's World* 2003, 30.

Bei den Wortbildungsarten können prinzipiell drei Beobachtungen gemacht werden: 1. Komposita sind bereits in früheren Laufzeitschriften die beliebteste Wortbildungsvariante, und sie gewinnen stetig an Bedeutung (+ 30 % vs. 1990–1993). 2. Die Zahl der Ableitungen ist über die zehn Jahre hinweg fast konstant (31 % vs. 29 %). 3. Kurzformen befinden sich merklich im Aufwärtstrend, welcher bereits zu einer Verdoppelung der vorhandenen Abkürzungen beigetragen hat (+ 200 % vs. 1990–1993).

Die starke Gruppe der Komposita verteilt sich in den Zeiträumen größtenteils auf zweigliedrige Substantivkomposita. Hinsichtlich der Struktur der Konstituenten kann wiederum festgestellt werden, dass zusehends die Lexeme *Lauf* und *Läufer* in Wortbildungskonstruktionen vorkommen, vor allem aber das Wort *Marathon* an Reihenbildungen beteiligt ist (vgl. 6.1.). Für die Jahre 1990–1993 ergibt sich für die Bezeichnungen *Lauf* und *Marathon* – als Erst- und Zweitkonstituenten – noch ein Verhältnis von 2:1, während sich für die neuere Zeit ein Verhältnis von 1:3 ergibt; insgesamt setzen sich im jüngeren Korpus Komposita häufiger aus den drei genannten äußerst produktiven Konstituenten zusammen (vgl. 11.1.1. und 11.1.2.).

Zur näheren Spezifizierung sind in den letzten Jahren vielfach Bestimmungswörter in Gebrauch, die sich in ihren Referenzbereichen auf Disziplinen beziehen (vgl. 5.1. und 11.1.). Im Sinne der fortschreitenden Ausdifferenzierung und des Hanges zur Variation sind für die Jahre 2000–2003 generell vielfältigere Bestimmungslexeme gebucht worden.

Analysiert man die Korpora auf eventuelle Favoriten, so erhält man ein noch klareres Bild: Für die Jahre 1990–1993 ergeben sich lediglich zwei Spitzenreiter (siehe Tab. 22). Die neueren Befunde zu den beliebtesten Erstkonstituenten korrelieren nahezu vollständig mit denen für das Gesamtkorpus (vgl. 6.1.).

1990–1993	2000–2003
Lauf-	*Lauf-*
LäuferIn-	*Marathon-*
–	*LäuferIn-*
–	*Berg-*

Tabelle 22: Spitzenreiter unter den Erstkonstituenten

An den Grundlexemen können zweierlei Tendenzen abgelesen werden: zum einen der gleichzeitige Drang nach Verallgemeinerung sowie nach Spezialisierung, zum anderen die Hervorhebung des „Exklusivitätscharakters" zur semantischen Aufwertung von Dingen bzw. Sachverhalten aus dem Laufsport (siehe Tab. 23):

1990–1993	2000–2003
-Lauf	-Lauf
-LäuferIn	-Marathon
-Marathon	-LäuferIn
–	-Boom
–	-Event

Tabelle 23: Spitzenreiter unter den Zweitkonstituenten

Motive für diese Entwicklungen innerhalb der Substantivkomposita – für den Aufschwung des Wortes *Marathon*, spezifischere Erstglieder und den Einsatz „eventisierender" Lexeme – wurden bereits mehrmals diskutiert: Die sachbedingte Spezialisierung und der außersprachliche Laufboom führen zu Wortschatzveränderungen.

Für die Ableitungen ergeben sich frequenzmäßig keine großen Änderungen, die Betonung des Exklusivitätscharakters ist aber auch für diese festzuhalten. In jüngster Zeit nehmen vor allem Augmentativa zu. Eine ganze Palette stilistisch markierter, hochwertender Präfixoide steht vor allem für die Kategorie „Sonstige Bezeichnungen aus dem Laufsport" bereit (z. B. *Spitzen-Marathon, Elite-Sprinter, Extrem-Jogger*). Diese Präfixoide erweisen sich für den Entwurf der Runner's World als äußerst nützlich.

Wie eingangs erwähnt zeichnen sich für den Bereich der Kurzformen gravierende Frequenzänderungen ab. Die Anzahl der Kurzwortbildungen verzeichnet im Vergleich zum früheren Zeitraum ein Plus von 200 % – Kurzformen haben somit ganz klar zugenommen. Auch den Vermutungen der Redakteure zufolge gewinnen Kurzformen an Bedeutung (z. B. *VCM, TMS, FS*). Immerhin entscheidet sich nahezu die Hälfte der Befragten (45 %) für die Antwortmöglichkeit „ja, ganz bestimmt", und lediglich 9 % vertreten die Meinung, die Zahl der Abkürzungen sei unverändert gleich geblieben.

Teil B – Frage 1: Glauben Sie, dass die Anzahl der Abkürzungen (z. B. *OL*) im Laufsport zugenommen hat?
o nein (9 %)   o kann sein (7 %)   o eher schon (39 %)   o ja, überwiegend (0 %)
o **ja, ganz bestimmt (45 %)**

Angesichts der allgemeinen Einschätzungen ist die Antwortverteilung zum individuellen Abkürzungsgebrauch verblüffend – man sieht sich persönlich nicht am Kurzformenaufschwung beteiligt:

Teil B – Frage 2: Bevorzugen Sie selbst gerne Abkürzungen?
o **nein (92 %)**   o ja (8 %)

Ein möglicher Grund dafür könnte die Automatisierung sein, die viele Abkürzungen längst erlebt haben (z. B. *OL* = „Orientierungslauf" oder *DL* = „Dauerlauf"). Viele Abkürzungen für Läufe oder Trainingselemente bzw. -sachverhalte dürften nicht mehr als solche erkannt werden und daher zum Standardvokabular zählen.

Die Gründe für den zahlreichen Einsatz der Kurzformen liegen in ihrer Eigenschaft, eine ökonomische Sprachverwendung zu ermöglichen – auch seitens der Redakteure wird diese Qualität betont. Zudem zeugt der Kurzformengebrauch von Fachkenntnis und Effizienz:

Um lange Wörter oder Wortverbindungen wie Tempodauerlauf (TDL), Kontinuierlicher Dauerlauf (KDL), Orientierungslauf (OL) u. a. im Text nicht ständig wiederholen zu müssen.

Einmal eingangs erklärt spart's Platz und Aufwand und fördert die Lesbarkeit (z. B. Vereinsnamen wie „LCC-Wien" für „Lauf- und Conditions-Club Wien"). Viele Begriffe sind zudem Standardvokabular (wie eben OL, DL etc.).

Sie sind Teil der Fachterminologie; machen Diskussionen und Artikel effizient.

Für die Vermeidung von Abkürzungen liegen aufgrund der ablehnenden Haltung viele Begründungen vor. Vor allem aus Gründen der Leserorientiertheit wird die Verwendung von Abkürzungen abgelehnt. Das Gros der angeführten Argumente kreist darum, dass die Verständlichkeit durch zu wenig Sachkenntnis bzw. Hintergrundwissen der Leser beeinträchtigt zu werden droht, dass Abkürzungen das Lesen erschweren und speziell neues Zielgruppenpublikum mitunter überfordert wird.

Weil der Text unlesbar wird und sich der Text auch an „Disziplinfremde" richtet – meine Regel: ausgeschrieben (künftig: Abkürzung).

Zielpublikum kann damit nichts anfangen.

Möchte vermeiden, dass ich weniger informierte Leser verwirre.

Lesen wird durch Abkürzungen erschwert!

Man kann nicht davon ausgehen, dass jeder Leser jede Abk. kennt!

In einigen Fällen ist schlichtweg der individuelle Geschmack ausschlaggebend für das Umgehen von Kurzformen – „mag Abkürzungen nicht" – oder die Vorgehensweise anderer Medientypen („Im Fernsehen nicht üblich, in Zeitungen normalerweise nicht nötig").

11.3. Eigennamen

Wie erwartet nimmt der Umfang an Eigennamen klar zu – den Großteil der Bildungen mit Eigennahmen decken schließlich Bezeichnungen für Laufveranstaltungen ab. 1990–1993 sind ca. 84 aktiv in Verwendung (davon 80 % Laufveranstaltungsnamen), 2000–2003 steigt die Anzahl auf 128, wobei 92 % auf Veranstaltungsnamen entfallen.

Hält man sich die steigenden Veranstaltungszahlen der letzten Jahre vor Augen, so erhalten die Befunde der Wortschatzanalysen ihre Berechtigung. Gerade in den Jahren 1998–2000 steigt die Zahl der Laufveranstaltungen nachdrücklich an (siehe Abb. 40).

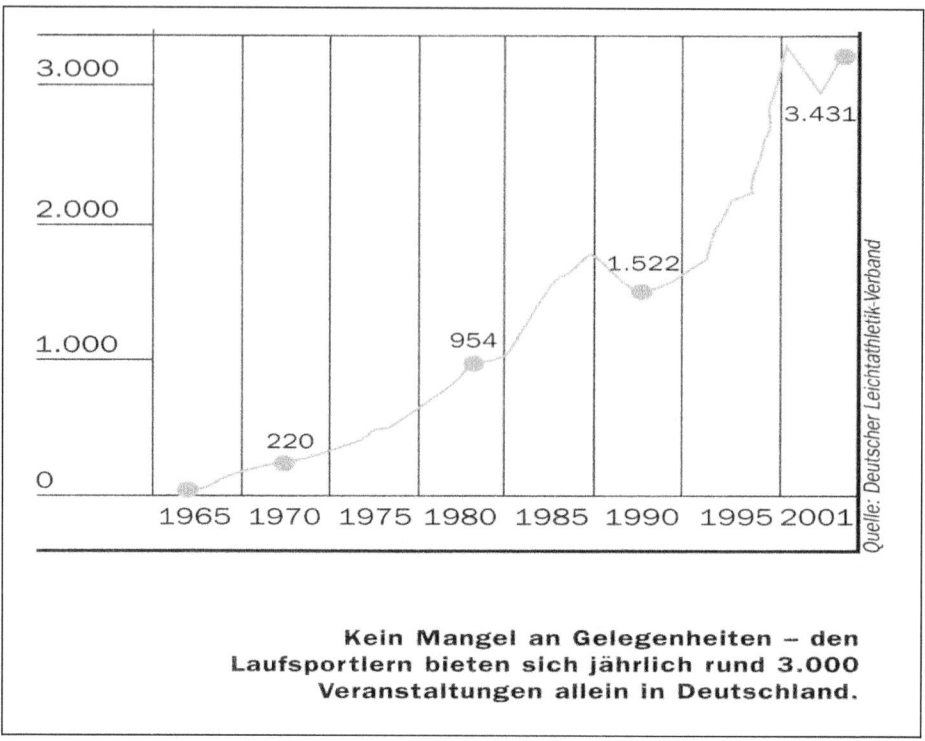

Abbildung 40: Steigende Laufveranstaltungszahlen (aus Runner's World 2003, 32)

Die Verteilung der in Laufveranstaltungsbezeichnungen enthaltenen Namen auf unterschiedliche Kategorien unterliegt im Gegensatz zum außersprachlich bedingten Eigennamenaufschwung bestimmten Namenmoden. Sie hängen vom Geschmack derjenigen ab, welche den Namen festlegen, und vom Anklang, den die Veranstaltung oder die jeweilige Erfindung beim Läuferpublikum findet – mehr oder weniger oft wird in Laufzeitschriften darüber berichtet, und die „neuen" Veranstaltungsnamen finden geringe oder aber starke Verbreitung.

Die stark frequentierten Namenkategorien zeigen sich über die Jahre hinweg konstant; in letzter Zeit kristallisiert sich die Gruppe der Ortsnamen aber noch deutlicher als die dominanteste heraus. Ortsnamen und temporale Namen spielen bei der Laufveranstaltungsbezeichnung eine ganz zentrale Rolle. Die höchste Steigerungsfrequenz weisen zwar Namen für Orte auf, aber auch temporale Namen begegnen häufiger in Laufveranstaltungskonstruktionen. Bei Bezeichnungen, die Angaben zu Ort und Zeit enthalten, ist ein hoher Informationsgehalt gegeben. Deswegen erlangen sie weiterhin Attraktivität bei der Veranstaltungsbezeichnung. Mit der Verwendung von Berg-, Seen- und

Flussnamen findet hingegen eine größere lokale Beschränkung statt – nur bei einem hinreichenden Bekanntheitsgrad ist das Verständnis gesichert und somit Erfolg garantiert.

Die genaue Aufteilung der Eigennamen in Laufveranstaltungsbezeichnungen aus den Jahren 1990–1993 und 2000–2003 sieht folgendermaßen aus (siehe Abb. 41):

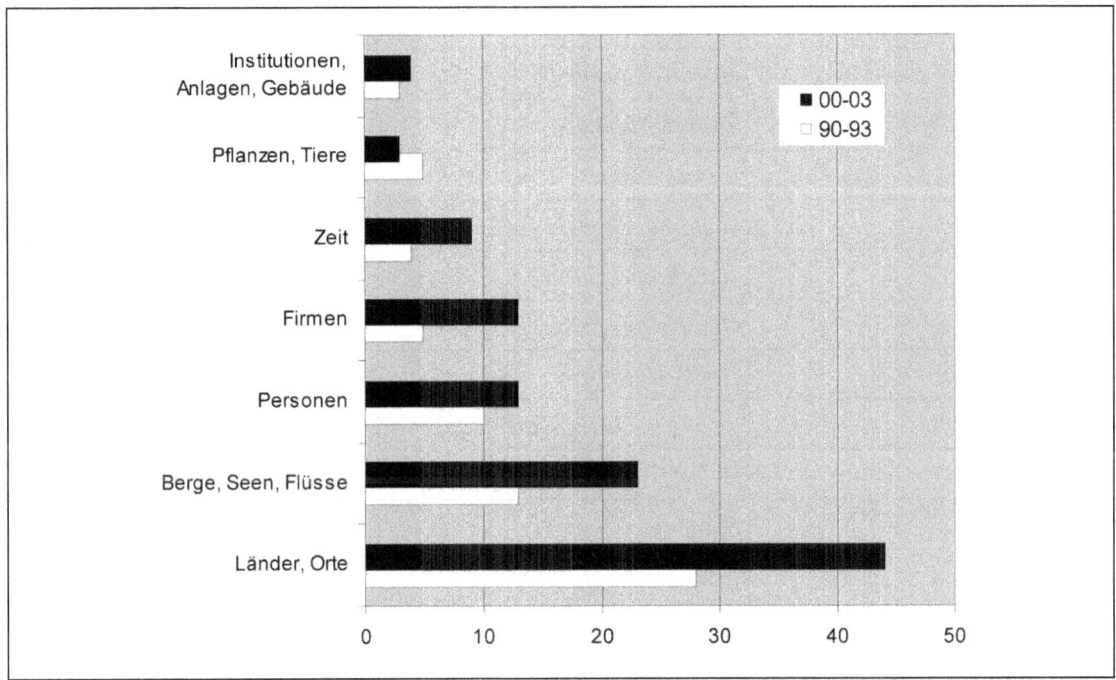

Abbildung 41: Aufteilung der Namenkategorien in Laufveranstaltungsbezeichnungen (gesamt: 68 vs. 109 Stw.)

Auch die Befragung der Redakteure unterstreicht den gewichtigen Status der Ortsnamen in Veranstaltungsbezeichnungen. Unter den 85 „guten" Namen verweisen 88 % auf Ortschaften in Österreich, Deutschland und der Schweiz. An der zweiten Stelle sind Kombinationen mit temporalen Namen anzusiedeln (6 %). Sonstige Namen wie Personen-, Firmen-, Gebäude-, Tier- und Pflanzennamen oder Namen von Institutionen sowie Anlagen scheinen weniger ansprechend zu wirken (siehe Tab. 24).

Teil C – Frage 1: Nennen Sie bitte einen Ihrer Meinung nach gelungenen Laufveranstaltungsnamen oder entwerfen Sie selbst einen „guten" Namen!

Wien-Marathon (5x)	Leipzig-Marathon	Duisburg-Sprint
Hamburg Marathon (4x)	Basel-Lauf	Grenzlandlauf
Vienna City Marathon (3x)	Luzerner Stadtlauf	Graz-Marathon
Frankfurt-Marathon (3x)	Quer durch Bonn	Schweriner Dauerlauf
Köln-Marathon (3x)	Osttiroler Lauf	Stadtlauf
Berlin Marathon (3x)	Grand Prix von Bern	Wolfgangsee-Lauf
Tirol Speed Marathon (2x)	Berner Frauenlauf	Bodensee-Marathon
Kärnten läuft (2x)	Boston-Marathon	Nordsee-Marathon
München-Marathon (2x)	Durch Aarau	Abendlauf
Österreich-Lauf	Laufend durch St. Gallen	Nachtlauf
Bayern-Lauf	Laufen in Laufen	24-Stunden-Benefizlauf
Ostfriesland-Tour	Innsbrucker Stadtlauf	Adventmarathon
Nordpol-Sprint	GAP-Marathon	Silvesterlauf
Wachau-Lauf	1. Wiener Bezirkslauf	Pusteblumenlauf
Züri-Lauf	NÖ Pfingstlauf	Narzissenlauf
Bern-Marathon	Lauf durch Salzburg	Kirschblütenlauf
Holsteinspurt	Stuttgart-Lauf	Ölspurlauf
Kö-Lauf	Auf nach Halle	Mostkruglauf
Quer durch Linz	Schweriner HM	Thermenlauf
Grazer Halbmarathon	HM in ER-LANGEN	Nikolo-Lauf
Chase-Lauf Frankfurt	Hannover-Lauf	Hammer-Lauf
Wiener Lebenslauf	Heiligenbrunns Mittagslauf	Lauf mit!
Allerheiligenlauf Villach	Ettaler Klostersprint	Fun-Lauf
Rund um Pforzheim	Salzburg-Lauf	Schneller Zehner
Hessenlauf	Städtlilauf	Marathon
Tirol Marathon	Goaßsteigsprint	Lauftour
Fuschl-Lauf	Wald- und Wiesenlauf	
Kloster-NEU-Burglauf	Seen-Lauf	

Tabelle 24: 85 „gute" Laufveranstaltungsnamen

Die Wahl der Namen ist auf zentrale Motive zurückzuführen – zusätzliche Kommentare der Befragten weisen deutlich darauf hin. Wie die untenstehenden Argumente vermitteln, herrscht vor allem ein gesteigertes Bedürfnis nach inhaltlicher Transparenz, Kürze und Eindeutigkeit:

Namen mit Information.

Der Veranstaltungsname sollte für mich in erster Linie Inhaltliches zum Lauf transportieren.

Es gibt nicht „den" guten Namen; jede Laufbezeichnung hat ihre Berechtung und ist, im Normalfall, einzigartig. Die Bezeichnung hängt meist mit dem Veranstaltungsort zusammen.

Bitte knapp und bündig!

Aufgrund der genannten Benennungsgründe lassen sich auch die Antworten auf Frage 3 erklären. Im Durchschnitt ergab sich folgende Reihenfolge bei der Bewertung der fünf Veranstaltungsnamen:

Teil C – Frage 3: Bewerten Sie bitte die folgenden Namen mit Ziffern von 1–5!

2 *Maiglöckchenlauf*
1 *Frankfurt-Marathon*
3 *Heuchelberglauf*
4 *Palmsonntaglauf*
5 *Rund um Mercedes-Benz*

Die zwei wesentlichsten Faktoren bei der Laufsportausübung sind Ort und Zeit; diese sind auch bei der Benennung von Laufveranstaltungen aktiv beteiligt. Ortsnamen enthalten die wohl wichtigste Auskunft (Veranstaltungsort), zudem sind sie in der Regel eher kurz und dem Läuferkreis wahrscheinlich je nach der Größe des Ortes vertraut. Die Bezeichnung *Maiglöckchenlauf* dürfte auf Rang 2 positioniert und dem Namen *Palmsonntaglauf* vorgezogen worden sein, weil sie nicht nur informativ ist und Auskunft über den Veranstaltungsmonat gibt, sondern zudem metaphorischen Charakter besitzt. *Palmsonntaglauf* legt die Veranstaltung zwar auf einen genauen Tag im Jahr fest, wird aber dennoch an vorletzter Stelle gereiht. Der Name *Heuchelberglauf* wird trotz seiner Einmaligkeit nur für wenige deutsche Läufer zugleich eindeutig sein, er spricht wohl ausschließlich Bergnamenkundige aus Süddeutschland an. *Rund um Mercedes Benz* stößt bei den Befragten auf wenig Begeisterung, wahrscheinlich deswegen, weil es sich um einen kommerziellen (Werte-)Namen handelt und der Aussagegehalt dieses Namens minimal ist: Es bleibt offen, welcher Mercedes-Standort tatsächlich gemeint ist.

Personennamen kommen für Redakteure nur dann als Bestandteil von Veranstaltungsnamen in Frage, wenn diese der breiten Masse bekannt sind. Ausdrucksvarianten nach dem Modell „Vor- und Familienname + (*gedenk-*)*lauf*" stoßen bei 92 % unter bestimmten Umständen auf Ablehnung. Beispielsweise wird der Name *Albert-Kuntz-Gedenklauf* durch seine zusätzliche *Gedenk*-Kombination als überaus unpassend empfunden.

> Wer ist Albert Kuntz? Ich laufe nicht zum Gedenken.

> Weil beim Laufen keiner gedenkt – besser wäre „Laufname" in Gedenken an Albert Kuntz.

> Weil ich nicht weiß, wer er war.

> Das Gros der Teilnehmer wird kaum eine persönliche Verbindung zu Albert Kuntz haben – demzufolge wird auch der Anreiz, an diesem Gedenklauf teilzunehmen, gering sein.

> Zu antiquiert und statisch.

> Emotionalisierung nur für seine kleine Gruppe möglich, nur jene, die Albert Kuntz kannten.

> Albert Kuntz sagt mir nichts, daher sehe ich keinen Anlass ihm zu Gedenken zu laufen.

Jene Redakteure, welche den Veranstaltungsnamen als ansprechend empfinden (8 %), scheinen das „Nichtkennen" und der Aussagegehalt – „im Gedenken zu laufen" – wenig zu stören. Unter bestimmten Voraussetzungen wäre der Name für manche Redakteure durchaus denkbar:

Wenn der Mann für den organisierenden Verein von so großer Bedeutung ist, dass man seiner noch lange gedenken sollte, auf alle Fälle. (Kann allerdings mit dem Namen Albert Kuntz persönlich nichts anfangen).

Für einen lokalen Gedächtnislauf (in memoriam), warum nicht.

Diese Bedingungen erfüllt die vage Bezeichnung *Albert-Kuntz-Gedenklauf* trotz der Nennung eines vollständigen, einmaligen Personennamens jedoch nicht. Die Eindeutigkeit muss zudem mit einem hohen Bekanntheitsgrad einhergehen und sich nicht auf eine recht kleine homogene Zielgruppe beziehen. Identifikation auf breiter Ebene kann dadurch nicht erreichen werden, vage Eigennamen gelten als unerwünscht (s.o.). Genau dieser Umstand dürfte dazu geführt haben, dass die früher so zahlreich verwendeten Personennamen-Bildungen rückläufig sind (vgl. 7.3.).

Zu einem „guten" Laufveranstaltungsnamen tragen weniger Kreativität, Sprachspielerei und Euphonie bei – er soll schlicht die Kriterien „informativ", „eindeutig" bzw. „für fast jeden schnell fassbar" erfüllen. Was die Wichtigkeit der Namen insgesamt anbelangt, ist man sich zu 87 % einig, wobei aber zu berücksichtigen bleibt, dass letztlich niemals der Name allein dafür ausschlaggebend sein wird, ob ein Läufer an der jeweiligen Veranstaltung auch tatsächlich teilnimmt.

> Teil C – Frage 5: Finden Sie es wichtig, für Laufveranstaltungen passende Namen zu finden oder sehen Sie die Namen von Laufveranstaltungen generell als unwichtig an?
> o **wichtig (87 %)**   o unwichtig (13 %)

Mit den bereits vorhandenen Laufveranstaltungsnamen ist man aus Redakteurs- und gleichzeitig auch aus Läufersicht einigermaßen zufrieden. Nahezu die Hälfte der Befragten positioniert die existierenden Veranstaltungsnamen im Mittelfeld: Demnach zeigt man sich weder fasziniert noch unglücklich über den aktuellen Bestand an Laufveranstaltungsnamen.

> Teil C – Frage 4: Für wie treffend halten Sie den Großteil der Namen für Laufveranstaltungen?
> o sehr gut gewählt (0 %)   o gut (28 %)   o **ausreichend gut (49 %)**
> o eher schlecht (21 %)   o schlecht (2 %)

Zusammenfassend betrachtet, zeichnen sich für den Bereich der Eigennamen klare Tendenzen ab. Aufgrund außersprachlicher Faktoren steigt die Zahl der Eigennamen an – vermutlich noch weiterhin –, ihrer Struktur nach verteilen sie sich schwerpunktmäßig auf bestimmte Namenkategorien. Vor allem Ortsnamen, und zum Teil auch temporale Namen, stellen ein effizientes Mittel zur Benennung einzigartiger Veranstaltungen dar – um zu identifizieren bzw. auf Events zu referieren. Es müssen mit dem Namen möglichst allgemein zugängliche Informationen befördert werden, so dass im öffentlichen Handlungsbereich rasch verstanden wird, was mit dem Namen gemeint ist und auf welche Eigenschaften/Qualitäten er hindeutet. Genauigkeit, Deutlichkeit und Kürze, nicht so sehr Humor, Spieltrieb, Euphonie oder Prestigebedürfnis, zählen zu den subjektiven Faktoren, welche bei der Namengebung von Veranstaltungen mit hereinspielen.

11.4. Anglizismen

Anglizismen nehmen im älteren Korpus 18 % ein, im jüngeren um fast ein Viertel mehr (22 %). Laut den Journalistenmeinungen findet oftmals ein Rückgriff auf angloamerikanisches Sprachmaterial statt. Folglich wird die kontinuierlich fortschreitende Angloamerikanisierung seitens der Sprachbenutzer auch als solche empfunden – auf die untenstehende Frage nach der Verwendung von Anglizismen antworteten immerhin 31 % mit „ja, immer"; mehr als die Hälfte verwendet manchmal englische Lexeme (54 %), sehr wenige gebrauchen Anglizismen äußerst selten und haben sich deshalb für „nein" (15 %) entschlossen.

> Teil D – Frage 1: Verwenden Sie in Ihren Texten häufig englische Wörter?
> o nein (15 %)   o **ja, manchmal** (54 %)   o ja, immer (31 %)

Im Vorangehenden wurden plausible Motive für den Anglizismengebrauch diskutiert (vgl. 8.3.): Sprachökonomie und Prägnanz, Sachzwang, Lokalkolorit und Ausdruckssteigerung sowie Variation sind ausschlaggebend für die Verwendung angloamerikanischen Wortguts in Laufzeitschriften. Die Redakteure schätzen Anglizismen vor allem aufgrund ihrer Einmaligkeit, Präzision und Attraktivität, weniger wegen der mitunter anhaftenden Imponierfunktion: Zwei Drittel der Produzenten (ca. 67 %) sehen sich englischem Sprachmaterial verpflichtet, da für ihre Zwecke keine deutsche Entsprechung existiert. Die restlichen Befragten greifen oftmals auf englische Wörter zurück, wenn sie auf einen präzisen Ausdruck Wert legen (22 %) oder ihrem Text dadurch mehr Attraktivität verleihen wollen (11 %). Für die Tendenz zur Internationalisierung sind demnach insbesondere die

Motive Sachzwang, Sprachökonomie und Prägnanz, aber auch Lokalkolorit und Ausdruckssteigerung verantwortlich.

> Teil D – Frage 2: Warum greifen Sie auf englische Wörter zurück?
> o weil sie attraktiver wirken (11 %)
> o **weil kein ähnliches deutsches Wort existiert (67 %)**
> o weil ich mich präziser ausdrücken kann (22 %)
> o weil ich imponieren möchte (0 %)

Obwohl sich die meisten Redakteure Anglizismen nahezu ausgeliefert sehen, stellt der Chefredakteur von *LaufZeit*, Wolfgang Weising, das ernsthafte Bemühen – die Suche nach entsprechendem deutschsprachigen Vokabular seitens der Produzenten – sehr in Frage. Sein Kommentar kann als ein Appell verstanden werden: Die Überflutung der Laufsportszene mit englischem Sprachmaterial sollte ihm zufolge kein Anlass dafür sein, erst gar nicht nach alternativen sprachlichen Ausdrucksweisen Ausschau zu halten und Anglizismen unkritisch zu verwenden.

> „[...] *Finisher, finishen* etc. Was könnte man nicht alles für Worte suchen und finden, um diesen glücklichen Moment des Zieleinlaufes (das ist schon eine, wenn auch nüchterne, Wortvariante) sprachlich zu kennzeichnen.
> Aber was sagt *Finish(er)*? Ende, vielleicht Ender (oder gar Verender) – es ist wie mit vielen englisch-deutschen Sprachpanschereien, unter dem Vorwand der Kürze wird gar nicht erst nach sprachlicher Variation in der Muttersprache gesucht.
> Ich gebe zu, diese Suche ist nicht abgeschlossen, aber sie sollte weiter stattfinden. Laufabsolventen, Ankömmlinge [...] zeigen nur Richtungen des Nachdenkens an. Bei uns im Heft (LAUFZEIT) hat das Wort jedenfalls keine Chance (außer in Anführungsstriche gesetzt im Kommentar).
> Freilich ist es so, dass in der Laufbewegung [...] viele englische Begriffe eine Rolle spielen, weil die sportliche Massenbewegung von den USA ausgehend weltweite Verbreitung fand und findet.
> Dennoch gibt es jede Menge sprachliche Mittel im Deutschen, um das Überwort *joggen* als sportliches Laufen in all seine Facetten aufzulösen. Schon allein das Verb *laufen* bietet im Deutschen unzählige Abwandlungen, die schon die Art der Fortbewegung charakterisieren (schleichen, flitzen, rennen, humpeln ...). Allerdings bin ich geneigt, hier jeden sprachlichen Wettbewerb mit dem Englischen aufzunehmen. Und warum ein Renndirektor hierzulande

Race Director heißen muss und die Vereinigung der deutschen Straßenlaufveranstalter *GRR* (,German Road Races Association') – ich weiß es nicht.
Kurzum, es werden zu viele Anglizismen und Fremdworte für die Beschreibung der Laufszene (meist unkritisch) verwendet, anstatt nach sprachlichen Entsprechungen und nach sprachlicher Variation im Deutschen zu suchen. Wird ein Kindlauf aufgewertet, wenn die *Kids* auf die Strecke geschickt werden (zum *Kids-Lauf* – auch das habe ich schon in einer Ansage gehört)? Was die meist nichtssagenden, meist englischen Bezeichnungen von Materialien der Sportschuh- bzw. Sporttextilindustrie anbetrifft, so bemühen wir uns um Erklärung bei der Nennung derselben. Was soll sonst einer damit anfangen?"[298]

Der ansteigende Internationalisierungsgrad ist vorrangig für die Teilklassen Bekleidung und Ausrüstung (+ 76 % vs. 1990–1993), Sonstiges (+ 130 %) sowie Wettkampf und Training (+ 40 %) festzustellen (vgl. 8.3.) – gerade in diesen Teilgebieten ist Sachzwang präsent. Sprachliche Adaptierung – und infolgedessen ein willkommener Fremdwortaufschwung – lässt sich auf hervorragende Weise im Bekleidungs-/Ausrüstungssektor sowie im Wettkampf-/Trainingsbereich verfolgen: Hier werden mit den neuen Erfindungen oder Sachverhalten gleichzeitig auch die meisten Bezeichnungen übernommen.

Den nur leicht veränderten Befunden nach zu schließen sind in den übrigen Teilbereichen bereits über Jahre hinweg englische Lexeme fest verankert, und der existierende Wortbestand scheint dort den Sprachbedarf größtenteils abzudecken (siehe Abb. 42). Diese Beobachtung gilt sowohl für die Lauf- als auch für die Läuferbezeichnungen: Heimische Konstituenten erhalten klar den Vorzug. Deswegen bleibt der Anteil englischer Lexeme in diesen Feldern weiterhin gering (vgl. 8.3.).

---

298 E-Mail von Wolfgang Weising (Chefredakteur von *LaufZeit*), 29. 10. 2004.

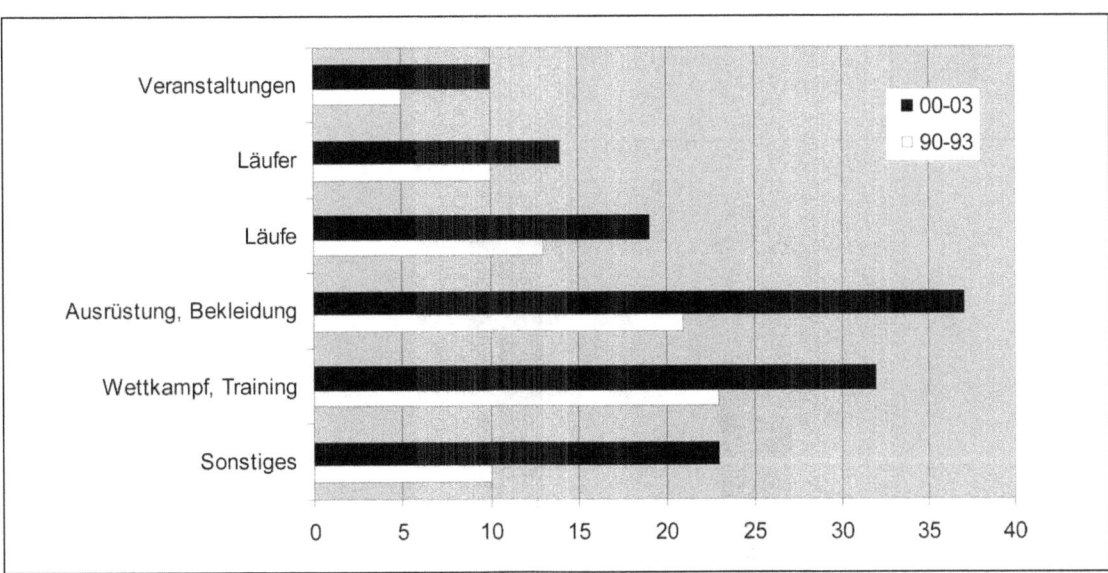

Abbildung 42: Aufteilung der Anglizismen im Vergleich (gesamt: 82 vs. 135 Stw.)

Dass im Laufsport in ganz bestimmten Bereichen Internationalisierung vonstatten geht, wird auch von den Sportjournalisten sehr bewusst wahrgenommen. Die Verwendungsfrequenzen (s.o.) überschneiden sich stark mit den Resultaten zur Frage nach den anglizismenreichsten Teilfeldern im Laufsport: Drei Viertel der Befragten vermuten die gebräuchlichsten Anglizismen im Bereich Bekleidung und Ausrüstung (75 %). Für den Wettkampf- und Trainingssektor wird eine weniger hohe Anglizismenfrequenz erwartet (24 %), für die Sektoren Laufveranstaltungen und Sonstiges nimmt man einheitlich keine beziehungsweise nur vereinzelt Anglizismen an (s. u.).

Teil D – Frage 3: In welchen Bereichen des Laufsports sind Ihrer Meinung nach die meisten englischen Ausdrücke vorhanden?
o Training/Wettkampf (13 %)   o **Bekleidung/Ausrüstung (86 %)**
o Laufveranstaltungen (1 %)   o Sonstiges (0 %)

Morphologisch gesehen erfreuen sich Mischkomposita immer größerer Beliebtheit (+ 75 %). Ihre spezielle Stärke liegt darin, gleichzeitig knapp und deutlich zu sein – und diese Eigenschaft ist auch entscheidend für ihre hohe Anwendungsquote sowie ihren damit verbundenen Sonderstatus. 2000–2003 hat sich zudem ein leichter Anstieg der Anwendungsquote von Fremdwörtern (+ 51% vs. 1990–2003) gezeigt, welcher mit der besagten Adaptierung von Vokabular aus dem Bekleidungs-

und Ausrüstungssektor verknüpft ist. Die Verwendungsfrequenz von Lehnwörtern ist nahezu gleich geblieben (siehe Abb. 43):

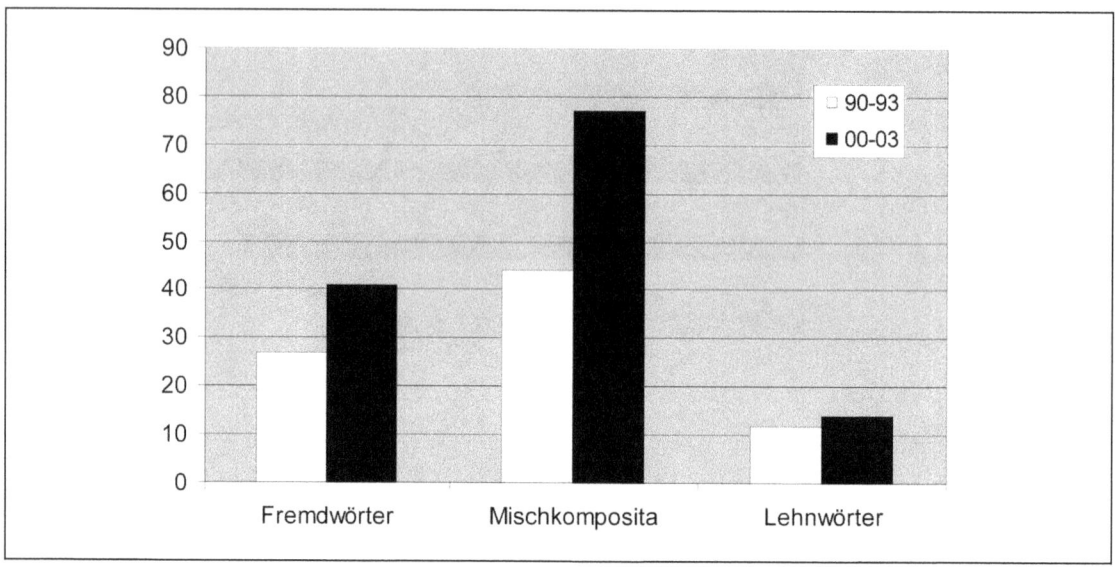

Abbildung 43: Entlehnungsformen im Vergleich

Innerhalb der Mischkomposita heben sich die zweigliedrigen Kompositionstypen klar von den übrigen ab, und zwar sowohl in den Jahren 1990–1993 als auch 2000–2003 (siehe Abb. 44). In den letzten Jahren sind die Textproduzenten von mehrgliedrigen Mischungen eher abgerückt (– 40 %) – man setzt mehr auf sprachliche Ökonomie, weniger auf Mehrgliedrigkeit. Was die Herkunft der Elemente anbelangt, so kommen Grundwörter mit heimischen Wurzeln jeweils häufiger zum Einsatz als englischsprachige: In den letzten Jahren gewinnt der Kompositionstyp Englisch-Deutsch (E-D) noch mehr an Dominanz (+ 220 %).

Für die positive Tendenz zu Konstruktionen mit heimischen Grundlexemen mag sicher ausschlaggebend sein, dass sich der Hauptteil aller Wortbildungskonstruktionen auf Bildungen mit den Grundwörtern *-lauf, -läufer* und *-marathon* erstreckt (vgl. 8.1., 6. und 11.2.).

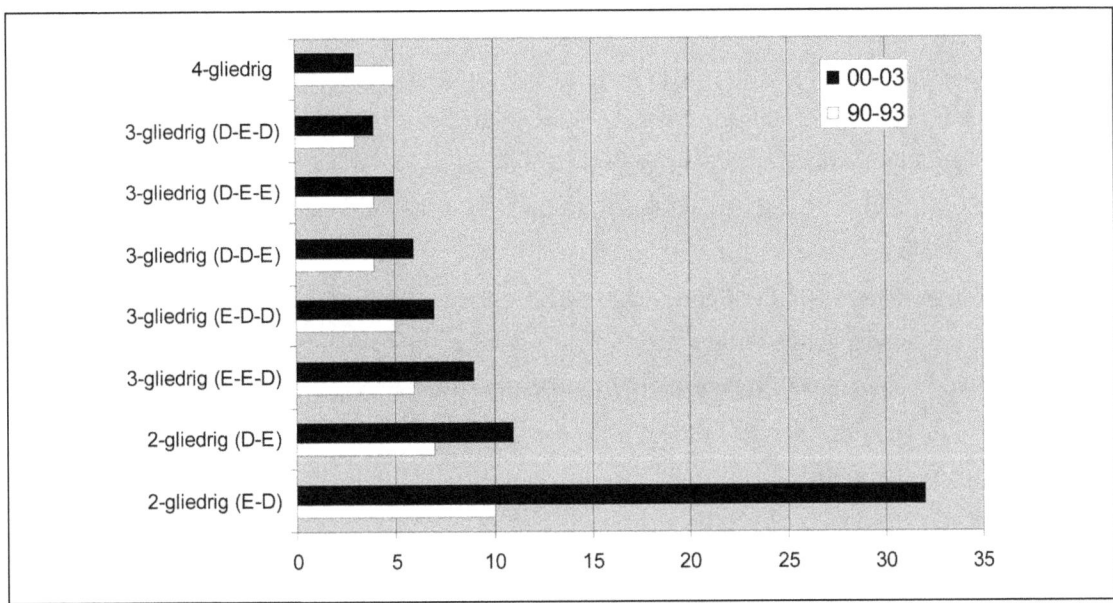

Abbildung 44: Typen von Mischkomposita im Vergleich (44 vs. 77 Belege)

11.5. Fachlexik

Beide Korpora setzen sich insgesamt aus wenigen fachsprachlichen Einheiten zusammen, wobei der Wortschatz jüngeren Datums erwartungsgemäß zu mehr Fachlexemen hin tendiert: 1990–1993 kommt Fachwörtern innerhalb der 800 Wortschatzeinheiten ein Anteil von 9 % zu, im Korpus aus den Jahren 2000–2003 steigt dieser auf 12 % an.

Infolgedessen deuten auch die Fragebogenergebnisse auf ein geringes Verlangen nach Fachsprachlichkeit hin: 86 % der Redakteure schätzen den Fachwortgebrauch in ihren Texten als niedrig ein, 14 % beurteilen den Fachwortanteil ihrer Artikel als „mittel", keiner der Produzenten stuft seine Texte als äußerst fachlich ein.

> Teil E – Frage 3: Wie schätzen Sie das Ausmaß des Fachwortgebrauchs in Ihren Texten ein?
> o hoch (0 %)   o mittel (14 %)   o **niedrig (86 %)**

Für diese Tendenz – die Beschränkung auf ein Kern-Fachvokabular – liegt ein Motiv auf der Hand: Seitens der Produzenten ist nur ein geringes Bedürfnis nach Fachwortschatzerweiterung vorhanden. Demzufolge scheinen die existierenden Fachlexeme des Laufsports durchaus den Kommunikationsbedürfnissen zu entsprechen. Eine größere Erweiterung des Fachwortbestandes im Sinne einer „Fachwortexplosion" scheint aufgrund der Ansichten von den (in Laufzeitschriften) Kommunizierenden nicht erwünscht zu sein. Dies zeigt sich auch darin, dass die befragten Redakteure im Normalfall nur dann auf Fachwörter zurückgreifen, wenn keine verständlicheren Lexeme existieren und/oder sie sich möglichst exakt ausdrücken möchten (52 % bzw. 45 %). Den Fragebogenergebnissen zufolge werden Fachlexeme in der Regel nicht dazu eingesetzt, um Fachkenntnisse zu demonstrieren (0 %). Wäre seitens der Redakteure eine derartige Motivation vorhanden, würde wohl auch eine höhere Fachwortfrequenz wahrscheinlich sein, aber dem ist nicht so – obwohl seitens der Leser reges Interesse an Trainingsthemen besteht, zielt man auf keine breite Popularisierung der für diesen Bereich typischen Fachwörter.

Teil E – Frage 1: Wann greifen Sie in der Regel auf Fachwörter zurück?
o **wenn kein anderes, verständlicheres Wort dafür existiert (52 %)**
o wenn ich mich exakt ausdrücken möchte (45 %)
o wenn ich längere deutsche Wörter vermeiden will (3 %)
o wenn ich meine Fachkenntnisse demonstrieren möchte (0 %)

Nicht nur der geringe Fachlichkeitsgrad ist über die letzten Jahre hinweg konstant, sondern es bleiben auch die spezifischen Bereiche, für die Fachlexeme vermehrt eingesetzt werden, dieselben (vgl. 9.1.): Wettkampf und Training, Kleidung und Ausrüstung.

Im Wettkampf- und Trainingsbereich stehen schon 1990–1993 die meisten Fachwörter zur Verfügung, aber 2000–2003 sind es um 86 % mehr. Auch für Kleidungsstücke und Ausrüstungsgegenstände stehen zunehmend Wörter fachlichen Charakters bereit – was auf die revolutionäre Laufartikelindustrie zurückzuführen ist. Das Gros der Bezeichnungen für Läufer sowie Läufe und Laufarten ist schon längere Zeit vollständig im Vokabular integriert (z. B. *Sprinter, Hürdenlauf, berglaufen*). Durch die Entwicklung spezieller Sektoren (z. B. Marathondisziplinen) erfuhren diese Teilklassen aber regen Wortzuwachs (+ 87 % bzw. + 133 %). Die Kategorie Sonstiges dürfte deswegen die niedrigste Anwendungsquote von Fachwörtern verzeichnen, weil diesem Bereich ein Höchstmaß an Popularisierung eigen ist (vgl. 11.1.6.) – um die „breite" Masse möglichst schnell und effizient zu erreichen, sind Fachlexeme nicht von Vorteil.

Abbildung 45 gibt Aufschluss über die Detail-Ergebnisse einzelner Kategorien:

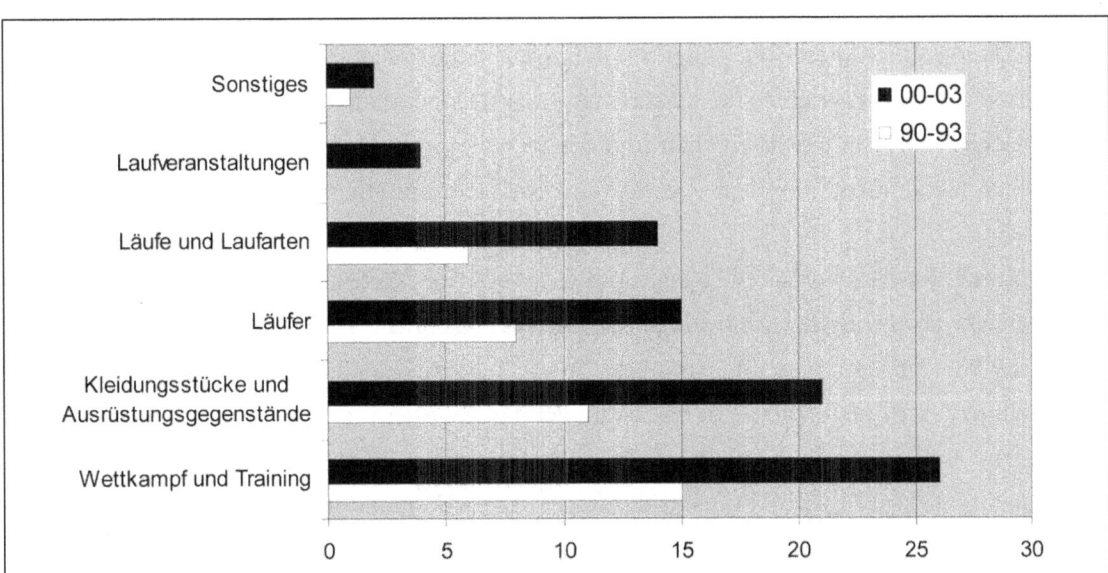

Abbildung 45: Frequenzen der Fachwörter im Vergleich (gesamt: 41 vs. 82 Stw.)

Was die Ergebnisse anbelangt, so korrelieren diese auch mit den Vermutungen der Produzenten: Von allen Befragten wird für die Bezeichnungsklassen Training/Wettkampf und Ausrüstung/Bekleidung die höchste Verwendungsfrequenz angenommen. Die Mehrheit der Redakteure siedelt die meisten Fachwörter im Trainings- und Wettkampfbereich an (genau: 59 %); dem Ausrüstungs- und Bekleidungssektor schreiben 41 % erhöhte Fachlexik zu:

Teil E – Frage 2: In welchen Bereichen des Laufsports sind Ihrer Meinung nach die meisten Fachwörter in Gebrauch?
o **Training/Wettkampf (59 %)**   o Ausrüstung/Bekleidung (41 %)
o Laufveranstaltungen (0 %)   o Sonstiges (0 %)

Diese zweite Tendenz – hin zur „gebündelten Fachlichkeit" – kann hauptsächlich als sachbedingt angesehen werden. Spielen für den Wettkampf- und Trainingsbereich neue Methoden, wie z. B. Messverfahren aus der Trainingswissenschaft, eine beachtliche Rolle, so sind für den Bekleidungs- und Ausrüstungssektor etwa neueste Artikel aus der Textilindustrie und der Technik von Belang.

Aus dieser Beschränkung resultieren in Zukunft auch zentrale Herkunftsbereiche von Fachwörtern: Technik, Medizin und Ernährungswissenschaft. Schließlich zielen diese Bereiche am wenigsten auf Popularisierung ab. Grundsätzlich fungieren die in 9.2. vorgestellten Sparten als Herkunftsbereiche der fachsprachlichen Elemente. Im jüngeren Korpus referieren allerdings sichtlich mehr Lexeme auf das Gebiet der Trainingswissenschaft und der Technik sowie der Medizin und der Ernährungswissenschaft (zusammengenommen + 89 %) – Motiv: Sachbedingtheit (s. o.).

Während sich der Fachwortanteil, seine schwerpunktmäßige Verteilung und die bemühten Herkunftsbereiche nur geringfügig wandelten, zeigt sich eine deutliche Tendenz zur Visualisierung, was die Art der Popularisierung betrifft: Sowohl stilistisch, textstrukturell als auch visuell wird merklich „leserorientiert" vermittelt (vgl. 9.3.). Erklärt beziehungsweise vermittelt wird heutzutage zusehends auf textstrukturellem sowie auf visuellem Wege – was klarerweise auf ausgereiftere (druck-)graphische Raffinessen zurückzuführen ist. Anhand der folgenden zwei Abbildungen aus *Laufsport Marathon* lassen sich die Entwicklungen der letzten zehn Jahre sehr deutlich erkennen: Sie zeugen von zunehmender Leserorientierung bzw. Leserfreundlichkeit und weisen Laufzeitschriften als mediale Luxusprodukte aus (siehe Abb. 46 und 47).

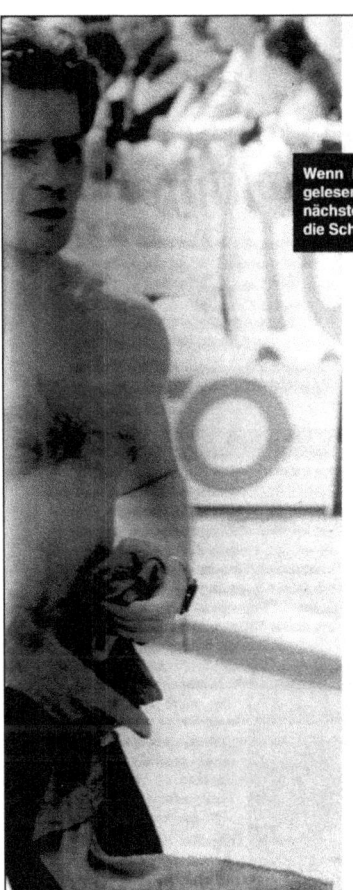

Abbildung 46: Trainingsseite aus dem Jahr 1992 (aus LM 04/92, 43)

Tagen beginnt der Muskel abzubauen und damit an Kraft zu verlieren. Kräftigungsübungen, im Falle einer Verletzung am besten unter Anleitung eines Physiotherapeuten, helfen die Beeinträchtigung in Grenzen zu halten. Viel Schlaf und eine gesunde Ernährung tragen ebenfalls dazu bei, möglichst rasch wieder voll einsatzfähig zu sein. Tritt nach Trainingsbeginn ein vorzeitiges Müdigkeitsgefühl auf, so plant man einfach etwas früher die Regenerationswoche, die ohnehin spätestens nach zwei bis drei Wochen Training am Programm stehen sollte.

Atemprobleme nach dem Urlaub

Nach einem Urlaub auf Meereshöhe sollte man sich ein paar Tage zur Akklimatisation gönnen und aus diesem Grunde mit lockeren und kurzen Läufen oder ein paar Ruhetagen beginnen. In Abhängigkeit von der Höhe des Wohnortes kann man während der ersten Zeit zuhause eine ungewohnte Atemnot beobachten. Dieses Phänomen tritt ab 500 Metern Seehöhe auf und macht sich stark bemerkbar, wenn man in den Bergen auf 1.000 oder gar 1.500 Metern lebt. In der Höhe enthält die Luft weniger Sauerstoff und zwingt den Körper, mehr roten, sauerstofftransportierenden Farbstoff zu bilden. Dieser Effekt wird im Rahmen des Höhentrainings ausgenützt: der Hämatokritwer und mit ihm die Zahl der roten Blutkörperchen steigt an. Leider reagiert der Körper sehr rasch auf einen Wechsel auf das Niveau der Meereshöhe und baut die scheinbar unnötigen roten Blutkörperchen wieder ab, was später zuhause die genannten Beschwerden verursacht. Es benötigt drei Wochen, bis die roten Blutkörperchen wieder nachgereift sind. Auch diesem Umstand muss Rechnung getragen und das Training sowie die Erwartungshaltung angesichts eines Wettkampfes unmittelbar nach dem Urlaub angepasst werden. Wie stark die Beschwerden bemerkbar sind, hängt von der Dauer des Aufenthaltes auf Meereshöhe ab.

TIPPS

- Lieber ein paar Tage mehr abwarten als zu früh beginnen
- Ein Marathon bei Fieber bestritten, kann sich über Monate und sogar Jahre negativ auswirken
- Der Wiederaufbau dauert doppelt so lange wie der Ausfall
- Der erste Schritt ist stets, über langsames Training die Grundlage wieder zu festigen
- Die Muskulatur baut rasch ab
- Ein Aufenthalt auf Meereshöhe kann nach der Rückkehr zum (höher gelegenen) Wohnort Kurzatmigkeit bedingen

Beispiel für einen Trainingsaufbau nach einer Woche Trainingspause:

Wochentag	Training vor dem Ausfall
Mo	Ruhetag
Di	Langsamer Dauerlauf 60 Min.
Mi	Intensives Fahrtspiel auf hügeliger Strecke, in Summe 15–20 Min. im intensiven Bereich, 75 Min.
Do	Ruhetag
Fr	Mittlerer Dauerlauf 45 Min.
Sa	Langsamer Dauerlauf 60 Min.
So	Langer Dauerlauf 1:45 Stunden auf leicht kupierter Strecke

Wochentag	Training nach dem Ausfall
Mo	Ruhetag
Di	Betont langsamer Dauerlauf 30 Min.
Mi	Langsamer Dauerlauf 30–45 Min., je nach Gefühl
Do	Ruhetag
Fr	Langsamer Dauerlauf 45 Min.
Sa	Langsamer Dauerlauf 60 Min., oder Pause je nach Gefühl
So	Langsamer Dauerlauf 60 Min.
Mo	Ruhetag
Di	Langsamer Dauerlauf 60 Min.
Mi	Extensives Fahrtspiel auf hügeliger Strecke, in Summe 15–30 Min. im mittleren Bereich, 75 Min.
Do	Ruhetag
Fr	Mittlerer Dauerlauf 45 Min.
Sa	Langsamer Dauerlauf 60 Min.
So	Langer Dauerlauf 1:30 Stunden auf leicht kupierter Strecke

Abbildung 47: Trainingsseite aus dem Jahr 2003 (aus LM 07/03, 13)

11.6. Metaphern und Vergleiche

Metaphern und Vergleiche werden in den letzten Jahren zahlreicher und gezielter in Laufzeitschriftenartikeln eingesetzt: 1990–1993 umfasst der Bestand an Metaphern und Vergleichen 5 %, im Vergleichszeitraum beachtliche 9 % – was einem Plus von 4 % entspricht. Erstaunlich ist der enorme Zuwachs seit 2002: Die bildlichen Ausdrucksweisen erfahren nahezu eine Verdoppelung. Die steigende Bildhaftigkeit dürfte von den Textproduzenten auch recht intensiv wahrgenommen worden sein: 74 % der Redakteure schätzen die Bildhaftigkeit ihrer Texte als „mittel" ein, 17 % als hoch, und lediglich 9 % vermuten in ihren Artikeln wenige bildliche Ausdrücke.

> Teil F – Frage 2: Wie schätzen Sie selbst die Bildhaftigkeit Ihrer Texte ein?
> o hoch (17 %)   o **mittel (74 %)**   o niedrig (9 %)

Vergleicht man die bevorzugten Metaphernarten, so treten 2000–2003 konkretisierende Metaphern noch deutlicher in den Vordergrund (+ 18 %); personifizierende Bilder erleben ebenfalls einen leichten Aufschwung (+ 7 %). Die Vorteile liegen einerseits im Leseanreiz und andererseits im Infotainment; personifizierende Metaphern ermöglichen einen ökonomischen Sprachgebrauch – wie er aus der morphologischen Perspektive zusehends gefordert wird (vgl. 11.2.).

Die vorliegenden Metaphern sind ihrer Geläufigkeit nach größtenteils als etabliert und manchmal als lexikalisiert einzustufen (vgl. 10.2.). Kühne Metaphern werden wohl deswegen gemieden, weil der Produzent mit dem Metaphergebrauch in erster Linie auf Veranschaulichung und erst in zweiter Linie auf Intensivierung zielt. Auf die Frage „Warum verwenden Sie bildhafte Ausdrucksweisen?" lautet die Standardantwort: „um den Lesern das Gemeinte besser zu veranschaulichen" (51 %). Auch eine Steigerung zugunsten der Lebendigkeit der Artikel verspricht man sich durch den Metapherneinsatz (39 %). Zum Zwecke des Humors und der Ironie setzen 10 % der Redakteure metaphorische Ausdrücke ein. Eine Bewertung von Dingen oder Sachverhalten wollen die Redakteure den Ergebnissen zufolge nicht vornehmen.

242 | Exkurs: Wortschatzveränderungen – Tendenzen und Motive

Teil F – Frage 2: Warum verwenden Sie bildhafte Ausdrucksweisen, wie z. B. *Laufküken*, *Laufguru* oder *Laufsportgigant*?
o **um den Lesern das Gemeinte besser zu veranschaulichen (51 %)**
o um eine Steigerung zu erzielen, meinen Text lebendiger zu gestalten (39 %)
o um Humor, Ironie zu erzeugen (10 %)
o um dem Leser bei der Bewertung des Gemeinten eine Hilfestellung zu geben (0 %)

Die Tendenz zur Erweiterung kann für fast alle großen Herkunftsbereiche beobachtet werden (vgl. 10.). Der Pferdesport und das Militär- und Kriegswesen erweisen sich 2000–2003 als nicht mehr so beliebte Bildspender wie 1990–1993. Besonders gerne werden Sprachelemente aus den Fachsprachen der Medizin und der Gastronomie sowie Adelsbezeichnungen zur Metaphorisierung eingesetzt. Die Fauna ist aber weiterhin Bildspender für die meisten Metaphern – sie ist früher wie heute **der** Hauptherkunftsbereich (siehe Abbildung 48):

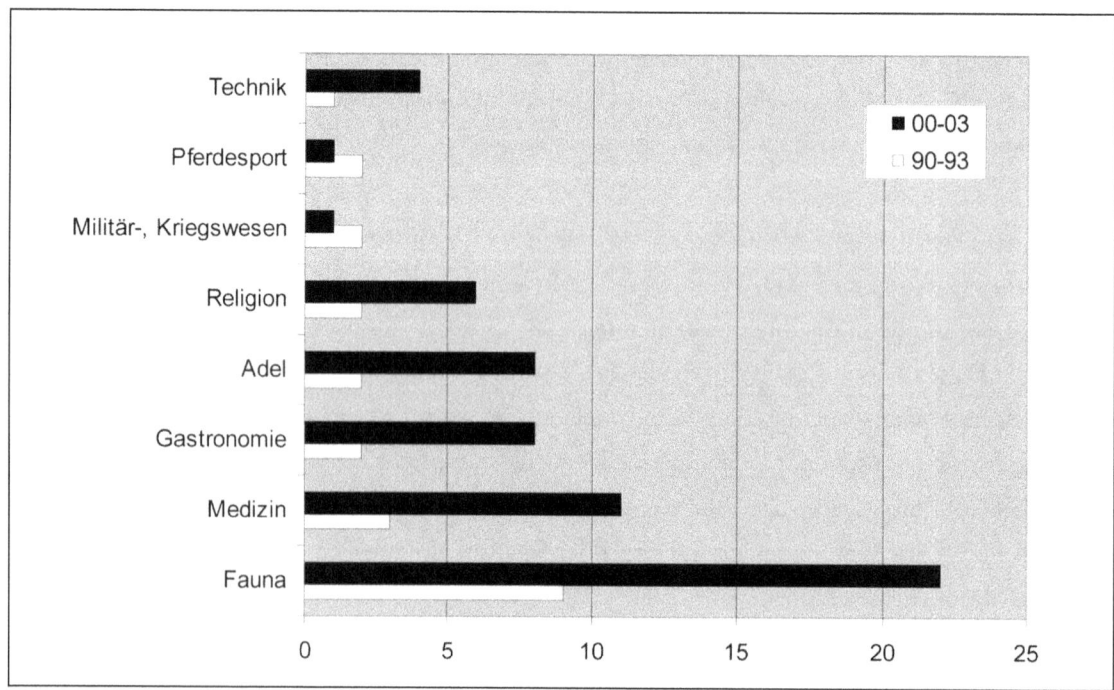

Abbildung 48: Bildspender im Vergleich (gesamt: 23 vs. 61 Stw.)

Motive für diese Veränderungen – die Tendenz zu populären Bildspendern – liegen zum einen im Interessenprofil der Produzenten und in den Erfahrungen, welche sie in ihrer Lebensumgebung machen[299]. Zum anderen deuten die herausragenden Herkunftsbereiche auf die Leserinteressen und das Leser-Umfeld hin. Umfragen zufolge genießt die Leserschaft beim Laufen vor allem die Bewegung in der freien Natur – der Großteil betreibt mehrere Outdoor-Sportarten[300]. Als Multisportler bewegt sich der Laufsportler inmitten der Fauna und nimmt diese besonders wahr – eine Vielzahl an Tiermetaphern entspringe daraus. Die immer beliebteren Bedeutungsfelder wie Medizin, Gastronomie und Adel beträfen den Menschen unmittelbar in seinem Läufer-Alltag. Leser von Laufzeitschriften sind im Durchschnitt 38 Jahre alt; sie gelten als gesundheitsbewusst, fitnessorientiert und ernährungsbewusst und zählen zur „gehobenen" Gesellschaftsschicht (vgl. 4.2.5.): Die Zielgruppenmerkmale schlagen sich demnach besonders in der Verwendung der Bildspender Medizin, Gastronomie und Adel nieder.

---

[299] Vgl. Zhu 1992, 123 und 167.
[300] Vgl. *Runner's World* 2003, 50.

12. Zusammenfassung

Die Textsorte Laufzeitschrift ist geprägt vom Zusammenspiel vielfältiger spezifischer Merkmalskomponenten. Im Sinne einer Mehrebenenauffassung greifen funktionelle, thematische und inhaltliche Charakteristika ineinander. In funktioneller Hinsicht vereinen Laufzeitschriften mehrere eng miteinander verknüpfte Funktionen, um den Ansprüchen ihrer Hauptzielgruppe – der freizeitorientierten Läufer – gerecht zu werden: die primäre Informationsfunktion, die Ratgeberfunktion, die gruppenindizierende Funktion, die Unterhaltungsfunktion und die visualisierende Funktion. Die Hauptthemen und -inhalte von Laufzeitschriften korrelieren in höchstem Maße mit den Themeninteressen der Rezipienten: Berichte und Reportagen, Trainingstipps, -programme, Sportmedizin, Produkte, Ergebnisse und sonstige Trends zählen zu den Leitthemen bzw. obligatorischen Teiltextsorten.

Für Laufzeitschriften kann trotz der für Special Interest-Zeitschriften, wie auch für alle Medien, typischen Kommunikationssituation – öffentlich, indirekt und einseitig – festgehalten werden, dass der Rezipient das Medienprofil ganz wesentlich mitbestimmt. Schließlich kann für Laufzeitschriften eine anspruchsvolle und persönlichkeitsstarke Leserschaft angenommen werden, welche sich durchschnittlich in einem Alter zwischen 35 und 40 Jahren befindet, ein gehobenes Bildungsniveau aufweist, sich selbst dem „Freizeitjogger" zuordnet, aber allenfalls auch zum Multi-Ausdauersport neigt. Laufzeitschriftenleser kommen somit als starke Meinungsbildner und Meinungsmultiplikatoren in Frage, was nicht nur für die selber laufsportaktiven Produzenten im Zuge der Konsumentenorientierung von Belang ist, sondern auch für die Industrie und den Handel, welche als zusätzliche Partner auftreten.

Die textsortenkonstituierenden Komponenten finden in verschiedenen sprachlichen Ausdrucksvarianten ihren Niederschlag. Dadurch ergibt sich ein textsortentypischer Wortschatz, dessen Elemente hauptsächlich den Benennungskategorien Läufe und Laufarten, Läufer, Laufveranstaltungen, Wettkampf und Training, Kleidung und Ausrüstung und Sonstiges aus dem Laufsport zuzuordnen sind.

Für die Bezeichnungsklasse Läufe/Laufarten ist vor allem eine fortschreitende Ausdifferenzierung der Disziplinbezeichnungen festzustellen, was sich zugleich auf die Bezeichnungen für Läufer auswirkt – die modifizierenden Elemente beziehen sich dementsprechend häufig auf Laufdisziplinen (*Bergmarathon-Ass, Marathon-Finisher*). Basislexeme für Läufe und Laufarten werden hingegen hauptsächlich mit lokalen und temporalen Spezifierungslexemen ausgestattet (*Stadtlauf, Geländelauf, April-Marathon, 3-Stunden-Marathon*).

Zahlreiche Bezeichnungen für Laufveranstaltungen zeugen von der erhöhten Dominanz der Eigennamen (*Tirolmarathon, Pusteblumenlauf, Ötzi-Lauf*). Die vielfältigsten und zugleich spezialisiertesten Lexeme halten jedoch die Sektoren Wettkampf und Training sowie Kleidung und Ausrüstung bereit, wenngleich nicht nur vermehrt fachlexikalische Einheiten, sondern zudem auch englischsprachige Lexeme Einzug in den Wortschatz halten (*Berglauf-World-Trophy, Babyjogger, Joggerstretch, Running-Shorts*). Ausdruck steigender Popularität und Aufwertung sind viele weitere Bezeichnungen aus dem Laufsport, welche sich in ihren Inhalten auf die Exklusivität bzw. Faszination, auf Produkte und Angebote, auf die Zeit, auf Gebiete und Schauplätze, auf Aktivitäten sowie Ereignisse und auf menschliche Gefühle beziehen (*Laufzauber, Laufseminar, Marathonjahrhundert, Marathon-City, Laufexpo, Marathonglück*).

Morphologisch interessant ist der große Anteil an zweigliedrigen Substantivkomposita, welche mit einem der drei produktivsten Lexeme gebildet werden – *Lauf*, *Marathon* oder *Läufer*. Sowohl als Erst- wie auch als Zweitkonstituenten sind diese drei Lexeme stark an der Herausbildung von Benennungsreihen beteiligt (*Bergmarathon, Straßenmarathon, Stadtmarathon*). Den Längen-/Distanz- und Zeitmaßbezeichnungen kommt ebenfalls eine reihenbildende Funktion zu, während Kombinationen mit vielfältigen Eigennamen als Erstkonstituenten (sachbedingt) für Variation bzw. Differenzierung sorgen (*10-km-Straßenlauf, Siebengebirgsmarathon*). Zur Augmentation von Substantiven sind vor allem Ableitungsmorpheme wie *Spitzen-, Elite-, Weltklasse-, Rekord-, Super-, Ultra-, Extrem-* oder *Mega-* in Gebrauch (*Elite-Sprinter, Extrem-Jogger*). Kurzformen ermöglichen eine ökonomische Sprachverwendung, ohne an primärem Informationswert einzubüßen (*OL, VCM, DL*) – ihre Qualitäten werden zusehends erkannt und in Anspruch genommen, so dass verselbständigte Kurzformen ihrerseits zur Eröffnung neuer Benennungsreihen beitragen.

Verben stellen oft Präfixkonversionsprodukte dar, wenn desubstantivische Suffixderivationen zusätzliche Präfixe bzw. Präfixoide erhalten (*auslaufen, losbolzen*). Im adjektivischen Bereich treten vermehrt Wortbildungsmuster mit Systematisierungscharakter auf – das Modell „*lauf-* + Adjektiv mit dem Suffix *-isch*" stellt das produktivste Modell dar (*lauftypisch, lauftheoretisch*).

Eigennamen spielen eine herausragende Rolle bei der Bildung von Laufveranstaltungsnamen. In erster Linie werden informationsträchtige Namen mit Verweisen auf Ortschaften und Länder eingesetzt (*Wien-Marathon, Singapur-Marathon*). Berge, Seen und Flüsse, Personen, Firmen, Institutionen, Anlagen und Gebäude, die Zeit sowie Pflanzen und Tiere bürgen ebenso häufig mit ihrem

Namen (*Fockeberglauf, Florianilauf, OMV-Marathon, Silvesterlauf, Hornissenlauf*). In den seltensten Fällen sind Kreativität, Sprachspielerei oder Euphonie Leitkriterien bei der Namensgebung.

Zur Erweiterung des Wortbestandes tragen nicht nur Wortbildungsverfahren, sondern auch Übernahmen englischsprachigen Wortguts bei. Die Anglizismen entstammen zumeist den Sektoren Sonstiges, Bekleidung/Ausrüstung sowie Wettkampf/Training und sind ihrer Struktur nach größtenteils zweigliedrige Mischkomposita mit deutschsprachiger Basis (*Runningschuh, Mastersstrecke*). Vielfach übernimmt man mit der fremden Sache auch die fremde Bezeichnung, was neue Fremd- und Lehnwörter bedingt (*Transponder, finishen*). Häufig finden graphische und grammatische Adaptionen statt, oder semantisch-lexikalische Integrationen werden per definitionem, sozusagen auf explikative Weise, vorgenommen. Zur Assimilation angloamerikanischen Sprachmaterials führen im Wesentlichen Sprachökonomie und Prägnanz, Sachzwang, Lokalkolorit und Ausdruckssteigerung sowie der Drang nach Variation.

Für den fachlexikalischen Bereich ist festzustellen, dass sich das Fachvokabular auf spezifische Bezeichnungsklassen beschränkt, allen voran auf die Kategorien Wettkampf und Training sowie Bekleidung und Ausrüstung (*Anlaufphase, Basiszyklus, Singlet, Lung Plus*). Neue informative Fachwörter – aus der Trainingswissenschaft, der Technik, der Medizin und aus der Ernährungswissenschaft – dringen verschärft auf textstrukturellem und visuellem Wege in den Leserhorizont ein, nicht nur mittels stilistischer Vermittlungsverfahren. Der Einsatz von Fachlexemen geht meist auf sachbedingte Motive, auf Exaktheit, Ökonomie, Anonymität sowie auf gruppenindizierende Motive zurück; der reine Imponierwert fachsprachlicher Elemente wird selten zum Anlass für die Fachwortverwendung.

Metaphern und Vergleiche verleihen den Texten in gleichem Maße Anschaulichkeit wie Intensität – was letztlich dem Infotainment dient. Am häufigsten wird auf die Fauna als tertium comparationis zurückgegriffen: *Marathon-Mücke, Laufküken*. Weiters fungieren die Medizin, die Gastronomie, der Adel, die Religion, das Militär- und Kriegswesen, der Pferdesport sowie die Technik als bildspendende Bereiche (*Lauffieber, Marathon-Saft, Lauffürst, Volkslauf-Methusalem, Laufrakete, galoppieren, abspulen*).

Der aktuelle Laufsportboom spiegelt sich ebenfalls im Laufsportvokabular der letzten zehn Jahre wider, und zwar in verschiedenster Hinsicht: Außer- und innersprachliche Phänomene führten zu Veränderungen innerhalb der Bezeichnungsklassen und zu unterschiedlichen Entwicklungen im Bereich der

Morphologie, der Eigennamen, der Anglizismen, der Fachlexik sowie der Metaphern und Vergleiche. In jüngster Zeit erfährt die Gruppe der Laufbezeichnungen einen regen Wortzuwachs. Mit der Etablierung neuer Laufdisziplinen rücken unspezifische Bezeichnungen zusehends in den Hintergrund (*Marathon* vs. *Lauf*), und die Ausfächerung der Hyponyme mit Disziplinverweis steigt weiter an. Für die Vielfältigkeit der Bestimmungslexeme ist unter anderem der allgemein im Trend liegende Fun-Faktor mitverantwortlich. Zentrale Läuferbezeichnungen tendieren in ebensolcher Weise zu Spezialisierung bzw. Sektorisierung, obwohl *Läufer* weiterhin **der** zentrale Ausdruck zur Benennung einer laufsportausübenden Person bleibt. Zur näheren Spezifizierung werden oftmals Bestimmungslexeme aus den Teilfeldern Ort und Faszination bemüht. Diese Wortschatztendenzen rühren von sachbedingten Motiven her: Die Zielgruppe Freizeitläufer wächst und die Freizeit-Eventisierung schreitet voran. Dementsprechend wächst auch die Zahl der Eigennamen mit dem immensen Anstieg der Laufveranstaltungszahlen.

Der Anteil an Bezeichnungen für Größen aus dem Wettkampfbereich blieb über die Jahre nahezu konstant; dieses Teilgebiet dürfte bereits über ein gewisses Grundvokabular verfügen. Im Trainings- sowie im Bekleidungs- und Ausrüstungssektor findet hingegen eine Bestandserweiterung um spezifische Elemente aus der Sportmedizin, der Trainingswissenschaft, der Laufschuhtechnologie, der Textilindustrie und der Technik (im weitesten Sinne) statt – was in hohem Maße den Leserinteressen entspricht. Aufgrund der Etablierung und der Präsentation des Laufsports in der Gesellschaft dringen rasch neue Lexeme bzw. Lexemkombinationen zur Hervorhebung der Faszination bzw. der Exklusivität des Laufsports sowie Bezeichnungen für Produkte/Angebote, den Zeitfaktor, Gebiete/Schauplätze, Institutionen/Gebäude und Aktivitäten/Ereignisse ein.

Aus morphologischer Sicht sind vor allem zweigliedrige Komposita am Wortschatzausbau beteiligt, welche *Lauf-*, *Marathon-*, *Läufer/in-* oder *Berg-* als A-Konstituente und/oder *-Lauf*, *-Marathon*, *-Läufer/in*, *-Boom* oder *-Event* als B-Konstituente aufweisen. Durch die Wettbewerbssituation und den Bewertungsdrang steigt die Zahl der Augmentativa zwar weiterhin an, Kurzformen erleben jedoch einen bemerkenswerten Aufschwung – ihre Stärken, ihre Ökonomie, Prägnanz, Fachlichkeit und in gewisser Weise ihre längst erhaltene Autonomie durch Lexikalisierung sind für die hohe Anwendungsquote verantwortlich.

Die höhere Frequenz an Eigennamen zur Bezeichnung von Laufveranstaltungen ist vor allen Dingen außersprachlich zu erklären – anhand steigender Veranstaltungszahlen seit den neunziger Jahren.

Der Wunsch der Kommunizierenden besteht darin, informative Namen zu wählen, die auf den Veranstaltungsort oder die -zeit referieren – Prägnanz, Kürze sowie der Bekanntheitsgrad sind maßgebliche Faktoren.

Seitens der Produzenten wird die anhaltende Angloamerikanisierung in den Bereichen Bekleidung/Ausrüstung, Sonstiges und Wettkampf/Training merklich wahrgenommen. Speziell englischdeutsche Mischkomposita gelangen in den letzten zehn Jahren vermehrt zum Einsatz. Ihre Verwendung beruht meist darauf, dass keine ähnlichen deutschen Wörter existieren – dass man sich aus Gründen der Exaktheit zum Anglizismengebrauch gezwungen sieht; die Imponierfunktion von Anglizismen bleibt eher außer Acht gelassen.

Der niedrige Fachwortanteil resultiert aus dem geringen Fachlichkeitsbedürfnis der Sprachbenutzer. Rückgriffe auf das Standard-Fachvokabular aus dem Wettkampf- und Trainings- sowie Kleidungs- und Ausrüstungssektor gehen in erster Linie dann vonstatten, wenn keine verständlicheren Wörter zur Auswahl stehen. Aus Gründen der Leserorientiertheit wendet man neben stilistischen verschärft textstrukturelle und visuelle Vermittlungsverfahren an, um eine rasche bzw. problemlose Fachwortaufnahme zu gewährleisten.

Bildliche Ausdrucksweisen entstammen zusehends populären Bildspendern wie der Fauna, der Medizin, der Gastronomie und dem Adel. Dieser Hang zu alltagsnahen Herkunftsbereichen korreliert mit den demographischen Merkmalen der Rezipienten: (meist) freizeitorientierte, gesundheitsbewusste, fitnessorientierte und einem höheren Leitmilieu zugehörige Outdoor-Sportler. Vor allem ihre Qualitäten, Sachverhalte eindrücklich zu veranschaulichen sowie Intensivierungen zu erzielen, führen zur gesteigerten Nutzung von Metaphern und Vergleichen seitens der Textproduzenten.

Trotz des enorm breiten Medienangebots nehmen Laufzeitschriften als Special Interest-Zeitschriften eine Spitzenposition ein: Die individuelle Freizeitgestaltung dürfte wohl auch künftig an Bedeutung gewinnen und die Begeisterung für immer neue Trends erhalten bleiben. Je nach funktionellen und thematisch-inhaltlichen Bedingungen sowie nach Aspekten der textsortenspezifischen Kommunikationssituation variiert auch das sprachliche Gewand des medialen Luxusprodukts Laufzeitschrift – es besticht durch die Einheit in der bunten Vielfalt.

13. Abkürzungsverzeichnis

A	Erstkonstituente eines Kompositums
B	Zweitkonstituente eines Kompositums
D	Deutsches bzw. heimisches Lexem in einer Wortbildungskonstruktion
E	Englisches Lexem in einer Wortbildungskonstruktion
DUD-FW	DUDEN Das große Fremdwörterbuch
DUD-GW	DUDEN Das große Wörterbuch der deutschen Sprache
ANGL-WB	Carstensen, Anglizismen-Wörterbuch
Stw.	Stichwort
aL	*aktiv Laufen*
Cond	*condition*
FfL	*Fit for Life*
L	*Läufer*
LM	*Laufsport Marathon*
LZ	*LaufZeit*
Run	*Running*
Run S	*Running* Sonderheft
Rup	*running-pur*
RW	*Runners World*
RW S	*Runners World* Sonderheft
Spir	*Spiridon*
VCM	*Vienna City Marathon Running*
VCM S	*Vienna City Marathon Running* Sonderheft

14. Abbildungs- und Tabellenverzeichnis

Abb. 1   Trefferverteilung – Österreichischer Verbundkatalog 13
Abb. 2   Trefferverteilung nach Erscheinungsjahr. Österreichischer Verbundkatalog 14
Abb. 3   Trefferaufteilung auf 14 Kataloge. Karlsruher Virtueller Katalog 16
Abb. 4   Trefferverteilung – Karlsruher Virtueller Katalog 17
Abb. 5   Trefferverteilung nach Erscheinungsjahr. Karlsruher Virtueller Katalog 17
Abb. 6   Linguistische Zugänge zur Sportsprache 27
Abb. 7   Special Interest-Zeitschriften als hybride Zeitschriftengattung 39
Abb. 8   Beschreibungsdimensionen 49
Abb. 9   Prozentuelle Verteilung von Text-, Bild- und Anzeigenteil 61
Abb. 10   Zentrale Inhaltsbausteine von Laufzeitschrifte 72
Abb. 11   Ergebnisse der Inhaltsanalyse von *LaufZeit* (2001) 74
Abb. 12   Die für den Laufsport wichtigsten Leitmilieus (aus *Runner's World* 2003, 49) 84
Abb. 13   Die sechs dominanten Bezeichnungsklassen 89
Abb. 14   Ausfächerung des Grundlexems -*Marathon*/-*marathon* 93
Abb. 15   Frequenzen der näheren Bestimmungen von Läufen (gesamt: 542 Stw.) 94
Abb. 16   Frequenzen der näheren Bestimmungen von Läuferbezeichnungen (gesamt: 585 Stw.) 103
Abb. 17   Aufteilung der Eigennamen in Laufveranstaltungsbezeichnungen 108
Abb. 18   Frequenzen sonstiger Bezeichnungsklassen (gesamt: 596 Stw.) 124
Abb. 19   Die beliebtesten Erstkonstituenten 133
Abb. 20   Die beliebtesten Zweitkonstituenten 134
Abb. 21   Ausfächerung des Grundverbs -*laufen* durch Präfixe 147
Abb. 22   Frequenzen der onymischen Modifizierungselemente – in semantischen Teilfeldern (gesamt: 1.085 Stw.) 152
Abb. 23   Frequenz der Entlehnungsformen 166
Abb. 24   Frequenzen einzelner Typen von Mischkomposita (gesamt: 671 Stw.) 169
Abb. 25   Frequenz der Anglizismen in den einzelnen semantischen Subklassen (gesamt: 1.068 Stw.) 175
Abb. 26   Fachwortfrequenzen in den semantischen Teilklassen (gesamt: 458 Stw.) 180
Abb. 27   Fachwortvermittlung durch ein kleines Glossar (aus FfL 7+8/02, 53) 188

Abbildungs- und Tabellenverzeichnis

Abb. 28 Fachwortvermittlung durch ein „Lauf-Lexikon" (aus Spir 07/03, 30) 189
Abb. 29 Der Muskel als eine Feder (aus Cond 03/02, 39) 190
Abb. 30 „Kreuzschnürung" (aus Run S02/04, 93) 190
Abb. 31 „Fliegen-Schnürung" (aus Cond 06/03, 47) 190
Abb. 32 Die acht dominanten Bildspender (gesamt: 368 Stw.) 196
Abb. 33 Geschlecht der befragten Redakteure 208
Abb. 34 Alter der befragten Redakteure 208
Abb. 35 Kategorienaufteilung im Vergleich (gesamt: 455 vs. 679 Stw.) 209
Abb. 36 Hyponyme im Vergleich – Läufe (gesamt: 76 vs. 101 Stw.) 211
Abb. 37 Hyponyme im Vergleich – Läufer (gesamt: 85 vs. 112 Stw.) 213
Abb. 38 Aufteilung der Eigennamen in Laufveranstaltungsbezeichnungen im Vergleich (gesamt: 79 vs. 124 Stw.) 215
Abb. 39 Sonstige Bezeichnungsklassen im Vergleich (gesamt: 38 vs. 81 Stw.) 218
Abb. 40 Steigende Laufveranstaltungszahlen (aus *Runner's World* 2003, 32) 224
Abb. 41 Aufteilung der Namenkategorien in Laufveranstaltungsbezeichnungen (gesamt: 68 vs. 109 Stw.) 225
Abb. 42 Aufteilung der Anglizismen im Vergleich (gesamt: 82 vs. 135 Stw.) 233
Abb. 43 Entlehnungsformen im Vergleich 234
Abb. 44 Typen von Mischkomposita im Vergleich (44 vs. 77 Belege) 235
Abb. 45 Frequenzen der Fachwörter im Vergleich (gesamt: 41 vs. 82 Stw.) 237
Abb. 46 Trainingsseite aus dem Jahr 1992 (aus LM 04/92, 43) 239
Abb. 47 Trainingsseite aus dem Jahr 2003 (aus LM 07/03, 13) 240
Abb. 48 Bildspender im Vergleich (gesamt: 23 vs. 61 Stw.) 242

Tab. 1 Deutschsprachige Laufzeitschriften 7
Tab. 2 Übersicht zur Chiffrenverwendung 8
Tab. 3 Dreiteilung der Sportsprache 33
Tab. 4 Zweiteilung der Sportsprache und Zuordnung zu einer Teilsprache 34
Tab. 5 Zuordnungen der Sportsprache zu einer oder mehreren Teilsprachen 35
Tab. 6 Websites deutschsprachiger Laufzeitschriften (Stand 18.11.2004) 51
Tab. 7 Mediendaten deutschsprachiger Laufzeitschriften 54
Tab. 8 Themenpläne 2004 von *Runner's World* und *LaufZeit* 64
Tab. 9 Textsorten in Laufzeitschriften 69/70

Tab. 10	Inhalte/Themen und Hauptfunktionen zentraler Komponenten von Laufzeitschriften 75
Tab. 11	Bezeichnungen für Laufdisziplinen und Laufarten 93
Tab. 12	Beispiele für Kollektivlexeme 97/98
Tab. 13	Bezeichnungen für Läufer – Benennungskriterium Disziplin 101
Tab. 14	Beispiele für Läuferbezeichnungen – nach den Bezeichnungsklassen der Bestimmungslexeme geordnet 104
Tab. 15	Beispiele für Bezeichnungen aus dem Bereich Training 116
Tab. 16	Beispiele für Streckenbezeichnungen 128
Tab. 17	Beispiele für Präfix- bzw. Präfixoidverben 146
Tab. 18	Beispiele für Bezeichnungen mit Bergnamen – semantisch geordnet 155
Tab. 19	Fachlexeme aus der Leichtathletik 183
Tab. 20	Spitzenreiter unter den Laufbezeichnungen 210
Tab. 21	Spitzenreiter unter den Läuferbezeichnungen 212
Tab. 22	Spitzenreiter unter den Erstkonstituenten 220
Tab. 23	Spitzenreiter unter den Zweitkonstituenten 221
Tab. 24	85 „gute" Laufveranstaltungsnamen 226

15. Literaturverzeichnis

15.1. Quellen

aL   aktiv Laufen. Ein Sonderheft von „Leichtathletik". Köln: DSV Deutscher Sportverlag GmbH. Ausgabennummern: 1/02; 5/03; 6/03; 7/03.

Cond   condition. Ratgebermagazin für Lauf- und Ausdauersport. Aachen: Meyer & Meyer Verlag. Ausgabennummern: 11/01; 12/01; 1+2/02; 3/02; 4/02; 5/02; 9/02; 10/02; 11/02; 12/02; 1+2/03; 7+8/03; 3/03; 4/03; 5/03; 6/03.

FfL   FIT for LIFE. Magazin für Fitness, Lauf- und Ausdauersport. Vormals „Läufer. Die Zeitschrift für den Lauf- und Ausdauersport". Aarau: AZ Fachverlage AG. Ausgabennummern: 11/97; 12/97; 6/98; 10/98; 9/99; 12/99; 7+8/00; 12/00; 11/01; 12/01; 7+8/02; 6/02; 3/03; 6/03; 7+8/03.

L   Läufer. Die Zeitschrift für den Lauf- und Ausdauersport. Aarau: AZ Fachverlage AG. Ausgabennummern: 3/95; 8/95; 1/96; 2/96.

Spir   Laufmagazin Spiridon. Düsseldorf: Spiridon Verlags GmbH. Ausgabennummern: 3/90; 6/90; 6/91; 11/91; 2/92; 5/92; 9/93; 11/93; 7/94; 10/94; 2/95; 6/95; 6/96; 12/96; 2/97; 6/97; 7/98; 12/98; 2/99; 4/99; 6/00; 7/00; 2/01; 11/01; 2/02; 6/02; 2/03; 6/03; 7/03.

LM   LAUFSPORT MARATHON. Österreichs Ausdauermagazin für Laufen, Triathlon, Duathlon, Langlauf und Orientierungslauf. Herzogenburg: LW Werbe- und Verlagsgesellschaft m.b.H. Ausgabennummern: 4/92; 7/92; 1+2/93; 10/93; 1+2/96; 6/96; 1+2/97; 4/97; 4/98; 6/98; 3/99; 9/99; 4/00; 6/00; 11+12/01; 8/01; 1+2/02; 11+12/02; 4/02; 6/02; 8/02; 9/02; 10/02; 1+2/03; 3/03; 4/03; 5/03; 6/03; 7/03; 11+12/03.

LZ   LAUFZEIT. Das Monatsjournal für alle Freunde des Laufens. Berlin: LAUFZEIT Verlags GmbH. Ausgabennummern: 8/90; 11/90; 6/91; 12/91; 7+8/92; 4/92; 3/93; 9/93; 6/94; 12/94; 3/95; 10/95; 7+8/96; 2/96; 5/97; 9/97; 2/98; 10/98; 4/99; 12/99; 4/00; 11/00; 2/01; 6/01; 7+8/02; 6/02; 9/02; 10/02; 11/02; 12/02; 1/03; 2/03; 3/03; 4/03; 5/03; 6/03; 7+8/03; 9/03; 10/03; 11/03; 12/03.

RW   Runner's World. Das größte Laufmagazin der Welt. Stuttgart: Rodale–Motor–Presse GmbH & Co. KG. Ausgabennummern: 11/98; 1/99; 2/99; 3/00; 4/00; 9/00; 12/00; 2/01; 5/01; 6/01; 7/01; 5/02; 7/02; 8/02; 10/02; 11/02; 12/02; 1/03; 2/03; 3/03; 4/03; 5/03; 6/03; 7/03; 8/03; 9/03; 10/03. Sonderausgaben: 1/02; 1/03.

Run   RUNNING. Das Laufmagazin. Freiburg: Agentur WAG's. Ausgabennummern: 6/02; 7/02; 8+9/02; 10/02; 11/02; 12+1/03; 2/03; 3+4/03; 5/03; 6/03; 7/03; 8+9/03; 10/03; 11/03; 12+1/04. Sonderausgaben: 2/02; 1/03; 2/03; 3/03.

Rup   running–pur. Das regionale Laufmagazin Süddeutschlands. Römerstein–Zainingen. Ausgabennummern: 2/98; 4/98; 2/99; 3/99; 1/00; 3/00; 1/01; 3/01;
            1/02; 2/02; 3/02; 4/02; 1/03; 2/03; 3/03.

VCM   Vienna City Marathon Running. Magazin für Laufen, Gesundheit & Wohlbefinden. Wien: MPG Medienproduktionsges. mbH. Ausgabennummern: 3/99; 4/99; 3/00; 6/00; 3/01; 6/01; 1/02; 3/02; 5/02; 6/02; 1/03; 2/03; 3/03; 4/03; 5/03; 6/03; 7/03. Sonderausgabe 2002/03.

15.2. Forschungsliteratur

Adamzik, Kirsten (1995): Textsorten – Texttypologie. Eine kommentierte Bibliographie. Münster: Nodus Publikationen. (= Studium Sprachwissenschaft; Bd. 12).

Adamzik, Kirsten (2000a): Textsorten. Reflexionen und Analysen. Tübingen: Stauffenburg. (= Textsorten; Bd. 1).

Adamzik, Kirsten (2000b): Was ist pragmatisch orientierte Textsortenforschung? In: Adamzik, Kirsten (Hrsg.): Textsorten. Reflexionen und Analysen. Tübingen: Stauffenburg. (= Textsorten; Bd. 1). S. 91–112.

Adamzik, Kirsten (2001): Die Zukunft der Text(sorten)linguistik. Textsortennetze, Textsortenfelder, Textsorten im Verbund. In: Fix, Ulla/Habscheid, Stefan/Klein, Josef (Hrsg.): Zur Kulturspezifik von Textsorten. Tübingen: Stauffenburg. (= Textsorten; Bd. 3). S. 15–30.

Amsler, Jean (1958): Zur Vorgeschichte des Wortes „Sport". In: Die Leibeserziehung 12, S. 357–359.

Androutsopoulos, Janis K. (2000): Die Textsorte Flyer. In: Adamzik, Kirsten (Hrsg.): Textsorten. Reflexionen und Analysen. Tübingen: Stauffenburg. (= Textsorten; Bd. 1). S. 175–205.

Ballstaedt, Steffen–Peter (1999): Textoptimierung: Von der Stilfibel zum Textdesign. In: Fachsprache 21, S. 98–124.

Bauer, Gerhard (1998): Deutsche Namenkunde. 2., überarbeitete Auflage. Berlin: Weidler. (= Germanistische Lehrbuchsammlung; Bd. 21).

Baumann, Klaus–Dieter (1998): Fachsprachliche Phänomene in den verschiedenen Sorten von populärwissenschaftlichen Vermittlungstexten. In: Fachsprachen. Ein internationales Handbuch zur Fachsprachenforschung und Terminologiewissenschaft = Languages for special purposes. Hrsg. von Lothar Hoffmann, Hartwig Kalverkämper und Herbert Ernst Wiegand. Berlin, New York: de Gruyter. (= Handbücher zur Sprach– und Kommunikationswissenschaft, Bd. 14, 1). S. 728–735.

Bausinger, Hermann (1972): Deutsch für Deutsche. Dialekte, Sprachbarrieren, Sondersprachen. Frankfurt am Main: Fischer.

Bausinger, Hermann (1988): Dreiteilung der Sportsprache. In: Brandt, Wolfgang (Hrsg.): Sprache des Sports. Ein Arbeitsbuch für die Sekundarstufe II. Frankfurt am Main: Verlag Moritz Diesterweg. (= Kommunikation/Sprache. Materialien für den Kurs– und Projektunterricht). S. 25–27.

Becker, Hartmut (1973): Sportsprache als Sondersprache. In: Pressedienst Wissenschaft der FU Berlin: Sportwissenschaft in der Entwicklung. Nr. 4–6, S. 36–42.

Becker, Hartmut (1973): Sportsprache als Sondersprache. In: Brandt, Wolfgang (Hrsg.) (1988): Sprache des Sports. Ein Arbeitsbuch für die Sekundarstufe II. Frankfurt am Main: Verlag Moritz Diesterweg. (= Kommunikation/Sprache. Materialien für den Kurs– und Projektunterricht). S. 23.

Bertau, Marie–Cécile (1996): Sprachspiel Metapher. Denkweisen und kommunikative Funktion einer rhetorischen Figur. Opladen: Westdeutscher Verlag.

Beyer, Erich (1964): Die amerikanische Sportsprache. Schorndorf: Hofmann.

Binnewies, Harald (1975): Sport und Sportberichterstattung. Ahrensburg bei Hamburg: Verlag Ingrid Czwalina. (= Sportwissenschaftliche Dissertationen; Bd. 4: Sportpublizistik).

Brandhofer, Gerhard (1968): Die Terminologie des Sports in Österreich, im Vergleich zur deutschen Sportsprache. Hausarbeit: Innsbruck.

Brandt, Wolfgang (1979): Zur Sprache der Sportberichterstattung in den Massenmedien. In: Muttersprache 89, S. 160–178.

Brandt, Wolfgang (1983): „Schwere Wörter" im Bereich Sport. In: Henne, Helmut (Hrsg.): Wortschatz und Verständigungsprobleme. Was sind „schwere Wörter" im Deutschen? Berlin: de Gruyter. (= Sprache der Gegenwart; Bd. 57). S. 92–118.

Brandt, Wolfgang (1988a): Sprache des Sports. Ein Arbeitsbuch für die Sekundarstufe II. Frankfurt am Main: Verlag Moritz Diesterweg. (= Kommunikation/Sprache. Materialien für den Kurs- und Projektunterricht).

Brandt, Wolfgang (1988b): Reportsprache als Standardsprache des Sports. In: Brandt, Wolfgang (Hrsg.): Sprache des Sports. Ein Arbeitsbuch für die Sekundarstufe II. Frankfurt am Main: Verlag Moritz Diesterweg. (= Kommunikation/Sprache. Materialien für den Kurs- und Projektunterricht). S. 27–30.

Brandt, Wolfgang (1988c): Differenzierung. In: Brandt, Wolfgang (Hrsg.): Sprache des Sports. Ein Arbeitsbuch für die Sekundarstufe II. Frankfurt am Main: Verlag Moritz Diesterweg. (= Kommunikation/Sprache. Materialien für den Kurs- und Projektunterricht). S. 101–102.

Brandt, Wolfgang (1988d): Sprachwissenschaftliche Anmerkungen zur Wortschatz-Kritik. In: Brandt, Wolfgang (Hrsg.): Sprache des Sports. Ein Arbeitsbuch für die Sekundarstufe II. Frankfurt am Main: Verlag Moritz Diesterweg. (= Kommunikation/Sprache. Materialien für den Kurs- und Projektunterricht). S. 105–108.

Brandt, Wolfgang (2001): Turner üben, Sportler trainieren. Zur Turn- und Sportsprache im 19. Jahrhundert. In: Angelika Braun (Hrsg.): Beiträge zu Linguistik und Phonetik. Festschrift für Joachim Göschel zum 70. Geburtstag. Stuttgart: Franz Steiner Verlag. (= Zeitschrift für Dialektologie und Linguistik, Beihefte; Bd. 118). S. 308–334.

Brinker, Klaus (1988): Linguistische Textanalyse. Eine Einführung in Grundbegriffe und Methoden. 2., durchgesehene und ergänzte Auflage. Berlin: Erich Schmidt Verlag. (= Grundlagen der Germanistik; Bd. 29).

Brinker, Klaus (2001): Linguistische Textanalyse. Eine Einführung in Grundbegriffe und Methoden. 5., durchgesehene und ergänzte Auflage. Berlin: Erich Schmidt Verlag. (= Grundlagen der Germanistik; Bd. 29).

Buchloh, Paul/Freese, Peter (1967): Nationale Tendenzen in der englischen und deutschen Presseberichterstattung zur Fußballweltmeisterschaft. In: Sprache im technischen Zeitalter 6, S. 335–346.

Bues, Manfred (1937): Die Versportung der deutschen Sprache im 20. Jahrhundert. Dissertation: Greifswald. (= Deutsches Werden; Bd. 10).

Bues, Manfred (1952): Der Sport und unsere Sprache. In: Muttersprache 62, S. 17–24.

Bues, Manfred (1953a): Schrifttum zur Sportsprache 1936–1952. In: Muttersprache 63, S. 171–178.

Bues, Manfred (1953b): Der Begriff „Sportsprache". In: Muttersprache 63, S. 22–24.

Bues, Manfred (1956): Die Sportsprache im Deutschunterricht. In: Muttersprache 66, S. 431–434.

Carstensen, Broder (1993, 1994, 1996): Anglizismen–Wörterbuch. Der Einfluß des Englischen auf den deutschen Wortschatz nach 1945. 3 Bände. Berlin, New York: de Gruyter.

Dankert, Harald (1969): Sportsprache und Kommunikation. Untersuchungen zur Struktur der Fußballsprache und zum Stil der Sportberichterstattung. Tübingen: Untersuchungen des Ludwig–Uhland–Instituts der Universität Tübingen. (= Volksleben; Bd. 25).

Dietz, Martin (1937a): Der Wortschatz der neueren Leibesübungen. Dissertation: Heidelberg.

Dietz, Martin (1937b): Die Nebenbedeutungen des Wortes „Sport". In: Muttersprache 47, S. 235.

Diewald, Gabriele Maria (1991): Deixis und Textsorten im Deutschen. Tübingen: Niemeyer. (= Reihe Germanistische Linguistik; Bd. 118).

Digel, Helmut (1976): Sprache und Sprechen im Sport. Eine Untersuchung am Beispiel des Hallenhandballs. Hrsg. von Ommo Gruppe. Schorndorf: Verlag Karl Hofmann. (= Reihe Sportwissenschaft, Ansätze und Ergebnisse; Bd. 4).

Dorner, Oskar (1990): Sportsprache und Sportberichterstattung. Analyse der Kärntner Tagesberichterstattung. Dissertation: Graz.

Dotzert, Ludwig (1960): Eine Lanze für den Sportjournalisten–Stil. In: Presse und Sport. Jahrbuch des Verbandes Deutsche Sportpresse, S. 24–27.

Dreppenstedt, Enno (1987): Jedem das Seine. In: Horizont 48, Zeitung für Marketing, Werbung und Medien, S. 25–26.

Drosdowski, Günther/Henne, Helmut (1980): Tendenzen der deutschen Gegenwartssprache. In: Althaus/Henne/Wiegand (Hrsg.): Lexikon der Germanistischen Linguistik. 2., vollständig neu bearbeitete und erweiterte Auflage. Tübingen: Max Niemeyer Verlag. S. 619–632.

DUDEN Das große Wörterbuch der deutschen Sprache (2002): In zehn Bänden. Studienausgabe. Hrsg. vom wissenschaftlichen Rat der Dudenredaktion. Mannheim, Leipzig, Wien, Zürich: Dudenverlag.

DUDEN Das große Fremdwörterbuch (2003): 3., überarbeitete Auflage. Mannheim, Leipzig, Wien, Zürich: Dudenverlag.

Eckardt, Olga (1936): Die Sportsprache von Nürnberg und Fürth. Eine volkssprachliche Untersuchung. Dissertation: Erlangen. (= Fränkische Forschungen; Bd. 8).

Ender, Andrea (2001): Vom *Stahlross* zum *Downhill–Fully*. Eine Untersuchung zum Vokabular des Mountainbike–Magazins „bike". Diplomarbeit: Innsbruck.

Fesch, Leopold (1993): Tiefenschärfe. Entwicklungen im Special–Interest–Markt. In: Media Spectrum 11, S. 12–15.

Fink, Hermann (1980): Superhit oder Spitzenschlager: Ein Versuch zur Häufigkeit und Funktion von Anglizismen und „Werbeanglizismen" in deutschen Jugendzeitschriften. In: Viereck, Wolfgang (Hrsg.): Studien zum Einfluß der englischen Sprache auf das Deutsche. Tübingen: Narr. (= Tübinger Beiträge zur Linguistik; Bd. 132). S. 185–212.

Fix, Ulla/Habscheid, Stefan/Klein, Josef (2001): Zur Kulturspezifik von Textsorten. Tübingen: Stauffenburg. (= Textsorten; Bd. 3).

Fleischer, Wolfgang (1992): Name und Text. Ausgewählte Studien zur Onomastik und Stilistik. Zum 70. Geburtstag herausgegeben und eingeleitet von Irmhild Barz, Ulla Fix und Marianne Schröder. Tübingen: Max Niemeyer Verlag.

Fleischer, Wolfgang/Barz, Irmhild (1995): Wortbildung der deutschen Gegenwartssprache. Unter Mitarbeit von Marianne Schröder. 2., durchgesehene und ergänzte Auflage. Tübingen: Niemeyer.

Fluck, Hans–Rüdiger (1985): Fachdeutsch in Naturwissenschaft und Technik: Einführung in die Fachsprachen und die Didaktik/Methodik des fachorientierten Fremdsprachenunterrichts (Deutsch als Fremdsprache). Unter Mitarbeit von Jü Jianhua, Wang Fang, Yuan Jie. Heidelberg: Julius Groos Verlag.

Fluck, Hans–Rüdiger (1996): Fachsprachen. Einführung und Bibliographie. 5. überarbeitete und erweiterte Auflage. Tübingen und Basel: A. Francke Verlag. (= UTB für Wissenschaft; Uni-Taschenbücher, Bd. 483).

Fürstner, Wolfgang (1993): Unruhiger Markt, flexible Medien. In: Werben und verkaufen 42, S. 62.

Gläser, Rosemarie (1990): Fachtextsorten im Englischen. Tübingen: Narr Verlag. (= Forum für Fachsprachen–Forschung; Bd. 13).

Gläser, Rosemarie (1999): Das fachbezogene Interview: Expertenwissen und Popularisierung. In: Fachsprache 21, S. 2–27.

Göbel, Uwe (2002): Zeitschriftengestaltung im Wandel. In: Vogel, Andreas/Holtz–Bacha, Christina (Hrsg.): Zeitschriften und Zeitschriftenforschung. 1. Auflage. Wiesbaden: Westdeutscher Verlag. (= Publizistik Sonderheft; Bd. 3/2002). S. 219–240.

Göhler, Josef (1967): Die Leibesübungen in der deutschen Sprache und Literatur. In: Deutsche Philologie im Aufriss 3, Sp. 2973–3050.

Grober–Glück, Gerda (1960): Volkslesestoff „Sportbericht". Ein Beitrag zur Volkskunde der Stadt. In: Die Leibeserziehung 9, S. 84–87 und 108–113.

Grosse, Siegfried (1962): *Rennen* und *Laufen* in der Sprache des Sports. In: Zeitschrift für deutsche Wortforschung 18, Band 3 der neuen Folge, S. 100–107.

Grosskopf, Rudolf (1965): Klischierte Sprache im deutschen Sportjournalismus. In: Münsteraner Marginalien zur Publizistik 7. (= Publizistik im Dialog. Festausgabe für Henk Pralle). S. 69–74.

Gülich, Elisabeth/Raible, Wolfgang (1972): Textsorten. Differenzierungskriterien aus linguistischer Sicht. Frankfurt am Main: Athenäum Verlag. (= Athenäum–Skripten Linguistik; Bd. 5).

Hagemann, Walter (1966): Grundzüge der Publizistik. Als eine Einführung in die Lehre von der sozialen Kommunikation. 2., überarbeitete und ergänzte Auflage. Herausgegeben von Henk Prakke unter Mitarbeit von Winfried B. Lerg und Michael Schmolke. Münster: Regensberg Verlag. (= Dialog der Gesellschaft; Bd. 1).

Hahn, Walter von (1980): Fachsprachen. In: Althaus, Hans–Peter u.a. (Hrsg.): Lexikon der germanistischen Linguistik. 2., vollständig neu bearbeitete und erweiterte Auflage. Tübingen: Niemeyer. S. 390–395.

Hamm, Peter (1966): Fußball oder Kriegsberichterstattung? In: Süddeutsche Zeitung, 11. 8. 1966.

Harweg, Roland (1968): Pronomina und Textkonstitution. München. (= Poetica: Beihefte; Bd. 2).

Harweg, Roland (1990): Studien zu Eigennamen. Aachen: Shaker Verlag. (= Bochumer Beiträge zur Semiotik; Bd. 4).

Haubrich, Werner (1965): Die Bildsprache des Sports im Deutsch der Gegenwart. Schorndorf bei Stuttgart: Hofmann. (= Beiträge zur Lehre und Forschung der Leibeserziehung; Bd. 21).

Haubrich, Werner (1968): Die Metaphorik des Sports in der deutschen Gegenwartssprache. In: Der Deutschunterricht 5, S. 112–133.

Heinemann, Wolfgang (2000): Textsorten. Zur Diskussion um Basisklassen des Kommunizierens. Rückschau und Ausblick. In: Adamzik, Kirsten (Hrsg.): Textsorten. Reflexionen und Analysen. Tübingen: Stauffenburg. (= Textsorten; Bd. 1). S. 9–29.

Heinemann, Wolfgang/Viehweger, Dieter (1991): Textlinguistik. Eine Einführung. Tübingen: Niemeyer. (= Reihe Germanistische Linguistik; Bd. 115).

Henne, Helmut/Rehbock, Helmut (1982): Einführung in die Gesprächsanalyse. 2., verbesserte und erweiterte Auflage. Berlin [u.a.]: de Gruyter. (= Sammlung Göschen; Bd. 2212).

Hess–Lüttich, Ernest W. B. (2000): Textsorten alltäglicher Gespräche. Kritische Überlegungen zur Dialogtypologie. In: Adamzik, Kirsten (Hrsg.): Textsorten. Reflexionen und Analysen. Tübingen: Stauffenburg. (= Textsorten; Bd. 1). S. 129–153.

http://www.dsv–sportverlag.de

http://www.fitforlife.ch

http://www.laufmagazin–spiridon.de

http://www.laufsport–marathon.at

http://www.laufzeit–online.de

http://www.meyer–meyer–sports.com

http://www.mps–anzeigen.de

http://www.motor–presse–stuttgart.de

http://www.pz–online.de

http://www.qsi–zeitschriften.de

http://www.runnersworld.t–online.de

http://www.running.co.at

http://www.running–magazin.de

http://www.running–pur.de

Hug, Daniela (1997): Die Sprache in der Snowboardszene. Diplomarbeit: Innsbruck.

Käge, Otmar (1980): Motivation: Probleme des persuasiven Sprachgebrauchs, der Metapher und des Wortspiels. Göppingen: Kümmerle Verlag. (= Göppinger Arbeiten zur Germanistik; Bd. 308).

Kattnig, Petra (1994): Pragmatische Aspekte der zeitgleichen Sportberichterstattung. Eine Untersuchung von Alpinen Schirennen und Eishockeyspielen. Diplomarbeit: Innsbruck.

Kleinjohann, Michael (1987): Sportzeitschriften in der Bundesrepublik Deutschland. Bestandsaufnahme – Typologie – Themen – Publikum. Theoretisch–empirische Analyse eines sportpublizistischen Mediums. Frankfurt am Main, Bern, New York: Peter Lang.

Klockow, Reinhard (1980): Linguistik der Gänsefüßchen. Untersuchungen zum Gebrauch der Anführungszeichen im gegenwärtigen Deutsch. Frankfurt am Main: Haag + Herchen.

Knapp, Eva Maria (2000): Fachkommunikation im Langlaufsport. Mit einem Glossar. Diplomarbeit: Innsbruck.

Koschnick, Wolfgang J. (1988): Standard–Lexikon für Mediaplanung und Mediaforschung. München: Saur.

Koß, Gerhard (2002): Namenforschung. Eine Einführung in die Onomastik. 3., aktualisierte Auflage. Tübingen: Max Niemeyer Verlag. (= Germanistische Arbeitshefte; Bd. 34).

Krapp, Helmut (1961/62): Das Widerspiel von Bild und Sprache. In: Sprache im technischen Zeitalter 1, S. 38–45.

Krause, Wolf–Dieter (2000): Text, Textsorte, Textvergleich. In: Adamzik, Kirsten (Hrsg.): Textsorten. Reflexionen und Analysen. Tübingen: Stauffenburg. (= Textsorten; Bd. 1). S. 45–76.

Kroppach, Dieter (1970): Die Sportberichterstattung der Presse. Untersuchungen zum Wortschatz und zur Syntax. Inaugural–Dissertation: Marburg/Lahn.

Kroppach, Dieter (1988): Herkunftsbereiche der „Metaphern". In: Brandt, Wolfgang (Hrsg.): Sprache des Sports. Ein Arbeitsbuch für die Sekundarstufe II. Frankfurt am Main: Verlag Moritz Diesterweg. (= Kommunikation/Sprache. Materialien für den Kurs– und Projektunterricht). S. 102–103.

Langner, Helmut (1978): Zu einigen Entwicklungstendenzen im Wortschatz der deutschen Gegenwartssprache und ihrer Bedeutung für die Ausprägung des Geschichtsbewusstseins. In: Deutschunterricht 10, S. 483–490.

Laven, Paul (1956): Sprache und Stil und die Welt des Sports. In: Muttersprache 66, S. 413–419.

Lederer, Tina (2002): Von *Adrenalintier* bis *Zylinderkopf–Salat*. Eine Untersuchung zum Vokabular des Motorrad–Magazins „MO". Diplomarbeit: Innsbruck.

Lötscher, Andreas (1995): Der Name als lexikalische Einheit: Denotation und Konnotation. In: Eichler, Ernst/Hilty, Gerold/Löffler, Heinrich/Steger, Hugo/Zgusta, Ladislav (Hrsg.): Namenforschung. Ein internationales Handbuch zur Onomastik. Berlin, New York. (= Handbücher zur Sprach– und Kommunikationswissenschaft 11/1). S. 448–457.

Lüger, Heinz–Helmut (1995): Pressesprache. 2., neu bearbeitete Auflage. Tübingen: Niemeyer. (= Germanistische Arbeitshefte; Bd. 28).

Luiprecht, Marlen (1994): Die Sprache der Sportkletterszene. Untersuchungen zum fach– und sondersprachlichen Wortschatz der Zeitschrift „rotpunkt". Diplomarbeit: Innsbruck.

Lux, Friedemann (1981): Text, Situation, Textsorte. Probleme der Textanalyse, dargestellt am Beispiel der Registerlinguistik mit einem Ausblick auf eine adäquate Theorie. Tübingen: Narr Verlag. (= Tübinger Beiträge zur Linguistik; Bd. 172).

Mallaun, Elke Maria (2001): Kommunikation zwischen Skilehrern und Skischülern im alpinen Skiunterricht. Eine Untersuchung zu den Sprechakten im alpinen Skiunterricht. Diplomarbeit: Innsbruck.

Mehl, Erwin (1956): Die Fachsprache der Leibesübungen als „Urkunde deutscher Bildungsgeschichte". In: Muttersprache 66, S. 419–431.

Noelle-Neumann, Elisabeth/Schulz, Winfried/Wilke, Jürgen (Hrsg.) (1989): Fischer Lexikon Publizistik Massenkommunikation. Frankfurt am Main: Fischer-Taschenbuch-Verlag. (= Fischer-Taschenbücher; Bd. 4562: Das Fischer-Lexikon).

Nussbaumer, Markus (1991): Was Texte sind und wie sie sein sollen. Ansätze zu einer sprachwissenschaftlichen Begründung eines Kriterienrasters zur Beurteilung von schriftlichen Schülertexten. Tübingen: Niemeyer. (= Reihe Germanistische Linguistik; Bd. 119).

Ortner, Hanspeter/Ortner Lorelies (1984): Zur Theorie und Praxis der Kompositaforschung. Mit einer ausführlichen Bibliographie. Tübingen: Narr. (= Forschungsberichte des Instituts für Deutsche Sprache Mannheim; Bd. 55).

Ortner, Lorelies (1982): Wortschatz der Pop-/Rockmusik. Das Vokabular der Beiträge über Pop-/Rockmusik in deutschen Musikzeitschriften. Düsseldorf: Pädagogischer Verlag Schwann-Bagel. (= Sprache der Gegenwart; Bd. 53).

Ortner, Lorelies (2001): Special-Interest-Zeitschriften und ihre Rolle bei der Popularisierung von Fachwortschätzen. In: Hackl, Wolfgang/Krolop, Kurt: Wortverbunden – Zeitbedingt. Perspektiven der Zeitschriftenforschung. Unter Mitarbeit von Astrid Obernosterer. Innsbruck: Studienverlag. S. 287–308.

Ortner, Lorelies/Müller-Bollhagen, Elgin u.a. (1991): Deutsche Wortbildung: Typen und Tendenzen in der Gegenwartssprache. Hauptteil 4. Substantivkomposita (Komposita und kompositionsähnliche Strukturen – 1). Berlin, New York: de Gruyter. (= Sprache der Gegenwart; Bd. 79).

Pflaum, Dieter/Bäuerle, Ferdinand (1991): Lexikon der Werbung. Landsberg am Lech: Verl. Moderne Industrie.

Pointner, Helmut (1987): Wortschatz der zeitgenössischen Tennissprache. Diplomarbeit: Innsbruck.

Polenz, Peter von (1967): Zur Quellenwahl für Dokumentation und Erforschung der deutschen Sprache der Gegenwart. In: Satz und Wort im heutigen Deutsch. Probleme und Ergebnisse neuerer Forschung. Jahrbuch 1965/1966. Berlin [u.a.]: de Gruyter. (= Sprache der Gegenwart; Bd. 1). S. 363–378.

Polenz, Peter von (1999): Deutsche Sprachgeschichte vom Spätmittelalter bis zur Gegenwart. Bd. 3, 19. und 20. Jahrhundert. Berlin, New York: Walter de Gruyter. (= De-Gruyter-Studienbuch).

Porzig, Walter (1950): Das Wunder der Sprache. Probleme, Methoden und Ergebnisse der modernen Sprachwissenschaft. Bern: Francke.

Posch, Elisabeth (1973): Der Wandel des alpinen Skiwortschatzes in der Tiroler Tageszeitung von 1900 – heute. Hausarbeit: Innsbruck.

Pratz, Günter (1987): Special Interest: Politik der offenen Daten. In: Werben und verkaufen 37, S. 52.

Reger, Harald (1978): Die Metaphorik in der Illustriertenpresse. In: Muttersprache 88, S. 106–131.

Renger, Rudi (2000): Populärer Journalismus. Nachrichten zwischen Fakten und Fiktion. Innsbruck, Wien, München: Studien–Verlag. (= Beiträge zur Medien– und Kommunikationsgesellschaft; Bd. 7).

Rieder, Irmgard (2000): Internationale Regelwerke – eine kaum beachtete Textsorte im Sport. Textlinguistische und terminologische Untersuchung der deutschen und englischen Regelwerke von Sportarten mit Bezug zum alpinen Raum. Dissertation: Innsbruck.

Rieder, Karl–Heinz (1993): Die Sprachlosigkeit der Sportler oder die Fraglosigkeit der Sportjournalisten. Eine sprachwissenschaftliche Analyse. Diplomarbeit: Innsbruck.

Roelcke, Thorsten (1999): Fachsprachen. Berlin: Erich Schmidt Verlag. (= Grundlagen der Germanistik; Bd. 37).

Röthig, Peter/Becker, Hartmut/Carl, Klaus u.a. (1992): Sportwissenschaftliches Lexikon. 6., völlig neu bearbeitete Auflage. Schorndorf: Hofmann. (= Beiträge zur Lehre und Forschung im Sport; Bd. 49/50).

Rolf, Eckard (1993): Die Funktionen der Gebrauchstextsorten. Berlin [u.a.]: de Gruyter. (= Grundlagen der Kommunikation und Kognition).

Rolf, Nina (1995): Special Interest–Zeitschriften. Dissertation an der Universität Münster, 1994. Münster, Hamburg: Lit Verlag. (= Aktuelle Medien– und Kommunikationsforschung; Bd. 5).

Rosenbaum, Dieter (1969): Die Sprache der Fußballübertragung im Hörfunk. Dissertation: Saarbrücken.

Rosenbaum, Dieter (1988): Sportsprache und Umgangssprache. In: Brandt, Wolfgang (Hrsg.): Sprache des Sports. Ein Arbeitsbuch für die Sekundarstufe II. Frankfurt am Main: Verlag Moritz Diesterweg. (= Kommunikation/Sprache. Materialien für den Kurs– und Projektunterricht). S. 25.

Roth, Kurt (1990): Die Ansprüche wachsen. In: Werben und verkaufen 40, S. 104.

Runner's World (2003): Laufen in Deutschland 2003. Eine Dokumentation der Motor–Presse Stuttgart, April 2003.

Sachs, Lothar (2004): Angewandte Statistik. Anwendung statistischer Methoden. 11., überarbeitete und aktualisierte Auflage. Berlin [u.a.]: Springer.

Sandig, Barbara (1972): Zur Differenzierung gebrauchssprachlicher Textsorten im Deutschen. In: Gülich, Elisabeth/Raible, Wolfgang (Hrsg.): Textsorten. Differenzierungskriterien aus linguistischer Sicht. Frankfurt am Main: Athenäum Verlag. (= Athenäum–Skripten Linguistik; Bd. 5). S. 113–124.

Sandig, Barbara (1986): Stilistik der deutschen Sprache. Berlin, New York: de Gruyter. (= Sammlung Göschen; Bd. 2229).

Scheffler, Hartmut (1993): Definitions–Defizite erschweren die Planung. In: Werben und verkaufen 42, S. 80–81.

Schenk, Michael (1987): Medienwirkungsforschung. Tübingen: Mohr Verlag.

Schippan, Thea (2002): Lexikologie der deutschen Gegenwartssprache. 2., unveränderte Auflage 2002. Tübingen: Niemeyer.

Schirmer, Alfred (1981): Die Erforschung der deutschen Sondersprachen. In: Hahn, Walter von (Hrsg.): Fachsprachen. Darmstadt: Wiss. Buchgesellschaft. (= Wege der Forschung; Bd. 498). S. 31–42.

Schmidt, Günter Dietrich (1990): Super– und top–. Ein Vergleich von zwei im Deutschen heute produktiven Lehnpräfixen. In: Muttersprache 110, S. 204–210.

Schnabel, Günter/Thiess, Günter (Hrsg.) (1993): Lexikon Sportwissenschaft. Leistung – Training – Wettkampf. 2 Bände. Berlin: Sportverlag.

Schneider, Irmela (1998): Medialisierung und Ästhetisierung des Alltags – Einige Überlegungen. In: Rupp, Gerhard (Hrsg.): Ästhetik im Prozess. Wiesbaden: Opladen. S. 143–178.

Schneider, Peter (1974): Die Sprache des Sports. Terminologie und Präsentation in den Massenmedien. Eine statistisch vergleichende Analyse. Düsseldorf: Pädagogischer Verlag Schwann.

Schober, Dieter (1986): Foto–Zeitschriften: Special Interest–Objekte par excellence. In: Zeitungs–Verlag und Zeitschriften–Verlag. Verlagsbeilage „photokina". Organ für Presse und Werbung. Bonn–Bad Godesberg: Zeitungs–Verlag und Zeitschriften–Verlag. S. 15–19.

Schwarz, Christiane (1985): Bedingungen der sprachlichen Kommunikation. Berlin. (= Linguistische Studien: Reihe A, Arbeitsberichte; Bd. 131).

Sommerfeldt, Karl–Ernst (Hrsg.) (1988): Entwicklungstendenzen in der deutschen Gegenwartssprache. Leipzig: VEB Bibliographisches Institut.

Sowinski, Bernhard (1991): Deutsche Stilistik. Beobachtungen zur Sprachverwendung und Sprachgestaltung im Deutschen. Frankfurt am Main: Fischer Taschenbuch Verlag. (= Fischer Handbücher; Bd. 1880).

Stark, Susanne (1992): Stilwandel von Zeitschriften und Zeitschriftenwerbung: Analyse zur Anpassung des Lebensstils an geänderte Kommunikationsbedingungen. Heidelberg: Physica–Verlag. (= Konsum und Verhalten; Bd. 31).

Stickel, Gerhard (1984): Einstellungen zu Anglizismen. In: Besch, Werner u.a. (Hrsg.): Festschrift für Siegfried Grosse zum 60. Geburtstag. Göppingen: Kümmerle Verlag. (= Göppinger Arbeiten zur Germanistik; Bd. 423). S. 279–310.

Techtmeier, Bärbel (2000): Merkmale von Textsorten im Alltagswissen der Sprecher. In: Adamzik, Kirsten (2000): Textsorten. Reflexionen und Analysen. Tübingen: Stauffenburg. (= Textsorten; Bd. 1). S. 113–127.

Tewes, Günter (1991): Kritik der Sportberichterstattung. Der Sport in der Tageszeitung zwischen Bildungsjournalismus, Unterhaltungsjournalismus und „1:1–Berichterstattung" – Eine empirische Untersuchung. Inaugural–Dissertation: Düsseldorf.

Vogel, Andreas/Holtz–Bacha, Christina (2002): Zeitschriften und Zeitschriftenforschung. 1. Auflage. Wiesbaden: Westdeutscher Verlag. (= Publizistik Sonderheft; Bd. 3/2002).

Weber, Stephanie (2002): Nahaufnahme: Sprache. Eine Untersuchung zum Vokabular der Filmzeitschrift „cinema". Diplomarbeit: Innsbruck.

Wehrle, Friedrich/Busch, Holger (2002): Entwicklungen und Perspektiven im Markt der Publikumszeitschriften. In: Vogel, Andreas/Holtz–Bacha, Christina (Hrsg.): Zeitschriften und Zeitschriftenforschung. 1. Auflage. Wiesbaden: Westdeutscher Verlag. (= Publizistik Sonderheft; Bd. 3/2002). S. 85–108.

Weinrich, Harald (1963): Semantik der kühnen Metapher. In: Deutsche Vierteljahresschrift für Literaturwissenschaft und Geistesgeschichte 37, S. 325–344.

Weinrich, Harald (1967): Semantik der Metapher. In: FOLIA LINGUISTICA 1, S. 3–17.

Weinrich, Harald (1969): Textlinguistik: Zur Syntax des Artikels in der deutschen Sprache. In: Jahrbuch für Internationale Germanistik 1, S. 61–74.

Wellmann, Hans (1975): Deutsche Wortbildung: Typen und Tendenzen in der Gegenwartssprache. Hauptteil 2. Das Substantiv. Berlin, New York: de Gruyter. (= Sprache der Gegenwart; Bd. 32).

Wengenroth, Thomas (1991): Very Special. In: Media Spectrum 3, S. 26–27.

Werlich, Egon (1975): Typologie der Texte. Entwurf eines textlinguistischen Modells zur Grundlegung einer Textgrammatik. Heidelberg: Quelle & Meyer. (= Uni–Taschenbücher; Bd. 450).

Wernecken, Jens (1999): Wir und die anderen … Nationale Stereotypen im Kontext des Mediensports. Berlin: Vistas Verlag GmbH. (= Beiträge des Instituts für Sportpublizistik; Bd. 6).

Wessinghage, Thomas (2002): Laufen. Alles über Ausrüstung, Technik, Training, Ernährung und Laufmedizin. München, Wien, Zürich: BLV Verlagsgesellschaft mbH.

Wichter, Sigurd (1999): Experten– und Laiensemantik. In: Wissenschaftssprache und Umgangssprache im Kontakt. Hrsg. Von Jürg Niederhauser und Kirsten Adamzik. Frankfurt am Main [u. a.]: Lang. (= Germanistische Arbeiten zur Sprache und Kulturgeschichte; Bd. 38). S. 81–101.

Yang, Wenliang (1990): Anglizismen im Deutschen. Am Beispiel des Nachrichtenmagazins DER SPIEGEL. Tübingen: Niemeyer. (= Reihe Germanistische Linguistik; Bd. 106).

Zhu, Xiaoan (1993): „Wenn sich das Gras bewegt, dann muß auch der Wind blasen!" Studien zur Metapher in der deutschen politischen Pressesprache – unter besonderer Berücksichtigung der China–Berichterstattung. Frankfurt am Main, Berlin, Bern [u.a.]: Lang.

16. Wortregister

1000-Punkte-Wertung 111
100-Meter-Lauf 183
100-m-Sprinter 101, 102
10-km-Familienjogger 104
10-km-Straßenlauf 137, 246
11.111 Meter-Läufer 137
110-m-Hürdenlauf 183
12-Stunden-Kinderstaffel 137
1300-Meter-Schleife 128
200-g-Wettkampfflitzer 122
21,1-Kilometerkurs 128
2-Tage-Gebirgsmarathon 137
3:20-er-Schritt 116
3,5 km-Wertung 111
3-Stunden-Marathon 95, 245
3-Stunden-Marathoner 104
4:00-Männer 104
400-Meter-Läufer 183
4-Flaschen-Bottlebelt 170
5 km-Wertung 111
5000-m-Weltrekord 111
5-km-Läufer 101
60-Sekunden-In-und-Out 132
650-km-Nonstoplauf 96
800-m-Läufer 101, 183
Abendlauf 226
ablaufen 146
abrollen 146
abspulen 146, 247
Abstoßphase 116, 182
adidas-Marathon 109, 159

Adventlauf 162
Adventmarathon 226
Adventsmarathon 137
Affenspeed 116
After-Work-Running 95
Ägyptenmarathon 153
Air-Dämpfungskissen 182
Air-Kissen 121
Akademieparklauf 161
Albert-Kuntz-Gedenklauf 158, 228, 229
Algarve-Marathon 153
Allerheiligenlauf 138, 162
Allroundschuh 122, 216
Allround-Spikes 122, 168
Alsterlauf 157
Altersklassenwertung 110
Amadeus-Meile 138
Amsterdam-Marathon 153
Anfänger 99
anlaufen 146
Anlaufphase 247
anrennen 146
Antarktis-Marathon 153
Anti-Fog-Gläser 123
Anti-Läufer 140
April-Marathon 95, 137, 245
Aquajogger 123
AquaJogger 123
Arabella-Lauf 135
ARQUE-Lauf 159
Arthur-Lambert-Gedenklauf 158

Asphaltcowboy 104, 177
Asphalt-König 200
Asphaltlauf 96
Asphalt-Renner 132
Asphalttiger 197
Asse-Lauf 135
Asselrunde 138, 163
auflaufen 146
Auftaktrunde 128
Augen-zu-und-durch-Fraktion 132
Augsburger Rückwärtslauf 153
Ausdauerlauf-Fraktion 98
ausjoggen 146
auslaufen 146, 246
Auslaufphase 116
austraben 146
austrudeln 146
AVON-Frauenlauf 159
Babenbergerlauf 157
Babyjogger 217, 246
Baby-Jogger 114
Baby-Jogger-Training 114
Babyläufer 104
Badische Meile 154
Bahnenlaufen 145
Bahnstarts 183
Baldeggerseelauf 138, 156
Ballenläufer 104
Bannwaldseelauf 108
Bären-GP 109, 163
Basic-Walkingschuhe 177
Basiszyklus 182, 247
Baumwoll-Jogginganzug 122

Beerberg-Berglauf 155
belaufbar 148
Benefiz-Lauftour 128
bergablaufen 145
Bergablaufstil 116
Bergauf-Bergab-Kurs 128
Berglauf 93, 101, 142, 210
Berglaufboom 177
Berglauf-EM 113
berglaufen 93, 210, 236
Bergläufer 101, 212
Berglauf-Euro-Trophy 113, 170
Berglauf-Fans 172
Berglauf-Grand-Prix 113
Berglauf-Legende 104
Berglauf-Nation 98
Berglauf-Quartett 98
Berglauftitel 112
Berglauftraining 114
Berglauf-WM 113
Berglauf-World-Trophy 113, 170, 246
Bergmarathon 246
Bergmarathon-Freak 104
Bergmarathonisti 101
Bergstaffel 132
Berg-Training 114, 132
Berlin Marathon 226
Berlin-Marathon 153
Berner Frauenlauf 153, 226
Beschleunigungsphase 116
Bewag Berliner Halbmarathon 159
Bibertallauf 154
Bieler Hunderter 153

Bismark-Gedenklauf 157
BIT-Silvesterlauf 159
BL 93, 142
BMW-Läufer 159
Bobbahnlauf 132
Bodenseemarathon 156
Bodensee-Marathon 138, 226
Bolzerstrecke 128
Bonn-Marathon 138, 153
Bosch-Marathon 109, 159
Brockenlauf 135
Brüder-Grimm-Lauf 157
Brunnenberglauf 155
Bugrip-Sohle 121
Bummelrennen 96
Burgenlauf 135
Campuslauf 135
Carbo-Loading 116, 173
Carl-Müller-Lauf 158
Chicago-Marathon 100, 153
Chip-Zeitnehmung 169
Christkindl-Lauf 108
City-Lauf 96, 135
Citymarathon 136
City-Walkingschuhe 122, 177
Coca-Cola-Genusslauf 160
Coca-Cola-Junior-Marathon 109
Cross 93, 97, 101, 176
Cross-Country-Lauf 93, 170
Crosslauf 93
crosslaufen 93
Cross-Läufer 101
Crosslauf-Training 114

Crosslauf-WM 113
Cross-Phase 116
Cross-Serien-Sieger 104, 170
Cross-Spektakel 107
Cross-Spike 121, 168
Crossweltmeisterschaft 113
daherpirschen 145
dahintrotten 145
Damen-Laufschuhe 121
Damenwertung 110, 132
Dämpfungsphase 184
Dämpfungs-Stabilitäts-Zwitter 132
Dauerlauf 142, 173, 222
Dauerlaufkilometer 110
Dauerlaufschlappschritt 116
DB-Marathon-Cup 161
DDR-Läufer 143
Deutsche Ultramarathon-Vereinigung 142
Deutschlandlauf 153
Dieter-Meinecke-Gedächtnislauf 158
DL 142, 222, 246
DLV-Laufabzeichen 112
dm-Partnerläufe 160
Dogjogger 171
dolobene-Stiegenlauf 160
Donaulauf 157
Doppelschritt 116
Doppelstarts 182
Dornen 120
Drachenlauf 109, 163
Drauflosgerenne 141
Drei-Gipfel-Lauf 155
Dreikönigslauf 109

Düdinger Cross 153
Duisburg-Marathon 153
durchlaufen 145, 146
DUV 142
Eifel-Marathon 157
einlaufen 146
Einlaufphase 116
Einsteigerlauf 96
Einsteiger-Modelle 121
eintraben 146
Einzel-OL-Meisterschaften 113, 182
Einzelzeitlaufen 145
Eisberglauf 155
Eisenbahnerwertung 110
Elbe-Staffel-Marathon 157
Elbtunnel-Marathon 161
Elitelauf 96
elitelaufreif 150
Eliterennen 139
Elite-Sprinter 139, 221, 246
entgegenlaufen 145
entlangtrotten 145
Entspannungslauf-Atmosphäre 125
EOM 142
erjoggen 146, 172
erlaufen 146
Erlebnislauf 135
Erlebnismarathon 96
ERSTE-Cup 159, 160
Erstlingsläufer 104
Etappenlauf 135
Europalauf 135
EVA 142

EVA-Dämpfung 121, 184
Exläufer 140
Ex-Laufkollegin 140
Ex-Sprinter 140
Extremberglauf 96, 140
Extrem-Jogger 140, 221, 246
Extrem-OL-Meisterschaften 113
Fahrtspiel 114, 142
Fahrtspiel-Variante 116
Familienwertung 110
Federungselemente 184
Feierabendjogger 104
Feldberg-Lauf 155
Fellhorn-Berglauf 154
Fersendämpfungssystem 184
Fersenläufer 104
finishen 167, 231, 247
Finisher 171, 186, 231
Finisherdiplom 112
Finishergeschenk 112, 169
Finishermedaille 112
Finisher-Nachthemd 170
Finisher-Shirt-Produzent 170
Finnenbahnlaufen 145
Finnenbahnlied 126
Firmenlauf 135
Firmenlaufsegment 98
Firmenwertung 110
Fischerei-Lauf 135
Flachphase 116
Flexkerben 121
Florianilauf 162, 247
Flugphase 116

Fockeberglauf 154, 247
Fontanelauf 157
Fontaneläuferin 104
Ford-Köln-Marathon 159
Forever young Nordic Walk 175
Frankenthaler Zeitläufe 153
Frankfurter Firmenlauf 153
Frankfurt-Marathon 153, 226, 227
Franz-Schwarz-Gedenklauf 158
Frauenklasse 110
Frauenlaufbekleidung 118
Frauenlaufen 145
Frauenlauf-Song-CD 126, 143
Frauenlauf-Szene 97
Frauenlauf-T-Shirt 121
Frauenlaufverein 98
Freiluft-EM 143
Freizeitläufer 212
Freundinnenwertung 110
Frischlinge 197
Frischluftlaufprogramm 115
Frühjahrsmarathon 151
Frühlings-Marathon 151
FS 142, 221
Fünf-Finger-Kurs 128
Fünf-Stunden-Pacer 167
Funktionsklamotten 122
Funktions-Laufschuhe 122
Funktions-Laufshirt 122
Funktionslaufsocken 122
Fun-Lauf 226
FunRun 167
Fun-Runners 104

Für-alle-Lauf 132
galoppieren 203, 247
Ganzjahresläufer 137
Gartenlauf 109
Gebirgslauf 96, 104, 136
Gedenklauf 158
Geher 101
Gehermeisterschaften 113
Geländelauf 96, 245
Gelände-Laufschuh 122
Geländelauf-Szene 97
Gelsenwasser-Straßenlauf 163
Generali Silvesterlauf 159
Genfer Stadtlauf 153
Genießer-Rennsteig-Marathon 132
Genußlauf auf den Großglockner 155
Genussläufer 104
Gippinger Stauseelauf 156
Gotthard-Passage 128
Gourmet-Marathon 96
GP Wilhelm Tell 158
Graubünden-Marathon-Macher 132
Graz-Marathon 153, 226
Grenzstreifenläuferin 137
Grizzly-Läufe 163
Gröbenbachlauf 157
Großglockner-Berglauf 155
Großstadtmarathon 96
Grünberg-Gipfellauf 155
Grund-Technik 116
Günther Pichler-Gedächtnismeeting 158
Gurkenmarathon 138, 163
Hagebaulauf 160

Halbmarathondistanz 110
Halbmarathon-Event 107
Halbmarathoni 101, 141
Halbmarathon-WM 113
Haller Lauftage 153
Hallstättersee-Rundlauf 156
Hallwilerseelauf 156
Hamburg-Marathon 153
Hannover-Marathon 153
hanse-Marathon 159
Hanse-Marathon 159
Hans-Roth-Waffenlauf 158
Happylauf-Anger-Athletin 104
Haribo Kinderlauf 160
Harzgebirgslauf 155
Harz-Gebirgslauf-Stunde 132
Harzläufe 155
Hasenlauf 109, 163
Hasenlaufdiplom 112
Havellauf 157
heavy-runner-Wertung 110
Helgoland-Marathon 153
herauslaufen 145
Hermann-Hesse-Lauf 157
Herrenmarathon 96
herunterspulen 204
Heuchelberglauf 154, 227
High-Tech-Crossschuh 122
High-tech-Laufbänder 123
High-Tech-Straßenlaufschuh 122
hinauflaufen 145
Hinderniskönig 132
Hindernislauf 93, 101, 183, 210

Hindernisläufer 101, 183
Hindernis-Spezialist 100
hineinlaufen 145
hinterherlaufen 145
Hintersee-Lauf 156
Hitze-Rennen 96
Hl. Dreikönigslauf 162
Hobbylaufszene 97
hochjoggen 145
Hockenheimringlauf 109
Hoechst-Marathon 159
Hoffnungsläufer 137
Homberglauf 154
Hopfengartenlauf 161
Hopserlauf 114
Hornissenlauf 109, 163, 247
Hubertuslauf 108, 162
Hügeltraining 114
Hugenottenlauf 108, 157
Hundertkilometerlauf-Anfänger 104
Hürdenläufer 101, 183
Hürden-Sprint 183
Hürdensprinter 101, 183
IAAF-Halbmarathon-WM 143
IGL-Jubiläumsnadel 112
Indoor-Jogging 96
Innsbrucker Raiffeisen-Stadtlauf 153
Intervalltraining 114
Intervall-Trainingsmethode 114
Istanbul-Marathon 153
Jedermannslauf 158
Jogfer 144
joggen 91, 144, 203

Jogger 98, 171
Joggerbazillen 132
Joggerei 141
Joggerin 98
Jogger-Mützen 121
Joggerstretch 117, 246
Joggingbrot 126
Jogging-Flasche 122
Jogging-Speedometer 123
Jogging-Stil 116
Jogging-Tacho 143
Joggingwelle 125, 169
Johann-Pichler-Gedächtnislauf 158
Jordanienläufe 138
Josefi-Lauf 162
Jubiläumsrennen 132
Jubiläums-VCM 143
Jugendläufer 137
Jungfrau-Läufer 137
Jungläuferin 104
K 42-Feld 97
Kaiser Arnulf-Gedächtnislauf 157
Kämpfelbachlauf 157
kaputtrennen 145
Karnevalscross 162
Karpfenlauf 163
Kastner&Öhler-Läufermeeting 160
Kenialäufer 153
Kenya-Lauf-Diplom 112
Kids-Läufe 177
Kiesl-Lauf 138, 158
Kilometerfressen 199
Kilometerfresser 199

Kilometerjagd 132
Kinder-Lauftraining 114
Kirchweihlauf 162
Kirmes-Volkslauf 162
Kleinstadt-Marathon 136
Kniehub-Technik 116
Kö-Lauf 142, 226
Komfort-Laufschuh 122
König-Otto-Sprudel-Lauf 157
Königsetappe 128
Konrad-Dobler-Straßenlauf 158
Kraxlerstrecke 128
Krimmler Wasserfall-Lauf 108
Krugparklauf 161
Kupferberglauf 155
kursen 181
Kurt-Roth-Gedächtnislauf 158
Kurzcross 93, 96
Kurzdistanzrennen 92
Kurz-Sprint 183
Kurzstrecke 92, 183
Kurzstreckenlauf 92
Lady-Running 96
Lady-Walker-Wertung 110, 170
Lainzer Tierpark-Lauf 161
Laktattest 115
Landephase 116
Landlauf 96
Langarm-Laufshirt 122
Langarmlauftrikot 122
Langdistanzrennen 92
Langhürdler 101
langsamlaufen 145

Langstrecke 92, 183
Langstreckenlauf 92, 101, 183
Langstreckenläufer 101
Langstrecken-Spike 121, 168, 183
Langstreckler 101, 141
Langtight 122
Lanzarote-Marathon 153
Lauf 91, 97, 101, 134, 135, 136, 137, 210, 211, 214, 220, 221, 246, 248
Lauf um den Wünsdorfer See 156
Laufabend 127
Laufabenteuer 125
Laufaktion 129
Laufaktivitäten 129
Laufandenken 125
Laufanzug 118
Lauf-Ausflug 126
Lauf-Aushängeschild 100
Laufausrüstung 122
Laufbahn 183
Laufbandtempo 116
Laufbandtraining 114
Laufband-Weltrekord 111
Lauf-Begierde 129
Laufbeginner 99, 141
Laufbegleiter 102, 141
Laufbeiwerk 122
Laufbekleidung 117
Laufbesessenheit 129
Laufbeutel 122
Laufboom 125
Laufbrille 122
Lauf-Broschüre 125

Laufbüro 128
Lauf-Challenge 173
Lauf-Cocktail 126, 200
Lauf-Cracks 169
Laufdemonstration 129
Laufdistanz 109
Lauf-Dress 117, 135, 169
Laufduelle 135
Läufe 183
Laufeldorado 127
Laufemotionen 129, 135
Lauf-Empfehlungen 135
laufen 91, 144, 145, 146, 147, 203, 210
Laufenergie 129
Laufenthusiasten 101
Läufer 98, 99, 134, 137, 144, 170, 212, 213, 214, 220, 246, 248
Läufer-Aufbaumeeting 170
Läuferbeutel 122
Läufer-Bibel 125, 201
Läuferbibliothek 128
Läuferbrillen 122
Läuferbrunch 126
Läuferbuffet 126
Läuferbus 128
Läufercamp 128
Läuferdorf 127
Läuferdrinks 126
Lauferei 141
Laufereignis 106
Läuferelite 98
Lauferfahrung 129
Läuferfamilie 97

Lauferfolg 111
Läuferfrau 99
läuferfreundlich 150
Läufer-Fußweg 128
Läufergemeinschaft 97, 192
läufergerecht 150
Läufer-Geschäft 128
Läufer-Geschichte 126
Läufergetränk 126
Läufergrüppchen 98, 141
läufergünstig 150
Läuferhandschuhe 121
Läuferheer 98, 203
Läufer-Highlight 106
Läuferhimmel 127, 202
Läuferhochburg 127
Läuferhotel 128
Läuferin 99
Läuferinnen und Läufer 99
Läuferinnendress 117
Läuferinnenkreis 98
läuferisch 148
Läuferkette 98
Läuferknäuel 98
Läuferknie 198
Läuferkolonne 98
Lauferl 141
Lauf-Erlebnis 125
Läufermann 99
Läufermarkt 128
Läufermekka 127, 201
Läufermenü 126
Läufernirvana 205

Läuferparadiese 202
Läuferpulk 98
Läuferreisen 126
Läuferriege 98
Läuferschaft 216
Läuferschar 98
Läuferschicht 98
Läufersekt 126, 137
Läufersicht 137, 229
Läufersleute 137
Läufer-Sonnenbrille 137
Läuferspezies 98
Läufer-Tombola 125
Läufertradition 125
Läufertraube 98
Läufer-Weihnachtsfest 129
Läuferwelt 98
Läuferwochenende 127
Läuferzehnkampf 182, 183
Läuferzeiten 127
Läuferzeitschrift 125
Läuferzukunft 126
Läuferzunft 98
Lauf-Euphorie 129
Laufevent 106, 177
Laufexpo 129, 143, 246
lauffähig 150
Lauffanatiker 101
Lauffäustel 121
Lauffeeling 129
Lauffest 106
Lauffestival 106, 177
Lauffieber 129, 198, 247

Laufflair 125
Lauffreude 129
Lauffrühling 127
Lauffrühstück 126
Lauffürsten 200
Laufgarnitur 118
Laufgefährte 102
Laufgefühl 129
Lauf-Geh-Stil 116
Laufgelände 127
Laufgemeinschaft 142
Laufgenießer 101, 141
Laufgenossinnen 102
Laufgenuss 129
Laufgeschehen 129
Laufgeschenke 125
Laufgeschichte 126
laufgesund 148
Laufgewand 117
Laufgewohnheiten 129
Laufgötter 201
Laufgräfin 100
Lauf-Großereignis 106
Laufguru 242
Lauf-Guru 100, 135, 136
Laufhalle 128
Laufhämaturie 184
Laufhandschuhe 121
Lauf-Happening 106, 169, 177
Laufhase 100
Laufheftchen 125
Laufheimat 127
Laufhemd 118

Laufhighlight 106, 177
Laufhobby 172
Lauf-Hochsaison 127
Laufhose 119, 216
Laufhügel 127
Laufhungrige 101
Laufidol 100, 135
Lauf-Ikone 100, 201
Laufinteressierte 101
Lauf-Jahr 127
Laufkameraden 102
Lauf-Kilometer 110
Laufkilometer 110
Laufkinderwagen 123, 217
Laufklamotten 117
Laufklassiker 106
Lauf-Klassiker 106
Lauf-km 110
Laufkollege 102
Laufkollektion 118
Lauf-Kombi 118, 143
Laufkompetenzzentrum 128
Laufkönig 100, 200
Laufkuchen 126
Laufküken 99, 197, 242, 247
Laufkultur 125
Laufkurs 128
Laufladen 128
Lauf-Laktattest 115
Laufland 127
Lauflaune 129
Laufleckerbissen 199
Lauflegende 100

Laufleidenschaft 129
Laufliebe 129
Lauf-Literatur 125
Lauflust 129
lauflustig 149
Lauflustige 101
Laufmagazin 125
Laufmedaille 112
Lauf-Mekka 127
Laufmesse 129
Laufmeter 110
Laufmetropole 127
Laufmode 118
Laufmonat 127
Laufmotivation 129
laufmüde 148
Laufmusik 126
Laufmütze 121
Laufner Lauf 153
Laufneuling 99
Lauf-Oberteile 118
lauforientiert 148
Laufoutfit 118, 136
Laufpapst 100, 201
Lauf-Party 177
Laufpassage 128
Laufpfad 128
Lauf-Preisgelder 112
Laufprofi 100, 168
Laufpromi 143
Laufpuristen 101
Laufquiz 125
Laufrakete 100, 203, 247

Laufrausch 129
Laufreisebuch 125
Lauf-Reiz 129
Laufrevier 127
Lauf-Revolution 125
Laufritual 125
Laufroute 135
Laufrucksack 135
Laufrunde 128
Laufsaison 127, 136
Laufsandale 120
Laufschleife 128
Laufschmankerl 135, 199
Lauf-Schneeschuh 120
Laufschritt 116
Laufschuhe 185
Laufschuhsohle 120
Laufschule 113
Laufschüler 135, 136
Laufschwestern 135
Laufsegment 135
Laufserie 159
Lauf-Shirt 118
Laufshirt 216
Laufshorts 119
Lauf-Show 129
Laufsieg 111
Lauf-Singlet 119
Laufskeptiker 135
Laufsocke 135
Laufsocken 121
Laufsohle 120
Lauf-Sommer 127

Laufsonntag 127
Laufspektakel 106
Laufspikes 168
Laufsport 101
Laufsportanlass 129
laufsportbegeistert 148
Laufsportbegeisterte 101
Laufsportereignis 106
Laufsportfest 106
Laufsportfreunde 101
Laufsportgigant 205, 242
Laufsportler 98, 141
laufsportlich 148
Laufsportszene 97
Laufsporttrend 125
Laufsportzentrum 128
Laufstrecke 128
Laufstreß 129
Laufsucht 129
Laufszene 97
Lauftalent 100
Lauftasche 122
Lauftechnik 116
Lauftempo 116
Lauftermin 126
lauftheoretisch 246
Lauftherapiezentrum 128
Lauftight 119
Lauf-Tight 119
Lauftop 119
Lauftour 128, 226
Lauf-Tour 128
Lauftourismus 126

Lauftraining 113, 192
Laufträume 129
Lauftreff 125, 182
Lauftreff-Homepage 125
Lauf-T-Shirt 118
lauftypisch 246
laufunterstützend 148
Lauf-Urgestein 100
Laufurlaub 126
Laufurlauber 136
Laufurlaubsreisen 126
Laufvariante 116
Laufveranstaltung 105
Laufvergnügen 129
Laufverrückte 101
Laufvirus 129, 198
laufvirusimmun 198
Laufvölkchen 97, 141
Laufwaren 125
Laufwäsche 117
Laufweg 128
Laufweihnacht 126
Laufwelle 125
Laufwettkampf 105
Laufwillige 101
Laufwinter 127
Laufzauber 125, 246
Laufzeit 127
Laufzentrum 182
Laufzwang 129
Laurentiuslauf 162
LCC-Wien-Marathon 182
LCC-Zentrum 143, 182

Lego-Mini-Marathon 160
Lehrerinnenwertung 110
Leichtathletikhimmel 202
Leipzig-Marathon 226
Leistungsläufer 104
Leopoldilauf 135, 162
Leukämie-Lauf 135
LG 142
LGD-Läufer 143
Lichtenrader Meile 153
Life-Time-Orientierungsläufer 170
Lilienlauf 109, 163
Linz-Marathon 135, 153
Literatur-Marathon 135
Lockerlauf 96
London-Marathon 153
Long Jog 167, 173
Long-Jog 173
Longtight 122, 182
losbolzen 146, 246
loslaufen 146
Löwenmarathon 163
Lung Plus 124, 182, 247
Lustmeile 128
Lutterlauf 138
Lutz-Silvesterlauf 138, 160
Luzerner Stadtlauf 153, 226
M55-Weltrekord 112
Maiglöckchenlauf 109, 163, 227
Main-Lauf-Cup 157
Männer-Laufschuhe 121
Mannheimer Brückenlauf 153
Marathon 93, 101, 103, 135, 136, 210, 211, 214, 220, 221
Marathon Frankfurt 151
Marathonambiente 125
Marathon-Appetit 135
marathonbegeistert 148
Marathonbegeisterte 101
Marathon-Begeisterung 129
Marathon-Bilder-Lesebuch 125
Marathon-City 127, 136, 172, 246
Marathon-Debütant 99
Marathondinner 126, 135
Marathon-Direktor 135
Marathondistanz 110, 215
Marathondorf 127
Marathoneinsteiger 141
Marathon-Enthusiasten 101
Marathonepoche 126
Marathoner 141
Marathonereignis 107
Marathonerfolg 111
Marathon-EXPO 129, 139
Marathonfan 101
Marathonfeldchen 97
Marathon-Finisher 245
Marathonfreunde 101
Marathongarde 98, 203
Marathongeburtstag 126
Marathongemeinde 98
Marathonglück 129, 246
Marathon-Gottesdienst 129
Marathonhase 197
Marathon-Hauptstadt 127
Marathon-Herbst 127, 136

Marathonhimmel 135, 136, 202
Marathoni 101, 181, 213
Marathonias 213
Marathoninsider 100
Marathon-Insider 136
Marathonjahrhundert 126, 246
Marathon-Kader 135
Marathonkilometer 110
Marathon-Kollosseum 128
Marathonlager 98, 203
Marathonlauf 92, 183, 214
marathonlaufen 93, 210
marathonlaufend 148
Marathonläufer 100, 212, 213
Marathonmacher 141
Marathonmeter 110
Marathon-Mücke 197, 247
Marathon-Nacht 127
Marathon-Nachtlauf-Premiere 132
Marathönnchen 99
Marathon-News 125
Marathon-Novize 99, 201
Marathon-Oma 136
Marathonpils 126
Marathon-Plan 132
Marathon-Poesie 125
Marathon-Qualen 129
Marathon-Queen 135, 169, 177, 200
Marathon-Radio 126, 135
Marathon-Reise 126, 135
Marathonrekord 111
Marathon-Rekordentwicklung 125
Marathonrennen 92

Marathon-Rock 126
Marathon-Runner 101
Marathon-Saft 126, 199, 247
Marathonschauplätze 127
Marathonschleife 128
Marathon-Seufzer 129
Marathonsieg 111
Marathonsingen 129
Marathonsocken 121, 136
Marathon-Spaß 129
Marathonspiel 125
Marathon-Stimmung 129
Marathonsymposium 126
Marathonszene 97
Marathon-Szene 97
Marathon-Training 114
Marathontruppe 98
Marathon-Urgestein 135, 196
marathonverrückt 148
Marathon-Virus 198
Marathonvolk 97
Marathon-Walker 101
Marathon-Walking 96
Marathonweg 128, 135
Marathon-Wein 126
Marathonzeitung 125, 135
Marathonzeremonie 125
Marathonzuwächse 125
Martinslauf 162
Masters-Games 113, 182
Mastersläufer 181
Mastersrekorde 112
Mastersstrecke 128, 169, 247

Masterstitel 112
Matjes-Lauf 163
Matterhornlauf 108
MBT-Schuh 143
MCP-Läufer 143
Mega-Marathon 140
Megastaffel 140
Mehrtageslauf 95
Meilen-Weltrekord 112
Meisterläufer 104
Meisterschaftswertung 111, 215
Millenium-Marathon-Spektakel 132
Milleniumslauf 109
Miniflatterhöslein 122, 141
Mini-Maus-Lauf 158
mitlaufen 144, 146
mitrennen 146
Mittelstrecke 92, 183
Mittelstreckenlauf 101
Mittelstreckler 101, 141, 181, 183
Mitternachtslauf 137
mittraben 146
Mödlinger Altstadtlauf 153
Mondsee-Halbmarathon 156
Montagslaufrunde 128
Mountain-Running 96
München-Marathon 153, 226
nacktlaufen 145
Nacktläufergemeinde 98
Narzissenlauf 163, 226
Naturmarathon 135
Naturrasenbahn 132
Nebelhorn-Berglauf 138, 155

Nestlè Austria-Schulläufe 138, 160
Neujahrsberglauf 162
Neuschwansteinmarathon 153
Neutralschuhe 122
New Balance-Laufschuh 122
New-York-Marathon 153
Nichtjogger 140
Nichtläufer 134
Nichtläuferin 140
nichtläuferisch 147
NightRun 175
Nike-Wertung 111, 159
Nikolaus-Cross 162
Nordic Walker 101, 181
Nordic-Walking-Master-Trainerin 170
Nüchternlauf 134
Nudistenwertung 110
Nur-Halbmarathon 134
NY-Marathon 143
Oberelbe-Marathon 108, 135, 156, 157
Offroad-Walkingschuhe 122, 177
OL 93, 142, 181, 222, 246
OL-Aufschwung 125
OL-Eliteläufer 104
OL-Event 107
OLler 141
Ölspurlauf 226
Ölspurlaufstrecke 128
OL-Vokabular 143
OMV-Marathon 138, 159, 247
Oranje-Läufer 104
ORF-Wellness-Lauf 161
Orientierungslauf 93, 101, 142, 210, 222

Orientierungslaufen 145
Orientierungsläufer 101
Orientierungslaufhimmel 202
Orientierungslaufkompaß 123
Osaka-Marathon 135
Osterlauf 162
Osterlauf-HUMA 139
Ostermontags-Bahneröffnungslauf 162
Ostfriesland-Marathon 153
Ostsee-OL 156
OSTWIND-MiniMarathon 159, 160
Ottilienberglauf 155
Otto-Normalläufer 99
Ötzi-Lauf 108, 246
Ötztal-Halbmarathon 154
Palmsonntaglauf 138, 162, 227
Pamperslauf 160
Pantherlauf 138, 163
Paradies-Laufstrecke 128, 201
Peter-Lauf 138
Peugeot-City-Lauf 138, 159
Pfäffikersee-Lauf 156
Pfingstmarathon 162
Pfinztal-Jubiläumslauf 154
Pharaonen-Lauftour 128
Plausch-Mixed-Kostümlauf 170
Powerwalker 101
Power-Walking 93
Predigtstuhl-Berglauf 155
Premierenmarathon 135
Preußische Meile 154
PU 142
Punktesammler 141

Punkte-Sprint 169
Pusteblumenlauf 109, 163, 226, 246
Quelle-Läufer 104, 160
Quer durch Linz 226
querfeldeinlaufen 93
Racer 141, 172
Raiffeisen-Glücksrunner 159
Raiffeisen-Lauf-Glücks-Cent 132
Raika-Lauf Längenfeld 142, 159
Ramses-Runde 157
Rathaus-Marathon 135
Ratzerfelder OL 108
Reebok-Funktions-Laufshirt 132, 159
Regenerationslauf 114
Regensburg-Marathon 138
REKOM 116, 142
Rekordstaffel 139
Renndress 117
rennen 91, 144, 145
Rennen 105
Renner 98, 99
Rennkilometer 110
Rennmorgen 127
Rennsteigtunnellauf 161
Rettichfestlauf 163
Rheinmarathon 157
Rhein-Ruhr-Marathon 157
Riegersburglauf 161
Riesenmarathon 135
Rotkäppchen-Etappe 128, 158
Rot-Kreuz-Marathon 109
Rückfußlaufstil 116
Rückwärtslauf 96

rückwärtslaufen 145
Rückwärtslauftempo 116
Ruhr-Marathon 157
Rund um den Bielersee 156
Rund um den Brienzersee 156
Rund um den Disibodenberg 154
Rund um den Heuberg 155
Rund um den Kirchberg 155
Rund um den Pressegger See 156
Rund um den Scharfenstein 108, 155
Rund um den Untreusee 156
Rund um den Wienerwald-See 156
Rund um den Windberg 155
Rund um den Wolfsberg 155
Rund um die Wingst 154
Rund um die Wittenburger Mühle 161
Rundendreherei 141
Runner 98, 141, 171
Runners-Heaven 127, 202
Running 101
Runningbekleidung 117
Running-Boom 125
Running-Enthusiasten 101
Running-Eventisierung 125
Running-ispo 129, 139
Running-Outfit 118
Running-Ralf 139
Running-Sektor 98
Runningshirt 216
Running-Shorts 119, 167, 246
runterlaufen 145
Saharamarathon 135
Samba-Marathon 135

Sand-Marathon 135
Saturn-Deutschland-Lauf 159
Sauertallauf 154
Scenic-Lauf 160
Schauinsland-Berglauf 132
Schiffslauf 96
Schlängellauf 134
Schlappschritt 134
Schlauf 144
Schlossparklauf 161
Schluss-Spurt 132
Schneeberglauf 155
Schneeglöggli-Lauf 163
Schneelauf 96
Schneewittchen-Etappe 128, 158
Schneller Zehner 226
Schnell-Lauf 96
Schönwetter-Joggerin 104
Schönwetterläufer 104
Schrittmacher 198
Schrittzähler 122
Schülerinnenwertung 110
Schwarzwald-Berglauf-Pokal 112, 132
Schwedenstaffel 97
Schwellentempo 116
Seegruben-Berglauf 155
Seen-Lauf 226
Selbstlaufschuhe 122
Selketallauf 154
Semmering-Tunnel-Marathon 161
Shell Hanse-Marathon 159
Shell hanse-Marathon Hamburg 159
Siebengebirgsmarathon 135, 138, 155, 246

Sieben-Hügel-Lauf 155
Silvesterlauf 95, 137, 226, 247
Silvesterlaufsong 126
Silvesterlaufurkunde 112
Silvester-Stadtlauf 162
Singapur-Marathon 153, 246
Singlet 118, 182, 247
Skippings 117
Sommerlaufmode 118, 121
Sommerlaufwoche 127
Sommermarathonszene 97
Sonntagberger Erlebnislauf 155
Sonntags-Jog 95
Spargelfestlauf 138
Sparkassen-Indoor-Meeting 170
Sparkassen-Marathon 159
Speed-and-Distance-Uhr 123
Speed-Cross 181
Spezi-Marathon 160
Spikes 120, 168, 183
Spikeschlüssel 123, 169
Spike-Schuh 168, 183
Spitzenläuferin 139
Spitzen-Marathon 139, 221
Sport-Grösgen-Laufserie 159
Sporthaus Stückler-3-Städte-Lauf 159
Sport-Scheck-Lauf 159
Sprint 93, 101
sprinten 91, 92, 93, 144, 172, 181, 183
Sprinter 101, 141, 214, 236
Sprinterhimmel 202
Sprinterhöschen 121, 141
Sprintermeeting 167, 183

Sprintershorts 121, 183
Sprinterwunder 132
Sprintfähigkeit 132
Sprintfinale 132
Sprintkönigin 200
Sprintlauf 93
Sprint-OL 96, 170
Sprintqueen 200
Sprint-Spike 168
Sprint-Staatsmeister 170
Sprunglauf 114
spulen 144, 145
Spurt 176
spurten 91, 92, 144, 167, 172, 183
Spurter 101, 141, 214
Spurtkönig 200
Stadtlaufprogramm 115
Städtilauf 226
Stadtmarathon 96, 135, 246
Stadt-OL 96
Stadt-OL-Cup 113
Staffellauf 93, 183
Standphase 116
Starter 141
Starterfeld 97
Startersackerl 141
Stephanilauf 162
Stimmungsmarathon 135
Stollenprofil 132
Straßenlauf 136, 210, 211
Straßenlaufmeisterschaften 113
Straßenlaufszene 97
Straßenlaufzirkus 98

streaks 167
Strecken-Chef 132
Struwelpeter-Lauf 158
Stuttgart-Lauf 226
Superlauf 140
Supermarathon 140
Swarovski-Finisherpreis 112, 159
Syltlauf 153
Syltlauf-Medaille 112
Tartanbahn 183
Telekom-Supermarathon 159
Tempodauerlauf 114, 222
Tempoeinsteiger 104
Tempolaufprogramm 115
Tempolaufvariante 116
Tempomacher 141
Teutolauf 142
TGVA-Läuferinnen 143
Thermo-Tight 122
Tiergartencross 161
Tights 118, 119, 120, 176
Tirol Speed Marathon 226
Tirolmarathon 108, 135, 153, 246
Tirol-Marathoni 104, 141
TL 114, 142
TMS 221
TMS-Tempo 116, 143
TMS-Test 115
Tollenseelauf 156
Top 139
Top-Laufevent 106
Top-Runningschuh 122, 216
totlaufen 145

Tour-Wertung 111
traben 91, 145, 203
Trabtempo 116
Trail 114, 167
Traillatschen 121, 205
Traillaufen 145
Traillaufschuh 216
Trailrunning 114
Trailrunning-Schuhe 121
Trailruns 167
Trainingslauf 114, 210
Trainingsläufchen 114
Transponder 124, 247
Tratschtempo 116
Treppenlaufszene 97
Trimm-OL 143
Trimmtraben 145
Trinkgurt-Systeme 123
Trippelschritt 116
Tunnellauf 96
TVE Silvesterlauf 182
U-Bahn-Marathon 142
Überflieger-Laufschuh 122
überlaufen 146, 147
überrennen 146
überspurten 146, 172
Ultra-Distanz 110
Ultra-Kreise 98
ultralang 148
Ultralangstreckenläufer 101
Ultralangstreckler 101
Ultra-Laufveranstaltungen 107
Ultrarennen 140

Ultra-Spezialistin 140
Ultra-Szene 97
Ultra-Weltkulturerbe-Rheintal-Lauf 132
Um den Sonnberg 155
Uni-Lauf 142
USA-Marathonistinnen 143
US-Sprinter 143
US-Sprintrakete 104, 203
US-Straßenlaufszene 97
Vatertagslauf 162
VCM 142, 221, 246
VCM-Treff 176
verlaufen 146
Veteranenwertung 110
Veteranen-WM 113, 143
Vier-Minuten-Läufe 95
Volkslauf-Methusalem 201, 247
Vollblutläuferin 197
Voralpenlauf 155
vorbeidonnern 145
Wachau-HM 143
WACHAUmarathonclub 97
Waikiki-Meile 128
Wald- und Wiesenlauf 226
Waldachtal Jux-Marathon 154
Waldlauf 96, 211
Waldlaufen 145
Waldlaufpfad 128
Waldrandlaufen 145
walken 91, 93, 144, 172
Walker 101, 141, 171
Walking 93, 101
Walking-Anfänger 104

Walking-Fachmann 100
Walking-Schnupperkurs 126
Walkingschuhe 177
Walking-Technik 116
Walkingtraining 114
Walking-Variante 116
Walk-Parade 107
Walkstool 167
Wallauf 163
Wasserlaufen 145
WAZ-Lauf 159
Wedekind-Lauf 138, 157
Weder-Fisch-noch-Fleisch-Lauf 132
weglaufen 146
Weihnachtslauf 162
Weihnachtsstundenlauf 109
Weinberglauf 155
Weintraubenlauf 163
Weißes-Kreuz-Lauf 161
Weltklasselangstreckler 104
Weltklasseläufer 139
Weltklassesprinter 139
Wettkampfkilometer 110
Wiedtal-Lauf 154
Wien Energie Business Run 170
Wien-Marathon 226
Winterlaufbekleidung 118
Winterlaufschuh 121
Winterlaufwoche 127
Wintertight 121
Wo-ist-das-Klavier-Laufstil 132
WSA 142
Wüstenläufer 104

Wüstenrot-Lichtenberglauf 159
zerlaufen 146
Ziel-Pfannkuchen 126
Zuckeltrab 183
Züri-Marathon 142
Zwiebellauf 163
Zwölf-Wochen-Marathon-Trainingsplan 132

17. Anhang

MMag. Barbara Gabl
Untersuchung im Rahmen der Dissertation
„Der Wortschatz deutschsprachiger Laufzeitschriften"
am Institut für deutsche Sprache, Literatur und Literaturkritik
an der Universität Innsbruck

Alter: ○ 20 oder jünger ○ 21-30 ○ 31-40 ○ 41-50 ○ 51-60 ○ älter

Geschlecht: ○ männlich ○ weiblich

Teil A

1. Welche 5 Wörter, die mit *-lauf* enden, verwenden Sie in Ihren Texten schätzungsweise am häufigsten?

   _____

2. Welche 5 Läuferbezeichnungen (z.B. *Bergläufer*) verwenden Sie in Ihren Texten schätzungsweise am häufigsten?

   _____

3. Glauben Sie, dass heutzutage im Laufsport vielfältigere Bezeichnungen für Größen aus dem Trainingsbereich bereit stehen als etwa vor zehn Jahren?

   ○ nein   ○ kann sein   ○ eher schon   ○ ja, überwiegend   ○ ja, ganz bestimmt

4. Welche Bezeichnung erscheint Ihnen für ein Gefährt zur Beförderung eines Kindes während der Lauftätigkeit am passendsten?

   ○ *Laufkinderwagen*   ○ *Laufbuggy*   ○ *Babyjogger*   ○ *Stroller*

   Begründung: _____

5. Glauben Sie, der Laufsport hat sich in den letzten Jahren so stark verändert, dass sich dies an den vorhandenen Wörtern ablesen lässt?

   ○ nein   ○ kann sein   ○ eher schon   ○ ja, überwiegend   ○ ja, ganz bestimmt

6. Finden Sie die Ihnen bekannten Ausdrücke aus dem Laufsport hinreichend effizient?

   ○ nein   ○ eher nicht   ○ ja, meistens   ○ ja, fast immer   ○ ja, immer

Teil B

1. Glauben Sie, dass die Anzahl der Abkürzungen (z.B. *OL*) im Laufsport zugenommen hat?

   ○ nein   ○ kann sein   ○ eher schon   ○ ja, überwiegend   ○ ja, ganz bestimmt

2. Bevorzugen Sie selbst gerne Abkürzungen?

   ○ nein   ○ ja

   Begründung: _____

Teil C

1. Nennen Sie bitte einen Ihrer Meinung nach gelungenen Laufveranstaltungsnamen oder entwerfen Sie selbst einen „guten" Namen!
   _____

2. Finden Sie den Namen *Albert-Kuntz-Gedenklauf* ansprechend?

   ○ nein   Begründung: _____

   ○ ja   Begründung: _____

3. Bewerten Sie bitte die folgenden Namen mit Ziffern von 1-5!

   __ *Maiglöckchenlauf*
   __ *Frankfurt-Marathon*
   __ *Heuchelberglauf*
   __ *Palmsonntaglauf*
   __ *Rund um Mercedes-Benz*

4. Für wie treffend halten Sie den Großteil der Namen für Laufveranstaltungen?

   ○ sehr gut gewählt   ○ gut   ○ ausreichend gut   ○ eher schlecht   ○ schlecht

5. Finden Sie es wichtig, für Laufveranstaltungen passende Namen zu finden oder sehen Sie die Namen von Laufveranstaltungen generell als unwichtig an?

   ○ wichtig   ○ unwichtig

Teil D

1. Verwenden Sie in Ihren Texten häufig englische Wörter?

   ○ nein   ○ ja, manchmal   ○ ja, immer

2. Warum greifen Sie auf englische Wörter zurück?

- ○ weil sie attraktiver wirken
- ○ weil kein ähnliches deutsches Wort existiert
- ○ weil ich mich präziser ausdrücken kann
- ○ weil ich imponieren möchte

3. In welchen Bereichen des Laufsports sind Ihrer Meinung nach die meisten englischen Ausdrücke vorhanden?

- ○ Training / Wettkampf
- ○ Bekleidung / Ausrüstung
- ○ Laufveranstaltungen
- ○ Sonstiges

Teil E

1. Wann greifen Sie in der Regel auf Fachwörter zurück?

- ○ wenn kein anderes, verständlicheres Wort dafür existiert
- ○ wenn ich mich exakt ausdrücken möchte
- ○ wenn ich längere deutsche Wörter vermeiden will
- ○ wenn ich meine Fachkenntnisse demonstrieren möchte

2. In welchen Bereichen des Laufsports sind Ihrer Meinung nach die meisten Fachwörter in Gebrauch?

- ○ Training / Wettkampf
- ○ Ausrüstung / Bekleidung
- ○ Laufveranstaltungen
- ○ Sonstiges

3. Wie schätzen Sie das Ausmaß des Fachwortgebrauchs in Ihren Texten ein?

- ○ hoch   ○ mittel   ○ niedrig

Teil F

1. Warum verwenden Sie bildhafte Ausdrucksweisen, wie z.B. *Laufküken*, *Laufguru* oder *Laufsportgigant*?

- ○ um den Lesern das Gemeinte besser zu veranschaulichen
- ○ um eine Steigerung zu erzielen, meinen Text lebendiger zu gestalten
- ○ um Humor, Ironie zu erzeugen
- ○ um dem Leser bei der Bewertung des Gemeinten eine Hilfestellung zu geben

2. Wie schätzen Sie selbst die Bildhaftigkeit Ihrer Texte ein?

- ○ hoch   ○ mittel   ○ niedrig

www.ingramcontent.com/pod-product-compliance
Lightning Source LLC
Chambersburg PA
CBHW060230240426
43671CB00016B/2902